공기업 & 대기업 합격을 위한 추가학습

인적성&NCS 수리/자료해석 입문 강의 **20% 할인쿠폰**

AA68 53A8 AF89 8B3X

* 프로모션/이벤트 상품 적용 불가

수리능력 3초 풀이법 강의 **수강권**

2FC7 7E5D 29DD KRJ6

* 쿠폰 등록 시점부터 30일간 수강 가능

공기업 NCS 온라인 모의고사 **응시권**

7FD9 CAB2 3C8D SBNU

* 쿠폰 등록 시점 직후부터 30일 이내 PC에서만 응시 가능

대기업 인적성 온라인 모의고사 **응시권**

ADF6 EACD 8A77 FE57

* 쿠폰 등록 시점 직후부터 30일 이내 PC에서만 응시 가능

· **이용방법** : 해커스잡 사이트(ejob.Hackers.com) 접속 후 로그인 ▶ 사이트 우측 상단 [나의정보] 클릭 ▶ [나의 쿠폰] 클릭 ▶ [쿠폰/수강권 등록]에 쿠폰(인증)번호 입력 후 이용

* 위 쿠폰은 한 ID당 1회에 한해 등록 및 사용 가능합니다.
* 이 외 쿠폰 관련 문의는 해커스잡 고객센터(02-537-5000)로 연락 바랍니다.

왕초보를 위한 응용수리 기초이론 자료집(PDF)

S1K7 G8E9 L29U 8P3W

문제풀이가 빨라지는 Speed Up 연산문제(PDF)

Q3JK 8G2H 3PQK LS24

· **이용방법** : 해커스잡 사이트(ejob.Hackers.com) 접속 후 로그인 ▶ 사이트 메인 상단 [교재정보 - 교재 무료자료] 클릭 ▶ 교재 확인 후 이용하길 원하는 무료자료의 [다운로드] 버튼 클릭 ▶ 위 쿠폰번호 입력 후 다운로드

[취업강의 1위] 헤럴드 선정 2018 대학생 선호 브랜드 대상 '취업강의' 부문 1위

해커스

공기업 대기업

NCS & 인적성 응용수리 500제

해커스잡

김소원

이력

- (현) 해커스공기업 NCS 직업기초능력 및 직무적성능력 전임강사
- 공공기관 채용정보 박람회 초빙강사(2023, 2022, 2021, 2019, 2017, 2016, 2015)
- 한국직업방송 투데이잡스 취업전문컨설턴트 출연
- KBS 9시 뉴스 취업전문가 출연
- 성균관대, 이화여대, 경희대, 전북대, 전남대 외 40여 개 대학 및 고등학교 NCS 직업기초능력 특강 진행
- 서울대, 동국대, 성신여대 외 30여 개 대학 직무적성검사 강의 진행

저서

- 해커스공기업 PSAT 기출로 끝내는 NCS 수리·자료해석 집중 공략(2023)
- 단기 합격 해커스공기업 NCS 통합 기본서 직업기초능력평가 + 직무수행능력평가(2023)
- 해커스 민간경력자 PSAT 12개년 기출문제집(2022)
- 해커스공기업 NCS 통합 봉투모의고사 모듈형/피듈형/PSAT형 + 전공(2022)
- 해커스공기업 PSAT 기출로 끝내는 NCS 수리·자료해석 실전서(2021)

양리라

이력

- (현) 해커스공기업 NCS 직업기초능력 및 직무적성능력 전임강사
- 공공기관 채용정보 박람회 초빙강사(2023)
- 성균관대, 경희대, 동국대, 충남대, 순천향대, 전북대, 부경대 등 NCS 직업기초능력 특강 진행
- 전북경제통상진흥원, 재료연구소 초청 NCS 강의 진행
- 서울여자상업고등학교, 천안여자상업고등학교, 인천금융고등학교 취업 특강 진행

저서

- 해커스공기업 PSAT 기출로 끝내는 NCS 수리·자료해석 실전서(2021)

김동민

이력

- (현) 해커스잡 반도체 전공 전임강사
- (현) 해커스공기업 NCS 직업기초능력 및 직무적성능력 전임강사
- 공공기관 채용정보 박람회 초빙강사(2023, 2022)
- 경희대, 한국외대, 중앙대, 인천대, 목원대 등 20여 개 대학 취업 특강 진행

저서

- 해커스공기업 PSAT 기출로 끝내는 NCS 문제해결·자원관리 집중 공략(2023)
- 단기 합격 해커스공기업 NCS 통합 기본서 직업기초능력평가 + 직무수행능력평가(2023)
- 해커스공기업 NCS 통합 봉투모의고사 모듈형/피듈형/PSAT형 + 전공(2022)
- 해커스 한 권으로 끝내는 공기업 기출 일반상식(2022)

서문

"NCS & 인적성 응용수리 준비의 핵심은 꾸준한 문제 풀이 연습에 달려 있습니다."

NCS & 인적성 시험에서 꾸준히 등장하는 문제, 바로 응용수리 문제입니다. 하지만 응용수리 문제 풀이 실력은 하루아침에 향상되는 것이 아니기 때문에 어떻게 준비해야 할지 고민하는 수험생들이 많습니다. 그래서 NCS & 인적성 시험에서 출제되는 응용수리를 한 권으로 대비할 수 있도록, 수많은 고민을 거듭한 끝에 『해커스 NCS & 인적성 응용수리 500제』를 출간하게 되었습니다.

『해커스 NCS & 인적성 응용수리 500제』는

01 매일 16~17문제씩, 30일 동안 연습할 수 있는 구성으로 되어 있어 꾸준히 응용수리 문제 풀이 연습을 하기에 최적화된 교재입니다.

02 출제포인트별 공략과 응용수리 실전 공략을 통해 문제 풀이 실력을 향상시키고, 실전 감각을 키울 수 있도록 하였습니다.

03 이해하기 쉬운 해설과 문제 풀이 꿀TIP으로 취약한 부분을 점검하고 보완할 수 있도록 하여 NCS & 인적성 응용수리 문제에 완벽히 대비할 수 있도록 하였습니다.

『해커스 NCS & 인적성 응용수리 500제』를 통한 꾸준한 응용수리 문제 풀이 연습으로,
공기업과 대기업 채용에 대비하는 수험생 모두 합격의 기쁨을 누리시길 바랍니다.

김소원, 김동민, 양리라

목차

PART 1 출제포인트별 공략

PART 2 응용수리 실전 공략

책 속의 책
약점 보완 해설집

온라인 제공
- 공기업 NCS 온라인 모의고사
- 대기업 인적성 온라인 모의고사
- 왕초보를 위한 응용수리 기초이론 자료집 (PDF)
- 문제 풀이가 빨라지는 Speed up 연산문제 (PDF)

응용수리 실력 향상을 위한 교재 활용법

1 | 매일 꾸준히 풀면서 응용수리 정복하기

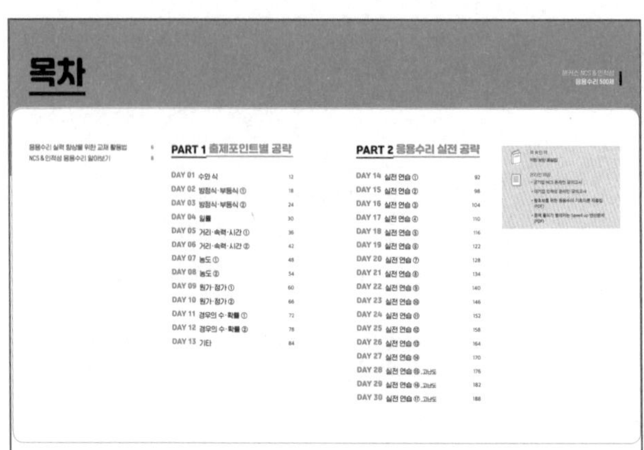

목차

『해커스 NCS & 인적성 응용수리 500제』는 매일 꾸준히 풀면서 응용수리 문제 풀이 실력을 키울 수 있도록 DAY별로 구성한 교재입니다. 매일 16~17문항씩 30일 동안 문제 풀이 연습을 하면서 문제 풀이 감각을 익히고, 실전 대비를 할 수 있습니다.

2 | 출제포인트별 문제 풀이 실력 향상하기

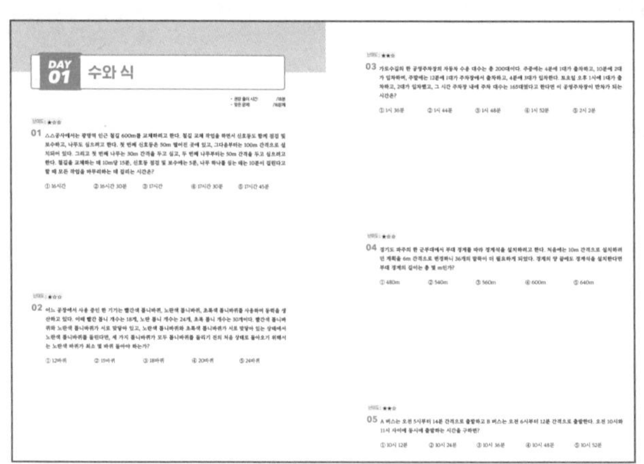

DAY 01 수와 식

출제포인트별 공략

시험에 자주 나오는 출제포인트별 문제들을 집중적으로 풀어보면서 응용수리 문제 풀이 실력을 키울 수 있습니다.

3 | 실전 감각 익히기

응용수리 실전 공략

권장 풀이 시간 내에 여러 출제포인트의 문제들을 한번에 풀어보면서 실전 감각을 유지할 수 있습니다.

4 | 약점 보완 해설집으로 완벽하게 정리하기

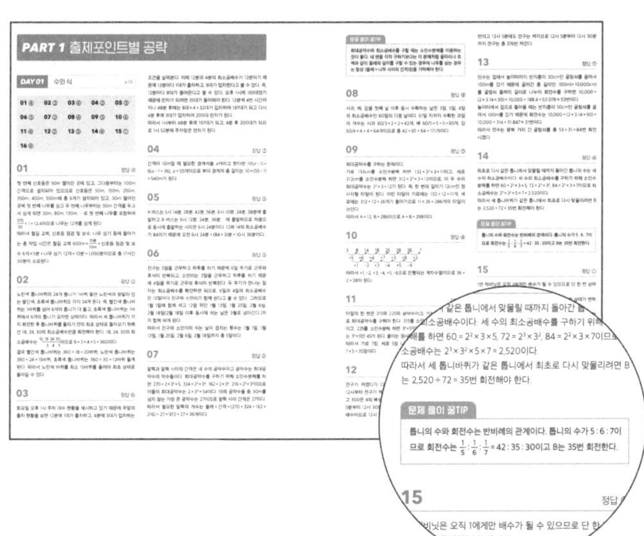

약점 보완 해설집

문제집과 해설집을 분리하여 보다 편리하게 학습할 수 있으며, 문제마다 이해하기 쉬운 해설을 수록하여 틀렸던 문제에 대한 원인을 파악하고 체계적으로 학습할 수 있습니다.

문제 풀이 꿀TIP

문제 풀이 시간을 단축할 수 있는 방법이나 다른 방향의 풀이 방법, 풀이 시 주의 사항 등 문제 풀이에 도움이 되는 '문제 풀이 꿀TIP'을 수록하여 보다 효과적으로 학습할 수 있습니다.

NCS & 인적성 응용수리 알아보기

1 응용수리 소개

- 응용수리는 NCS 수리능력과 인적성 수리능력에서 출제되는 유형 중 하나로, 제시된 조건과 조건에 부합하는 개념 및 공식을 이용하여 답을 도출하는 유형입니다.
- 응용수리의 가장 대표적인 출제포인트는 다음과 같습니다.
  ① 수와 식
  ② 방정식·부등식
  ③ 일률
  ④ 거리·속력·시간
  ⑤ 농도
  ⑥ 원가·정가
  ⑦ 경우의 수·확률
  그리고 이외에도 통계, 집합 등의 기타 유형이 출제되는 경우도 있습니다.
- 공식을 응용하여 계산하는 문제가 주로 출제되어 난도가 약간 높은 편입니다.

2 응용수리 풀이 전략

- 방정식·부등식, 일률, 거리·속력·시간, 농도, 원가·정가 문제는 묻는 대상이 무엇인지 정확하게 파악하고 적절한 식을 세워 문제를 풀이합니다.
- 경우의 수·확률 문제는 혼동할 수 있는 순열과 조합 공식의 개념을 명확히 학습하는 것이 좋습니다. 특히 확률 문제의 경우 분모와 분자에 들어가는 경우의 수를 정확하게 판단하는 것이 중요하고, 여사건의 확률 등 다른 방법으로 쉽게 풀이가 가능한지 확인합니다.
- 정답률을 높일 수 있도록, 문제를 풀고 난 후에는 문제에서 이용되는 공식을 정확하게 암기하고 응용하는 연습을 하는 것이 좋습니다.
- 1문제당 60초 내외로 풀이할 수 있도록 연습하는 것이 좋습니다.

3 응용수리 대표 예제

응용수리 문제는 대체로 다음과 같이 간단한 형태로 제시됩니다.

작년 ○○공사의 직원은 총 480명이었다. 올해 남자 직원은 작년에 비해 20%가 증가했으며, 여자 직원은 10%가 증가하여 올해 ○○공사의 직원은 총 556명이 되었을 때, 작년 남자 직원은 총 몇 명인가?

① 265명　② 270명　③ 275명　④ 280명　⑤ 285명

약점 보완 해설집 p.7

PART 1
출제포인트별 공략

DAY 01 수와 식

• 권장 풀이 시간: /18분
• 맞은 문제: /16문제

난이도: ★☆☆

01 △△공사에서는 광명역 인근 철길 600m를 교체하려고 한다. 철길 교체 작업을 하면서 신호등도 함께 점검 및 보수하고, 나무도 심으려고 한다. 첫 번째 신호등은 50m 떨어진 곳에 있고, 그다음부터는 100m 간격으로 설치되어 있다. 그리고 첫 번째 나무는 30m 간격을 두고 심고, 두 번째 나무부터는 50m 간격을 두고 심으려고 한다. 철길을 교체하는 데 10m당 15분, 신호등 점검 및 보수에는 5분, 나무 하나를 심는 데는 10분이 걸린다고 할 때 모든 작업을 마무리하는 데 걸리는 시간은?

① 16시간 ② 16시간 30분 ③ 17시간 ④ 17시간 30분 ⑤ 17시간 45분

난이도: ★☆☆

02 어느 공장에서 사용 중인 한 기기는 빨간색 톱니바퀴, 노란색 톱니바퀴, 초록색 톱니바퀴를 사용하여 동력을 생산하고 있다. 이때 빨간 톱니 개수는 18개, 노란 톱니 개수는 24개, 초록 톱니 개수는 30개이다. 빨간색 톱니바퀴와 노란색 톱니바퀴가 서로 맞닿아 있고, 노란색 톱니바퀴와 초록색 톱니바퀴가 서로 맞닿아 있는 상태에서 노란색 톱니바퀴를 돌린다면, 세 가지 톱니바퀴가 모두 톱니바퀴를 돌리기 전의 처음 상태로 돌아오기 위해서는 노란색 바퀴가 최소 몇 바퀴 돌아야 하는가?

① 12바퀴 ② 15바퀴 ③ 18바퀴 ④ 20바퀴 ⑤ 24바퀴

난이도: ★★☆

03 가로수길의 한 공영주차장의 자동차 수용 대수는 총 200대이다. 주중에는 4분에 1대가 출차하고, 10분에 2대가 입차하며, 주말에는 12분에 1대가 주차장에서 출차하고, 4분에 3대가 입차한다. 토요일 오후 1시에 1대가 출차하고, 2대가 입차했고, 그 시간 주차장 내에 주차 대수는 165대였다고 한다면 이 공영주차장이 만차가 되는 시간은?

① 1시 36분 ② 1시 44분 ③ 1시 48분 ④ 1시 52분 ⑤ 2시 2분

난이도: ★☆☆

04 경기도 파주의 한 군부대에서 부대 경계를 따라 경계석을 설치하려고 한다. 처음에는 10m 간격으로 설치하려던 계획을 6m 간격으로 변경하니 36개의 말뚝이 더 필요하게 되었다. 경계의 양 끝에도 경계석을 설치한다면 부대 경계의 길이는 총 몇 m인가?

① 480m ② 540m ③ 560m ④ 600m ⑤ 640m

난이도: ★★☆

05 A 버스는 오전 5시부터 14분 간격으로 출발하고 B 버스는 오전 6시부터 12분 간격으로 출발한다. 오전 10시와 11시 사이에 동시에 출발하는 시간을 구하면?

① 10시 10분 ② 10시 24분 ③ 10시 36분 ④ 10시 48분 ⑤ 10시 52분

난이도: ★★☆

06 진구와 소민이는 카페에서 바리스타로 일을 하고 있다. 진구는 5일 근무 후 하루를 쉬고, 소민이는 3일 근무 후 하루를 쉰다. 1월 1일에 둘은 동시에 쉬었고, 그 이후로 원래 짜인 근무 계획대로 출근하고 있다. 1월부터 2월까지 진구와 소민이가 함께 쉬는 날은 며칠인가?

① 1일　② 2일　③ 3일　④ 4일　⑤ 5일

난이도: ★☆☆

07 네 변의 길이가 270m, 324m, 162m, 216m인 사각형 모양의 토지가 있다. 이 토지의 둘레에 같은 간격으로 말뚝을 박아 울타리를 만들려고 한다. 네 모퉁이에는 반드시 말뚝을 박아야 하고 말뚝의 개수는 될 수 있는 한 적게 하려고 한다. 말뚝 사이의 간격을 30m를 넘지 않게 할 때, 말뚝은 모두 몇 개가 필요한가?

① 42　② 36　③ 27　④ 18　⑤ 12

난이도: ★★☆

08 어느 과수원에서 사과, 배, 감을 수확한다. 사과는 3일에 한 번씩 2개를, 배는 5일에 한 번씩 5개를, 감은 4일에 한 번씩 4개를 수확한다. 첫째 날에 사과, 배, 감을 동시에 수확하였을 때 다음번 동시 수확한 날까지 수확한 과일의 총 개수는?

① 126개　② 149개　③ 160개　④ 171개　⑤ 182개

난이도: ★☆☆

09 가로가 132cm이고 세로가 312cm인 공간의 바닥에 정사각형의 타일을 깔려고 하는데, 깔 수 있는 가장 큰 정사각형 타일의 한 변의 길이 (A)cm와 그 개수 (B)개의 합 A+B는 얼마인가?

① 168　　② 192　　③ 216　　④ 240　　⑤ 298

난이도: ★★☆

10 일정한 규칙으로 수를 나열할 때, 물음표에 들어갈 알맞은 수는?

3　8　14　18　25　28　36　?

① 30　　② 32　　③ 35　　④ 38　　⑤ 42

난이도: ★☆☆

11 가로, 세로의 길이가 각각 315cm, 225cm인 직사각형 모양의 벽면에 같은 크기의 정사각형 모양의 타일을 빈틈없이 붙이려고 한다. 가능한 한 큰 타일을 붙일 때, 필요한 타일은 총 몇 장인가?

① 9장　　② 15장　　③ 25장　　④ 35장　　⑤ 45장

난이도: ★☆☆

12 크리스마스 트리의 장식 전구가 3초 동안 켜졌다가 1초 동안 꺼진다. 12시에 전구가 켜지기 시작하였을 때, 12시 5분부터 12시 30분까지 전구는 몇 번 켜지는가?

① 374번 ② 376번 ③ 378번 ④ 380번 ⑤ 386번

난이도: ★★☆

13 민수는 집에서 100m 떨어진 놀이터까지 반지름이 30cm인 굴렁쇠를 굴려서 가고, 돌아올 때는 놀이터에서 만난 친구와 굴렁쇠를 바꾸어 반지름이 50cm인 굴렁쇠를 굴려서 왔다. 이때, 민수는 집과 놀이터 왕복 거리 간 굴렁쇠를 몇 번이나 회전시켰는가?

① 82번 ② 83번 ③ 84번 ④ 85번 ⑤ 86번

난이도: ★☆☆

14 톱니의 개수가 60개, 72개, 84개인 톱니바퀴 A, B, C가 서로 맞물려 있다. 세 톱니바퀴가 회전하기 시작하여 최초로 다시 같은 톱니에서 맞물리려면 B는 몇 번 회전해야 하는가?

① 27번 ② 30번 ③ 32번 ④ 35번 ⑤ 42번

난이도: ★★★

15 1부터 50까지의 수가 하나씩 쓰여 있는 50개의 캐비닛이 있다. 모든 문은 닫혀 있는 상태이며, 1부터 50까지 차례대로 해당 수의 배수에 해당하는 캐비닛을 선택하여 열려 있는 문은 닫고, 닫혀 있는 문은 열도록 상태를 바꾼다. 예를 들어, 1의 배수인 1, 2, 3, 4, …, 50번의 50개의 캐비닛을 모두 문을 열고, 다음은 2의 배수인 2, 4, 6, 8, …, 50번 캐비닛들의 문이 모두 열려 있을 테니 모두 닫는다. 이렇게 50까지 모두 캐비닛의 문을 여닫고 나면, 열려 있는 캐비닛의 수는 몇 개인가?

① 7개 ② 12개 ③ 14개 ④ 18개 ⑤ 23개

난이도: ★★☆

16 1g, 2g, 8g, 16g, 32g짜리 저울추가 각각 1개씩 있다. 이 저울추를 이용하여 금 43g의 무게를 측정할 때, 사용되지 않는 저울추는?

① 1g ② 2g ③ 8g ④ 16g ⑤ 32g

약점 보완 해설집 p.2

DAY 02 방정식·부등식 ①

• 권장 풀이 시간: /18분
• 맞은 문제: /17문제

난이도: ★☆☆

01 A~D 4명이 퀴즈 대회에 참가하였다. 퀴즈 대회는 총 20문제를 풀이하고 정답을 맞히면 5점을 획득하고 정답을 맞히지 못한 사람은 2점이 감점되는 방식으로 진행되었다. 이 대회에서 A는 최종점수 9점을 획득하여 우승했다고 할 때, A가 맞힌 문제는 총 몇 문제인가? (이 퀴즈 대회에서 참가자 중 2명 이상이 1문제의 정답을 동시에 맞히는 경우는 없다.)

① 6문제 ② 7문제 ③ 8문제 ④ 9문제 ⑤ 10문제

난이도: ★☆☆

02 규영이는 조립식 자동차를 조립하고 있다. 매뉴얼의 내용이 아래와 같을 때, 규영이가 추가로 장착해야 하는 톱니바퀴의 톱니 수의 총합은 얼마인가?

- 기본 모터에 장착되어 있는 톱니바퀴의 톱니 수는 116개이다.
- 2개의 톱니바퀴 A와 B를 모터에 장착되어 있는 톱니바퀴와 서로 맞물려 돌아가도록 추가로 장착해야 한다.
- 톱니바퀴 A는 모터에 장착된 톱니바퀴가 7번 도는 동안 28번 돌아야 한다.
- 톱니바퀴 B는 모터에 장착된 톱니바퀴가 7번 도는 동안 14번 돌아야 한다.

① 87개 ② 89개 ③ 91개 ④ 94개 ⑤ 97개

난이도: ★☆☆

03 A고등학교 1학년 학생 150명을 대상으로 안경을 쓰고 있는지에 대한 조사를 실시했다. 조사 결과 전체 학생 중 50%가 안경을 쓰고 있고, 남학생 중 40%가 안경을 쓰고 있으며, 안경을 쓴 남학생 수가 안경을 쓴 여학생 수보다 5명이 많다고 할 때, A고등학교 1학년 남학생은 모두 몇 명인가?

① 90명 ② 95명 ③ 100명 ④ 105명 ⑤ 110명

난이도: ★★☆

04 지영이는 회사에서 와이파이를 이용하여 영상파일을 다운로드 받기 시작했다. 영상 파일의 총 크기는 2GB였고, 회사에서 4분 40초 동안 다운로드를 받다가 퇴근시간이 되어 집에 도착하여 개인 와이파이를 이용해 4분 동안 추가로 다운로드 받아 영상 파일의 다운로드를 마무리했다. 개인 와이파이의 다운로드 속도가 회사의 와이파이 1.5배라고 할 때, 회사 와이파이의 다운로드 속도는 얼마인가? (1GB = 1,024MB이며, 다운로드 속도 단위는 1초당 속도인 MB/sec을 사용한다.)

① 3.0MB/sec ② 3.2MB/sec ③ 3.4MB/sec ④ 3.6MB/sec ⑤ 3.8MB/sec

난이도: ★☆☆

05 밸런타인데이 선물로 받은 포장 용기에 무게가 20g인 초콜릿과 25g인 사탕 총 40개가 들어있었다. 이 중 사탕의 반은 동생에게 주었고, 초콜릿의 $\frac{1}{5}$은 먹은 뒤 포장 용기 포함하여 무게를 측정하였더니 665g이었다. 처음에 사탕은 몇 개 들어있었는가? (단, 포장 용기의 무게는 60g이었다.)

① 10개 ② 15개 ③ 20개 ④ 25개 ⑤ 30개

난이도: ★★☆

06 진희는 부모님 두 분 및 3명의 동생과 함께 지내고 있다. 현재 어머니와 아버지의 나이는 각각 51세이고, 진희의 나이는 18세, 동생들의 나이는 각각 7세, 4세, 1세이다. 4남매의 나이의 합이 아버지의 연령과 같아진 해에 진희가 딸을 낳았다. 이때 이 딸의 나이가 진희의 연령의 절반에 도달할 때, 진희의 아버지는 몇 세가 되시는가? (단, 태어날 때의 나이는 1살이다.)

① 78세 ② 80세 ③ 81세 ④ 82세 ⑤ 84세

난이도: ★☆☆

07 소연이는 3L의 연료가 남아 있는 연료통을 가득 채운 뒤 전동 스쿠터를 타고 집에서 출발하여 편의점을 거쳐 도서관까지 가려고 한다. 집에서 편의점까지 가는 데 가득 채운 연료의 $\frac{1}{5}$을 사용하였고, 편의점에서 도서관까지 가는 데 6L의 연료를 소모하였더니 가득 채운 연료의 $\frac{2}{5}$가 남은 것을 확인하였다. 소연이가 처음 연료통에 추가로 채운 연료의 양은 얼마인가?

① 6L ② 9L ③ 12L ④ 15L ⑤ 18L

난이도: ★☆☆

08 어느 학교의 작년도 학생 수가 740명이었다. 올해는 작년보다 남학생은 8% 증가하고 여학생은 5% 감소하여 전체 학생 수는 15명이 증가하였다. 올해 남학생 수는 몇 명인가?

① 400명 ② 408명 ③ 412명 ④ 424명 ⑤ 432명

난이도: ★☆☆

09 ○○공사 전체 임직원 중 동호회에 가입되어 있는 남자 직원 수는 작년에 비해 5%가 증가하였고, 여자 직원 수는 작년에 비해 10% 감소하였다. 총 동호회에 가입되어 있는 인원수는 작년과 변함없이 600명이라고 할 때, 올해 동호회에 가입되어 있는 남자 직원 수는 몇 명인가?

① 380명 ② 390명 ③ 400명 ④ 410명 ⑤ 420명

난이도: ★★☆

10 ○○공사에서는 작년과 올해 각각 신입사원을 선발했다. 작년에 비해 올해는 총 32명의 신입사원을 더 선발했고, 남성 신입사원은 작년에 비해 5%, 여성 신입사원의 수는 12.5%가 증가하였으며, 올해 남성 신입사원은 여성 신입사원보다 252명 많다고 할 때, 작년과 올해 입사한 남성 신입사원은 총 몇 명인가?

① 652명 ② 673명 ③ 698명 ④ 712명 ⑤ 738명

난이도: ★★☆

11 올해 ○○놀이동산에 방문한 방문객 통계를 살펴본 결과 2월에 방문한 방문객 수는 하루 평균 1,400명이었고, 2월 한 달 동안 방문한 남성의 수는 여성의 수보다 3,200명 많았다. 3월에는 2월에 비해 한 달 동안 방문한 남성의 수는 10%가 감소하였고, 1일 평균 방문객 수 또한 10%가 감소하였다고 할 때, 3월 ○○놀이동산에 방문한 여성 방문객 수는 2월에 비해 몇 % 변화하였는가? (단, 올해는 윤년이 아니다.)

① 8% ② 9% ③ 10% ④ 11% ⑤ 12%

난이도: ★★☆

12 무게가 서로 다른 4개의 금속 덩어리 A, B, C, D가 있다. 지혜가 측정한 결과가 아래와 같을 때, 4개 금속 덩어리 무게의 총합은 얼마인가?

- A 3개와 C 1개의 무게는 동일하다.
- A 1개 + D 2개의 무게는 C 3개의 무게와 동일하다.
- B 3개 + C 1개의 무게는 A 3개 + D 1개의 무게와 동일하다.
- 가장 가벼운 금속 덩어리의 무게는 90g이다.

① 780g ② 800g ③ 820g ④ 840g ⑤ 860g

난이도: ★☆☆

13 동선이는 자동차에 기름을 가득 채우고 아파트에서 출발하여 도서관을 거쳐 백화점에 가려고 한다. 아파트에서 도서관까지 가는 데 가득 채운 기름의 $\frac{1}{5}$을 소모하였고, 도서관에서 백화점까지 가는 데 10L의 기름을 썼더니 남은 기름이 전체의 $\frac{2}{5}$였다면 이 자동차의 기름통은 총 몇 리터를 채울 수 있는가?

① 20리터 ② 25리터 ③ 30리터 ④ 35리터 ⑤ 40리터

난이도: ★★★

14 어느 한 교육 기관에서 전국 암산 대회를 실시하였다. 3명의 선수가 팀을 이뤄 우승한 팀에게는 총 1,200만 원의 상금을 주었고, 우승팀은 암산 프로 경력 연차에 비례해서 상금을 나누었고, 가장 프로 경력이 많은 선수가 총 800만 원의 상금을 가졌다. 10년 후 동일한 팀으로 암산 퀴즈 대회에 나가 다시 우승했고, 이번에도 암산 프로 경력 연차에 비례해서 총 1,200만 원의 상금이 지급되었다. 다만 이번에는 가장 프로 경력이 많은 사람과 가장 적은 사람이 상금을 서로 바꾸었다. 이때 프로 경력이 가장 적은 사람이 상금으로 480만 원을 받았다면 현재 기준 프로 경력이 가장 많은 사람은 몇 년 차인가? (단, 우승한 3명은 프로 경력을 10년간 쉬지 않았다.)

① 5년 차 ② 10년 차 ③ 15년 차 ④ 20년 차 ⑤ 25년 차

난이도: ★★☆

15 어느 회사가 시행한 시험에 100명의 학생이 지원하였으며 합격자와 불합격자의 비율은 3 : 2였다. 이때 최저 합격 점수는 전체 사원의 평균 시험 점수보다 6점이 낮았고, 합격자의 평균 점수보다는 26점이 낮았다. 또한 최저 합격 점수는 불합격자의 평균의 2배보다는 10점이 낮았다고 할 때 최저 합격 점수는 몇 점인가?

① 29점　② 34점　③ 58점　④ 64점　⑤ 78점

난이도: ★☆☆

16 지수는 매일 공부하는데 학원에 가는 날에는 40분씩, 가지 않는 날에는 3시간 30분씩 공부를 한다. 이렇게 하루도 빠짐없이 공부한 시간의 합은 총 37시간이고, 이는 하루 평균 1시간 14분 공부한 것과 같다. 현재 지수가 학원에 가는 날은 총 며칠인가?

① 6일　② 12일　③ 15일　④ 20일　⑤ 24일

난이도: ★★☆

17 ○○공사의 작년 1월 총 임직원 수는 875명이었다. 작년 12월 정년퇴직 등의 이유로 총 임직원 중 8%가 감소하였고, 올해 1월 신입사원 선발을 하여 올해 1월에는 작년 12월과 비교하면 남성이 8% 증가하고, 여성은 5% 증가하여 전체 사원 수는 작년 1월에 비해 17명이 감소했다고 할 때, 올해 1월 ○○공사의 남성 사원 수는 몇 명인가?

① 425명　② 442명　③ 459명　④ 473명　⑤ 490명

약점 보완 해설집 p.4

DAY 03 방정식·부등식 ②

• 권장 풀이 시간: /18분
• 맞은 문제: /17문제

난이도: ★☆☆

01 작년 ○○공사의 직원은 총 480명이었다. 올해 남자 직원은 작년에 비해 20%가 증가했으며, 여자 직원은 10%가 증가하여 올해 ○○공사의 직원은 총 556명이 되었을 때, 작년 남자 직원은 총 몇 명인가?

① 265명 ② 270명 ③ 275명 ④ 280명 ⑤ 285명

난이도: ★☆☆

02 해수는 ○○공공기관 채용 시험에서 의사소통, 수리, 문제해결, 자원관리 4과목 시험을 응시했다. 각 과목을 100점 만점으로 채점한 결과 4과목 점수의 합은 280점이었으며, 수리와 자원관리 점수의 합은 의사소통 점수와 같고, 문제해결 점수는 자원관리 점수의 2배이다. 수리의 점수가 55점이라고 할 때, 문제해결 점수는 몇 점인가?

① 42.5점 ② 52.5점 ③ 65.0점 ④ 77.5점 ⑤ 85.0점

난이도: ★★☆

03 천호는 ○○공사 채용 시험에서 의사소통, 수리, 문제해결, 자원관리 4과목에 응시했다. 각 과목의 성적은 100점을 만점으로 평가되었고, 천호는 4과목 모두 서로 다른 점수를 획득했다. 두 과목씩 점수를 합산한 결괏값이 168점, 170점, 172점, 178점, 180점, 182점이라고 할 때, 천호가 받은 4과목 점수의 평균은 몇 점인가?

① 81.5점 ② 83.0점 ③ 84.5점 ④ 86.0점 ⑤ 87.5점

난이도: ★☆☆

04 핀테크 스타트업 대표 회사 중 한 기업은 작년 기준 약 50명의 직원이 있었다. 올해에는 여성 직원 수가 10% 증가하였지만, 남성 직원 수는 10% 감소하여 작년보다 직원 수가 3명 증가했다고 한다. 현재 기준 여성 직원은 총 몇 명인가?

① 40명 ② 42명 ③ 44명 ④ 46명 ⑤ 48명

난이도: ★★☆

05 어느 회사 면접에서 지원자의 남녀 비는 3:2이고, 1차 합격자의 남녀 비는 5:2, 불합격자의 남녀 비는 1:1이다. 1차 합격자가 총 210명일 때 총 지원자의 수는 몇 명인가?

① 400명 ② 410명 ③ 425명 ④ 440명 ⑤ 450명

난이도: ★☆☆

06 어른들과 아이들이 합하여 100명이 있다. 100개의 샌드위치를 어른들에게는 한 명당 세 개씩, 아이들에게는 두 명당 한 개씩 나누어 주려고 할 때, 아이들은 몇 명인가? (단, 남는 샌드위치는 없다.)

① 40명 ② 50명 ③ 60명 ④ 70명 ⑤ 80명

난이도: ★★☆

07 작년 총 임직원 수가 900명이었던 ○○공사는 올해 신입사원 채용을 진행했다. 신입사원 채용 최종 합격자의 남녀 비율은 6 : 4였고, 신입사원 채용 후 남자 사원의 수는 작년 대비 13.5% 증가하였으며, 총 임직원 수는 10% 증가했다고 할 때, 올해 여자 사원의 수는 총 몇 명인가?

① 454명 ② 486명 ③ 508명 ④ 536명 ⑤ 562명

난이도: ★☆☆

08 주영이는 초콜릿 선물 포장을 하고 있다. 1상자당 13개의 초콜릿을 담으면 초콜릿이 10개가 남고 1상자당 15개의 초콜릿을 담으면 초콜릿이 14개 부족하다고 할 때, 1상자당 초콜릿을 14개씩 차례대로 담으면 마지막 상자에는 초콜릿을 몇 개 담을 수 있는가?

① 10개 ② 11개 ③ 12개 ④ 13개 ⑤ 14개

난이도: ★☆☆

09 A 기업의 20X2년 신입사원 수는 총 405명이었고, 20X3년 신입사원 수는 총 414명이다. 20X3년 신입사원 중 남자 사원의 수는 전년 대비 8%가 증가한 반면, 여자 사원의 수는 전년 대비 5%가 감소했다고 할 때, 20X2년 여자 신입사원 수는 몇 명인가?

① 180명 ② 185명 ③ 190명 ④ 195명 ⑤ 200명

난이도: ★★★

10 수연이와 재영이, 그리고 차형이는 가위바위보를 하여 이긴 사람은 2계단을 올라가고, 진 사람은 1계단을 내려가고, 비긴 경우 아무도 움직이지 않기로 했다. 총 20회의 가위바위보를 한 결과 수연이는 시작점에서 4칸, 재영이는 1칸, 차형이는 7칸을 올라갔다고 할 때, 1번의 가위바위보에서 2명이 이긴 횟수는 몇 번인가?

① 1번 ② 2번 ③ 3번 ④ 4번 ⑤ 5번

난이도: ★★☆

11 총 35묶음의 색연필 세트들이 있다. 이 색연필 세트 중에는 3색 묶음 세트도 있고, 12색 묶음 세트들도 혼재되어 박스 안에 섞여 있다. 한 박스의 색연필을 모두 풀었더니 색연필이 249개 나왔다면 12색 색연필 세트는 몇 개인가?

① 15 ② 16 ③ 17 ④ 18 ⑤ 19

난이도: ★☆☆

12 물체 A를 물속에 담그면 원래 무게의 $\frac{1}{5}$ 만큼 가벼워지고, 물체 B는 물속에 담그면 원래 무게의 $\frac{1}{10}$만큼 가벼워진다. 원래 두 물체 무게의 합계가 1.4kg이었고, 두 물체를 함께 물속에 담갔더니 1.2kg이 되었다. A 물체와 B 물체의 실제 무게의 차이는 얼마인가?

① 100g ② 200g ③ 300g ④ 400g ⑤ 500g

난이도: ★★☆

13 어느 회사의 면접에 참여한 다음 두 사람의 대화가 모두 옳을 때, 참가한 남자 지원자와 여자 지원자 수의 차는 몇 명인가?

- 남자 지원자: 나를 제외한 지원자의 $\frac{9}{16}$는 여자 지원자군.
- 여자 지원자: 나를 제외한 지원자의 $\frac{11}{20}$이 나를 제외한 여학생이군.

① 8명 ② 9명 ③ 10명 ④ 11명 ⑤ 12명

난이도: ★☆☆

14 한 밀키트 제조 공장에서 된장찌개와 김치찌개 밀키트 두 제품을 주력으로 생산하고 있다. 밀키트 시장이 급성장하면서 작년에 비해 된장찌개 생산량은 50% 증가하였으며, 김치찌개 생산량은 150% 증가했다. 올해 된장찌개와 김치찌개 두 주력 제품의 총 생산량이 작년보다 23,000개 증가하여 총 48,000개라면 작년도 된장찌개 밀키트 생산량은 몇 개인가?

① 10,000개 ② 12,800개 ③ 14,500개 ④ 16,200개 ⑤ 18,400개

난이도: ★★★

15 하나의 채널에서 프로그램과 프로그램 사이에 20개의 서로 다른 상품에 대한 광고를 빠짐없이 편성하려고 한다. 광고는 15초짜리와 20초짜리 2가지로 구성되어 있고 15초짜리 광고는 1회씩, 20초짜리는 2회씩 방송할 예정이며, 광고 사이에는 1초의 간격을 두기로 한다. 프로그램이 끝난 시각이 8시 52분 5초이고 프로그램이 다시 시작되는 시각은 9시 정각이라고 할 때, 15초짜리 광고의 방송 횟수와 20초짜리 광고의 방송 횟수의 합은? (단, 프로그램과 광고 사이의 간격은 무시한다.)

① 20　　② 23　　③ 26　　④ 29　　⑤ 32

난이도: ★★☆

16 순환선의 길이가 총 50.4km인 A호선 지하철의 노선을 따라서 B가 반대 방향으로 걸어가면 1시간 24분 후에 지하철과 마주치고, B가 지하철과 같은 방향으로 걸어가면 2시간 6분 후에 마주친다. 이때 B의 속도는?

① 4km/h　　② 5km/h　　③ 6km/h　　④ 7km/h　　⑤ 8km/h

난이도: ★☆☆

17 김장을 위해 10만 원을 들고 시장에서 절임 배추 30개와 무 10개를 구매하고, 분식 8,000원 어치를 사서 돌아오니 지갑에는 7,000원이 남아 있다. 절임 배추가 무보다 1,500원 비싸다고 할 때 절임 배추와 무의 가격은 각각 얼마인가?

	절임 배추	무		절임 배추	무
①	2,500원	1,000원	②	3,000원	1,500원
③	3,200원	1,700원	④	3,500원	2,000원
⑤	4,500원	3,000원			

약점 보완 해설집 p.7

DAY 04 일률

• 권장 풀이 시간: /18분
• 맞은 문제: /17문제

난이도: ★☆☆

01 고무보트에 공기를 채우는 데 A 기구와 B 기구는 각각 5분과 7분이 소요된다. A 기구와 B 기구를 동시에 사용하여 고무보트에 공기를 채운다고 할 때, 총 소요시간은 얼마인가?

① 2분 35초　② 2분 40초　③ 2분 45초　④ 2분 50초　⑤ 2분 55초

난이도: ★☆☆

02 선영이와 미선이가 120개의 물건을 만드는데 선영이가 혼자서 6시간 동안 만들고, 나머지를 미선이가 혼자서 8시간 동안 만들면 전체 양을 모두 만들 수 있다. 또한, 선영이와 미선이가 함께 4시간 동안 만들고, 나머지를 선영이 혼자서 4시간 동안 만들면 전체 양의 $\frac{5}{6}$만큼 만들 수 있다. 선영이와 미선이가 함께 136개의 물건을 만들 때 걸리는 시간은 얼마인가?

① 8시간　② 9시간　③ 10시간　④ 11시간　⑤ 12시간

난이도: ★★☆

03 급수 배관 A와 배수 배관 B, C가 설치된 욕조가 있다. 급수 배관 A를 이용하여 욕조를 가득 채우는 데 걸리는 시간은 1시간이 소요되며, 배수 배관 B를 이용하여 가득 찬 욕조를 비우는 데 30분, 배수 배관 C를 이용하여 가득 찬 욕조를 비우는 데 40분이 각각 소요된다. 욕조에 물이 50% 채워진 상태에서 A, B, C 배관을 모두 사용한다면, 욕조가 완전히 비워질 때까지 얼마의 시간이 소요되는가? (배관 A, B, C의 성능은 항상 일정하다고 가정한다.)

① 11분　② 12분　③ 13분　④ 14분　⑤ 15분

난이도: ★☆☆

04 1,000개의 조각으로 이루어진 퍼즐을 완성하는 데 동현이는 12일이 걸리고 수연이는 6일이 걸린다. 동현이와 수연이는 함께 퍼즐 맞추기를 시작했지만, 수연이가 중간에 감기몸살이 걸려서 동현이가 혼자 퍼즐을 마무리했고, 총 6일 만에 퍼즐을 완성했다. 이때, 동현이가 혼자 퍼즐을 맞춘 기간은 총 며칠인가?

① 1일　② 2일　③ 3일　④ 4일　⑤ 5일

난이도: ★★☆

05 현진이는 평소 컨디션에서 문제를 풀 때 1문제에 30초, 몸이 좋지 않을 때는 1문제에 2분이 걸린다. 또한 자료해석의 표는 읽는 데 한 개당 1분이 걸린다. 1시간 동안 문제를 풀려고 했는데 40분이 지난 시점부터 갑자기 몸이 좋지 않았다. 현진이는 평소 컨디션에서 1시간 동안 8개의 표를 해석하고 20문제를 풀고, 12개의 표를 해석한 후 40문제를 풀려고 했지만 몸이 안 좋아지며 평소대로 문제를 풀지 못했다. 이때 실제 걸린 시간은 몇 분인가?

① 72분　② 74분　③ 76분　④ 78분　⑤ 80분

난이도: ★☆☆

06 동진이는 준비한 보고서 자료를 출력하려고 한다. 동진이의 사무실에 있는 프린터기로는 18분, 옆 사무실에 있는 프린터로는 9분이 걸린다고 한다. 보고서를 빠르게 출력하기 위해 처음 6분 동안은 동진이 사무실에 있는 프린터로 출력하다가, 그 후부터 옆 사무실에 있는 프린터로도 출력하기 시작했다. 동진이가 보고서를 모두 출력하는 데 걸리는 시간은 얼마인가?

① 7분 ② 8분 ③ 9분 ④ 10분 ⑤ 11분

난이도: ★☆☆

07 용량이 300L인 물탱크에 급수관 A로는 4L/min의 속도로, 급수관 B로는 2L/min의 속도로 물이 급수되며, 반대편에는 1L/min의 속도로 물이 배수되는 배수관이 있다. 처음 20분간은 급수관 A, B에서 물이 급수되었으나, A에 문제가 생겨 이후 B로만 급수되어 물탱크를 가득 채웠다. B로만 급수된 시간은 얼마인가? (단, C 배수관은 항상 열려 있었다.)

① 1시간 40분 ② 2시간 20분 ③ 3시간 20분 ④ 3시간 40분 ⑤ 4시간

난이도: ★★☆

08 A가 하면 24일, B가 하면 60일이 걸리는 일을 A와 B가 같이 하다가 5일째부터 A가 나오지 못하여 C가 나와서 하여 총 27일이 걸렸다. C가 단독으로 하였을 때 걸리는 시간은 며칠인가?

① 24일 ② 33일 ③ 42일 ④ 51일 ⑤ 60일

난이도: ★★☆

09 A 복합 주택 단지 건설에 Y 건설사 400명이 투입되면 완공 시까지 1년이 걸린다. B 복합 주택 단지 건설에 N 건설사 500명이 투입될 경우 완공 시까지 1년 3개월이 소요되고, B와 정확히 같은 규모의 C 복합주택 단지 건설에 Y 건설사 240명과 N 건설사 125명이 투입될 경우 1년 8개월이 걸린다면, A 공사의 규모는 B 공사의 규모의 몇 배인가? (단, 같은 건설사 직원들이라면 언제라도 서로 같은 작업 능률을 갖고 있으며, 건설 규모는 단순히 노무의 양에 정비례한다.)

① 2/3 ② 3/4 ③ 4/5 ④ 5/4 ⑤ 4/3

난이도: ★★☆

10 어느 신문사에서 구형과 신형 인쇄기를 동시에 가동하여 5시간 30분 만에 462개의 신문을 만들어 냈다. 구형 인쇄기는 10분에 4개를 만들 수 있다고 할 때, 신형 인쇄기로 30분 동안 만들 수 있는 신문의 개수는?

① 30개 ② 45개 ③ 60개 ④ 72개 ⑤ 84개

난이도: ★★★

11 b가 혼자 하면 12시간이 걸리는 일을 a, b, c가 함께 하면 3시간 만에 일을 완성할 수 있다. 이 일을 a와 c가 2시간 동안 함께한 뒤 나머지를 b와 c가 3시간 45분 동안 함께 하면 끝낼 수 있다. c가 혼자서 일을 할 때 걸리는 시간은?

① 12시간 ② 14시간 ③ 16시간 ④ 18시간 ⑤ 20시간

난이도: ★★☆

12 어떤 물통에 물을 가득 채우는 데 A, B 호스를 모두 사용하여 6분 동안 물을 넣으면 물이 가득 찬다고 한다. 또한, 이 물통에 A 호스만으로 물을 넣으면 B 호스만으로 물을 넣을 때보다 2배의 시간이 걸린다고 할 때, A 호스만으로 이 물통을 가득 채우는 데는 몇 분이 걸리는가?

① 18분 ② 20분 ③ 22분 ④ 24분 ⑤ 26분

난이도: ★★☆

13 ○○공사에 근무하는 유현이는 업무 수행을 위해 A와 B, 2개의 업체에 외주를 맡겼다. A 업체는 1일당 45만 원, B 업체는 1일당 30만 원의 비용을 지불하였고, 총 지불한 비용은 2,400만 원이었다. 해당 업무를 A 업체가 단독으로 진행하면 50일이 소요되고, B 업체가 단독으로 진행하면 100일이 소요된다고 할 때, A 업체의 작업 일수와 B 업체 작업 일수의 차이는 며칠인가?

① 18일 ② 20일 ③ 22일 ④ 24일 ⑤ 26일

난이도: ★★☆

14 갯벌 체험을 하고 있는 영진이와 혜영이, 수찬이는 혼자 꼬막을 캐서 1 바구니를 채우는 데 각각 10시간, 12시간, 8시간이 소요된다. 영진이와 혜영이가 1시간 동안 같이 꼬막을 캐고, 그 이후 수찬이도 함께 꼬막을 캐서 바구니의 80%를 채웠을 때, 세 사람이 함께 꼬막을 캔 시간은 얼마인가?

① 1시간 40분 ② 1시간 50분 ③ 2시간 ④ 2시간 10분 ⑤ 2시간 20분

난이도: ★★☆

15 어떤 일을 완성하는 데 A는 6시간, B는 4시간이 걸린다. 두 사람이 함께하면 서로의 능력의 80%밖에 발휘하지 못한다. A, B 두 사람이 2시간 동안 함께 일하다가 남은 일을 A 혼자 하게 되었다면 A는 혼자서 얼마나 일을 더 해야 모든 일을 마칠 수 있는가?

① 2시간　② 2.5시간　③ 3시간　④ 3.2시간　⑤ 3.6시간

난이도: ★☆☆

16 두 개의 물탱크 A, B에 물을 넣고 있다. A에는 B보다 시간당 2L를 더 넣는다. A에는 8시간, B에는 6시간 동안 물을 넣었더니 B의 물의 양은 A의 절반밖에 안 되었다. 두 탱크 안에 들어 있는 물의 양을 합하면 몇 L인가?

① 68L　② 72L　③ 76L　④ 84L　⑤ 96L

난이도: ★★★

17 구슬을 연결하는 작업을 하고 있는 A와 B가 있다. 구슬을 전부 연결하는 데 A는 5시간이 소요되고, B는 7시간이 소요된다. 둘이 구슬을 연결하는 작업을 진행하는 도중 전체 양의 20%에 해당하는 구슬을 추가로 전달받아 연결해야 하는 구슬의 양이 증가했을 때, 처음 구슬을 연결하기 시작한 시점부터 추가로 전달받은 구슬까지 모두 연결을 하는 데 소요되는 시간은 총 얼마인가? (중간에 구슬 전달에 따른 지연은 발생하지 않는다.)

① 3시간　② 3시간 30분　③ 4시간　④ 4시간 30분　⑤ 5시간

약점 보완 해설집 p.10

DAY 05 거리·속력·시간 ①

• 권장 풀이 시간: /18분
• 맞은 문제: /17문제

난이도: ★☆☆

01 신입사원 A씨는 회사에서 주최한 사랑의 걷기 대회에서 24km 코스를 신청하여 참여하였다. A씨는 반환점까지 갈 때까지는 빈 손으로 6km/h의 속도로 가지만, 돌아올 때는 반환점에서 행사용 피켓을 들고 4km/h의 속도로 돌아오기로 했다. A씨는 빈손으로 걸어갈 때는 1분에 200cal의 열량을 소모하고, 피켓을 들고 걸어갈 때는 1분에 240cal의 열량을 소모한다고 한다. A씨가 사랑의 걷기 대회를 계획한 대로 무사히 마쳤다면 행사 중 소모한 총 열량은? (단, 반환점은 12km 지점에 위치한다.)

① 63.7Kcal ② 65.2Kcal ③ 67.2Kcal ④ 68.2Kcal ⑤ 68.7Kcal

난이도: ★★☆

02 준현이와 수근이는 같은 구청에서 근무하고 있다. 준현이는 오후 5시에 퇴근하여 회사에서 3.2km 떨어진 집으로 일정한 속력으로 걸어갔고, 준현이가 퇴근한 지 12분이 지난 후에 수근이도 퇴근하여 일정한 속력으로 준현이와 동일한 길을 따라 자동차를 가지고 운전하였다. 수근이가 퇴근한 지 3분 만에 준현이를 만났고, 수근이는 준현이를 차에 태우고 기존에 운전하던 속력과 동일한 속력으로 준현이를 집에 태워다 주었다. 준현이가 집에 도착한 시간이 24분일 때, 준현이가 걸어간 속력은? (단, 준현이를 차에 태우는 시간은 고려하지 않는다.)

① $\frac{12}{5}$km/h ② $\frac{12}{5.5}$km/h ③ $\frac{16}{5}$km/h ④ $\frac{16}{6.5}$km/h ⑤ $\frac{16}{7}$km/h

난이도: ★☆☆

03 편도 4.5km를 왕복하는 데 20분이 걸리는 속력으로 2km를 갈 때, 걸리는 시간은?

① $\frac{40}{9}$분　② $\frac{20}{3}$분　③ $\frac{80}{9}$분　④ $\frac{100}{9}$분　⑤ $\frac{50}{3}$분

난이도: ★☆☆

04 동근이와 민철이는 각자의 차를 타고 동근이의 집에서 목적지까지 동시에 출발하였다. 목적지에 도착할 때까지 동근이의 속력은 80km/h로 일정했고, 민철이의 속력은 60km/h로 일정했다. 민철이는 동근이가 도착하고 2시간 후에 목적지에 도착했다고 할 때, 민철이가 이동한 시간은? (단, 이동 중 별도의 휴식은 없었다고 가정한다.)

① 6시간　② 6시간 30분　③ 7시간　④ 7시간 30분　⑤ 8시간

난이도: ★☆☆

05 둘레가 3.2km인 호수 공원에 도착한 민철이는 반시계 방향으로 4km/h의 속력으로 산책을 시작했고, 민철이가 산책을 시작하고 6분 후에 호수 공원에 도착한 민지는 시계 방향으로 3km/h의 속력으로 산책을 시작했다. 두 사람 모두 중간에 휴식 없이 산책을 했다고 할 때, 두 사람이 가장 처음 마주치는 시간은 민철이가 산책을 시작하고 몇 분 뒤인가?

① 24분　② 26분　③ 28분　④ 30분　⑤ 32분

난이도: ★★☆

06 민철이와 호영이는 A산을 등산하고 내려왔다. 민철이는 올라갈 때, 3.6km/h의 속력으로 올라가고 정상에서 점심식사를 한 뒤 내려올 때는 4.8km/h의 속력으로 내려왔으며, 호영이는 올라갈 때, 2.4km/h의 속력으로 올라가고 정상에서 10분만 휴식한 뒤 내려올 때는 3.6km/h의 속력으로 내려왔다. 민철이와 호영이는 주차장에서 동시에 출발했으며, 하산해서 주차장에 도착한 시간도 동일했다고 할 때, 민철이가 점심식사를 하기 위해 정상에서 보낸 시간은 얼마인가? (단, 주차장에서 정상까지 등산로의 길이는 1.2km이며, 등산 및 하산 시 경로의 변화는 없다.)

① 15분 ② 20분 ③ 25분 ④ 30분 ⑤ 35분

난이도: ★★☆

07 재우의 회사는 집에서 10km 떨어져 있다. 출근 시에는 1시간 10분 동안 버스를 타고 가다가 나머지 40분 동안 택시를 타고 도착하였으며, 퇴근 시에는 49분 동안 버스를 타고, 52분 동안 택시를 타고 퇴근하였다. 재우가 버스를 타고 퇴근한 거리는 몇 km인가? (단, 버스의 속력과 택시의 속력은 일정하다.)

① 3.5km ② 4km ③ 5km ④ 6.5km ⑤ 7km

난이도: ★★☆

08 12km 떨어진 두 지점을 2시간 만에 왕복하는 배가 있다. 이 배가 강을 거슬러 올라가는 데 걸리는 시간은 내려오는 데 걸리는 시간의 2배보다 24분이 적게 걸린다고 한다. 이 강에 종이배를 띄운다면, 이 종이배가 강물을 따라 1km를 떠내려가는 데 걸리는 시간은? (단, 강물과 배의 속력은 일정하다.)

① 20분 ② 24분 ③ 28분 ④ 32분 ⑤ 40분

난이도: ★★★

09 열차 A는 1,000m인 터널을 완전히 통과하는 데 2분이 걸리고, 1,800m인 터널을 완전히 통과하는 데는 3분이 걸린다. 열차 B는 1,000m인 터널을 완전히 통과하는 데 1분이 걸린다. 이때 열차 B가 600m 떨어진 반대 방향에서 A를 향해 마주 보고 동시에 출발하여 두 열차가 만나는 데까지 15초가 걸렸을 때 열차 B의 길이는?

① 600m ② 700m ③ 800m ④ 900m ⑤ 1,000m

난이도: ★★☆

10 마라톤 동호회 소속 A, B, C 세 사람은 호수 주변에서 달리기 연습을 하고 있다. A, B, C는 동시에 출발하여 A와 C는 시계 방향으로 달리고, B는 반시계 방향으로 A와 같은 속력으로 달린다. A는 C를 16분 만에 앞지르기 시작했고, B와 C는 12분 만에 만났다고 할 때 A가 호수 1바퀴를 도는 데 걸리는 시간은 얼마인가? (단, 세 사람 모두 일정한 속력으로 달리고 있다.)

① 13분 24초 ② $\frac{92}{7}$분 ③ 13분 30초 ④ $\frac{96}{7}$분 ⑤ 13분 48초

난이도: ★★★

11 민지는 도보로 1번 지점에서 출발하여, 2번 지점을 경유하면서 3번 지점으로 향했다. 이때 지점별 도착 시간은 아래의 표와 같다. 민지는 1번 지점부터 3번 지점까지 시속 3.8km/h의 일정한 속도로 걷고 있었고, 민지가 출발한 뒤 30분 후에 민지의 동생이 자전거로 1번 지점을 출발하여 15.2km/h의 등속도로 쫓아간다면 동생은 2번 지점에서 얼마나 떨어진 지점에서 민지를 따라잡을 수 있겠는가?

위치	시간
1번 지점 출발	14:30
2번 지점 도착	16:30
2번 지점 출발	16:35
3번 지점 도착	17:00

① $\frac{14}{3}$km ② $\frac{76}{15}$km ③ 5km ④ $\frac{17}{5}$km ⑤ $\frac{62}{13}$km

난이도: ★★☆

12 서로 반대 방향으로 달리는 열차 A와 열차 B가 있다. 두 열차가 길이 3.6km인 터널의 양 끝에서 동시에 진입하여 40초 뒤에 서로 마주쳤고, 마주친 시점부터 정확히 58초 후에 열차 B가 터널을 완전히 빠져나갔다고 할 때, 열차 B의 길이는 얼마인가? (단, 열차 A와 열차 B 모두 속력의 변화는 없었으며, 열차 A의 속력은 180km/h였다.)

① 280m ② 320m ③ 360m ④ 400m ⑤ 440m

난이도: ★☆☆

13 ○○강의 상류와 하류를 이동하는 배가 있다. A 지점에서 하류 방향으로 18km 떨어진 B 지점까지 이동하는 배와 A 지점에서 상류 방향으로 6km 떨어진 C 지점으로 이동하는 배가 A 지점에서 동시에 출발하여 B 지점과 C 지점에 동시에 도착했을 때, 강물의 속력은 얼마인가? (단, 모든 배의 속력은 강물의 영향을 받지 않았을 때, 8km/h로 동일하다.)

① 1km/h ② 2km/h ③ 3km/h ④ 4km/h ⑤ 5km/h

난이도: ★☆☆

14 일정한 속력으로 달리는 기차가 있다. 이 기차가 길이 900m인 다리를 완전히 통과하는 데 55초가 걸리고, 길이가 1.8km인 터널을 통과할 때 기차가 완전히 보이지 않는 시간은 1분 20초이다. 이때 이 기차의 속력은 얼마인가?

① 10m/s ② 15m/s ③ 18m/s ④ 20m/s ⑤ 24m/s

난이도: ★☆☆

15 21km 떨어진 각자의 집에서 재민이와 영미는 마주보고 동시에 출발하여 걷다가 도중에 만났다. 이때 재민이는 시속 3km로 영미는 시속 4km로 걷는다고 할 때, 영미는 집에서 출발하여 얼마나 걸은 후 재민이를 만나게 되는가?

① 9km ② 10km ③ 12km ④ 13km ⑤ 15km

난이도: ★★☆

16 A사원은 회사 업무를 위해 사무실에서 출발하여 은행에 다녀왔다. 갈 때는 킥보드를 이용하여 12km/h로 이동했고, 은행에서는 대기표를 받고 업무를 처리하는 데 총 20분이 소요되었다. 업무를 마치고 사무실로 복귀하는 길에는 4km/h로 걸어서 돌아왔다. 사무실에서 출발하여 복귀하는 데 총 50분이 소요되었다면 사무실과 은행 사이의 거리는 얼마인가?

① 1km ② 1.2km ③ 1.5km ④ 1.8km ⑤ 2.1km

난이도: ★★☆

17 세현이와 주리는 각각 차를 몰고 A 지점에서 동시에 출발하여, B 지점까지 왕복해서 다녀온다. 세현이는 시속 52km로, 주리는 시속 72km로 등속운동으로 달리며, 45분이 지났을 때 아직 B로 가고 있는 세현이와 B 지점을 찍고 A로 돌아오는 주리의 차가 바로 옆을 지나쳤다면 A와 B의 거리는 얼마인가?

① 44.5km ② 46.5km ③ 48.5km ④ 50.5km ⑤ 52.5km

약점 보완 해설집 p.12

DAY 06 거리·속력·시간 ②

• 권장 풀이 시간: /18분
• 맞은 문제: /17문제

난이도: ★☆☆

01 서로 반대 방향으로 달리는 열차 A와 열차 B가 있다. 열차 A는 180km/h의 속력으로 달리고 있으며, 열차 B는 144km/h의 속력으로 달리고 있다. 두 열차가 길이 7.2km인 터널의 양 끝에서 동시에 진입했을 때, 두 열차가 서로 마주치는 지점은 열차 A가 진입한 터널의 입구에서 몇 km 떨어진 위치인가?

① 3.2km ② 3.4km ③ 3.6km ④ 3.8km ⑤ 4.0km

난이도: ★☆☆

02 달리기 연습 중인 민철이와 수영이는 둘레가 1.2km인 운동장을 같은 방향으로 동일한 속력을 유지하며 달리기를 하고 있다. 민철이와 수영이가 출발지점에서 동시에 출발하여 30분 후 민철이와 수영이가 처음으로 다시 만났을 때, 수영이의 속력은 얼마인가? (단, 민철이는 수영이보다 빠르며 21.6km/h의 속력으로 달리고 있다.)

① 19.0km/h ② 19.2km/h ③ 19.4km/h ④ 19.6km/h ⑤ 19.8km/h

난이도: ★☆☆

03 평소 스터디 카페에서 공부하는 동우는 전동 킥보드를 이용하여 집에서 스터디 카페로 이동할 때는 평균 15km/h의 속력으로 이동했고, 공부가 끝나고 집으로 돌아올 때는 평균 30km/h의 속력으로 이동했다. 이동에 소요된 총 시간이 1시간이라고 할 때, 집에서 스터디 카페까지의 거리는 얼마인가?

① 8km ② 10km ③ 12km ④ 14km ⑤ 16km

난이도: ★★☆

04 길이가 600m인 터널을 완전히 지나는 데 열차 A는 1분 45초가 걸리고 열차 A보다 120m 짧은 열차 B는 30초가 걸린다. 이때 열차 A와 열차 B가 터널 양 끝에서 서로를 마주 보고 동시에 출발하여 A의 출발점으로부터 터널의 $\frac{1}{4}$지점에서 서로 마주친다. 이때 열차 A의 길이는 몇 m인가? (단, 두 열차의 속력은 각각 일정하다.)

① 150m ② 180m ③ 210m ④ 240m ⑤ 270m

난이도: ★☆☆

05 형과 동생이 달리기 시합을 하는데 어린 동생을 위해 형은 동생이 출발한 뒤 10초 후에 출발하기로 하였다. 형의 달리기 속력은 초속 8m이고 동생은 형보다 초속 2m가 느리다고 할 때, 형이 동생을 따라잡는 것은 동생이 출발한 지 몇 초 후인가?

① 15초 ② 20초 ③ 30초 ④ 35초 ⑤ 40초

난이도: ★☆☆

06 트랙의 길이가 15km인 원 모양의 운동장을 새하와 찬이가 자전거를 타고 돌고 있다. 출발지점에서 두 사람이 동시에 출발하여 같은 방향으로 돌면 3시간 후에 처음으로 만나고, 반대 방향으로 돌면 20분 후에 처음으로 만난다고 한다. 찬이가 새하보다 빠르다고 할 때, 찬이의 속력은 얼마인가? (단, 두 사람의 속력은 각각 일정하다.)

① 시속 5km ② 시속 10km ③ 시속 20km ④ 시속 25km ⑤ 시속 45km

난이도: ★★☆

07 지현이는 출근하기 위해 출근 준비를 마치고 나가려고 한다. 평상시에는 집에서부터 시속 4.8km의 걸음으로 걸어가서 3분 만에 버스정류장에 도착한다. 오늘은 편의점에 가서 껌 하나를 사오기 위해 60m의 거리를 더 이동해야 하는데, 집에서 나서려고 보니 버스는 4분 뒤에 올 예정이고 껌을 사는 데 2분이 소요된다면 평균 시속 몇 km로 움직여야 버스를 늦지 않게 탈 수 있겠는가?

① 7km/h ② 7.5km/h ③ 8km/h ④ 9km/h ⑤ 9.5km/h

난이도: ★★☆

08 민주는 영화관람이 끝나면 연준이의 생일 파티에 가기로 했다. 영화관람은 오후 5시 58분에 끝나고, 친구의 생일 파티는 6시 30분에 초대받았으며 현재 선택할 수 있는 이동 수단은 자전거나 택시를 탈 수 있다. 자전거로 가면 연준이 생일 파티 장소까지 제시간에 딱 맞게 도착하고, 택시를 타면 파티 장소까지 12km 거리를 평균 시속 40km로 갈 수 있다. 자전거를 선택하면 영화가 끝나자마자 바로 타고 갈 수 있지만, 택시는 탑승하는 데까지 시간이 걸린다고 할 때, 영화가 끝나고 택시를 몇 분 안에 탑승해야 자전거보다 빨리 도착할 수 있겠는가? (단, 자전거 이동은 영화가 끝나면 즉시 자전거로 이동을 시작한다고 가정한다.)

① 5분 ② 8분 ③ 11분 ④ 14분 ⑤ 17분

난이도: ★☆☆

09 250m를 달리는 데 300초가 걸린 사람의 평균 속력은?

① 1.2km/h ② 2.5km/h ③ 3km/h ④ 3.5km/h ⑤ 4km/h

난이도: ★★☆

10 '가' - '나' - '다'를 순서대로 잇는 노선을 운행하는 열차 A와 B가 있다. 두 열차는 '가'역에서 출발하여 '나'역을 거쳐 '다'역으로 이동하며, 돌아올 때는 '다'역에서 출발하여 '나'역을 거쳐 '가'역으로 돌아온다. 각 역에서 열차 A는 10분, 열차 B는 5분을 정차하고, 열차 A는 이동 시 평균 속력이 80km/h이며, 열차 B는 이동 시 평균 속력이 60km/h이다. 두 열차가 '가'역에서 동시에 출발하면, 다시 '가'역에 동시에 도착한다고 할 때, '가'역에서 '다'역까지의 거리는 얼마인가?

① 15km ② 20km ③ 25km ④ 30km ⑤ 35km

난이도: ★★☆

11 임동근 씨는 4km/h의 속력으로 흐르는 강의 가장 하류에 위치한 A 지점에서 상류 방향으로 32km 떨어진 B 지점까지 보트를 타고 가서 B 지점에서 타고 왔던 보트 속력보다 2배 빠른 보트로 갈아타고 상류 방향으로 36km 떨어진 C 지점으로 이동했다. A 지점에서 B 지점까지 이동하는 시간이 B 지점에서 C 지점까지 이동하는 시간의 2배가 소요됐다고 할 때, 임동근 씨가 A 지점에서 C 지점까지 이동하는 데 걸린 총 시간은 얼마인가? (단, 보트를 갈아타는 데 소요된 시간은 없다고 가정한다.)

① 2시간 40분 ② 3시간 ③ 3시간 20분 ④ 3시간 40분 ⑤ 4시간

난이도: ★★☆

12 서울에 살고 있는 김선호 씨는 354km 떨어져 있는 부산으로 운전을 해서 가고 있다. 중간중간 구간 단속 구간이 104km가 있어서 해당 구간에서는 제한 최고 속도인 110km/h보다 6km/h 낮은 104km/h의 속력으로 달렸고, 그 외의 구간에서는 125km/h의 속력을 유지했다. 김선호 씨가 서울에서 출발해서 부산에 도착할 때까지의 평균 속력은 얼마인가?

① 110km/h ② 113km/h ③ 115km/h ④ 118km/h ⑤ 120km/h

난이도: ★★★

13 지영이는 자전거를 타고 시속 18km로 약속장소에 가던 중 20분이 지난 시점에 지갑을 집에 두고 온 사실을 알았다. 집에 있는 동생에게 전화해서 지갑을 가지고 현재 있는 방향으로 이동을 해 달라고 요청한 뒤 지영이는 처음 약속장소로 가던 속도의 1.5배의 속도로 집이 있는 방향으로 돌아갔고, 중간에 동생에게 지갑을 받아서 자전거를 동생에게 맡기고 킥보드로 갈아탄 뒤 처음 약속장소로 가던 속도의 2배 속도로 다시 약속장소로 이동했다. 지영이가 처음 집에서 출발해서 약속장소에 도착하기까지 걸린 총 시간이 1시간이라고 할 때, 지영이의 집에서 약속장소까지의 거리는 얼마인가? (단, 지영이의 동생은 집에서 시속 9km의 속도로 뛰어서 이동했으며, 그 외 소요시간은 고려하지 않는다.)

① 18km ② 18.5km ③ 19km ④ 19.5km ⑤ 20km

난이도: ★☆☆

14 한 걸음에 75cm씩 1분에 평균 90걸음을 가서 16분이 걸린 거리를 한 걸음에 60cm씩 1분에 평균 100걸음을 가는 사람이 간다면 걸리는 시간은?

① 17분 ② 18분 ③ 19분 ④ 20분 ⑤ 21분

난이도: ★☆☆

15 순환선의 길이가 총 50.4km인 A호선 지하철의 노선을 따라서 B가 반대방향으로 걸어갈 때 1시간 24분 후에 지하철과 마주치고, B가 지하철과 같은 방향으로 걸어갈 때는 2시간 6분 후에 마주친다. 이때 B의 속력은 얼마인가?

① 4km/h ② 5km/h ③ 6km/h ④ 7km/h ⑤ 8km/h

난이도: ★★☆

16 ㈜H 매트리스 기업에서는 워크숍을 가기 위해 시니어와 주니어 직급을 나누어 주니어가 선발대로, 시니어가 후발대로 출발하기로 하였다. 출발지는 회사이며 주니어들이 탑승한 버스는 평균 84km/h로 달려 휴게소에 도착하였고, 19분 늦게 출발한 시니어들이 탑승한 버스는 평균 105km/h로 달려 주니어가 도착한 휴게소에 1분 늦게 도착해서 주니어들과 같이 점심을 먹으려고 하였다. 휴게소에서 최종 도착지까지 정확히 125km일 때, 회사에서 휴게소를 지나 최종 도착지까지의 거리는?

① 126km ② 176km ③ 221km ④ 251km ⑤ 296km

난이도: ★★★

17 재하는 달리기를 하기 위해 집에서 나와, 시속 13km로 뛰다가 시속 16km로 속력을 높여 8분을 더 뛰어서 목표 지점에 도달한 시각이 오전 11시 48분이다. 집에 되돌아갈 때는 같은 길로 시속 6km로 걸어왔더니 오후 1시 36분이 되었다면, 처음 집에서 나온 시각은 언제인가?

① 10시 48분 ② 11시 ③ 11시 8분 ④ 11시 12분 ⑤ 11시 36분

약점 보완 해설집 p.15

DAY 07 농도 ①

• 권장 풀이 시간: /18분
• 맞은 문제: /16문제

난이도: ★☆☆

01 수현이는 집에서 조개 해감을 하기 위해 4% 소금물을 만들려고 한다. 50g의 소금에 500g의 물을 부어서 만든 소금물에 추가로 넣어야 하는 물의 양은 얼마인가?

① 650g ② 675g ③ 700g ④ 725g ⑤ 750g

난이도: ★☆☆

02 상현이는 집에 5%의 소금물 400g을 만들어 두었다. 다음날 보니 어느 정도 증발이 된 상태라서 여기에 20% 소금물을 200g을 넣었더니, 12% 소금물이 되었다. 이때, 만들어진 12% 소금물의 양은 얼마인가?

① 450g ② 475g ③ 500g ④ 525g ⑤ 550g

난이도: ★★☆

03 농도를 모르는 소금물이 들어있는 비커 A가 있다. 여기에 소금을 60g 더 넣어 잘 혼합되도록 저은 다음, 농도를 20% 더 낮추기 위해 물을 500g 부었더니 800g의 소금물이 되었다면, A에 있는 최초 소금물의 농도는 몇 %인가?

① 8% ② 10% ③ 12% ④ 15% ⑤ 20%

난이도: ★☆☆

04 21%의 소금물 900g이 있다. 이 소금물을 큰 비커와 작은 비커에 각각 300g, 600g씩 담은 후 큰 비커에 소금을 조금 더 넣었다. 작은 비커에 있는 물을 증발시켜 두 비커의 소금의 양을 동일하게 만들고자 할 때 큰 비커에 더 넣어야 하는 소금의 양은 몇 g인가?

① 60g ② 61g ③ 62g ④ 63g ⑤ 64g

난이도: ★☆☆

05 큰 비커에 들어있는 3%의 설탕물 Ag과 작은 비커에 들어있는 12%의 설탕물 Bg을 섞어 6%의 설탕물을 만들려고 했으나 잘못하여 큰 비커에서 Bg을 넣고, 작은 비커에서 Ag을 섞었다. 이렇게 잘못 만들어진 설탕물의 농도는 얼마인가? (단, 소수점 둘째 자리에서 반올림한다.)

① 7% ② 7.5% ③ 8% ④ 8.5% ⑤ 9%

난이도: ★★☆

06 무제한의 소금 더미와 수돗물이 준비되어 있다. 비커에 물과 소금을 섞고 모두 녹인 뒤 농도를 측정해보니 10%로 측정되었다. 이 비커의 소금물에 소금을 25g 넣고 농도를 다시 측정했더니 20%가 되었다. 현재 소금물에서 두 배의 농도가 되기 위한 방법은?

① 물 110g 증발 ② 물 120g 증발 ③ 소금 50g 용해 ④ 소금 60g 용해 ⑤ 소금 75g 용해

난이도: ★☆☆

07 9% 소금물 200g이 있다. 여기에 18% 소금물을 넣어 농도가 15%인 소금물을 만들려고 한다. 이때 농도 18% 소금물에 들어있는 소금의 양은 몇 g인가?

① 18g ② 36g ③ 72g ④ 84g ⑤ 90g

난이도: ★☆☆

08 12% 설탕물과 5% 설탕물을 섞은 다음, 물 200g을 더 넣었더니 7% 설탕물 900g이 되었다. 5%의 설탕물은 몇 g을 섞었는가?

① 100g ② 200g ③ 300g ④ 400g ⑤ 500g

난이도: ★★☆

09 12% 소금물과 20% 소금물을 섞어 18%의 소금물을 만들려고 하다 잘못하여 두 소금물의 양을 바꾸어 섞었다. 이때, 잘못하여 만들어진 소금물의 농도는 몇 %인가?

① 14% ② 15% ③ 16% ④ 17% ⑤ 18%

난이도: ★★☆

10 농도가 7%인 소금물 300g과 농도가 5%인 소금물 500g이 있다. 이때 각각의 소금물에서 같은 양의 소금물을 떠서 서로 바꾸어 부었더니 두 소금물의 농도는 같아졌다. 각 소금물에서 떠낸 소금물의 양은?

① 187.5g ② 170g ③ 155.5g ④ 136.5g ⑤ 100g

난이도: ★★☆

11 소금물이 들어있는 비커 A와 비커 B가 있다. 비커 A에는 10% 소금물 300g이 들어있고, 비커 B에는 6% 소금물 600g이 들어있다. 세민이는 비커 B를 가열하여 400g으로 만들고 비커 A와 섞어서 소금물을 만들었다. 이후 만들어진 소금물에 물을 넣어서 농도를 5%로 맞추려고 할 때, 세민이가 넣어야 하는 물의 양은 얼마인가?

① 500g ② 540g ③ 580g ④ 620g ⑤ 660g

난이도: ★★★

12 농도를 알 수 없는 소금물 A, B, C가 있다. 세 종류의 소금물을 섞어서 아래와 같은 결과를 얻었다면, 소금물 A, B, C를 모두 같은 양을 섞었을 때 만들어지는 소금물의 농도는 얼마인가?

> ⓐ A 200g과 B 100g, C 300g을 섞으면 만들어지는 소금물의 농도는 8%이다.
> ⓑ A 450g과 B 300g, C 150g을 섞으면 만들어지는 소금물의 농도는 9.5%이다.
> ⓒ A 300g과 B 200g, C 200g을 섞으면 만들어지는 소금물의 농도는 9%이다.

① 8% ② 8.5% ③ 9% ④ 9.5% ⑤ 10%

난이도: ★★☆

13 A 비커에는 10% 소금물 200g이 담겨 있고, B 비커에는 18% 소금물 400g이 각각 담겨 있다. 유빈이는 A 비커에 있는 소금물의 절반을 B 비커에 옮겨 담고, 잘 섞은 뒤 B 비커에 있는 소금물의 절반을 다시 A 비커에 옮겨 담았다. 이때 A 비커에 담긴 소금물의 농도는 얼마인가? (단, 소수점 둘째 자리에서 반올림한다.)

① 13.8% ② 14.2% ③ 14.6% ④ 15.2% ⑤ 15.6%

난이도: ★☆☆

14 빨간색 컵에 12%의 소금물 1.2kg이 있다. 이 소금물을 파란색 컵과 흰색 컵에 각각 400g, 800g씩 나눠서 담은 후, 파란색 컵에는 소금을 더 넣고, 흰색 컵에는 물만 따로 증발시켜 소금의 양을 같게 하려고 한다. 이때 파란색 컵에 얼마만큼의 소금을 더 넣어야 하는가?

① 12g ② 24g ③ 36g ④ 48g ⑤ 60g

난이도: ★★☆

15 7% 소금물과 8% 소금물을 섞은 후 물을 증발시켜 10% 소금물 600g을 만들었다. 이때 8% 소금물의 양이 증발시킨 물의 양의 3배였다면 8% 소금물의 양은 얼마인가?

① 90g ② 180g ③ 360g ④ 460g ⑤ 540g

난이도: ★★★

16 고온 건조한 방에 농도 3%의 소금물 300g이 담긴 컵 A와 농도를 모르는 소금물 200g이 담긴 컵 B, 그리고 빈 컵 C가 있다. A와 B를 섞고 바로 측정했더니 농도는 5%였고 소금물의 수분은 1시간이 지나면 10%가 증발하고 있다. 섞지 않고 1시간이 지난 후 A와 B를 C컵에 섞었을 때의 농도가 x%이고, A와 B를 C컵에 섞은 후 1시간이 지났을 때의 농도가 y%라면, $x-y$는 무엇인가? (어떠한 모양, 어떠한 재질의 컵에 담더라도 1시간에 10%의 수분만 증발하고, 소금은 그대로이며, 소수점 둘째 자리에서 반올림한다.)

① -0.2 ② -0.1 ③ 0 ④ 0.1 ⑤ 0.2

약점 보완 해설집 p.18

DAY 08 농도 ②

• 권장 풀이 시간: /18분
• 맞은 문제: /17문제

난이도: ★☆☆

01 A 비커에 담긴 5%의 소금물 150g과 B 비커에 담긴 13%의 소금물 250g을 섞은 후, C 비커에 담긴 농도를 모르는 소금물을 섞었더니 15%의 소금물 600g이 되었다면 A 비커에 담긴 소금물의 양 m_Ag과 C 비커에 담긴 소금물의 양 m_Cg의 중량비를 $m_A : m_C = 4 : 1$의 비율로 섞을 때 몇 %의 소금물이 만들어지겠는가?

① 5% ② 9% ③ 12% ④ 15% ⑤ 18%

난이도: ★☆☆

02 농도가 18%인 소금물이 A 비커에, 20%인 소금물이 B 비커에, 그리고 10%인 소금물이 C 비커에 들어있다. 먼저 B와 C 비커의 소금물을 모두 합쳐보니 농도가 15%가 되었으며, 여기에 A 비커의 소금물을 합치니 총 300g에 17% 농도의 소금물이 만들어졌다면, A 비커 소금물의 양은 얼마였는가?

① 50g ② 100g ③ 150g ④ 200g ⑤ 250g

난이도: ★☆☆

03 업무 지시서를 잘못 읽은 실험 연구원은 원래 있던 물의 35%에 해당하는 만큼의 물을 덜어내야 하는데, 오히려 더 부었으며, 소금을 70g만 넣었어야 했는데 또 한 번 잘못 읽어 90g을 넣은 후 잘 녹도록 저었더니 25% 농도의 소금물이 되었다. 원래 업무 지시서대로 실험했다면, 소금물의 농도는 몇 %였겠는가?

① 15%　② 20%　③ 25%　④ 30%　⑤ 35%

난이도: ★★☆

04 농도 30%의 소금물 30g이 들어 있는 A 용기에 물을 일정량 더 넣고, 농도 6.25%의 소금물 32g이 들어 있는 B 용기에 열을 가해 일정량의 물을 끓인 후 소금을 더 넣었더니 A와 B의 농도가 같아졌다. A 용기에 더 넣은 물의 양, B 용기에서 끓여 증발한 물의 양, 더 넣어준 소금의 양이 동일할 때 이 양은 얼마인가?

① 5g　② 6g　③ 7g　④ 8g　⑤ 9g

난이도: ★★☆

05 7% 소금물과 10% 소금물을 섞은 후 물을 더 넣어 5% 소금물 650g을 만들었다. 더 넣은 물의 양과 7% 소금물의 양이 같을 때 더 넣은 물의 양은 몇 g인가?

① 80g　② 100g　③ 130g　④ 200g　⑤ 250g

난이도: ★☆☆

06 농도가 7%, 9%, 11%인 소금물을 합치면 농도 9.8%, 1,400g의 소금물이 된다. 농도가 7%와 9%인 소금물을 섞으면 8.2%인 소금물이 된다고 할 때, 농도 7% 소금물의 양은 몇 g인가?

① 240g ② 360g ③ 600g ④ 720g ⑤ 800g

난이도: ★★☆

07 농도가 9%, 5% 설탕물이 들어있는 비커 A, B가 있다. 비커 A에는 34g의 물을 증발시키고 똑같은 양만큼 설탕을 넣었다. 비커 B에는 40g의 설탕물을 버리고 똑같은 양만큼 물을 더 넣은 후, 두 비커를 섞었더니 13%, 600g의 설탕물이 되었다. 처음 비커 B에 들어있던 설탕의 양은 얼마인가?

① 10g ② 15g ③ 36g ④ 42g ⑤ 50g

난이도: ★★★

08 그릇 A에는 농도 15%, 500g의 소금물, 그릇 B에는 농도 12%, 400g 소금물이 있다. 이때 각 소금물 100g을 덜어내어 바꾸어 섞은 후 그릇 A에는 물을 증발시키고, 그릇 B에는 물을 더 넣었더니 두 그릇의 농도의 비가 5:2가 되었고, 두 소금물 양의 합은 931g이었다. 증발시킨 물의 양과 더 넣은 물의 양의 합은 몇 g인가?

① 195g ② 268g ③ 359g ④ 471g ⑤ 560g

난이도: ★★★

09 농도 10%의 소금물 100g에서 일정량의 소금물을 퍼내고 같은 양의 물을 넣은 다음, 다시 동일한 양의 소금물을 퍼내고 같은 양의 물을 넣었더니 농도 4.9%의 소금물이 되었다. 처음에 퍼낸 소금물의 양은 얼마인가?

① 15g ② 20g ③ 25g ④ 30g ⑤ 35g

난이도: ★☆☆

10 은정이는 지후가 만들어 놓은 12% 소금물 1,000g에 실수로 소금을 33g 더 넣어버렸다. 은정이는 이 소금물을 처음 지후가 만들어 놓은 소금물 농도와 동일하게 하기 위해서 물을 더 넣으려고 하는데, 이때 은정이가 넣어야 하는 물의 양은 얼마인가?

① 242g ② 250g ③ 259g ④ 267g ⑤ 275g

난이도: ★★☆

11 일정량의 농도를 가진 소독제 600g이 있다. 재우는 원하는 농도의 소독제를 갖기 위해 물 170g을 증발시켰다. 하지만 아직 부족하여 알코올 70g을 더 넣었더니 처음 농도의 4배인 소독제가 만들어졌다. 이때 처음 소독제의 농도는 얼마인가?

① 2% ② 2.5% ③ 4% ④ 5% ⑤ 5.5%

난이도: ★★★

12 비커 A에는 x% 소금물 200g, 비커 B에는 y% 소금물 400g이 들어있다. 비커 B의 소금물 100g을 비커 A로 옮기고 잘 섞은 후 다시 비커 A에서 비커 B로 100g 옮겨 섞었더니 최종적으로 A는 7%, B는 13%의 소금물이 되었다. 이때 $x+y$의 값은 얼마인가?

① 12 ② 15 ③ 18 ④ 22 ⑤ 25

난이도: ★★★

13 농도 6%인 소금물 300g과 농도 14%인 소금물 450g이 있다. 이때 농도가 높은 소금물에는 물을 더 넣고, 농도가 낮은 소금물에서는 농도가 높은 소금물에 넣은 물의 2배만큼 물을 증발시킨 후 두 소금물을 섞었더니 농도 12%의 소금물이 만들어졌다. 증발시킨 물의 양은?

① 60g ② 75g ③ 105g ④ 120g ⑤ 150g

난이도: ★☆☆

14 상철이는 실험실에서 화학실험을 준비하고 있다. 실험실에 준비된 염산 용액의 농도는 20%와 5%짜리가 있지만, 상철이의 실험은 염산 용액의 농도가 10%인 경우에만 진행할 수 있다. 따라서 상철이는 1L짜리 비커의 $\frac{1}{5}$을 농도 20% 염산 용액으로 채운 다음 농도 5% 염산 용액을 넣어서 희석시킨 후 실험을 진행하고자 한다. 상철이가 넣어야 할 농도 5% 염산 용액의 양은 얼마인가?

① 400ml ② 420ml ③ 440ml ④ 460ml ⑤ 480ml

난이도: ★☆☆

15 8%의 소금물 480g과 15% 소금물 120g이 있다. 8% 소금물에서 일정량을 퍼내고 15% 소금물 전체와 섞었더니 11% 소금물이 되었다. 이때, 퍼낸 소금물의 양은 얼마인가?

① 300g ② 305g ③ 310g ④ 315g ⑤ 320g

난이도: ★☆☆

16 지홍이는 바다새우를 키우기 위해 수조를 준비하고 있다. 처음 계량을 잘못하여 10% 소금물 14,000g을 만든 지홍이는 적정 농도인 4%의 소금물을 만들기 위해 호스를 연결하여 수돗물을 채우려고 한다. 호스를 통해서 분당 600g의 물을 수조에 채울 수 있다고 할 때, 지홍이는 몇 분 동안 물을 채워야 하는가? (단, 호스는 항상 동일한 양의 물을 채운다고 가정한다.)

① 30분 ② 35분 ③ 40분 ④ 45분 ⑤ 50분

난이도: ★★★

17 지영이는 농도가 6%인 소금물을 1,000g 준비했다. 이 소금물을 1분당 10g의 물을 증발시키는 건조기에서 얼마간 건조한 다음 준비했던 소금물과 동일한 농도의 소금물을 증발된 양의 1.5배만큼 넣었더니 농도가 8%인 소금물이 되었다. 지영이가 건조기에서 소금물을 건조한 시간은 총 몇 분인가?

① 10분 ② 20분 ③ 30분 ④ 40분 ⑤ 50분

약점 보완 해설집 p.21

DAY 09 원가·정가 ①

• 권장 풀이 시간: /18분
• 맞은 문제: /16문제

난이도: ★☆☆

01 가게에서 물건을 판매하고 있는 성호 씨는 원가가 1,200원인 물건 A는 원가에 5%의 이익을 붙여서 판매하고 있고, 원가가 1,300원인 물건 B는 원가에 20%의 이익을 붙여서 판매하고 있다. 하지만 물건 B의 판매가 저조해서 할인 판매를 시작했고, 물건 A 52개를 판매한 이익과, 물건 B 30개를 판매한 이익이 같아졌을 때, 물건 B의 할인율은 얼마인가?

① 10% ② 11% ③ 12% ④ 13% ⑤ 14%

난이도: ★★☆

02 지민이는 회사에서 사용할 자재 A 10개와, 자재 B 10개를 총 금액이 더 저렴한 업체에서 일괄구매하려고 한다. ○○업체와 ☆☆업체의 이익률과 할인율이 다음과 같을 때, 지민이가 지출할 총 금액은 얼마인가?

[OO업체와 ☆☆업체의 이익률과 할인율]

구분	OO업체		☆☆업체	
	자재 A	자재 B	자재 A	자재 B
이익률	10%	20%	30%	20%
할인율	-	10%	20%	-

※ 1) 모든 업체에서 자재 A의 원가는 1,000원, 자재 B의 원가는 2,000원으로 동일하다.
2) 최종 금액의 계산은 원가에 이익률을 감안하여 계산한 정가에서 할인율을 감안하여 산출한다.

① 32,200원 ② 32,400원 ③ 32,600원 ④ 32,800원 ⑤ 33,000원

난이도: ★☆☆

03 ○○문구점은 들여오는 모든 물건에 30%의 이익을 붙여서 판매하고 있다. 하지만 이번에 신규 기화 볼펜을 들여오면서 판촉 행사로 정가의 20%를 할인해서 판매하기로 했다. 이때 발생하는 이익이 120원이라면 기화 볼펜의 원가는 얼마인가?

① 2,800원 ② 3,000원 ③ 3,200원 ④ 3,400원 ⑤ 3,600원

난이도: ★★☆

04 백화점에서 브랜드가 다른 두 제품 A와 B를 50개씩 동일한 가격으로 협찬받아 총 금액 160,000원에 매입하였다. 제품 A와 B를 같은 소비자가로 판매했을 때, 제품 A는 모두 판매하여 25,000원의 이익을 얻었고, 제품 B는 일부가 남아서 개당 1,500원으로 가격을 인하하여 남은 제품을 모두 팔았다. 이때 제품 B에 대해 총 19,000원의 이익을 얻었다면 가격 인하하여 판매한 제품 B는 총 몇 개인가?

① 8개 ② 10개 ③ 12개 ④ 14개 ⑤ 16개

난이도: ★★☆

05 화장품 공장에서 현재 사용 중인 A사의 포장기계 30대 중 8대는 B사로, 4대는 C사 제품으로 교체하여 운영하기로 했다. 아래 주어진 자료를 참고할 때, 기계 교체 후 하루 동안 불량품으로 인한 손실액은 얼마나 감소할 것인가?

기계	A사	B사	C사
1대당 하루 생산량(개)	5,000	7,000	8,000
불량률(%)	3	1	2
불량품 1개당 손실액(원)	4,000	5,000	6,000

① 56만 원 ② 57만 원 ③ 58만 원 ④ 59만 원 ⑤ 60만 원

난이도: ★☆☆

06 인천의 한 공기업의 사내 여행 동호회에서 신입사원을 대상으로 신규 회원을 모집하였다. 신규회원은 정회원과 준회원으로 모집했으며 각각 30명, 10명씩 가입하였다. 동호회 가입비는 정회원 3만 원, 준회원은 1만 원이고, 각각 여행경비의 20%, 10%를 할인해 주는 혜택을 받지만 비회원 참여 직원은 별도의 할인 혜택을 주지 않는다. 이번 첫 사내 여행으로 신규 회원은 모두 참석하고 비회원은 10명이 함께 여행을 떠나기로 하고 여행 비용을 모두 모았더니, 가입비를 포함하여 총 530만 원이었다. 이때 가입비를 포함하여 준회원 1명이 지불한 여행경비는 얼마인가?

① 7만 원 ② 8만 원 ③ 9만 원 ④ 10만 원 ⑤ 11만 원

난이도: ★☆☆

07 A, B 두 제품을 합하여 45,000원에 사서 A제품은 원가의 20%, B제품은 원가의 10%의 이익을 붙여서 판매하였더니 6,500원의 이익을 얻었다. A제품의 원가는 얼마인가?

① 20,000원 ② 21,000원 ③ 22,000원 ④ 24,000원 ⑤ 25,000원

난이도: ★☆☆

08 어느 상점에서 판매하는 재킷과 바지의 가격의 합은 147,000원이다. 이때 두 가지의 옷을 세트로 구매 시 재킷은 27%, 바지는 20% 할인하여 원래 가격보다 36,750원의 할인을 받아 구매할 수 있다. 이때 할인된 바지의 가격은 얼마인가?

① 33,600원 ② 35,400원 ③ 37,500원 ④ 42,000원 ⑤ 53,100원

난이도: ★★☆

09 어떤 사람이 6,000원으로 A, B 두 상품을 사서 두 개 모두 2할의 이익을 붙여 정가를 매겼다. 그런데 팔리지 않아서 A 상품은 정가의 2할을, B 상품은 정가의 1할을 할인하여 팔았더니 이익의 합계가 360원이 되었다. 이때, A 상품의 원가는 얼마인가?

① 1,000원 ② 2,000원 ③ 3,000원 ④ 4,000원 ⑤ 5,000원

난이도: ★☆☆

10 A, B, C 세 가지의 상품은 각각 원가가 500원, 400원, 300원이다. 이때 각각 원가의 30%, 30%, 20%의 이익을 붙여 정가를 정했다. 세 상품의 총 개수는 300개이고 이 중 A 상품은 50개이다. 또한, C 상품을 모두 팔았을 때의 이익은 B 상품을 모두 팔았을 때의 이익의 2배라고 한다면 C 상품의 개수는?

① 50개 ② 100개 ③ 150개 ④ 200개 ⑤ 250개

난이도: ★★☆

11 현수는 원가의 20%를 이익으로 하는 도매업체와 계약을 하려고 하고 있다. 제품을 총 50개 구매하는 계약을 하였고, 해당 도매업체는 구매수량 30개 이상 시 15%를 할인해 주는 프로모션을 하고 있어서 현수는 178,500원에 계약을 할 수 있었다. 이때, 현수가 계약한 제품 1개당 원가는 얼마인가?

① 3,000원 ② 3,300원 ③ 3,500원 ④ 3,800원 ⑤ 4,000원

난이도: ★★☆

12 소민이는 온라인 쇼핑몰에서 전기포트와 에어프라이어를 하나씩 구매하면서 제품 할인과 적립금을 사용하여 총 209,800원을 지불하였다. 이때 전기포트는 정가의 10%를, 에어프라이어는 정가의 20%를 할인받아 평균 15%의 할인을 받았고, 사용한 적립금은 총 18,000원이었다. 이때 에어프라이어의 정가는 얼마인가?

① 68,000원 ② 84,000원 ③ 92,000원 ④ 118,000원 ⑤ 134,000원

난이도: ★★☆

13 분당의 한 백화점에서 A사와 B사 두 가지 종류의 시리얼을 A사는 정가의 10% 할인된 금액으로, B사는 정가의 20% 할인된 금액으로 판매하는데, A사와 B사 시리얼의 한 개당 판매 가격의 합은 45,200원이다. 두 브랜드의 할인 전 금액의 차가 3,000원이라면, 할인된 가격의 차는 얼마인가? (단, 정가는 A사가 더 비싸다고 한다.)

① 4,000원 ② 4,400원 ③ 4,800원 ④ 5,200원 ⑤ 5,600원

난이도: ★☆☆

14 세종시의 한 기업에서 근무하는 민식이의 작년 연봉은 4,000만 원이었다. 이 회사의 올해 연봉 인상률은 12%이며 민식이는 세금을 제외한 연봉 총액의 5%를 펀드에 투자하기로 했다. 올해 연봉에서 세금 지출이 4%라고 할 때 민식이가 올해 펀드에 투자할 금액은 얼마인가?

① 1,950,400원 ② 2,051,000원 ③ 2,150,400원 ④ 2,248,800원 ⑤ 2,352,400원

난이도: ★★☆

15 원가가 동일한 세 종류의 상품 A, B, C가 있다. A, B, C를 1개 팔면 각각 원가의 a%, b%, 5%의 이익이 있고, A, B를 각각 300개씩, C를 200개 팔았을 때 전체 원가의 8%의 이익이 있다. A, B를 각각 200개씩, C를 400개 팔면 이익은 전체 원가의 몇 %인가?

① 3%　② 4%　③ 5%　④ 6%　⑤ 7%

난이도: ★☆☆

16 전자제품 회사에서 1대의 원가가 25만 원인 카메라를 45대 판매하여 40%의 이익을 남기고, 이후 카메라 5대는 원가로 판매하였다. 판매한 카메라 50대에 대한 이익률은 몇 %인가?

① 42%　② 40%　③ 36%　④ 30%　⑤ 25%

약점 보완 해설집 p.25

DAY 10 원가·정가 ②

• 권장 풀이 시간: /18분
• 맞은 문제: /17문제

난이도: ★☆☆

01 어느 상점은 모든 상품을 원가의 45%를 초과하는 이익을 붙여 팔지 않도록 결정했다. 이때 원가가 6,000원인 상품에 운반비가 1,000원, 광고비가 500원이 들었다면 이익은 상품 하나를 팔 때에 들어간 비용의 몇 % 이하로 정해야 하는가?

① 13% ② 16% ③ 20% ④ 24% ⑤ 26%

난이도: ★☆☆

02 어제 시장에서 사과 10개와 배 5개를 사는 데 총 8만 원이 들었다. 그런데 오늘 비가 온 후 과일의 가격이 올라서 사과는 10%, 배는 5% 더 비싸졌다. 그래서 어제와 같은 양을 구입할 때, 비용이 6천 5백 원 더 들어간다고 할 때, 오늘 사과의 가격은 얼마인가?

① 4천 원 ② 4천 4백 원 ③ 5천 원 ④ 5천 5백 원 ⑤ 6천 원

난이도: ★★☆

03 아톰 팬시 회사는, 개당 순이익이 850원인 장난감 물총을 팔고 있다. 여름 성수기를 맞아 정가의 15% 할인한 금액으로 판매했더니, 판매량이 전에 비해 2.5배가 되었으며 이익은 216만 원 증가하였다. 이 장난감 물총의 원가가 150원이라면, 성수기 때 판매된 양은 몇 개인가?

① 2,400개　② 3,600개　③ 4,800개　④ 5,400개　⑤ 6,000개

난이도: ★☆☆

04 서울의 한 회사에서는 신입사원 행사를 위해 A브랜드에서 티셔츠를 원가 100,000원에서 5%를 할인받아 x개를 구입했고, 바지는 원가 60,000원에서 2,000원을 할인받아 y개를 구입하였다. 이때 티셔츠 총액과 바지 총액 차이는 1,320,000원이었다. 이 회사는 또 다른 B브랜드에서 티셔츠는 80,000원에 x개를 구입하고, 바지는 A브랜드의 할인가격과 동일한 금액으로 y개를 구입하였는데 총액은 A브랜드의 총 구입액보다 30만 원 저렴했다. 이때 A브랜드와 B브랜드에서 구매한 티셔츠와 바지는 총 몇 개인가?

① 20개　② 30개　③ 40개　④ 50개　⑤ 60개

난이도: ★☆☆

05 대학교 친구 우리, 나라, 대한이는 2박 3일로 제주도 여행을 갔다. 3인의 비행기 왕복 운임 640,000원은 우리가 지불하고, 여행 중의 모든 음식 관련 비용 380,000원은 나라가 지불하고, 숙박비 420,000원은 대한이가 지불했다. 이 여행에 든 모든 비용을 3명이 똑같이 낸다고 할 때 대한이와 나라가 우리에게 비용을 주면 정산이 끝난다고 한다. 이때 나라와 대한이는 우리에게 각각 얼마를 지불해야 하는가?

① 100,000원, 60,000원　② 120,000원, 60,000원　③ 120,000원, 80,000원
④ 140,000원, 60,000원　⑤ 160,000원, 80,000원

난이도: ★★☆

06 서초구의 한 미술관에서 입장료가 12,000원인 전시회를 개최하고 있다. 이 미술관은 36번째 입장객부터는 단체 할인으로 입장료의 35% 할인을 적용하고 있다. 동호회에서 이 전시회를 방문했고, 최종 입장료가 1인당 10,800원이 되었다면 총 몇 명의 회원이 전시회를 방문했는가?

① 48명 ② 49명 ③ 50명 ④ 51명 ⑤ 52명

난이도: ★★☆

07 운동화 제작 및 판매를 하는 A 브랜드는 경쟁사 B 브랜드와의 격차를 확대하기 위해 운동화와 슬리퍼 세트 상품을 구성하고 있다. 운동화는 원가에 20%의 이익을 더해서 정가를 책정하고, 슬리퍼는 원가에 비해 10% 손해를 보는 가격으로 정가를 책정한 세트의 가격은 192,000원이다. 이렇게 구성한 세트를 판매하면 세트 상품 원가의 8%가 이익으로 남는다고 할 때, 운동화의 정가는 얼마인가?

① 128,000원 ② 132,000원 ③ 137,000원 ④ 140,000원 ⑤ 144,000원

난이도: ★★☆

08 한 달에 제품 A는 300개를 판매하고 제품 B는 200개를 판매하는 업체가 있다. 이 업체는 제품 A의 정가는 원가에 10%의 이익을 더하여 산출하고 있고, 제품 B를 판매하여 얻는 이익이 제품 A를 판매하여 얻는 이익의 1.2배라고 할 때, 제품 B의 이익률은 얼마인가? (단, A와 B의 원가는 동일하다.)

① 15% ② 16% ③ 17% ④ 18% ⑤ 19%

난이도: ★★☆

09 수진이는 10% 할인 행사를 하고 있는 상품권을 구매하는 데 18만 원을 지불하였고, 구매한 상품권을 모두 사용하여 마트에서 20% 할인행사를 하고 있는 소고기를 구입했다. 수진이가 아무런 혜택을 받지 않고 현금으로 동일한 소고기를 구입했다면 얼마를 지불해야 하는가? (마트에서는 판매금액 산출 시 원 단위 미만은 절사한다.)

① 239,874원 ② 243,400원 ③ 250,000원 ④ 257,142원 ⑤ 262,000원

난이도: ★★☆

10 수영이와 수범이는 여행을 가서 동일한 모자를 구매했는데 수영이는 할인 기간 중 구입해서 정가보다 20% 할인된 금액으로 구입했지만, 수범이는 이틀 늦게 구입해서 수영이가 구입한 금액보다 20% 비싼 금액으로 구입했다. 수범이가 할인받은 금액에 700원을 더한 만큼 수영이가 수범이에게 주면 두 명이 지불한 금액이 서로 같아진다고 할 때, 수범이가 최초 모자를 구입할 때 지불한 금액은 얼마인가?

① 16,500원 ② 16,800원 ③ 17,100원 ④ 17,400원 ⑤ 17,700원

난이도: ★☆☆

11 ○○마트에서는 판매하는 제품 A의 정가를 원가에 15%의 이익을 붙여서 책정했다. 하지만 유통기한이 2일 이내로 남은 경우 정가에서 660원을 할인하여 판매하는데, 이때 제품 A를 1개 판매할 때마다 ○○마트는 4%의 이익을 얻는다. 이 경우 제품 A의 원가는 얼마인가?

① 6,000원 ② 6,200원 ③ 6,400원 ④ 6,600원 ⑤ 6,800원

난이도: ★★☆

12 ○○회사의 생산라인 중 A 생산라인에서 생산되는 제품의 원가는 12,000원이다. ○○회사는 이 제품 원가의 30%에 해당하는 금액을 더하여 정가를 산출하고 판매하고 있다. 1시간당 30개의 제품을 생산할 수 있는 A 생산라인은 1달 중 20일 동안 쉼 없이 가동을 하고 있으며, 그 외 시간에는 세팅 조정 및 점검을 진행하는데, 세팅 조정과 점검에 들어가는 비용을 포함하면 이익률은 원가의 20%가 된다고 할 때, 세팅 조정과 점검에 소요되는 비용은 1달에 얼마인가?

① 1,659만 원　② 1,728만 원　③ 1,782만 원　④ 1,848만 원　⑤ 1,904만 원

난이도: ★★☆

13 ○○회사에서 판매하는 제품 A의 작년 매출 이익은 4,000만 원으로 총 매출의 20% 수준이었다. ○○회사는 올해 경쟁력 강화를 위해 10%의 원가 절감을 하였고, 판매 금액 변경을 하여 작년과 동일한 수량을 판매했지만 총 매출은 10%가 감소되었다고 한다. 올해 ○○회사가 제품 A의 판매를 통해 얻은 매출 이익은 얼마인가? (단, '총 매출 = 원가 + 매출 이익'이다.)

① 3,600만 원　② 3,700만 원　③ 3,800만 원　④ 3,900만 원　⑤ 4,000만 원

난이도: ★★☆

14 어느 문구점에서 원가 500원인 연필과 원가 900원인 공책을 판매하는데 두 제품에 각각 5%, 3%의 이익을 붙여 정가를 정하면 모두 판매했을 때의 이익이 동일하다. 반대로 이익을 정하여 연필에 3%, 공책에 5%의 이익을 붙여 판매하면 공책을 모두 팔았을 때의 이익은 연필을 모두 팔았을 때의 이익의 3배보다 1,800원이 적다고 할 때, 연필은 몇 개인가?

① 400개　② 460개　③ 500개　④ 540개　⑤ 600개

난이도: ★★★

15 철수는 계란 2,000개를 판매를 위해 구매하였다. 하지만 운반하는 도중에 200개를 깨뜨렸다. 그 나머지를 모두 팔아 35%의 이익을 얻으려면 계란 한 개당 얼마의 이익을 붙여 정가를 정하여야 하는가?

① 42% ② 45% ③ 50% ④ 54% ⑤ 55%

난이도: ★☆☆

16 A사의 과자공장에서는 새우과자와 통밀과자 두 종류의 과자만 생산하고 있다. 통밀과자의 1개당 원가는 90원이고 불량품이 발생할 확률은 2%인데, 새우과자는 통밀과자에 비해 불량품이 발생할 확률은 1.5배이고 원가는 70원 비싸다. 전체 예산액 645,000원으로 두 제품을 생산하였는데 불량품으로 인한 손실 금액이 17,460원이라면 두 제품의 생산량 차이는 얼마인가?

① 80개 ② 360개 ③ 600개 ④ 750개 ⑤ 1,400개

난이도: ★★☆

17 어느 여행사에서는 단체로 여행을 신청할 경우에 여행비용을 할인해 주는데, 15명 이상 30명 미만이면 10%, 30명 이상이면 20%를 할인해 준다. 회원이 15명 이상이고 30명이 안 되는 어떤 모임에서 20%의 할인을 받기 위해 30명으로 단체 신청을 하였다. 그런데 여행에 2명이 올 수 없게 되어, 할인 전 총액의 5%에 해당하는 해약 수수료를 지불하고 갈 수 있는 회원의 수대로 15명 이상 30명 미만의 단체 신청으로 변경하였더니 더 이득이 되었다고 한다. 이 모임의 회원은 최대 몇 명인가?

① 25명 ② 26명 ③ 27명 ④ 28명 ⑤ 29명

약점 보완 해설집 p.28

DAY 11 경우의 수·확률 ①

• 권장 풀이 시간: /18분
• 맞은 문제: /17문제

난이도: ★☆☆

01 C 스마트폰에 필수 부품을 생산하는 중소기업 A와 B가 있다. 스마트폰 제조회사에서 부품 납품량을 A 기업에 20%, B 기업에 80%를 할당했다. A 기업에서의 제품 불량률은 6%이고, B 기업에서의 제품 불량률은 3%이다. 임의로 부품 하나를 선택했는데 우연히 불량이었고, 그 부품이 B 기업 제품일 확률은 얼마인가?

① $\frac{1}{2}$ ② $\frac{1}{3}$ ③ $\frac{2}{3}$ ④ $\frac{1}{4}$ ⑤ $\frac{3}{4}$

난이도: ★★☆

02 당근마트의 고객 행사장에서는 다음 기회에 표시가 된 공 4개, 당첨 표시가 된 공 1개가 들어 있는 상자의 뽑기 이벤트를 진행하고 있다. 구매금액 1만 원당 공 1개를 각각 혹은 동시에 뽑을 수 있다. 금일 총 4만 원어치를 구매하여 4개를 선택할 수 있는 고객이 두 개의 공을 동시에 꺼낸 후 다시 넣지 않고 두 개의 공을 동시에 또 꺼낸다고 할 때, 나중에 꺼낸 두 공이 모두 다음 기회에 표시가 된 공일 확률은?

① $\frac{1}{4}$ ② $\frac{1}{5}$ ③ $\frac{2}{5}$ ④ $\frac{3}{4}$ ⑤ $\frac{3}{5}$

난이도: ★☆☆

03 평택시 축구 지역 대표 선발전 리그에서 영래는 50%의 승부차기 성공률을 보였고, 성우는 20%, 학재는 30%의 승부차기 성공률을 기록하고 있다. 영래, 성우, 학재가 각각 한 번씩 승부차기를 한다고 할 때 단 한 명만 성공할 확률은 얼마인가?

① 45% ② 46% ③ 47% ④ 48% ⑤ 49%

난이도: ★★☆

04 어느 예능 오디션 프로그램에서는 예선을 통과한 사람들을 대상으로 4명씩 한 팀으로 묶어 리그전 형식으로 그 다음 라운드 진출자를 정하기로 했다. A팀에는 기복이를 포함한 4명이 한 팀으로 선정되었고, 전문가 집단의 통계 기준으로 기복이가 상대방을 이길 확률은 50%, 비길 확률은 30%, 질 확률은 20%라고 분석했다. 기복이가 승리할 경우 승점 3점, 비기면 1점이 추가되고, 질 경우는 1점이 감소된다. 승점이 5점 이상이 될 경우 다음 라운드에 진출할 것으로 생각될 때 기복이가 다음 라운드에 진출할 확률은?

① 51.5% ② 55.5% ③ 58.5% ④ 61.5% ⑤ 63.5%

난이도: ★☆☆

05 국내의 한 지역 대표 선발전에서는 40명이 참석해 5명씩 8개 조로 나누어 조별 리그전을 하고, 각 조의 2위까지 토너먼트에 참여하여 우승자를 가린다. 리그전은 개인이 다른 모든 상대방과 한 번씩 경기하는 방식이고, 토너먼트전은 경기를 해서 진 사람은 탈락하고, 이긴 사람끼리 다시 다음 경기를 계속하는 방식이다. 이 경우 우승자를 가리기 위해 필요한 경기 수는 몇 번인가?

① 91경기 ② 92경기 ③ 93경기 ④ 94경기 ⑤ 95경기

난이도: ★☆☆

06 수연이는 컴퓨터에 6개의 자릿수로 이루어진 데이터를 입력하고자 한다. 데이터에 입력할 수 있는 숫자는 0과 1뿐이고, 마지막 3자리가 '001'일 경우 정상적인 데이터 처리가 될 수 있도록 프로그래밍이 되어 있다고 할 때, 수연이가 데이터를 입력했을 때 정상적으로 처리될 수 있는 경우의 수는?

① 4개 ② 5개 ③ 6개 ④ 7개 ⑤ 8개

난이도: ★★☆

07 수종이는 내일까지 처리해야 하는 업무를 정리해 보았더니 보고서 작성과 프레젠테이션 자료 작성 업무를 포함하여 총 8개의 업무가 있는 것을 확인했다. 오늘 4개, 내일 4개의 업무를 처리하도록 계획을 세우려고 하는데, 프레젠테이션 자료 작성업무는 보고서 작성이 완료된 후에만 진행이 가능하며, 프레젠테이션 자료 작성은 오늘 중으로 반드시 마무리가 되어야 한다고 할 때, 수종이가 오늘 수행할 업무 순서의 경우의 수는 총 몇 가지인가?

① 120가지 ② 140가지 ③ 160가지 ④ 180가지 ⑤ 200가지

난이도: ★★☆

08 1부터 10까지의 숫자 10가지 중 1개의 숫자를 선택하는 프로그램이 있다. 이 프로그램을 3번 구동하였을 때 나온 결괏값의 합이 8이 되는 경우의 수는?

① 20개 ② 21개 ③ 22개 ④ 23개 ⑤ 24개

난이도: ★★☆

09 1부터 100까지의 자연수가 각각 적힌 100장의 카드가 있다. 이 중에서 임의로 한 장의 카드를 뽑을 때 이 카드에 적힌 수가 홀수 개의 약수를 갖는 수이거나 10의 배수인 경우의 수는?

① 17　② 18　③ 19　④ 20　⑤ 21

난이도: ★☆☆

10 어느 버스 정류장에서 매일 정해진 시간에 도착하기로 예정되어 있는 버스가 정시에 도착할 확률은 $\frac{3}{4}$, 정시보다 늦게 도착할 확률은 $\frac{1}{6}$이라고 한다. 이 버스가 이틀 동안 운행 중 하루는 정시에 도착할 확률은?

① $\frac{1}{144}$　② $\frac{3}{16}$　③ $\frac{5}{16}$　④ $\frac{3}{8}$　⑤ $\frac{121}{144}$

난이도: ★☆☆

11 A, B, C가 시험에 합격할 확률이 각각 $\frac{3}{5}$, $\frac{5}{6}$, $\frac{1}{2}$이라고 할 때, 세 사람 중에서 적어도 한 사람이 합격할 확률은?

① $\frac{1}{30}$　② $\frac{1}{10}$　③ $\frac{1}{3}$　④ $\frac{9}{10}$　⑤ $\frac{29}{30}$

난이도: ★☆☆

12 일자로 되어있는 테이블에 임원 3명, 직원 3명이 번갈아 가면서 자리에 앉아야 한다. 이때 가능한 경우의 수는 몇 가지인가?

① 30가지 ② 36가지 ③ 48가지 ④ 72가지 ⑤ 81가지

난이도: ★☆☆

13 원형 테이블에서 신입사원 2명과 선배사원 4명이 환영회를 진행하려고 한다. 신입사원 2명이 서로 이웃하지 않게 앉는 경우의 수는 몇 가지인가?

① 24가지 ② 48가지 ③ 72가지 ④ 136가지 ⑤ 180가지

난이도: ★★☆

14 A, B, C 세 사람은 0~9 중 하나의 숫자가 적혀 있는 10개의 카드에서 한 장씩 뽑아서 3자리 숫자를 만들고자 한다. A는 백의 자리, B는 십의 자리, C는 일의 자리 숫자를 뽑기로 했으며 A가 0을 뽑게 되면 0은 다시 카드 뭉치로 돌려놓고 0이 아닌 숫자 카드를 뽑을 때까지 다시 뽑는다고 할 때, A, B, C 세 사람이 뽑아서 만든 숫자가 홀수일 확률은? (단, 카드는 A → B → C 순서로 뽑으며 A가 0을 뽑는 경우를 제외하고 뽑은 카드를 다시 카드 뭉치에 돌려놓지 않는다.)

① $\frac{32}{81}$ ② $\frac{40}{81}$ ③ $\frac{1}{2}$ ④ $\frac{43}{81}$ ⑤ $\frac{85}{162}$

난이도: ★★☆

15 복권이 10장 들어있는 상자가 있다. 이 중 당첨 복권이 4장이라고 할 때, 상자에서 5번 연속 복권을 뽑아서 당첨 복권이 3장 나올 확률은 얼마인가? (단, 한번 뽑은 복권은 다시 상자에 넣지 않는다.)

① $\frac{1}{42}$ ② $\frac{5}{42}$ ③ $\frac{5}{21}$ ④ $\frac{1}{3}$ ⑤ $\frac{8}{21}$

난이도: ★☆☆

16 동현이네 동네에는 비정기적으로 문을 여는 맛집이 있다. 이 맛집이 비가 오는 날 문을 열 확률이 $\frac{3}{5}$이고, 비가 오지 않는 날 문을 열 확률은 $\frac{2}{3}$이다. 기상청 정보를 통해 확인해 봤을 때, 내일 비가 올 확률이 $\frac{4}{7}$라고 하면, 내일 이 맛집이 문을 열 확률은 얼마인가?

① $\frac{18}{35}$ ② $\frac{3}{5}$ ③ $\frac{22}{35}$ ④ $\frac{5}{7}$ ⑤ $\frac{4}{5}$

난이도: ★★☆

17 인경이는 1~6까지의 숫자 중 4개를 골라서 네 자리의 자연수를 만들려고 한다. 한번 사용한 숫자는 다시 사용하지 않는다고 할 때, 인경이가 만든 숫자가 2,143보다 큰 경우는 몇 가지인가?

① 276가지 ② 282가지 ③ 288가지 ④ 296가지 ⑤ 300가지

약점 보완 해설집 p.31

DAY 12 경우의 수·확률 ②

• 권장 풀이 시간: /18분
• 맞은 문제: /17문제

난이도: ★☆☆

01 어느 아이스크림 회사에서 한 해의 판매 목표액을 달성할 확률은 그해 여름의 평균 기온이 예년보다 높을 경우에 0.9, 예년과 같을 경우에 0.6, 예년보다 낮을 경우에 0.2이다. 일기 예보에 따르면 내년 여름의 평균 기온이 예년보다 높을 확률이 0.3, 예년과 같을 확률이 0.5, 예년보다 낮을 확률이 0.2라고 한다. 이때, 이 회사가 내년에 판매 목표액을 달성할 확률은?

① 0.61 ② 0.63 ③ 0.65 ④ 0.67 ⑤ 0.69

난이도: ★★☆

02 우리나라, 일본, 호주, 미국, 브라질, 스페인, 영국 7개의 나라가 축구 경기를 한다. 우리나라는 부전승으로 결정되었고 각 나라가 시합에서 이길 확률은 모두 $\frac{1}{2}$이다. 이때 우리나라와 일본이 시합할 확률은?

① $\frac{1}{12}$ ② $\frac{1}{6}$ ③ $\frac{1}{4}$ ④ $\frac{1}{3}$ ⑤ $\frac{1}{2}$

난이도: ★☆☆

03 호영이는 0~9까지의 숫자가 적혀 있는 카드 10장을 이용하여 두 자릿수의 자연수를 만들려고 한다. 호영이가 만들 수 있는 자연수는 총 몇 개인가?

① 81개 ② 83개 ③ 85개 ④ 88개 ⑤ 90개

난이도: ★☆☆

04 영석이는 여자친구 유진이와 추첨 이벤트에 참여했다. 이벤트에 참여한 총 인원은 17명이었으며 그중 남자는 영석이를 포함하여 8명이었다. 이벤트 당첨자는 참여인원 중 남자 2명, 여자 2명을 뽑는다고 할 때, 영석이와 유진이가 둘 다 동시에 이벤트에 당첨되는 경우의 수는 총 몇 개인가?

① 55개 ② 56개 ③ 57개 ④ 58개 ⑤ 59개

난이도: ★☆☆

05 세민이와 수영이는 카드 뒤집기 놀이를 하고 있다. 카드는 1~20까지의 숫자가 적혀 있는 카드 20장이며, 세민이가 카드를 한 번 뒤집은 후 숫자를 확인하고 자신이 뒤집은 카드를 포함하여 20장을 다시 섞은 후 수영이가 카드를 뒤집는다고 할 때, 세민이가 4의 배수, 수영이가 6의 배수에 해당하는 카드를 뒤집을 확률은 얼마인가?

① $\frac{3}{80}$ ② $\frac{1}{10}$ ③ $\frac{3}{20}$ ④ $\frac{1}{4}$ ⑤ $\frac{2}{5}$

난이도: ★★☆

06 A 공장에서 사용하고 있는 품질 측정기는 정상 제품을 불량으로 판정하는 1종 과오를 저지를 확률이 8%이고, 불량 제품을 정상 제품으로 판정하는 2종 과오를 저지를 확률이 2%라고 한다. 이 품질 측정기를 사용하여 불량 제품 400개와 정상 제품 600개의 검사를 진행했다. 1,000개의 제품 중 임의의 1개를 선택했을 때, 불량 제품으로 판정을 받았을 확률은?

① 36% ② 38% ③ 40% ④ 42% ⑤ 44%

난이도: ★☆☆

07 인천의 한 쇼핑몰에서는 오픈 기념행사로 상품 당첨 이벤트를 진행하고 있다. 두 개의 상자에서 추첨을 진행하는데 첫 번째 상자에는 당첨권 4장과 비 당첨권 16장이 들어있고, 두 번째 상자에는 당첨권 2장과 비 당첨권 13장이 들어있다. 첫 번째 상자에서 한 장을 꺼내서 확인하지 않고, 두 번째 상자에 넣은 뒤 두 번째 상자에서 다시 한 장을 꺼낼 때 두 번 다 당첨권이 나올 확률은?

① $\frac{1}{80}$ ② $\frac{1}{40}$ ③ $\frac{3}{80}$ ④ $\frac{1}{20}$ ⑤ $\frac{5}{80}$

난이도: ★☆☆

08 판교의 한 스타트업 회사의 A팀은 Next-Generation 프로젝트를 위해 B팀과 공동으로 관련 워크숍을 진행하려고 한다. 테이블의 한 열의 자리에 2년 차 이상 기존 직원 4명과 신입 사원 3명이 모두 앉으려고 한다. 기존 직원 자리에 구분은 없지만 신입사원은 서로 인접하여 앉지 않기로 한다. A팀이 테이블 자리에 앉을 수 있는 경우의 수는 총 몇 가지인가?

① 120가지 ② 240가지 ③ 480가지 ④ 1,440가지 ⑤ 2,400가지

난이도: ★★☆

09 한 전자제품 회사에서 새로운 기기를 출시하는데, 신제품 개발팀에서 불량률이 10%라고 한다. 10개를 뽑아 불량품이 2개가 나올 확률과 불량품이 전혀 나오지 않을 확률의 차이는 몇인가?

① $\frac{8\times9^8}{10^{10}}$　② $\frac{8\times9^7}{10^8}$　③ $\frac{4\times9^9}{10^{10}}$　④ $\frac{4\times9^{10}}{10^{10}}$　⑤ $\frac{8\times9^8}{10^9}$

난이도: ★☆☆

10 진수와 서율이는 농구 자유투를 연습하려고 한다. 진수가 골을 넣을 확률은 $\frac{3}{5}$이고, 서율이가 골을 넣을 확률은 $\frac{2}{3}$인데, 각각 2번씩 던지고 진수와 서율이 중 한 명이라도 한 번 이상 골을 넣을 확률은 얼마인가?

① $\frac{9}{15}$　② $\frac{156}{225}$　③ $\frac{11}{15}$　④ $\frac{14}{15}$　⑤ $\frac{221}{225}$

난이도: ★★☆

11 어느 놀이공원에는 놀이기구가 실내에 5개, 야외에 4개가 있다. 이 놀이공원에서 실내 놀이기구 중 3개, 야외 놀이기구 중 2개를 골라 타려고 할 때 놀이기구를 타는 방법의 수는?

① 360　② 480　③ 720　④ 3,600　⑤ 7,200

난이도: ★★★

12 어떤 책의 쪽수 28과 29를 인쇄하기 위해서는 숫자 2가 두 번, 숫자 8과 9가 각각 한 번씩 모두 4개의 숫자를 사용해야 한다. 1쪽부터 시작하는 어떤 책의 쪽수를 인쇄하는 데 총 789개의 숫자가 사용되었을 때, 그 책의 마지막 장의 쪽수는?

① 199쪽 ② 249쪽 ③ 299쪽 ④ 349쪽 ⑤ 399쪽

난이도: ★★☆

13 16개 팀이 참가하는 K-리그컵 축구 대회가 열릴 예정이다. 조별 예선은 4개 팀씩 4개 조로 편성하여 리그전 경기를 거쳐 조별 1, 2위로 8강팀을 확정한다. 그 다음 8강전부터는 토너먼트로 우승, 준우승, 3위, 4위를 정하고, 5~8위 순위는 정하지 않는다. 이 축구 대회에서 치러지는 총 경기의 수는 몇 번인가? (단, 리그전은 각 팀이 같은 조에 편성된 다른 상대 팀들과 모두 한 번씩 경기하는 방식이며, 토너먼트는 두 팀씩 짝을 지어 경기하여 승자가 날 때까지 이긴 팀끼리 계속해서 경기하는 방식이다.)

① 24 ② 32 ③ 44 ④ 56 ⑤ 60

난이도: ★★★

14 사과 8개를 서로 다른 접시 5개에 남김없이 나누어 담으려고 한다. 이때 1개의 접시만 비어있게 하는 경우의 수는?

① 60 ② 90 ③ 125 ④ 150 ⑤ 175

난이도: ★★☆

15 5개의 숫자로 이루어진 비밀번호 패드가 있다. 이 패드를 통해 입력하는 비밀번호는 4자리 숫자로 이루어져 있으며, 서로 모두 다른 숫자로 구성되어 있다고 한다. 비밀번호 4자리 중 첫 번째 자리의 숫자가 가장 작고, 마지막 자리의 숫자가 가장 크다고 할 때, 비밀번호로 가능한 숫자의 경우의 수는 총 몇 개인가?

① 10개 ② 11개 ③ 12개 ④ 13개 ⑤ 14개

난이도: ★☆☆

16 해영이는 이번 주말 컴퓨터활용능력 1급 실기 시험과 한국사능력검정시험에 응시할 예정이다. 해영이가 컴퓨터활용능력 1급에 합격할 확률은 40%이고, 한국사능력검정시험에서 2급 미만이 나올 확률은 30%, 2급이 나올 확률은 33%, 1급이 나올 확률은 37%라고 할 때, 해영이가 주말에 모든 시험에 응시한 결과 컴퓨터활용능력 1급과 한국사능력검정 2급 이상을 모두 취득할 확률은?

① 13.2% ② 14.8% ③ 20.0% ④ 26.2 % ⑤ 28.0%

난이도: ★★☆

17 A, B, C 세 사람은 가위바위보 게임을 하고 있다. A, B, C 3명 중 제비뽑기를 통해 1명은 부전승이 되고, 남은 2명 중 승자와 결승전을 갖기로 했다. A가 B에게 이길 확률이 60%, B가 C에게 이길 확률이 40%, C가 A에게 이길 확률이 70%라고 할 때, A가 우승할 확률은 얼마인가?

① 23% ② 24% ③ 25% ④ 26% ⑤ 27%

약점 보완 해설집 p.34

DAY 13 기타

• 권장 풀이 시간: /18분
• 맞은 문제: /16문제

난이도: ★☆☆

01 어느 학원의 수강생 중에서 전체 학생의 $\frac{1}{4}$은 안경을 착용하였고, 나머지 학생 가운데 $\frac{1}{4}$은 렌즈를 착용하고, $\frac{1}{3}$은 라식을 하였다고 한다. 수강생 총 인원이 48명이라고 할 때, 안경이나 렌즈를 착용하지 않고, 라식도 하지 않은 학생은 총 몇 명인가? (단, 안경과 렌즈를 동시에 착용한 학생은 없고, 라식을 한 학생이 안경이나 렌즈를 착용하지도 않았다.)

① 12명　② 13명　③ 14명　④ 15명　⑤ 16명

난이도: ★☆☆

02 국내 한 동물보호협회 회원 200명을 대상으로 기르고 있는 동물에 대한 현황을 조사했고, 다음은 조사 결과에 대한 설명이다. 회원 중 개, 고양이, 물고기 중 어느 하나도 키우지 않은 회원은 총 몇 명인가?

[조사 결과]

- 개를 키우는 회원은 총 100명이고, 고양이를 키우는 회원은 65명이며 물고기를 키우는 회원은 30명이었다.
- 물고기를 키우지만 개는 키우지 않은 회원은 20명이다.
- 개와 고양이를 모두 키우는 회원은 25명이다.
- 고양이와 물고기를 모두 키우는 회원은 없다.

① 30명　② 35명　③ 40명　④ 45명　⑤ 50명

난이도: ★★☆

03 A기업 입사 필기시험에서 50명 중 30명이 시험에 합격하여 2차 면접 대상이 되었다. 필기시험 합격자 중 가장 낮은 점수는 합격자들의 평균보다 20점이 낮고, 전체 50명의 평균보다 8점이 낮았으며, 불합격자의 평균의 2배보다 6점이 낮았다. 합격자의 평균 점수는 몇 점인가?

① 32점 ② 36점 ③ 42점 ④ 46점 ⑤ 52점

난이도: ★★☆

04 어느 회사의 인턴 20명을 모집하는 시험에 최종 40명이 지원하였다. 이 시험의 최저 합격점수는 40명의 평균보다 5점이 낮았고, 최종합격자의 평균보다는 15점이 낮았으며, 불합격자의 평균의 2배보다는 10점이 낮았다. 이때 최저 합격점수는 몇 점인가?

① 20점 ② 25점 ③ 30점 ④ 35점 ⑤ 40점

난이도: ★★☆

05 ○○기업은 신입사원 250명의 퇴근 후 여가를 즐기는 방법에 대한 설문조사를 실시하였다. 다음은 이 중 운동과 게임에 대한 현황을 나타낸 조사 결과 요약이다. 운동은 하지만 게임을 하지 않는 신입사원은 총 몇 명인가?

[조사 결과]

○ 퇴근 후 운동을 하는 신입사원은 120명이다.
○ 퇴근 후 게임을 하는 신입사원은 60명이다.
○ 운동을 하지만 게임을 하지 않는 신입사원은 게임을 하지만 운동을 하지 않는 신입사원의 3배이다.

① 60명 ② 70명 ③ 80명 ④ 90명 ⑤ 100명

난이도: ★☆☆

06 동현이는 국가자격증 시험 준비를 하면서 총 10번의 모의고사에 응시했다. 동현이는 시험에서 항상 94점 또는 87점을 받았으며, 10번의 모의고사 평균 점수는 91.2점이었다. 이때 동현이가 94점을 받은 횟수는 몇 번인가?

① 3번　② 4번　③ 5번　④ 6번　⑤ 7번

난이도: ★☆☆

07 ○○공사 채용을 위한 필기시험에 총 200명이 응시하였다. 필기시험 결과 상위 30%에 해당하는 지원자가 합격을 하였고, 전체 응시생의 평균 점수는 57.6점이었으며, 합격자와 불합격자의 평균 점수 차이는 26점이었다. 이때, 합격자의 평균 점수는 몇 점인가? (단, 동점자는 발생하지 않았다.)

① 75.8점　② 76.2점　③ 76.6점　④ 77.0점　⑤ 77.4점

난이도: ★☆☆

08 총 12명이 응시한 시험이 있다. 시험 결과를 살펴보니 응시자 중 8명의 점수 총합은 533점이고, 남은 네 명 중 한 명의 점수는 응시자 평균 점수보다 13점이 높았다. 그 외 남은 세 명의 평균 점수는 82점이라고 할 때, 전체 응시자의 평균 점수는 몇 점인가?

① 72점　② 75점　③ 77점　④ 80점　⑤ 82점

난이도: ★★☆

09 ○○공사에 근무 중인 갑, 을, 병 세 사람의 직무 평가 결과 세 사람의 평균 점수는 108점이고, 갑의 평가 점수는 115점이었다. 세 사람의 평가 점수의 분산이 26이고, 을의 점수가 병의 점수보다 높다고 할 때, 병의 평가 점수는 몇 점인가?

① 100점 ② 103점 ③ 106점 ④ 110점 ⑤ 113점

난이도: ★☆☆

10 다음은 ○○공사 관리팀에 근무 중인 사원직급 A~E 5명의 역량평가의 평균 점수를 구하여 편차를 계산한 결과이다. 이 결과를 토대로 했을 때, 이들의 분산과 표준편차는 각각 얼마인가? (단, 소수점 둘째 자리에서 반올림한다.)

직원	A	B	C	D	E
편차	5	1	-1	-3	-2

	분산	표준편차
①	4	2
②	4	2.4
③	8	2.6
④	8	2.8
⑤	9	3

난이도: ★☆☆

11 진수 학급에는 진수를 포함하여 30명의 친구가 있다. 영어, 수학, 과학 중에서 두 과목의 학원에 다니는 친구들은 총 16명이고, 영어학원만, 수학학원만, 또는 과학학원만 다니는 친구들은 각각 3명씩이다. 영어, 수학, 과학 중 아무 학원도 다니지 않는 친구는 1명뿐이라면, 영어학원, 수학학원, 과학학원 세 학원을 모두 다니는 친구들은 몇 명이겠는가?

① 3명 ② 4명 ③ 5명 ④ 6명 ⑤ 7명

난이도: ★★★

12 **다음은 신입사원 200명을 대상으로 성별, 문과, 이과, 인턴 경험의 유무를 조사한 결과이다. 조사 결과에 근거했을 때 문과 출신 신입사원은 총 몇 명인가?**

ㄱ. 인턴 경험이 있는 신입사원은 56명이다.
ㄴ. 인턴 경험이 있는 신입사원 가운데 문과 출신은 31명이다.
ㄷ. 인턴 경험이 없는 신입사원 가운데 이과 출신 남자는 22명이다.
ㄹ. 인턴 경험이 없는 신입사원 가운데 이과 출신 여자는 92명이다.

① 60명　② 61명　③ 62명　④ 63명　⑤ 64명

난이도: ★★★

13 **지혜의 1학기 중간고사 주요 과목 국어, 영어, 수학, 사회, 과학 과목 성적 결과가 아래와 같을 때, 주요 과목 중 가장 성적이 높은 것과 낮은 것을 순서대로 올바르게 짝지은 것을 고르면?**

ㄱ. 과목별 만점은 100점이다.
ㄴ. 영어와 과학 점수의 평균은 82점이다.
ㄷ. 수학과 사회 점수의 평균은 76점이다.
ㄹ. 국어와 영어, 사회 점수의 평균은 84점이다.
ㅁ. 국어 점수는 중간고사 주요 과목의 평균 점수와 같다.
ㅂ. 영어 점수는 사회 점수보다 1점 더 높다.

① 영어 - 수학　② 수학 - 영어　③ 국어 - 사회　④ 영어 - 과학　⑤ 사회 - 과학

난이도: ★★☆

14 **100명의 학생을 대상으로 세 문제 a, b, c를 풀게 하였다. 문제 a를 맞힌 학생의 집합을 A, 문제 b를 맞힌 학생의 집합을 B, 문제 c를 맞힌 학생의 집합을 C라 할 때, $n(A)=40$, $n(B)=35$, $n(C)=52$, $n(A\cap B)=15$, $n(A\cap C)=10$, $n(A^C\cap B^C\cap C^C)=7$이다. 세 문제 중 두 문제 이상을 맞힌 학생 수의 최솟값은?**

① 18　② 20　③ 22　④ 24　⑤ 26

난이도: ★☆☆

15 **다음 중 옳은 설명은?**

① 중앙값은 항상 자료의 값 중에 존재한다.

② 최빈값은 자료 수가 적은 경우에 더 유용하다.

③ 최빈값은 항상 존재한다.

④ 평균은 중앙값에 비해 변량의 값에 영향을 더 많이 받는다.

⑤ 자료의 값에 매우 크거나 매우 작은 극단적인 값이 포함되어 있을 때는 대푯값으로 중앙값보다는 평균을 사용하는 것이 낫다.

난이도: ★★★

16 **○○회사의 회계사로 지원한 사람의 수는 40명이다. 적성검사를 통해 90점 이상의 지원자를 인원수에 상관없이 합격자로 선발하였고, 그 결과 총 6명이 합격했다. 합격자의 평균 점수는 94점이고, 탈락자의 평균 점수는 84점이라 할 때, 합격자의 평균 점수와 총 지원자의 평균 점수의 차이는 얼마인가?**

① 6.5점 ② 7.5점 ③ 8.5점 ④ 9.5점 ⑤ 10.5점

약점 보완 해설집 p.37

PART 2
응용수리 실전 공략

DAY 14 실전 연습 ①

• 권장 풀이 시간: /18분
• 맞은 문제: /16문제

난이도: ★☆☆

01 1부터 8까지 적혀있는 8면체 주사위 4개를 굴려서 나온 값들로 최소공배수를 구하려고 한다. 시우와 현수가 최소공배수 대결을 하는데, 둘 중 주사위 굴림 후 최소공배수가 높게 나온 사람이 이기는 규칙으로 게임을 진행한다. 시우가 굴린 주사위 네 개의 값은 각각 5, 8, 6, 1이고, 현수가 굴린 주사위 네 개의 값 중 세 개의 값은 3, 5, 4일 때 현수가 이기려면 나머지 주사위 한 개의 값으로 될 수 있는 수는 몇인가?

① 3 ② 5 ③ 6 ④ 7 ⑤ 8

난이도: ★★☆

02 어떤 회사에서는 사람마다 일정한 주기로 당직을 서는데 A는 12일마다 당직을 서고 B는 15일마다 당직을 선다. 5월 1일에 처음으로 함께 당직을 섰다면 다음에 처음으로 함께 당직을 서는 날은 언제인가? (단, 주말과 공휴일은 모두 무시한다.)

① 6월 28일 ② 6월 29일 ③ 6월 30일 ④ 7월 1일 ⑤ 7월 2일

난이도: ★☆☆

03 조립식 장난감 동호회 회원 A, B, C가 있다. A 혼자 조립식 장난감을 조립하면 90시간이 소요되고, A와 B가 함께 조립하면 60시간, B와 C가 함께 조립하면 72시간이 소요된다. 이때, C가 혼자 조립식 장난감을 조립하면 몇 시간이 소요되는가?

① 60시간 ② 75시간 ③ 90시간 ④ 105시간 ⑤ 120시간

난이도: ★★☆

04 ○○대학교 A 학과의 전체 학생 수는 725명이고, B 학과의 전체 학생 수는 525명이다. 올해 A 학과는 남학생 수는 8% 증가, 여학생 수는 3% 감소하면서 총 761명이 되었으며, B 학과는 남학생 수는 1% 증가, 여학생 수는 4% 감소하면서 총 524명이 되었다. 이때, 올해 A 학과와 B 학과에 재학 중인 여학생 수는 총 몇 명인가?

① 306명 ② 314명 ③ 322명 ④ 330명 ⑤ 338명

난이도: ★☆☆

05 A와 B는 200km의 거리를 사이에 두고 있다. A는 차를 타고 시속 90km로, B는 자전거를 타고 시속 10km로 서로를 향해 달릴 때, A가 B보다 30분 늦게 출발했다면 A가 출발한 시간부터 두 사람이 만나는 시간은 몇 시간 후인가?

① 1시간 33분 후 ② 1시간 57분 후 ③ 2시간 3분 후 ④ 2시간 27분 후 ⑤ 2시간 32분 후

난이도: ★☆☆

06 국내 대기업 신입사원 입사 기념행사를 위해 버스 2대를 준비했다. 신입사원 80명은 1호차와 2호차에 나누어 타고, 행사장으로 출발하였다. 1호차는 시속 70km로 이동하고, 그 뒤 2호차는 시속 60km로 갔더니 1호차가 행사장에 도착하고 난 뒤 20분 후에 뒤차가 도착했다. 회사에서 행사장까지의 거리는 얼마인가?

① 120km　② 125km　③ 130km　④ 135km　⑤ 140km

난이도: ★★☆

07 지훈이는 집에 세 종류의 소금물을 만들었다. 최초 2개의 소금물은 계량을 통해 6% 소금물 400g, 11% 소금물 300g임을 확인했지만, 마지막 소금물은 농도는 측정하지 않아서 750g이라는 것만 알고 있다. 6% 소금물 중 절반과 11% 소금물 전부를 섞고, 거기에 농도를 알지 못하는 소금물 전체를 섞었더니 완성된 소금물의 농도는 7.5%가 되었다고 할 때, 최초 농도를 알 수 없는 소금물 750g에 포함된 소금의 양은 얼마인가?

① 48.00g　② 48.25g　③ 48.50g　④ 48.75g　⑤ 49.00g

난이도: ★★☆

08 경쟁사인 A 업체와 B 업체는 서로 동일한 제품을 판매하고 있다. A 업체는 원가에 20%의 이익을 붙여서 정가를 책정하였고, B 업체는 원가에 10%의 이익을 붙여서 정가를 책정하였다. A 업체는 가격 경쟁력 확보를 위해 B 업체의 정가보다 57원 저렴한 가격에 판매가를 책정하기 위해서 정가의 10%를 할인하였다. B 업체의 원가가 1,500원이라고 할 때, A 업체의 원가는 얼마인가?

① 1,450원　② 1,475원　③ 1,500원　④ 1,525원　⑤ 1,550원

난이도: ★★☆

09 ○○마트에서는 원가가 1개당 800원인 과자를 구입하여 판매하기 시작했다. 판매 첫 주에는 이익률을 50%로 하여 책정한 정가로 판매하여 총 수량의 $\frac{1}{3}$을 판매했고, 두 번째 주에는 정가의 20%를 할인한 금액으로 판매하여 남은 수량의 $\frac{1}{2}$을 판매했다. 그리고 남은 수량은 두 번째 주에 판매한 금액에서 60원을 할인한 금액으로 판매했더니 49,500원의 이익이 남았다. ○○마트에서 최초 구입한 과자의 수량은 몇 개인가?

① 75개 ② 125개 ③ 175개 ④ 225개 ⑤ 275개

난이도: ★☆☆

10 A 도시의 이번 겨울 날씨를 살펴본 결과 눈이 내린 다음 날에도 눈이 내릴 확률은 $\frac{3}{7}$이고, 눈이 내리지 않은 다음 날 눈이 내릴 확률은 $\frac{1}{7}$이다. 수요일인 오늘 눈이 내린다고 할 때, 내일모레 금요일에 눈이 내릴 확률은?

① $\frac{4}{49}$ ② $\frac{9}{49}$ ③ $\frac{13}{49}$ ④ $\frac{2}{7}$ ⑤ $\frac{36}{49}$

난이도: ★★☆

11 갑, 을, 병, 정 4명의 사원이 출장을 가게 되었다. 그 지역에서 숙박할 수 있는 호텔은 3곳뿐이다. 여러 명이 한 호텔에 함께 투숙하는 것도 가능하다고 할 때, 4명의 사원이 투숙할 방법의 수는?

① 12가지 ② 24가지 ③ 64가지 ④ 81가지 ⑤ 128가지

난이도: ★☆☆

12 A~C 세 개의 반으로 구성된 한 학교가 있다. A반은 40명, B반은 50명, C반은 35명인데, 영어 과목의 평균은 B반은 A반보다 평균 10점이 낮고, C반의 평균은 A반의 평균의 2배보다 40점이 낮고, B반의 평균보다 25점이 높다. 영어 과목에 대한 이 학교의 전체 학생 평균 점수는? (단, 소수 첫째 자리에서 반올림한다.)

① 53점 ② 54점 ③ 55점 ④ 56점 ⑤ 57점

난이도: ★☆☆

13 다음 중 옳은 설명은?

① 분산이 클수록 자료는 평균 가까이에 모여 있다.

② 편차는 평균에서 변량을 뺀 값이다.

③ 표준편차가 클수록 분포 상태가 고르다고 할 수 있다.

④ 편차는 항상 양수의 값을 갖는다.

⑤ 편차의 절댓값이 클수록 변량은 평균에서 멀리 떨어져 있다.

난이도: ★☆☆

14 광수는 지난 해 태양광 에너지 발전 사례 분석을 위해 영국 출장을 다녀오고 난 뒤 남은 2,400파운드를 국내 은행에서 환전해 다음 달에 있을 이탈리아 출장 때 가지고 가려고 한다. 국내 은행에 방문하여 고시한 환율표를 확인해 보니 1파운드당 1,500원, 1유로당 1,200원이었다면 광수가 이탈리아 출장 때 가져갈 수 있는 유로화는 얼마인가? (단, 국내에서 환전 시 파운드화에서 원화로, 원화에서 유로화로 이중 환전을 해야 하며, 환전 수수료는 고려하지 않는다.)

① 2,750유로 ② 3,000유로 ③ 3,050유로 ④ 3,200유로 ⑤ 3,350유로

난이도: ★★☆

15 청소년 축구대표를 꿈꾸는 민국이가 드리블 연습을 하러 3시 30분에 축구장에 도착하여 40분간 운동을 하고 시계를 보았을 때, 손목시계의 두 바늘이 이루는 각은 몇 도인가?

① 55° ② 60° ③ 65° ④ 70° ⑤ 75°

난이도: ★★★

16 A에서 B지점까지 최단 거리로 이동하려 한다. 이때 P와 Q 중에 한 점만 지나는 경우의 수는?

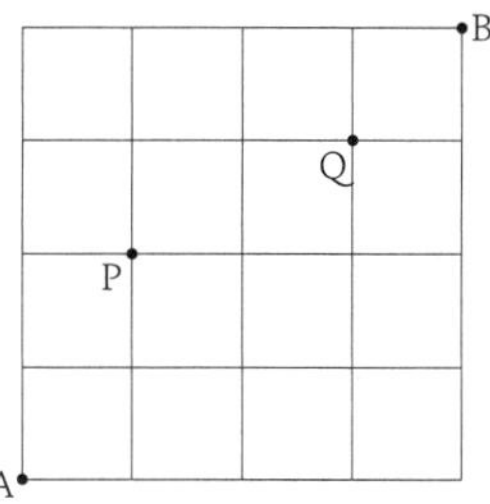

① 12 ② 18 ③ 34 ④ 40 ⑤ 52

약점 보완 해설집 p.40

DAY 15 실전 연습 ②

• 권장 풀이 시간: /18분
• 맞은 문제: /17문제

난이도: ★☆☆

01 **○○공사가 아래와 같이 신입사원을 선발했을 때, 올해 선발된 여자 신입사원은 모두 몇 명인가?**

- 작년에 선발된 신입사원은 총 465명이었다.
- 올해는 전년 대비 남자 신입사원은 5% 증가했고, 여자 신입사원은 12% 증가했다.
- 올해 선발된 신입사원은 작년 대비 39명 더 많았다.

① 224명　② 240명　③ 252명　④ 264명　⑤ 280명

난이도: ★☆☆

02 **창고에 A4용지와 A5용지가 들어있는 상자가 있다. 처음 상자 안에는 총 60묶음의 A4용지와 A5용지가 들어 있었는데, A4용지를 $\frac{3}{4}$만큼, A5용지는 $\frac{1}{5}$만큼 사용한 뒤 무게를 측정해 보니 17.6kg이었다. 처음에 들어 있던 A5용지는 몇 묶음인가?** (A4용지 1묶음 = 800g, A5용지 1묶음 = 600g이다.)

① 17묶음　② 18묶음　③ 19묶음　④ 20묶음　⑤ 21묶음

난이도: ★☆☆

03 ○○출판사는 교재 A와 B를 판매하고 있다. 지난달 ○○출판사가 판매한 교재 A와 B는 총 1,600권이었는데, 이번 달 교재 A는 판매량이 지난달에 비해 3% 감소하였고, 교재 B는 5% 증가하여 총 판매 수량은 1,616권이 되었다. 이번 달 ○○출판사가 판매한 교재 B는 총 몇 권인가?

① 820권 ② 825권 ③ 830권 ④ 835권 ⑤ 840권

난이도: ★★☆

04 초원의 한 목장에서는 풀이 매일 일정하게 자라고 있는데, 12마리의 말들은 4일이 지났을 때 풀을 다 먹고, 7마리의 말들은 9일 만에 그 풀을 다 먹는다고 한다. 한 마리의 말이 매일 먹는 풀의 양을 1이라고 하면, 원래 있던 풀의 양 A와 매일 풀이 자라는 양 B의 합 A+B는 얼마인가?

① 37 ② 39 ③ 43 ④ 47 ⑤ 50

난이도: ★☆☆

05 A건설회사는 서울의 한 신축 아파트에 공원을 조성 중이다. 이 공원은 가로가 128m, 세로의 길이는 80m인 직사각형의 부지에 가장자리를 따라 일정한 간격으로 나무를 심으려고 한다. 직사각형의 네 모서리에는 반드시 나무를 심지만 최대한 적게 심고 싶을 때 필요한 나무는 총 몇 그루인가?

① 25그루 ② 26그루 ③ 27그루 ④ 28그루 ⑤ 29그루

난이도: ★★☆

06 어떤 일을 혼자 한다면 갑은 3시간 만에, 을은 7시간 만에 완성할 수 있다고 한다. 갑은 한번 일할 때 30분씩 일을 하고 을은 35분씩 일을 한다. 갑이 먼저 일을 시작하여 을과 함께 번갈아 가며 한 명씩 일을 한다고 할 때 을이 마지막으로 일을 한 후 일이 완성되었다. 일이 완성되기까지 걸린 시간은?

① 3시간 20분　② 4시간　③ 4시간 20분　④ 5시간 40분　⑤ 6시간

난이도: ★☆☆

07 빈 욕조를 꽉 채우는 데 A 수도꼭지만 틀면 6시간, B 수도꼭지만 틀면 4시간, C 수도꼭지만 틀면 12시간이 걸리며, 꽉 찬 욕조에 배수구를 열면 5시간 후 물이 다 빠진다. 모든 수도꼭지를 열어 욕조의 $\frac{1}{6}$까지 채웠을 때 B, C 수도꼭지를 잠그면서 동시에 배수구를 열면, 세 수도꼭지를 모두 틀기 시작했을 때부터 얼마 후 물이 다 빠지겠는가?

① 4시간　② 4시간 30분　③ 5시간　④ 5시간 20분　⑤ 6시간

난이도: ★★☆

08 지우, 혜경, 철희 세 명은 텀블러에 각각 농도가 7.5%, 4%, 13.5%인 소금물을 담아왔다. 지우는 소금물을 400g을 가져왔고, 혜경이는 300g을 가져왔지만, 철희는 무게를 측정하지 않았다. 세 명이 가져온 소금물을 전부 다 섞었더니 만들어진 소금물의 농도가 8.5%라고 할 때, 철희가 처음 가져온 소금물의 양은 얼마인가?

① 350g　② 375g　③ 400g　④ 425g　⑤ 450g

난이도: ★☆☆

09 정가가 2,000원인 초콜릿의 원가는 500원이다. 홍보를 목적으로 지금 판매되고 있는 가격에 대한 이윤의 30%를 할인하여 파격 세일을 하려고 한다. 할인 전에는 한 달에 평균 2,000개 팔리던 초콜릿의 판매량이 파격 세일 이후 한 달간 이전 대비 25% 증가했다면, 이윤의 차이는 얼마인가?

① 250,000원 손해 ② 375,000원 손해 ③ 125,000원 이익
④ 250,000원 이익 ⑤ 375,000원 이익

난이도: ★★☆

10 어느 문구점에서 두 종류의 펜을 7,500원 주고 들여왔다. 펜에 대해 각각 20%, 30%의 이익을 붙여 판매하는데 두 제품 모두 잘 팔리지 않아 정가에 10% 할인하여 판매하였다. 두 펜을 팔아 960원의 이익을 얻었다면 두 제품의 원가의 차는 얼마인가?

① 500원 ② 600원 ③ 700원 ④ 800원 ⑤ 900원

난이도: ★☆☆

11 ○○기관에서 남녀 400명을 대상으로 학력 조사를 실시하였다. 조사대상자 중 남성은 210명이었고, 그중 135명은 4년제 대학 졸업 이상의 학력을 가지고 있었으며, 조사대상자 중 4년제 대학 졸업 미만의 학력을 가진 여성은 70명이었다. 이때, 조사대상자 400명 중 임의로 선택한 1명이 여성일 때, 이 여성의 학력이 4년제 대학 졸업 이상일 확률은?

① $\frac{7}{40}$ ② $\frac{3}{10}$ ③ $\frac{7}{19}$ ④ $\frac{7}{10}$ ⑤ $\frac{12}{19}$

난이도: ★★☆

12 **천안시의 한 기업 임직원 300명에 대해 ABO식 혈액형을 조사하였더니 다음과 같은 결과를 얻었다. 이 기업에서 인원수가 가장 많은 혈액형과 인원수가 가장 적은 혈액형 수의 차이는 몇 명인가?**

[ABO식 혈액형 수혈 관계도]

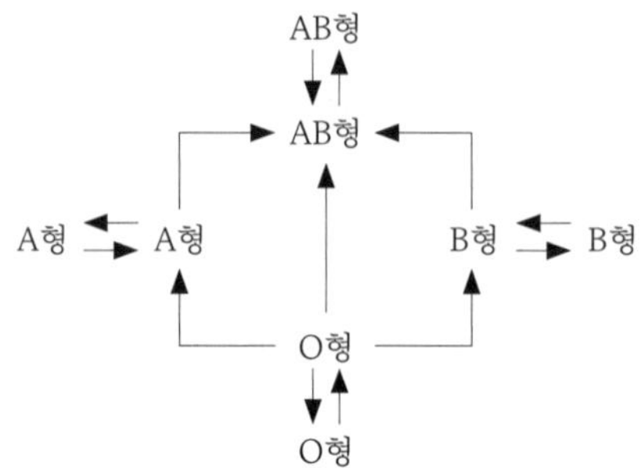

ㄱ. A형에게 수혈 가능한 사람은 총 145명이다.
ㄴ. B형에게 수혈 가능한 사람은 총 107명이다.
ㄷ. 모든 사람에게 수혈을 할 수 있는 사람과 모든 사람에게 수혈을 받을 수 있는 사람은 총 94명이다.
ㄹ. 모든 임직원은 수혈 관계도 내의 혈액형을 갖고 있고, 수혈은 관계도를 따른다.

① 91명 ② 95명 ③ 99명 ④ 103명 ⑤ 107명

난이도: ★☆☆

13 **서울의 한 영화관에서는 영화 시작 전 관객들에게 광고를 보여주려고 한다. 광고 시간은 정확하게 10분간 진행되고 총 11개의 광고를 보여주고자 한다. 또한 영화관에서 보유하고 있는 광고는 50초짜리와 60초짜리 두 종류가 있다. 다음 광고로 넘어갈 때마다 2초의 간격이 있다고 할 때 50초인 광고 상품은 몇 번 보여줄 수 있는가?**

① 4번 ② 5번 ③ 6번 ④ 7번 ⑤ 8번

난이도: ★★☆

14 **1.3m의 원통 기둥 속에 있는 달팽이가 기둥 밖으로 나오려고 한다. 달팽이는 자정부터 12시간 동안 10cm 올라가고, 그 후 12시간 동안에는 4cm 미끄러져 내려온다고 한다. 이때 달팽이는 처음 기둥을 오르기 시작한 날로부터 며칠 만에 기둥 밖으로 빠져나올 수 있는가?** (단, 달팽이는 자정부터 오르기 시작했고, 원통 기둥 끝에 도달했을 때 밖으로 나온 것으로 간주한다.)

① 20일 ② 21일 ③ 22일 ④ 23일 ⑤ 24일

난이도: ★★★

15 다음 수들의 평균은 8이고 분산은 9.75일 때 x와 y의 곱은?

3 7 x 13 10 y 9 11

① 25 ② 30 ③ 45 ④ 48 ⑤ 56

난이도: ★☆☆

16 눈금이 지워진 비커가 있다. 주환이는 이 비커의 $\frac{3}{4}$에 해당하는 양만큼의 농도 4%의 소금물을 농도 12%의 소금물 450g에 섞었더니 농도 7%의 소금물이 만들어졌다. 이 비커의 용량은 얼마인가? (단, 소금물 농도에 관계없이 1g = 1ml라고 가정한다.)

① 750ml ② 900ml ③ 1,000ml ④ 1,100ml ⑤ 1,150ml

난이도: ★★★

17 지환이는 무게를 알 수 없는 각설탕을 가지고 있다. 250g의 물이 담겨있는 컵 A에 각설탕 1개를넣고, 600g의 물이 담겨 있는 컵 B에 각설탕 몇 개를 넣은 후 잘 섞어서 설탕물을 만들었다. 이후 물컵 A에 100g의 물을 더해 12.5% 농도의 설탕물을 만든 다음 컵 A의 설탕물 100g과 컵 B의 설탕물 200g을 섞었더니 17.5%의 설탕물이 만들어졌다고 할 때, 최초 컵 B에 넣은 각설탕은 몇 개인가? (단, 모든 각설탕의 무게는 완전히 동일하다고 가정한다.)

① 1개 ② 2개 ③ 3개 ④ 4개 ⑤ 5개

약점 보완 해설집 p.43

DAY 16 실전 연습 ③

• 권장 풀이 시간: /18분
• 맞은 문제: /17문제

난이도: ★☆☆

01 어떤 일을 완성하는 데 A는 10시간, B는 14시간이 걸린다고 한다. 처음에 A가 일을 시작하고 난 후 B가 혼자서 마무리를 지어 일을 완성하였다. 이때 B가 A보다 2시간 더 일을 했다면 A가 일한 시간은?

① 5시간 ② 6시간 ③ 7시간 ④ 8시간 ⑤ 9시간

난이도: ★☆☆

02 준영이가 분속 6m의 속력으로 산을 올라 정상에 올라갔다가 3.5배의 속력으로 하산하였다. 등산의 총 시간이 1시간 48분이 걸렸다고 하였을 때 정상까지 올라가는 데 걸린 시간은 얼마인가? (단, 산을 오르고 내려온 거리는 동일하며 정상에서 머문 시간은 고려하지 않는다.)

① 36분 ② 45분 ③ 76분 ④ 84분 ⑤ 90분

난이도: ★★☆

03 정훈이는 두 개의 컵에 농도가 8%인 소금물과 6%인 소금물을 400g씩 만들어 두었다. 이후 두 소금물을 며칠 가만히 두어 일정 수준의 양만큼 증발시킨 다음 두 컵의 소금물을 섞었더니 만들어진 소금물의 농도가 8.75%가 되었다고 할 때, 두 컵에서 증발된 물의 총량은 얼마인가? (단, 컵마다 증발된 물의 양은 동일하다고 가정한다.)

① 40g ② 80g ③ 120g ④ 160g ⑤ 200g

난이도: ★★☆

04 주식에 투자하고 있는 재경이는 주식을 매입하고 1년 뒤 확인해 보니 40%가 올라서 가지고 있던 주식의 $\frac{1}{2}$을 매도했다. 그 후 1년 뒤 다시 확인해 보니 작년에 비해 30%가 떨어져 남아있는 주식을 모두 매도했더니 총 1,634,000원의 이익을 얻을 수 있었다. 재경이가 최초 주식에 투자한 금액은 얼마인가?

① 8,200,000원 ② 8,600,000원 ③ 9,000,000원 ④ 9,400,000원 ⑤ 9,800,000원

난이도: ★★★

05 그림과 같이 창문 모양의 색칠 판이 있다. 각 구역은 한 개 색상의 페인트로 칠해지며, 대각선이 아닌 수직, 수평으로 인접한 구역은 서로 다른 색의 페인트로 칠해야 한다. 쓸 수 있는 페인트의 색상이 최대 3가지일 때, 창문 모양이 서로 다르게 색칠된 조합의 경우의 수는 얼마인가? (구역의 위치는 정해져 있으므로, 회전하여 같아지는 조합은 서로 다른 것으로 간주한다.)

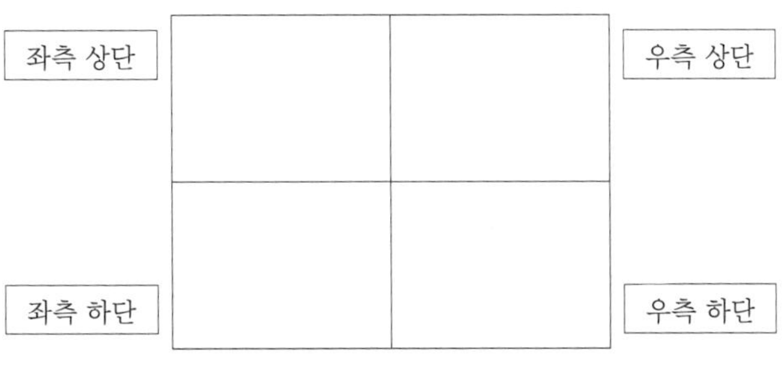

① 12가지 ② 16가지 ③ 18가지 ④ 20가지 ⑤ 24가지

난이도: ★★☆

06 다음은 판교 내 한 회사의 대리 진급자를 대상으로 성별과 혈액형을 조사한 결과이다. 조사 결과에 근거하여 이 회사의 진급자 중에서 한 명을 선택할 경우 여성 진급자이고, 이 진급자의 혈액형이 A형이 아닐 확률은 얼마나 되는가?

> ㄱ. 이 회사의 진급자 중 남성은 40%이다.
> ㄴ. 혈액형이 A형인 진급자는 전체의 30%이다.
> ㄷ. 남성 진급자 중 혈액형이 A형인 진급자는 25%이다.
> ㄹ. 진급자 중 본인의 혈액형을 제출하지 않은 사람은 없다.

① $\frac{1}{2}$　② $\frac{1}{3}$　③ $\frac{2}{3}$　④ $\frac{3}{4}$　⑤ $\frac{3}{5}$

난이도: ★★☆

07 미주는 이번에 새롭게 이사하는 집의 책상에 놓을 20인치 모니터를 구매하려고 한다. 모니터의 두께는 3cm이며 부피는 3,600cm³일 때 미주가 새로 구매할 모니터의 가로, 세로 길이는 순서대로 각각 얼마인가? (단, 1인치는 2.5cm이고, 가로 길이가 세로 길이보다 길다.)

① 30cm, 40cm　② 35cm, 40cm　③ 40cm, 30cm　④ 50cm, 35cm　⑤ 55cm, 40cm

난이도: ★★☆

08 을지로의 한 도넛 가게의 시그니쳐 메뉴인 인절미도넛은 1,000원에 판매하면 하루에 2,400개가 팔리고, 판매 가격을 x원만큼 인상하면 $2x$개만큼 판매 도넛 개수가 줄어든다고 한다. 이 도넛 가게의 하루 매출을 최대로 하려면 판매 가격을 얼마로 해야 하는가?

① 1,050원　② 1,100원　③ 1,150원　④ 1,200원　⑤ 1,250원

난이도: ★★☆

09 **다음 세 자료를 보고 각 자료의 표준편차 a, b, c의 크기를 구하면?**

- A: 1부터 100까지의 자연수
- B: 101부터 200까지의 자연수
- C: 1부터 200까지의 짝수

① $a<b<c$　② $a<b=c$　③ $a=b<c$　④ $a=c<b$　⑤ $a=b=c$

난이도: ★☆☆

10 **○○건설사는 다음 그림과 같은 평면의 공사 터에 안전펜스를 설치하고자 한다. 안전펜스를 고정하기 위해 기둥을 일정한 간격으로 설치한다고 할 때 안전펜스를 고정하기 위한 기둥은 최소 몇 개가 필요한가?** (단, 모든 모퉁이에는 기둥을 반드시 설치한다.)

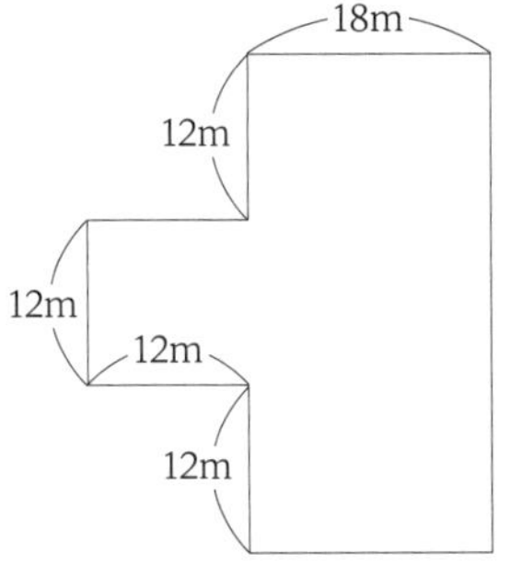

① 21개　② 22개　③ 23개　④ 24개　⑤ 25개

난이도: ★★★

11 $40_{(8)} < A < 40_{(16)}$**을 만족하는** A**를 이진법의 수로 나타내면 몇 자릿수가 되는가?**

① 두 자리　② 세 자리　③ 네 자리　④ 다섯 자리　⑤ 여섯 자리

난이도: ★☆☆

12 다음은 ○○공사의 신입사원 선발에 관한 자료 중 일부이다. 아래 자료를 토대로 20X3년 ○○공사 신입사원 총 인원을 구하면?

[○○공사 신입사원 선발 정보]

구분	20X1년	20X2년	20X3년
	인원수(명)	증감률(%)	증감률(%)
남성	240	-5%	+25%
여성	200	+5%	-10%

※ 증감률은 전년 대비 증가/감소된 비율을 의미함

① 470명　② 474명　③ 478명　④ 482명　⑤ 486명

난이도: ★☆☆

13 동훈이의 부모님은 나이 차이가 6살이고 동훈이는 동생보다 1살이 많다. 올해 동훈이 부모님 나이의 합은 동훈이 나이의 6배이고, 9년 후에 동훈이 어머니의 나이가 동훈이와 동훈이 동생 나이의 합과 같아진다고 할 때, 올해 동훈이의 아버지 나이는 몇 세인가? (단, 동훈이 아버지의 나이가 어머니 나이보다 많다.)

① 30세　② 32세　③ 34세　④ 36세　⑤ 38세

난이도: ★★☆

14 P 마케팅 업체에서는 설날을 맞이하여, 임직원들에게 선물을 나눠 주기 위해 임직원 수를 조사했다. 기혼 여부, 성별로 조사를 했는데 기혼 여성을 A명, 미혼 남성을 B명이라고 할 때 그 수가 아래 표와 같다면, 총 인원(C)은 몇 명이겠는가?

기혼 여부	성별	인원	계
기혼	남자	2×B+7	(B+1)×3-1
	여자	A	
미혼	남자	B	4×A-B-8
	여자	A-3	
계		C	

① 84　② 94　③ 105　④ 115　⑤ 127

난이도: ★☆☆

15 A와 B가 시합을 하는데 이기면 자기 점수가 2배가 되고 지면 자기 점수가 반으로 줄어들며, 비기면 두 명 모두 20점을 얻는다. 5번의 경기가 끝났을 때 A는 1승 3무 1패를 하였고, A와 B의 중간 점수의 합은 130점이었다. 이후 10문제를 더 시합하였고 A는 6승 2무 2패였고 마지막 두 문제를 비겼다. 두 사람의 최종 점수의 합은 885점이라고 할 때 A의 중간 점수는 몇 점인가?

① 20점 ② 50점 ③ 100점 ④ 150점 ⑤ 200점

난이도: ★☆☆

16 제주도 올레 길 여행을 하고 있는 영철이는 A 지점에서 시작하여 4km/h의 속력으로 걷다가 B 지점에서 자전거를 대여하여 8km/h의 속력으로 C 지점까지 총 2시간 동안 이동했다. 걸어서 이동한 시간이 자전거를 타고 이동한 시간의 3배라고 할 때, 영철이가 이동한 총 거리는 얼마인가?

① 8km ② 9km ③ 10km ④ 11km ⑤ 12km

난이도: ★★★

17 3시 20분부터 BTX 그룹의 콘서트가 시작된다. 소현이는 현재 공연장과 뛰어서 정확히 10분 거리인 근처 놀이동산에 있고, 롤러코스터를 한 번 더 탈지 말지 고민 중이다. 3,750m 코스를 평균 시속 180km으로 달리는 롤러코스터가 한 번 승객들을 태우고 코스를 완주해 돌아온 후, 기존 승객이 내리고 새로운 승객이 타는 데 15초가 걸린다. 승객은 한 번에 26명까지 태울 수 있다. 항상 152명이 줄을 서 있다면, 소현이는 늦어도 언제 줄을 서야 공연장에 시작 시각까지 도착할 수 있는가? (단, 롤러코스터는 한 대이며, 줄을 섰을 때 마침 롤러코스터가 출발하는 게 보인다고 가정한다.)

① 2시 58분 15초 ② 2시 59분 30초 ③ 3시 정각 ④ 3시 00분 30초 ⑤ 3시 01분

약점 보완 해설집 p.46

DAY 17 실전 연습 ④

• 권장 풀이 시간: /18분
• 맞은 문제: /17문제

난이도: ★☆☆

01 작년 ○○공사에 선발된 신입사원은 총 325명이었는데, 올해는 전년 대비 남성 신입사원의 수는 8%가 증가했고, 여성 신입사원의 수는 12% 증가하여 올해 ○○공사에 선발된 신입사원의 수는 357명이라고 할 때, 올해 ○○공사에 선발된 남성 신입사원은 총 몇 명인가?

① 168명 ② 175명 ③ 189명 ④ 203명 ⑤ 216명

난이도: ★☆☆

02 조별과제 자료 조사를 하는 데 A는 15시간이 걸리고 A와 B가 함께 조사하면 6시간이 걸린다. A와 C가 함께 조사하면 10시간이 걸린다고 할 때, A, B, C 세 사람이 모두 함께 자료 조사를 한다면 몇 시간이 소요되는가?

① 4시간 ② 5시간 ③ 6시간 ④ 7시간 ⑤ 8시간

난이도: ★★☆

03 하니네 가족은 한강 유람선을 타기로 하였다. 이 유람선은 일정한 속력으로 흐르는 강을 따라 선착장으로부터 14km 떨어진 지점을 왕복하는 유람선이다. 이 유람선은 내려가는 데 30분, 돌아오는 데 1시간 10분이 걸려 총 1시간 40분이 걸리는 코스이다. 다음 날 하니네 가족은 다시 한 번 유람선을 탔는데 강물의 속력이 전날보다 50% 증가하여 위험하다 판단되어 강을 내려가는 도중에 선착장으로 돌아왔더니 총 1시간 15분이 걸렸다. 둘째 날 하니네 가족이 탄 유람선이 이동한 거리는 얼마인가? (단, 유람선의 속력은 일정하다.)

① 8km ② 10km ③ 14km ④ 16km ⑤ 18km

난이도: ★★★

04 농도 10%의 소금물 9,000g이 들어있는 수조 A에 1분당 1,000g의 물을 공급하는 호스를 연결해 두었다. 호스를 연결하고 1분 후 처음 덜어낸 1,000g의 소금물과 이후 1분에 1번씩 1,000g의 소금물을 덜어내어 새로운 수조 B로 옮겨 담았다고 할 때, 처음 호스를 연결한 후 2분 뒤 새로운 수조 B에 담겨있는 소금물의 농도는 몇 % 인가? (단, 공급되는 물의 양은 항상 일정하며, 덜어내는 물의 양도 정확히 일정하다고 가정한다.)

① 8.35% ② 8.40% ③ 8.45% ④ 8.50% ⑤ 8.55%

난이도: ★★☆

05 A와 B팀이 축구시합을 하여 5경기 중에서 3경기를 먼저 이기면 최종 승리하는 식으로 경기를 진행하였다. A가 이길 확률이 40%, B가 이길 확률이 60%일 때 최종적으로 5번째 경기에서 승패가 결정될 확률은 얼마인가?

① $\frac{144}{625}$ ② $\frac{36}{125}$ ③ $\frac{216}{625}$ ④ $\frac{46}{125}$ ⑤ $\frac{258}{625}$

난이도: ★★☆

06 수험장에 수험생 6명과 수험번호가 붙은 책상이 6개 있다. 6명의 학생 중 2명만 본인의 수험번호가 적힌 자리에 앉고 나머지 4명은 다른 수험번호가 적힌 자리에 앉게 되는 경우의 수는?

① 130 ② 135 ③ 140 ④ 145 ⑤ 150

난이도: ★★★

07 일정한 규칙으로 수를 나열할 때, 물음표에 들어갈 알맞은 수는?

1 1 2 10 3 11 4 100 5 ?

① 12 ② 54 ③ 101 ④ 111 ⑤ 134

난이도: ★☆☆

08 A 기업은 작년에 총 280명의 신입사원을 선발했으며, 올해는 작년에 비해 1명 감소한 279명의 신입사원을 선발했다. 작년에 비해 남성 신입사원은 8% 증가한 반면 여성 신입사원의 수는 5% 감소했다고 할 때, 작년에 입사한 여성 신입사원은 총 몇 명인가?

① 180명 ② 190명 ③ 200명 ④ 210명 ⑤ 220명

난이도: ★☆☆

09 아이들 선물을 사기 위해 서점에 가서 A 동화책을 5권, B 동화책을 4권 샀더니 143,000원이었다. 서점을 나서고 나니 수량을 잘못 산 것 같아서, A 동화책을 2권 환불하고 B 동화책을 2권 더 샀더니 총 지출액이 156,000원이 되었다면, A 동화책의 가격은 얼마인가?

① 11,500원 ② 13,000원 ③ 14,500원 ④ 16,000원 ⑤ 17,500원

난이도: ★☆☆

10 남현이는 슈퍼에서 과자 8개와 음료수 6개를 사고 19,800원을 지불하였는데 알고 보니 과자와 음료수의 가격이 바뀌어 계산되었다. 남현이가 슈퍼로 돌아가 종업원으로부터 400원을 돌려받았다고 할 때, 과자 1개의 가격은 얼마인가?

① 1,300원 ② 1,500원 ③ 1,700원 ④ 1,900원 ⑤ 2,100원

난이도: ★★☆

11 ○○공사의 신입사원인 A씨는 B대리와 함께 전국 지사의 현황을 파악하는 업무를 진행했다. 총 6개의 지사를 2박 3일간 방문했는데, 서울 지사로 돌아오는 일정까지 포함하여 3일 평균 232km를 이동했다. 첫째 날과 셋째 날 이동한 평균 거리가 245km일 때, 둘째 날 이동한 거리는?

① 200km ② 202km ③ 204km ④ 206km ⑤ 208km

난이도: ★☆☆

12 평균점수가 300점이고, 표준편차가 50점인 어떤 시험이 있다. 시험이 종료된 후 문제를 확인한 결과 문제에 오류가 발생하여 모든 응시자의 점수를 25점씩 올려줘야 하는 상황이 발생했다고 할 때, 모든 응시자의 점수를 25점씩 올려준 후 시험의 평균점수와 표준편차는 각각 몇 점인가? (단, 25점씩 상향한 점수는 만점을 초과할 수 있다고 가정한다.)

	평균	표준편차
①	300	50
②	320	50
③	320	75
④	325	50
⑤	325	75

난이도: ★★☆

13 상자 안에는 똑같은 크기의 구슬이 25개 들어있다. 이 중 7개는 빨간색, 6개는 주황색, 5개는 노란색, 4개는 초록색, 3개는 파란색일 때, 언제나 같은 색 5개가 뽑힌 상황이 되기 위해서는 최소한 몇 개를 꺼내야 하겠는가?

① 5개 ② 8개 ③ 12개 ④ 20개 ⑤ 22개

난이도: ★★☆

14 34, 22, 24, 34, 51, 34, 59, 62, 18에 한 개의 값을 더 추가하였을 때 다음 중 옳은 설명만을 모두 고른 것은?

ㄱ. 평균값은 변하지 않는다.
ㄴ. 중앙값은 변하지 않는다.
ㄷ. 최빈값은 변하지 않는다.

① ㄱ ② ㄴ ③ ㄷ ④ ㄱ, ㄴ ⑤ ㄴ, ㄷ

난이도: ★☆☆

15 물이 얼음으로 될 때 부피가 $\frac{1}{11}$만큼 증가한다고 하면, 얼음이 녹아서 물이 될 때 부피는 얼마만큼 감소하는가?

① $\frac{1}{9}$　② $\frac{1}{10}$　③ $\frac{1}{11}$　④ $\frac{1}{12}$　⑤ $\frac{1}{13}$

난이도: ★★☆

16 민지는 실험을 하기 위해 농도가 3%, 5%, 10%인 염산 용액을 준비했다. 세 종류의 염산 용액을 모두 섞으면 5%의 염산 용액 1,000g이 만들어지고, 5% 염산 용액과 10% 염산 용액만 섞으면 7% 염산 용액이 만들어진다고 할 때, 3% 염산 용액과 5% 염산 용액을 섞었을 때 만들어지는 용액의 양과 농도를 올바르게 짝지은 것은?

	용액의 농도	용액의 양
①	3.5%	600g
②	3.5%	700g
③	3.5%	800g
④	3.75%	700g
⑤	3.75%	800g

난이도: ★★★

17 일정한 속력으로 올라가는 에스컬레이터가 있다. 갑과 을은 같은 에스컬레이터를 타고 올라가면서 서로 일정한 속력으로 한 걸음에 한 계단씩 걸어 올라간다. 갑은 45걸음, 을은 49걸음을 걸었을 때 에스컬레이터 끝에 도착했다. 갑과 을의 걷는 속력의 비가 9 : 7이라고 할 때, 이 에스컬레이터가 멈춰있을 때의 계단 수는?

① 35개　② 38개　③ 40개　④ 45개　⑤ 48개

약점 보완 해설집 p.49

DAY 18 실전 연습 ⑤

• 권장 풀이 시간: /18분
• 맞은 문제: /17문제

난이도: ★☆☆

01 지난달 ○○음식점에 방문한 손님은 500명이었다. 이번 달에는 지난달에 비해 남자 손님은 10%가 증가하고, 여자 손님은 15%가 감소하여 전체 손님은 2%가 감소했다고 할 때, 이번 달 ○○음식점에 방문한 남자 손님은 총 몇 명인가?

① 204명 ② 226명 ③ 248명 ④ 266명 ⑤ 286명

난이도: ★★☆

02 중학생인 주영이는 어머니와 친구 세영이 세 명이서 놀이동산에 방문할 계획을 세웠다. 그런데, 갑작스럽게 친구 소영이와 소영이 어머니도 함께 놀이동산에 방문하게 되어 입장료가 계획했던 비용보다 4,800원이 증가하였다. 놀이동산은 청소년이 3명 이상인 경우 성인 요금에서 5,000원을 할인해 주고, 3명 미만인 경우 성인 요금에서 10%를 할인해 준다. 이때 이 놀이동산의 성인 요금은 얼마인가?

① 8,500원 ② 9,000원 ③ 9,500원 ④ 10,000원 ⑤ 10,500원

난이도: ★☆☆

03 어떤 일을 끝마치는 데 A, B가 각각 혼자 하면 5시간, 8시간이 걸린다. 먼저 A 혼자 2시간 동안 그 일을 한 후, B 혼자 남은 일을 끝마쳤다. B는 몇 시간 동안 일을 하였는가?

① $\frac{18}{5}$시간　② 4시간　③ $\frac{22}{5}$시간　④ $\frac{24}{5}$시간　⑤ 5시간

난이도: ★★☆

04 물탱크 청소를 하기 위해 양수기로 물탱크의 물을 퍼내는 데 A 양수기 한 대를 사용하면 5시간이 걸리고 B 양수기 두 대를 사용하면 10시간이 걸린다고 한다. 1시간 이내에 물을 다 퍼내기 위해 두 종류의 양수기를 합하여 모두 10대를 사용하려고 한다. A 양수기를 최소한 몇 대 사용해야 하는가?

① 2대　② 3대　③ 4대　④ 5대　⑤ 6대

난이도: ★☆☆

05 서로 마주 보고 달리는 두 대의 기차 A와 B가 있다. 기차 A의 길이와 속력은 각각 360m, 190km/h이고, 기차 B의 속력은 170km/h이다. 두 기차가 마주치는 순간부터 완전히 지나치기까지 6초가 걸린다고 할 때, 기차 B의 길이는 몇 m인가?

① 240m　② 260m　③ 280m　④ 300m　⑤ 320m

난이도: ★★☆

06 농도 10%의 소금물이 있다. 이 소금물을 일정량 증발시킨 다음 물 225g을 넣었더니 농도 8%의 소금물 675g이 되었다고 할 때, 증발된 물의 양은 얼마인가?

① 70g ② 75g ③ 80g ④ 85g ⑤ 90g

난이도: ★☆☆

07 어느 박물관의 입장료는 개인 구매 시 2,800원이고, 10명이 동시에 입장 가능한 단체 티켓을 구매 시 25,000원으로 할인해 준다. 단체 티켓을 5장 구매한다면 티켓마다 1,200원을 할인해 준다. 한 여행사에서 모은 관광객 69명을 입장시키기 위해 티켓을 가장 저렴하게 산다면 얼마면 가능하겠는가?

① 169,000원 ② 169,200원 ③ 174,000원 ④ 174,200원 ⑤ 175,000원

난이도: ★★★

08 전국 9개의 지역에서 대표로 한 팀씩을 뽑아 농구대회를 진행한다. 이때 한 팀은 부전승으로 올라가는 대진표를 작성한다고 할 때, 대진표를 작성하는 방법의 수는?

① 3,780가지 ② 7,560가지 ③ 11,340가지 ④ 22,680가지 ⑤ 34,020가지

난이도: ★★★

09 빨간 공 3개, 노란 공 2개, 흰 공 3개가 들어있는 상자에서 한 번에 한 개씩 모두 세 개의 공을 꺼낸다. 이때 첫 번째 꺼낸 공과 세 번째 꺼낸 공이 같은 색의 공이고 두 번째 꺼낸 공은 이들과 다른 색의 공일 때 첫 번째 꺼낸 공이 흰 공이었을 확률은?

① $\frac{1}{3}$　② $\frac{5}{12}$　③ $\frac{1}{2}$　④ $\frac{7}{12}$　⑤ $\frac{2}{3}$

난이도: ★☆☆

10 서울의 한 놀이공원에 있는 놀이기구 익스트림 월드는 한 번에 15명이 5분간 탑승하고, 놀이 기구 트위스트 킹은 한 번에 25명이 3분간 탑승한다. 놀이기구가 동시에 운행을 시작하고, 정원을 항상 채웠을 때 1시간 동안 두 놀이기구를 이용한 사람은 총 몇 명인가? (단, 놀이기구 승객의 상하차 시간은 익스트림 월드 5분, 트위스트 킹은 2분이 소요된다.)

① 300명　② 330명　③ 360명　④ 390명　⑤ 420명

난이도: ★★☆

11 회장과 부회장을 뽑는 선거에 후보는 A, B, C 세 명이 있고 유권자 한 명당 한 후보에게만 투표할 수 있다. 한 번의 투표로 가장 다득표가 회장, 그다음 다득표자가 부회장을 맡기로 하였다. 총 2,700명이 투표에 참여하였으므로 그중 5표는 무효표이다. 회장은 A, 부회장은 B가 되었으며 B의 득표수는 C의 득표수보다 55표 더 많았다. 만일 A를 뽑은 사람의 10%가 C를 뽑았다면 B는 C보다 50표 적게 되어 낙선했을 것이다. B는 몇 표를 얻어 당선되었는가?

① 785　② 850　③ 900　④ 950　⑤ 965

난이도: ★★☆

12 3분 동안 갑은 을보다 24개의 문제를 더 만든다고 한다. 갑은 32분, 을은 36분간 문제를 만들었다고 했을 때, 을은 갑이 만든 문제수의 75%만 만들었다고 한다. 이때 을이 만든 문제의 개수는? (단, 갑과 을은 각각 일정한 속도로 문제를 만든다.)

① 288개 ② 432개 ③ 576개 ④ 612개 ⑤ 768개

난이도: ★★☆

13 민철이와 상현이는 마라톤, 수영, 사이클로 이루어진 철인 3종 경기에 출전하였다. 코스는 마라톤 10km, 수영 2km, 사이클 20km이며, 민철이는 마라톤 코스에서는 평균 15km/h의 속력으로 달렸고, 수영은 평균 4km/h, 사이클은 평균 50km/h의 속력으로 완주했다. 상현이는 마라톤은 평균 12km/h의 속력으로 달렸고, 사이클은 평균 60km/h의 속력으로 달렸다. 민철이와 상현이는 동시에 출발점에서 출발하여 결승점에도 동시에 도착했다고 할 때, 상현이의 수영 평균 속력은 얼마인가?

① 4.5km/h ② 5km/h ③ 5.5km/h ④ 6km/h ⑤ 6.5km/h

난이도: ★★☆

14 농도를 알 수 없는 소금물 A 600g과 B 400g이 있다. 소금물 A 200g과 소금물 B 200g을 섞어서 만든 소금물의 농도가 남은 소금물을 모두 섞어서 만든 소금물의 농도보다 1%p 낮다고 할 때, 소금물 A와 소금물 B의 농도 차이는 몇 %p인가? (단, 소금물 A의 농도가 소금물 B의 농도보다 높다.)

① 5%p ② 6%p ③ 7%p ④ 8%p ⑤ 9%p

난이도: ★★☆

15 선물 세트를 만드는 회사가 있다. A 선물 세트는 비누 6개와 치약 2개로 이루어져 있으며 이 선물 세트 하나당 1,000원의 이익이 발생한다. B 선물 세트는 비누 5개와 치약 3개로 이루어져 있으며 선물 세트 하나당 1,100원의 이익이 발생한다. 이 회사가 2가지의 선물 세트를 만드는 데 사용한 비누는 5,200개, 치약은 2,400개라고 할 때 총 판매 이익은 얼마인가?

① 95만 원 ② 100만 원 ③ 105만 원 ④ 110만 원 ⑤ 115만 원

난이도: ★★☆

16 다음 표는 회사에서 적절한 회의시간에 대해 설문 조사한 결과표이다. y값이 x값의 4배일 때 이 자료의 평균과 중앙값의 합은? (단, 평균은 소수 첫째 자리에서 반올림한다.)

회의시간(분)	직원 수(명)
30분 이상 40분 미만	2
40분 이상 50분 미만	x
50분 이상 60분 미만	10
60분 이상 70분 미만	3
70분 이상 80분 미만	y
합계	25

① 113 ② 114 ③ 115 ④ 116 ⑤ 117

난이도: ★★☆

17 A, B, C는 2명의 대표자를 뽑는 선거의 후보자들이다. 선거결과 총 투표수는 3,270표, 무효표는 20표였고, A와 B가 당선되었다. B의 득표수는 C의 득표수보다 50표 많았다. 만일 A 득표수의 4%가 C의 지지표로 바뀌었다면 B는 C보다 10표가 적어서 낙선했을 것이다. 이때, A와 B의 득표수 차이는?

① 500 ② 550 ③ 600 ④ 650 ⑤ 670

약점 보완 해설집 p.52

DAY 19 실전 연습 ⑥

• 권장 풀이 시간: /18분
• 맞은 문제: /17문제

난이도: ★☆☆

01 상호와 수영이가 1.4km 떨어진 운동장 양쪽 끝에서 서로를 향해 일직선으로 달려오고 있다. 상호와 수영이의 속력의 비율은 4 : 3이라고 할 때, 상호와 수영이가 만날 때까지 수영이가 이동한 거리는 얼마인가?

① 400m ② 450m ③ 500m ④ 550m ⑤ 600m

난이도: ★☆☆

02 일정한 속도로 달리는 기차가 있다. 이 기차가 터널에 진입하는 순간부터 완전하게 빠져나오기까지 소요된 시간은 36초이며, 터널의 길이는 900m라고 할 때, 기차의 속력은 몇 km/h인가? (단, 기차의 길이는 180m이다.)

① 102km/h ② 104km/h ③ 106km/h ④ 108km/h ⑤ 110km/h

난이도: ★☆☆

03 ○○공사 사무실에는 총 2대의 에어컨이 있다. 에어컨 A는 사무실 적정온도를 맞추는 데 16분이 소요되고, 에어컨 B는 20분이 소요된다. 에어컨 A만 10분 동안 가동한 후 에어컨 A의 전원을 끄고 에어컨 B를 가동하여 적정온도를 맞춘다고 할 때, 에어컨 B의 가동시간은 얼마인가? (단, 에어컨 A와 B를 켜고 끄는 데 소요되는 시간은 없다.)

① 6분 50초　② 7분 10초　③ 7분 30초　④ 7분 50초　⑤ 8분 10초

난이도: ★★☆

04 나영, 민수와 경빈이는 A, B, C 지점에서 각자 신호등을 체크해 보았다. 동시에 체크를 시작했더니, A 신호등은 3분 동안 빨간 불이다가 30초 동안 초록 불이 들어오고, B 신호등은 2분 30초 동안 빨간 불 후에 30초 동안 초록 불, C 신호등은 1분 46초 동안 빨간 불인 뒤에 20초 동안 초록 불이 들어왔다. 처음 빨간 불이 들어온 뒤, 세 신호등이 다음으로 다시 빨간 불이 들어올 때, A 신호등의 초록 불이 켜진 횟수는?

① 10회　② 9회　③ 8회　④ 7회　⑤ 6회

난이도: ★★★

05 일정한 규칙으로 수를 나열할 때, 물음표에 들어갈 알맞은 수는?

5　9　16　29　54　103　?

① 110　② 152　③ 200　④ 244　⑤ 308

난이도: ★☆☆

06 효진이는 동아리 홍보전단지를 출력해서 나누어 줄 계획을 세우고 있다. 출력을 위해 인쇄소에 문의를 한 결과 200장을 인쇄하는 데 40,000원이고 200장 초과분에 대해서는 장당 150원이 추가된다. 전단지 1장당 인쇄비가 170원 이하가 되도록 하려면 최소한 몇 장을 인쇄하여야 하는가?

① 350장 ② 400장 ③ 450장 ④ 500장 ⑤ 550장

난이도: ★★☆

07 데스크탑과 노트북을 가지고 있는 호영이는 프로그래밍 작업을 하고 있다. 프로그래밍을 하는 데 데스크탑을 이용하면 총 20시간, 노트북을 이용하면 총 30시간이 각각 소요된다고 한다. 호영이는 집에서 데스크탑을 이용해서 프로그래밍 작업을 하다가 데스크탑이 고장 나서 노트북으로 프로그래밍 작업을 마무리했다. 노트북으로 작업한 시간이 데스크탑으로 작업한 시간보다 10시간 길다고 할 때, 데스크탑으로 작업한 시간은 몇 시간인가? (단, 데스크탑 고장으로 인한 손실은 없다고 가정한다.)

① 6시간 ② 7시간 ③ 8시간 ④ 9시간 ⑤ 10시간

난이도: ★☆☆

08 수현이는 실험실에서 농도 8% 염산 용액 $x$ml와 농도 20% 염산 용액 $y$ml를 섞어서 12%의 염산 용액을 만들려고 했는데 실수로 8% 염산 용액을 $y$ml, 20% 염산 용액을 $x$ml 섞었다. 수현이가 만든 염산 용액의 농도는 얼마인가?

① 14% ② 15% ③ 16% ④ 17% ⑤ 18%

난이도: ★★☆

09 1개당 가격이 각각 300원, 600원, 900원인 물건을 한 개 이상씩 샀는데 구입한 물건은 모두 20개이고 13,500원이었다. 900원짜리 물건을 최대한 많이 사려고 했다면 300원짜리 물건은 몇 개를 사야하는가?

① 5개 ② 7개 ③ 10개 ④ 12개 ⑤ 13개

난이도: ★★★

10 다음 그림과 같이 크기가 같은 4개의 정삼각형으로 이루어진 영역을 하양, 노랑, 파랑, 보라의 4가지 색을 모두 사용하여 색칠하는 방법의 수는?

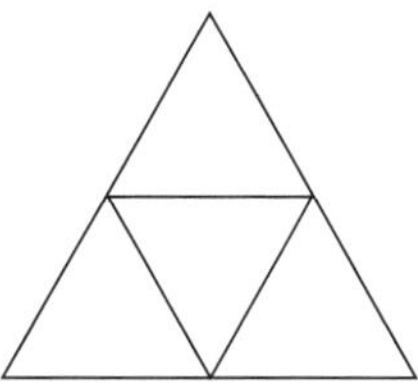

① 6가지 ② 8가지 ③ 12가지 ④ 24가지 ⑤ 48가지

난이도: ★★☆

11 마스크를 생산하는 기업 A와 B가 있다. 1,000개의 마스크를 생산하는데 A기업은 600개를, B기업은 400개를 생산하며, 이때 각 기업의 마스크에서 불량품이 나올 확률이 각각 2%, 1%이다. 마스크를 샀을 때 그 마스크가 불량이라면, 그 마스크가 A기업에서 생산된 마스크일 확률은?

① $\frac{1}{4}$ ② $\frac{7}{16}$ ③ $\frac{11}{16}$ ④ $\frac{3}{4}$ ⑤ $\frac{15}{16}$

난이도: ★★★

12 직업기초능력평가에서 의사소통능력, 수리능력, 문제해결능력 중 한 과목이라도 시험 점수가 60점 미만이면 과락이다. 세 과목에 대한 시험 점수가 60점 미만일 확률이 각각 $\frac{1}{6}$, $\frac{1}{4}$, $\frac{1}{6}$인 갑이 이 시험에서 과락했을 때, 수리능력의 점수가 60점 미만일 확률은? (단, 세 과목에 대한 시험은 각각 100점 만점이다.)

① $\frac{5}{23}$ ② $\frac{9}{23}$ ③ $\frac{12}{23}$ ④ $\frac{18}{23}$ ⑤ $\frac{21}{23}$

난이도: ★☆☆

13 국내 A기업은 코엑스에서 채용박람회를 진행하려고 한다. 아래의 근거를 바탕으로 채용박람회 행사에 참여하는 사람들 중 대학생들에게 배정된 의자는 총 몇 개인가?

1) 채용박람회 행사가 열리는 홀의 정원은 총 500석이지만 간이 의자를 100개까지 추가로 둘 수 있다.
2) 홀에 있는 좌석 중 10%는 A기업 임원진들에게 배정되었다.
3) 임원진들에게 배정되지 않은 좌석 중 30%는 A기업의 신입 사원에게 배정되었다.
4) 코엑스 행사 진행자에게는 A기업 임원진들의 절반 수만큼 의자가 배정되었다.
5) A기업 임원진과 신입사원, 코엑스 행사 진행자들에게 배정된 의자를 제외한 나머지 의자는 대학원생과 대학생에게 각각 절반씩 배정되었다.

① 85석 ② 125석 ③ 145석 ④ 165석 ⑤ 185석

난이도: ★★☆

14 준표는 1부터 500까지 수 중에서 짝수 2, 4, 6, 8, 10, … , 500을 공책에 적으려고 한다. 준표가 공책에 적는 데 숫자는 한 개당 0.8초, 쉼표는 한 개당 0.1초가 걸린다고 하면 준표가 공책에 짝수를 다 적는 데 걸리는 시간은 얼마인가? (단, 짝수를 모두 적는 동안 쉬는 시간은 고려하지 않는다.)

① 482초 ② 502.5초 ③ 564초 ④ 582.5초 ⑤ 602.5초

난이도: ★★☆

15 다음 표는 어느 회사 신입사원들의 입사 평가점수이다. 표준편차의 값은?

평가점수(점)	사원 수(명)
50점 이상 60점 미만	5
60점 이상 70점 미만	10
70점 이상 80점 미만	17
80점 이상 90점 미만	11
90점 이상 100점 이하	7
합계	50

① $2\sqrt{34}$ ② $\sqrt{137}$ ③ $2\sqrt{35}$ ④ $\sqrt{141}$ ⑤ $\sqrt{142}$

난이도: ★★★

16 공책의 구매 가격에 30%의 이익을 붙여 정가로 하였다. 그런데 잘 팔리지 않아서 50권이 남았을 때부터는 정가의 10%를 할인하였더니 공책은 모두 팔렸고 이익은 23,600원이었다. 만약 처음부터 20%의 이익을 붙여 정가를 정한 후 모두 판매하였다면 이익은 19,200원이 된다고 할 때, 공책 1권의 구매 가격은?

① 740원 ② 800원 ③ 870원 ④ 900원 ⑤ 960원

난이도: ★★☆

17 ○○공사의 올해 신입사원 선발 결과 작년에 비해 전체 인원은 90명이 증가하였고, 남성 사원은 5%가 증가하였으며, 여성 사원은 20%가 증가하여 올해 남성 사원의 수와 여성 사원의 수가 같아졌다고 할 때, 작년 남성 사원 수와 여성 사원 수의 차이는 몇 명인가?

① 40명 ② 45명 ③ 50명 ④ 55명 ⑤ 60명

약점 보완 해설집 p.55

DAY 20 실전 연습 ⑦

• 권장 풀이 시간: /18분
• 맞은 문제: /17문제

난이도: ★☆☆

01 경기도의 어느 한 공원에는 오래된 은행나무가 심겨 있고, 정문에서는 1.2km만큼 떨어져 있다. 공원 리모델링 계획에 따라 오래된 은행나무와 정문 사이에 나무를 더 심고, 은행나무를 포함한 각 나무 옆에 벤치도 설치하려고 한다. 100m 간격으로 새 나무들을 심고 벤치를 두려고 했는데, 나무들 사이에 벤치를 1개씩 더 배치하는 것으로 계획이 변경되었다. 최종 계획에 따라 설치할 때 벤치는 나무보다 몇 개 더 필요한가? (단, 정문에서 첫 번째 나무 사이에는 벤치를 두지 않는다.)

① 9개 ② 10개 ③ 11개 ④ 12개 ⑤ 13개

난이도: ★★☆

02 농도 5%인 소금물 300g과 농도 13%인 소금물이 있다. 두 소금물을 섞은 후 물 100g을 증발시켰더니 농도 12%인 소금물이 만들어졌다. 농도 12%의 소금물의 양은?

① 700g ② 800g ③ 900g ④ 1,000g ⑤ 1,100g

난이도: ★★☆

03 A와 B가 계단 시작점에서 가위바위보를 하여 이긴 사람은 2칸을 올라가고 진 사람은 1칸을 내려가기로 하였다. 30분 후에 A는 6칸, B는 21칸을 올라가 있었을 때 B가 이긴 횟수는? (단, 비기는 경우는 없다고 한다.)

① 14회　② 16회　③ 18회　④ 20회　⑤ 22회

난이도: ★☆☆

04 A회사 신입사원 200명을 대상으로 기초직무능력평가를 수행한 결과 평균 점수가 78점이 나왔다. 신입사원 중 남자직원의 수는 여자직원의 수의 4배이고 여자직원들의 평균 점수는 남자직원들의 평균 점수보다 20% 높다고 할 때, A회사 남자직원들의 평균 점수는 몇 점인가?

① 72점　② 73점　③ 74점　④ 75점　⑤ 76점

난이도: ★★☆

05 타일공 A, B, C 세 사람이 있다. A, B, C는 혼자서 일정한 사이즈의 벽면에 타일 시공을 하는 데 각각 3시간, 6시간, 8시간이 소요된다. A, B, C 세 사람이 일정한 사이즈의 벽면 4개로 구성된 방의 타일 시공을 같이 동시에 시작한다고 할 때, 타일 시공이 종료되는 시간은 몇 시인가? (단, 시공작업은 오전 9시 10분에 시작한다.)

① 오후 1시 52분　② 오후 2시 24분　③ 오후 2시 48분　④ 오후 3시 06분　⑤ 오후 3시 34분

난이도: ★★★

06 용량이 300L인 물탱크에 급수관 A로는 4L/min의 속도로, 급수관 B로는 2L/min의 속도로 물이 급수되며, 반대편에는 1L/min의 속도로 물이 배수되는 배수관 C가 있다. 처음 20분간은 급수관 A, B에서 물이 급수되었으나, A에 문제가 생겨 이후 B로만 급수가 되었다. 물탱크가 가득 찰 때까지 급수관 B로만 급수된 시간은? (단, 배수관 C는 물탱크가 가득 찰 때까지 항상 열려있었으며 물탱크는 최초에 비어있었다.)

① 1시간 40분 ② 2시간 20분 ③ 3시간 20분 ④ 3시간 40분 ⑤ 4시간

난이도: ★☆☆

07 지영이가 시속 4km로 서점에 간 후 10분 동안 책을 골랐다. 서점에서 올 때는 갔던 길과는 다른 길로 2배의 속력으로 걸어서 집까지 오는 데 총 1시간 10분이 소요되었다. 서점에 갈 때의 길보다 올 때 길이 500m 더 멀다고 할 때, 지영이가 이동하는 데 걸은 총 거리는 얼마인가? (단, 서점 안에서 움직인 거리는 무시한다.)

① 2.5km ② 4km ③ 4.5km ④ 5km ⑤ 5.5km

난이도: ★★★

08 서울에서 출발하여 시속 100km의 속력으로 달리던 열차가 도착지점인 부산역을 150km 남겨둔 지점을 통과할 때, 같은 속력으로 계속 가면 도착 예정 시각보다 30분 늦게 도착하게 됨을 알았다. 도착 예정 시각보다 늦어지는 시간을 20분 이내로 하여 부산역에 도착하기 위해서는 150km 남겨진 지점에서부터 최소 얼마의 시속으로 달려야 하는가?

① 78km/h ② 98.5km/h ③ 112.5km/h ④ 132.5km/h ⑤ 150km/h

난이도: ★★☆

09 세훈이는 7%의 소금물과 21%의 소금물, 그리고 순수한 물을 준비했다. 7%의 소금물과 21%의 소금물을 3 : 4의 비율로 섞어서 소금물을 만들려고 했는데, 실수로 21%의 소금물 대신 순수한 물을 섞어버렸다. 원래 계획했던 농도를 맞추기 위해 21%의 소금물을 추가로 넣으려고 할 때, 세훈이가 넣어야 할 21%의 소금물은 몇 g인가? (단, 7% 소금물은 300g을 넣었다.)

① 1,200g　② 1,250g　③ 1,300g　④ 1,350g　⑤ 1,400g

난이도: ★☆☆

10 ○○호텔에서는 숙박요금 할인 프로모션을 기획했다. 1박만 숙박을 할 경우 별도의 할인은 없지만 2박 연속 숙박 시 총 숙박요금의 10%를 할인하고, 7박 이상 숙박 시 75,000원을 추가로 할인하여, 할인을 받지 않고 6박을 숙박하는 가격과 동일한 금액으로 7박을 숙박할 수 있도록 할 때, ○○호텔의 1박 숙박요금 정가는 얼마인가?

① 250,000원　② 255,000원　③ 260,000원　④ 265,000원　⑤ 270,000원

난이도: ★★★

11 수지는 친구들과 함께 프로축구 경기 관람을 하려고 한다. 이 경기의 입장료는 1인당 15,000원이며, 수지가 가지고 있는 카드를 이용하여 구매할 경우 정가에서 10% 할인된 금액으로 구매할 수 있다. 하지만 5인 단체 입장권은 20% 할인된 금액으로 구매할 수 있으며, 이 경우 카드 중복 할인은 받을 수 없음에도 불구하고 단체 입장권 구매가 더 저렴하여 수지는 5인 단체 입장권을 구매했다고 할 때, 수지와 친구들은 최소 몇 명 이상인가? (단, 수지는 5명 이상의 친구들과 경기 관람을 하러 갔다.)

① 8명　② 9명　③ 10명　④ 11명　⑤ 12명

난이도: ★★☆

12 ○○회사는 자사 제품의 주요 부품 중 하나인 A 부품을 갑 공장과 을 공장에서 7:3의 비율로 납품받고 있다. ○○회사가 각 공장에서 납품받은 부품을 추적한 결과 갑 공장에서 납품받은 A 부품을 이용한 제품의 불량률은 1%, 을 공장에서 납품받은 A 부품을 이용한 제품의 불량률은 2%라는 자체 조사결과를 확인하였다. ○○회사가 제작한 임의의 제품을 하나 선택했고, 선택한 제품이 불량품일 때, 해당 제품에 사용한 A 부품이 갑 공장에서 납품받은 부품일 확률은? (단, 소수점 아래 둘째 자리에서 반올림한다.)

① 23.3%　　② 34.6%　　③ 45.7%　　④ 53.8%　　⑤ 70.0%

난이도: ★★☆

13 달력을 보니 6월 3일이 목요일이었다면 8월 10일은 무슨 요일인가?

① 화요일　　② 수요일　　③ 목요일　　④ 금요일　　⑤ 일요일

난이도: ★★☆

14 1, 1, 1, 2, 2를 모두 써서 만들 수 있는 네 자리 정수의 개수는?

① 4개　　② 6개　　③ 10개　　④ 20개　　⑤ 60개

난이도: ★★★

15 A가 9번, B가 18번 동전을 던졌을 때 앞면이 나올 때마다 1점씩 얻는 게임을 하였다. A와 B의 점수를 합하면 2점이었을 때 A가 1점일 확률은?

① $\frac{5}{13}$　② $\frac{6}{13}$　③ $\frac{5}{12}$　④ $\frac{7}{12}$　⑤ $\frac{7}{13}$

난이도: ★★☆

16 민영이와 진호의 현재 나이의 합은 63살이다. 민영이의 나이가 진호의 현재 나이의 절반이었을 때, 진호의 나이는 민영이의 현재 나이와 같았다. 민영이가 현재 몇 살인지 구하면?

① 26살　② 27살　③ 30살　④ 35살　⑤ 36살

난이도: ★★☆

17 갑은 워크숍에 사용할 8,000원짜리 도시락을 주문하려 한다. 이곳은 구매가격의 4%를 할인해주는 쿠폰과 동일한 도시락 1개를 무료로 주는 쿠폰 중의 하나를 사용할 수 있다. 4% 할인해주는 쿠폰을 사용하는 게 더 유리하려면 최소 몇 개의 도시락을 주문해야 하는가?

① 25개　② 26개　③ 27개　④ 28개　⑤ 29개

약점 보완 해설집 p.57

DAY 21 실전 연습 ⑧

- 권장 풀이 시간: /18분
- 맞은 문제: /17문제

난이도: ★☆☆

01 세 수 a, b, c의 합이 1,101이고, a는 b의 75%이며 c는 b보다 1만큼 크다. a - b + c의 값은?

① 301 ② 316 ③ 331 ④ 346 ⑤ 351

난이도: ★☆☆

02 수학 점수는 국어 점수보다 25%가 높다. 국어 점수는 수학 점수보다 몇 %가 낮은가?

① 20% ② 22% ③ 25% ④ 28% ⑤ 30%

난이도: ★★★

03 A회사에는 파트타임으로 일하는 두 명의 직원이 있다. 한 직원은 2일 동안 일하고 하루를 쉬고, 다른 직원은 5일 동안 일하고 2일을 쉰다고 한다. 두 직원이 4월 1일에 처음 같이 일을 시작하였다면 3달 동안 같이 일한 날은 며칠인가?

① 21일 ② 32일 ③ 44일 ④ 56일 ⑤ 63일

난이도: ★★★

04 항상 일정한 속도로 물이 흘러 들어오다가 가득 차면 멈추는 우물이 있다. 가득 찬 상태의 이 우물의 물을 4명이서 퍼 올리면 모두 퍼 올리는 데 30분이 소요되고, 8명이서 퍼 올리면 10분이 소요된다. 이 우물을 14명이서 퍼 올리면 모두 퍼 올리는 데 몇 분이 소요되는가? (단, 1명이 퍼 올리는 양은 항상 일정하고, 사람에 따른 차이는 없다고 가정한다.)

① 4분 ② 5분 ③ 6분 ④ 7분 ⑤ 8분

난이도: ★★☆

05 집과 집 사이가 32km 떨어진 위치에 살고 있는 주용이와 지현이는 데이트를 위해 각자의 집 사이에 위치한 카페에서 만나기로 했다. 주용이의 집과 카페, 지현이의 집은 일직선상에 위치하고 있으며, 주용이는 카페까지 자전거를 타고 평균 8km/h의 속도로 이동했고, 지현이는 걸어서 평균 5km/h의 속도로 이동하여 동시에 카페에 도착했다고 할 때, 주용이의 집에서 카페까지 거리와 지현이의 집에서 카페까지 거리의 차이는 얼마인가? (단, 주용이는 출발 6분 후 지영이에게 전화했고, 지영이는 전화를 받자마자 출발했다.)

① 7.4km ② 8.0km ③ 8.5km ④ 9.0km ⑤ 9.4km

난이도: ★☆☆

06 4,500m 떨어진 두 지점에서 민영이와 준석이가 마주보고 출발하여 30분 후에 만났다. 민영이가 200m를 걷는 동안 준석이는 300m를 걸을 때 민영이가 2분 동안 걸은 거리는 얼마인가?

① 100m ② 120m ③ 130m ④ 140m ⑤ 150m

난이도: ★★☆

07 한 학년에 1반부터 10반까지 있는 경기도의 한 학교에서 수학시험을 시행하였고, 1반부터 4반까지의 평균 점수는 80점이었다. 학년 전체 평균 점수와 비교했을 때 1반은 5점이 낮고, 2반은 3점이 낮았으며, 3반은 8점이 높았다. 4반은 학년 평균보다 높았지만 3반보다는 점수가 낮았다고 한다. 이때 학년 평균 점수는 몇 점인가? (단, 학년 평균과 반 평균 점수는 모두 정수이다.)

① 78점 ② 79점 ③ 80점 ④ 81점 ⑤ 82점

난이도: ★★★

08 세영이는 의사소통, 수리, 문제해결, 자원관리, 조직이해 5과목으로 구성된 ○○공사의 채용 필기시험에서 아래와 같은 결과를 얻었다. 이때, 의사소통과 조직이해의 평균점수는 얼마인가?

- 의사소통, 수리, 문제해결, 자원관리, 조직이해 각 과목은 100점 만점으로 평가한다.
- 의사소통과 문제해결의 평균은 71점이다.
- 문제해결, 자원관리, 수리의 평균은 55점이다.
- 수리와 조직이해의 평균은 75점이다.
- 자원관리의 점수는 5과목 전체 평균점수와 같다.

① 92점 ② 94점 ③ 96점 ④ 98점 ⑤ 100점

난이도: ★★☆

09 원형 테이블에서 신입사원 2명과 선배사원 4명이 환영회를 진행하려고 한다. 신입사원 2명이 서로 이웃하지 않게 앉는 경우의 수는?

① 24가지 ② 48가지 ③ 72가지 ④ 136가지 ⑤ 180가지

난이도: ★★★

10 상자에 흰 공 4개와 검은 공 5개가 들어있다. 이 상자에서 공을 한 개씩 꺼낼 때 다섯 번째 또는 일곱 번째에 마지막 흰 공을 꺼낼 확률은? (단, 꺼낸 공은 다시 넣지 않는다.)

① $\frac{17}{126}$ ② $\frac{10}{63}$ ③ $\frac{4}{21}$ ④ $\frac{8}{63}$ ⑤ $\frac{7}{21}$

난이도: ★★☆

11 8개의 서랍이 4단으로 구성된 서랍장이 있다. 각 서랍마다 한 개씩 달려 있는 손잡이에 빨강, 노랑, 초록, 파랑 네 가지 색 중에서 각각 한 가지 색을 골라서 칠하려고 할 때 같은 단에 있는 서랍의 손잡이에 서로 다른 색을 칠하는 경우의 수는? (단, 사용하지 않는 색이 있을 수 있다.)

① 48가지 ② 120가지 ③ 6,912가지 ④ 20,736가지 ⑤ 41,472가지

난이도: ★★☆

12 지하철역에서 공항까지 연결된 무빙워크가 있다. 무빙워크에 가만히 서서 이동한다면 지하철역에서 공항까지 20분이 소요되는데, 상협이가 지하철역에서부터 무빙워크를 이용하여 일정한 속력으로 걷는다면, 공항까지 도착하는 데 8분이 소요된다. 무빙워크의 속력 및 방향, 상협이의 걷는 속력이 일정하다고 할 때, 상협이가 공항에서 지하철역까지 무빙워크 위에서 걸어서 이동한다면, 소요되는 시간은 몇 분인가?

① 20분 ② 25분 ③ 30분 ④ 35분 ⑤ 40분

난이도: ★★☆

13 A, B, C 세 사람은 함께 퍼즐을 맞추려고 하고 있다. 준비되어 있는 퍼즐은 A 혼자 맞추면 24시간이 걸리고, B 혼자 맞추면 28시간이 걸리며, C 혼자 맞추면 32시간이 걸리는 퍼즐이다. 이 퍼즐을 A가 몇 시간 동안 맞추다가 B가 이어서 맞추고, 그 후 C가 이어서 맞추어 퍼즐을 완성했다. A, B, C는 1시간 단위로만 퍼즐 맞추기를 진행했으며, 퍼즐을 맞춘 시간의 비율이 A : B : C = 3 : 7 : 4라고 할 때, 처음 A가 퍼즐을 맞추기 시작한 시점부터 C가 퍼즐을 완성하기까지 걸린 시간은 얼마인가?

① 23시간 ② 28시간 ③ 33시간 ④ 38시간 ⑤ 42시간

난이도: ★☆☆

14 어떤 일을 끝마치는 데 A 혼자 하면 6시간이 걸리고 B 혼자 하면 10시간이 걸린다. A, B가 함께 그 일을 하면 몇 시간에 끝낼 수 있는가?

① $\frac{13}{4}$시간 ② $\frac{7}{2}$시간 ③ $\frac{15}{4}$시간 ④ 4시간 ⑤ 5시간

난이도: ★☆☆

15 어떤 제품에 원가의 20%만큼 이익을 붙여 정한 정가에서 각각 600원을 할인하여 팔았더니 이익이 절반으로 줄었다. 제품 한 개당 얼마의 이익을 얻었는가?

① 600원　　② 700원　　③ 800원　　④ 900원　　⑤ 1,200원

난이도: ★★★

16 동윤이는 1개당 재료비가 40,000원인 상품을 100개 만들어서 판매하려고 한다. 동윤이는 완성품 100개를 완성시키는 동안 실수로 10개를 불량품으로 버리게 되었고, 불량품에도 동일한 재료가 들어간 상황이다. 동윤이는 총 원가에 20%의 이익을 붙인 정가로 판매하려고 했지만, 생각보다 판매가 되지 않아서 정가에서 5% 할인한 금액으로 판매가를 산출하였다. 이때, 동윤이가 판매하는 상품 1개당 판매가는 얼마인가? (총 원가는 상품 100개를 만드는 과정 중 소요된 모든 재료비만을 고려한다.)

① 43,200원　　② 45,600원　　③ 48,720원　　④ 50,160원　　⑤ 51,980원

난이도: ★☆☆

17 작년 ○○대학 A학과 신입생 선발에 지원한 인원은 425명이었다. 올해는 작년 대비 남성 지원자는 6%가 증가했고, 여성 지원자는 12%가 증가하였다. 그 결과 올해 ○○대학 A학과 신입생 선발에 지원한 인원은 총 461명이라고 할 때, 올해 ○○대학 A학과에 지원한 남성 지원자는 총 몇 명인가?

① 250명　　② 255명　　③ 260명　　④ 265명　　⑤ 270명

약점 보완 해설집 p.60

DAY 22 실전 연습 ⑨

- 권장 풀이 시간: /18분
- 맞은 문제: /17문제

난이도: ★★☆

01 일회용 마스크를 12명에게 71개씩 나눠주면 남고, 13명에게 66개씩 나눠주면 모자란다. 또한 6명에게 나누어 주었을 때 4개가 남는다면, 일회용 마스크의 개수로 가능한 것은 몇 개인가?

① 850　② 852　③ 854　④ 856　⑤ 858

난이도: ★☆☆

02 갑수는 올해 30문항의 시험에서 90점을 받았다. 이 시험의 점수는 정답, 오답, 무응답에 따라 다르게 계산되고, 올해의 채점 방법은 작년의 채점 방법과 다르다. 만일, 작년의 채점 방법으로 채점해서 갑수의 점수가 85점이라고 할 때, 갑수가 답을 표시하지 않고 무응답으로 남겨 둔 문항 수는?

> 올해의 채점 방법: 정답은 5점, 무응답은 2점, 오답은 0점
> 작년의 채점 방법: 기본점수 30점, 정답은 4점, 무응답은 0점, 오답은 -1점

① 5개　② 7개　③ 9개　④ 11개　⑤ 16개

난이도: ★★★

03 520L의 수조에 두 개의 관 A, B와 개폐장치가 없는 배수관 C가 연결되어 있다. 이때 관 A로 물을 가득 채우는 데에는 1시간 5분, 관 B로 물을 가득 채우는 데에는 40분이 걸린다. 또한, A가 20L의 물을 채울 때 B는 30L의 물을 채울 수 있다고 할 때, 배수관 C를 통해 가득 찬 수조의 물을 빼내는 데 걸리는 시간은? (단, 관 A, B, C로 물을 채우거나 빼내는 속력은 각각 일정하다.)

① 2시간 ② 3시간 40분 ③ 4시간 20분 ④ 6시간 ⑤ 8시간

난이도: ★★☆

04 현재 저수지에 1500t의 물이 있는데 현재대로 물이 흘러들어오면 50일간 논에 물을 공급할 수 있다. 그런데 가뭄으로 흘러들어오는 물의 양이 $\frac{1}{4}$으로 감소하면 16일밖에 물을 공급하지 못한다고 한다. 하루에 논으로 공급되는 물의 양은 얼마인가?

① 70 ② 85 ③ 100 ④ 115 ⑤ 130

난이도: ★★☆

05 5명이 신체검사를 실시하여 확인한 몸무게가 다음과 같을 때 네 번째로 몸무게가 가벼운 학생은 누구인가?

- ㅇ 지훈이와 세영이의 몸무게 합은 세진이와 희수의 몸무게 합과 같다.
- ㅇ 세영이는 희수보다 가볍다.
- ㅇ 지훈이와 세영이의 몸무게 합은 지훈이와 정민이의 합보다 크다.
- ㅇ 세진이의 몸무게는 정민이와 희수의 몸무게 합과 같다.

① 지훈 ② 세영 ③ 세진 ④ 희수 ⑤ 정민

난이도: ★★☆

06 A 회사는 해외 프로젝트 진행 중 인력이 부족하여 영업팀과 설계팀에서 총 5명의 인원을 뽑아 충원하려고 한다. 현재 선발할 수 있는 영업팀 인원은 10명, 설계팀 인원은 12명이라고 할 때, 각 팀에서 적어도 한 명씩 선발하고, 선발되는 인원 5명 중 설계팀 인원이 적어도 2명 이상 선발되는 경우의 수는?

① 22,770 ② 24,950 ③ 25,060 ④ 25,160 ⑤ 25,200

난이도: ★★★

07 갑, 을, 정을 포함한 10명의 사원 중에서 시험 감독을 할 4명의 사원을 임의로 뽑을 때, 갑, 을, 정이 모두 뽑힐 확률은?

① $\frac{1}{10}$ ② $\frac{1}{15}$ ③ $\frac{1}{20}$ ④ $\frac{1}{25}$ ⑤ $\frac{1}{30}$

난이도: ★★☆

08 어느 바이러스에서 사용되는 C검사법은 이 바이러스에 감염된 경우 감염되었다고 판정할 확률이 $\frac{9}{10}$이고 바이러스에 감염되지 않은 경우 감염되었다고 판정할 확률이 $\frac{1}{10}$이다. 이 바이러스에 감염된 100명과 감염되지 않은 50명 중에서 임의로 한 사람을 선택하여 C검사법으로 검사하였더니 이 바이러스에 감염된 것으로 판정되었을 때, 이 사람이 실제로 감염되었을 확률은?

① $\frac{7}{19}$ ② $\frac{1}{3}$ ③ $\frac{16}{19}$ ④ $\frac{2}{3}$ ⑤ $\frac{18}{19}$

난이도: ★★☆

09 어느 학급의 전체 학생 35명에게 학급 체험활동으로 영화, 연극, 뮤지컬 중 한 가지 이상을 선택하도록 하였더니 그 결과가 다음과 같았다.

(가) 영화와 연극 두 가지를 모두 선택한 학생은 없었다.
(나) 영화와 뮤지컬 두 가지를 모두 선택한 학생은 3명이다.
(다) 연극과 뮤지컬 두 가지를 모두 선택한 학생은 5명이다.
(라) 연극 또는 영화를 선택한 학생은 24명이다.

이때, 뮤지컬을 선택한 학생은 모두 몇 명인가?

① 11 ② 13 ③ 15 ④ 17 ⑤ 19

난이도: ★★☆

10 100명의 대학생을 대상으로 가, 나, 다 기업의 선호도 조사를 하였다. 가 기업에 관심 있다고 한 학생은 40명, 나 기업에 관심 있다고 한 학생은 40명, 다 기업에 관심 있다고 한 학생은 57명이다. 또한, 가와 나 기업 둘 다 관심 있다고 한 학생은 8명, 가와 다 기업 둘 다 관심 있다고 한 학생은 12명, 가, 나, 다 기업 셋 다 관심 없다고 한 학생은 8명이었다. 이때 적어도 두 기업에 관심 있다고 한 학생의 최솟값은?

① 37명 ② 39명 ③ 41명 ④ 43명 ⑤ 45명

난이도: ★★☆

11 택배 상자를 모두 옮기는 데 A는 3시간, B는 4시간이 걸린다고 한다. 둘이 함께 옮기면 시너지 효과가 발생해 15분에 100상자 더 옮길 수 있어 1시간 반 만에 택배 상자를 모두 옮긴다고 할 때, 옮겨야 할 택배 상자는 모두 몇 개인가?

① 1,800개 ② 2,400개 ③ 3,600개 ④ 4,800개 ⑤ 6,000개

난이도: ★★☆

12 연간 소득 중 3,400만 원을 초과하는 금액의 7%가 소득월액 보험료로 월 단위 분납된다. 슬기의 연간 소득 금액이 올해 1월 1일 기준 5,800만 원이고, 내년도 1월 1일에는 올해 대비 약 10%가 인상된다고 할 때 슬기가 향후 2년간 납부해야 하는 총 소득월액 보험료는 얼마인가? (단, 천 원 단위는 반올림한다.)

① 351만 원 ② 377만 원 ③ 395만 원 ④ 407만 원 ⑤ 425만 원

난이도: ★★☆

13 다음 <보기> 중 그 경우의 수가 큰 순서대로 나열한 것은?

<보 기>

㉠ 면접자 3명이 1시, 3시 두 타임의 면접 시간 중 자유롭게 선택하는 경우의 수
㉡ 남자 4명, 여자 2명 중에서 2명의 대표를 뽑을 때, 적어도 한 명의 여자가 뽑히는 경우의 수
㉢ 7명의 사람이 서로 한 번씩 모두 악수를 할 때, 악수의 총 횟수
㉣ 모양과 크기가 같은 7개의 쿠키를 서로 다른 2개의 접시에 담는 방법의 수(단, 한 접시에 최소한 한 개 이상의 쿠키는 담아야 한다.)

① ㉠-㉡-㉣-㉢ ② ㉡-㉠-㉣-㉢ ③ ㉡-㉢-㉠-㉣ ④ ㉢-㉡-㉠-㉣ ⑤ ㉢-㉣-㉠-㉡

난이도: ★☆☆

14 비가 온 날의 다음 날에 비가 올 확률은 $\frac{1}{5}$이고, 비가 오지 않은 날의 다음 날에 비가 올 확률은 $\frac{1}{4}$이라고 한다. 어느 월요일에 비가 내렸다고 할 때, 그 주의 수요일에 비가 올 확률은?

① $\frac{3}{25}$ ② $\frac{4}{25}$ ③ $\frac{1}{5}$ ④ $\frac{6}{25}$ ⑤ $\frac{7}{25}$

난이도: ★★☆

15 주머니 안에 빨간 공 2개, 노란 공 1개, 파란 공 2개가 들어있다. 주머니에서 임의로 공을 한 개 꺼내 색을 확인하고 다시 집어넣을 때, 빨간 공이 나오면 미영이가 이기고, 노란 공이 나오면 비기고, 파란 공이 나오면 승아가 이기는 게임을 하기로 했다. 먼저 2승을 한 사람이 최종 승리자가 될 때, 3번째 게임이 끝나고 미영이가 최종 승리자가 될 확률은?

① $\frac{9}{125}$　② $\frac{12}{125}$　③ $\frac{16}{125}$　④ $\frac{18}{125}$　⑤ $\frac{24}{125}$

난이도: ★★☆

16 흰 공과 검은 공이 들어 있는 상자가 있다. 이 상자에서 한 개의 공을 꺼낼 때, 검은 공일 확률은 $\frac{3}{7}$이고, 처음 상자에 흰 공을 한 개 더 넣은 다음 한 개의 공을 꺼낼 때, 검은 공일 확률은 $\frac{2}{5}$이다. 처음 상자에 들어 있는 검은 공은 몇 개인가?

① 2　② 3　③ 4　④ 5　⑤ 6

난이도: ★★★

17 그림은 정사각형의 각 변을 4등분하여 얻은 도형이다. 이 도형의 선들로 이루어지는 사각형 중에서 정사각형이 아닌 직사각형의 개수는?

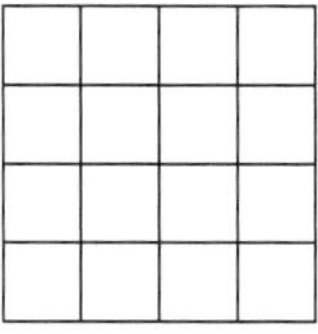

① 90개　② 80개　③ 70개　④ 60개　⑤ 50개

약점 보완 해설집 p.63

DAY 23 실전 연습 ⑩

• 권장 풀이 시간: /18분
• 맞은 문제: /17문제

난이도: ★★☆

01 네 가지 페인트 색으로 각 공간의 벽을 칠하려고 한다. 같은 색을 여러 번 사용해도 좋으나 이웃하는 방은 서로 다른 색을 칠하는 경우의 수는? (단, 한 방에는 한 가지의 색만 사용한다.)

<table>
<tr><td>사무실 A</td><td rowspan="3">공용공간</td></tr>
<tr><td>사무실 B</td></tr>
<tr><td>사무실 C</td></tr>
</table>

① 24가지 ② 48가지 ③ 54가지 ④ 72가지 ⑤ 96가지

난이도: ★★☆

02 어느 회사 300명을 대상으로 직급별, 성별 도서관 이용 현황을 조사한 결과는 다음과 같다.

구분	사원	대리	과장	차장 이상	계
남성	40	a	60 - a	100	200
여성	35	45 - b	b	20	100

300명 중에서 과장이 차지하는 비율은 12%이며, 300명 중에서 임의로 선택한 1명이 남성일 경우 이 이용자가 대리일 확률과 300명 중에서 임의로 선택한 1명이 여성일 경우 이 이용자가 과장일 확률이 서로 같다고 할 때, a + b의 값은?

① 52 ② 58 ③ 64 ④ 72 ⑤ 80

난이도: ★★☆

03 소규모 보트로 하는 강 체험 여행 상품이 있다. 여행사에서 예약받은 모든 인원을 태우려면, 보트당 최대 8명까지 관람객을 태울 수 있는 큰 보트들로는 총 6대가 필요할 예정이고, 작은 보트들을 준비한다면 최대 5명씩 태울 수 있으며 10대가 필요하다. 여행사가 큰 보트들로만 준비했을 때, 예약을 두 명을 더 받더라도 보트를 증편할 필요는 없다면, 현재 예약받은 인원은 몇 명이겠는가?

① 43명 ② 44명 ③ 45명 ④ 46명 ⑤ 47명

난이도: ★☆☆

04 A와 B가 계단에서 가위바위보를 하여 이긴 사람은 2칸을 올라가고 진 사람은 1칸을 내려가기로 하였다. 30분 후에 A는 6칸을, B는 21칸을 올라가 있었다. B가 이긴 횟수는 몇 번인가?

① 14 ② 16 ③ 18 ④ 20 ⑤ 22

난이도: ★☆☆

05 다빈이에게는 한 명의 언니와 한 명의 여자 동생이 있는데 첫째 언니와 다빈이는 8살 차이이다. 세 자매의 나이를 합하면 56세이고, 다빈이와 첫째 언니의 나이를 합하면 막내 나이의 3배가 된다고 할 때 막냇동생의 나이는 몇 세인가?

① 11세 ② 14세 ③ 17세 ④ 19세 ⑤ 20세

난이도: ★☆☆

06 같은 물건을 만드는 A, B 두 종류의 기계가 있다. A기계와 B기계를 동시에 40분 동안 작동시킨 후, B기계만을 20분 동안 작동시키면 480개의 물건을 만들 수 있다. 또 A기계와 B기계를 동시에 20분 동안 작동시킨 후, A기계만을 45분 동안 작동시키면 470개의 물건을 만들 수 있다. 이때 A기계만을 사용하여 물건 480개를 만드는 데 걸리는 시간은 몇 분인가?

① 60분 ② 70분 ③ 80분 ④ 90분 ⑤ 100분

난이도: ★★☆

07 수영장에 물이 어느 정도 차 있다. 수도꼭지를 열어 물이 일정한 속도로 채워지는 중에 일정한 속도로 배수되는 배수구 15개를 열면 3시간 만에 물이 다 빠지고, 배수구 10개를 열면 6시간 만에 물이 다 빠지게 된다. 2시간 안에 물을 다 배수시키려면, 몇 개의 배수구를 열어야 하는가? (단, 모든 배수구의 배수 속도가 같다.)

① 18개 ② 20개 ③ 24개 ④ 27개 ⑤ 32개

난이도: ★★☆

08 어느 회사의 회의에 과장은 5명, 사원은 8명 참석하였다. 사원은 모든 사람과 한 사람도 빠짐없이 한 번씩 악수하였고, 과장은 사원들과만 한 사람도 빠짐없이 악수하였다고 할 때, 이 회의에서 사람들이 악수한 총 횟수는?

① 28번 ② 40번 ③ 52번 ④ 68번 ⑤ 78번

난이도: ★★★

09 의자 6개가 맨 앞줄에 3개, 가운뎃줄에 2개, 가장 뒷줄에 1개가 놓여있다. 6명이 자리에 앉을 때 A와 B가 이웃하여 앉게 될 확률은? (단, 이웃하여 앉는 것은 같은 줄에 함께 앉아 있는 것을 의미한다.)

① $\frac{1}{15}$ ② $\frac{2}{15}$ ③ $\frac{1}{5}$ ④ $\frac{4}{15}$ ⑤ $\frac{1}{3}$

난이도: ★★☆

10 갑과 을이 게임을 하는데 한 번의 게임에서 갑이 이길 확률은 60%, 질 확률은 20%이다. 연속해서 두 게임을 이기는 사람이 최종 우승자가 된다고 할 때 4번째 게임을 한 후 최종 우승자가 결정될 확률은?

① $\frac{81}{625}$ ② $\frac{87}{625}$ ③ $\frac{92}{625}$ ④ $\frac{98}{625}$ ⑤ $\frac{102}{625}$

난이도: ★★☆

11 A, B, C 세 사람이 함께 일하면 4일 만에 끝낼 수 있는 일이 있다. 이 일을 A와 C 두 사람이 함께 6일 동안 일하거나 B와 C 두 사람이 함께 8일 동안 일하면 끝낼 수 있다고 한다. A와 B 두 사람이 함께 일하여 이 일을 끝내려면 최소 며칠이 걸리겠는가?

① 3일 ② 4일 ③ 5일 ④ 6일 ⑤ 7일

난이도: ★★☆

12 물이 가득 찬 저수지가 있다. 이 저수지의 물을 모두 퍼내는데 작업 능률이 같은 펌프 2대를 사용하면 물을 모두 퍼내는 데 16시간이 걸리고 펌프 3개를 사용하면 10시간 만에 다 퍼낼 수 있다. 펌프 7대로 물을 모두 퍼내려고 할 때 걸리는 시간은 얼마인가? (단, 이 저수지로는 매시간 일정량의 물이 흘러 들어온다.)

① 2시간 ② 2시간 30분 ③ 3시간 ④ 3시간 30분 ⑤ 4시간

난이도: ★★★

13 운전자 A가 고속도로에서 120km/h로 운전하던 도중 구간단속 구간 35km를 지나가게 되었다. 구간단속의 제한속도는 84km/h 이하이며 이를 진입 직후 2분 45초 이후에 알게 되었다. 구간단속의 제한속도 이하로 들어오기 위해서 이후 구간이 종료될 때까지 유지할 수 있는 최대 시속은? (단, 구간단속은 평균속도만 가져가며 최종 속도는 소수점 첫째 자리에서 반올림한다.)

① 65km/h ② 70km/h ③ 75km/h ④ 80km/h ⑤ 85km/h

난이도: ★★☆

14 세종시의 컨설팅 회사에 근무 중인 김영수 대리는 회사 행사에 필요한 문구세트를 구매하고자 한다. 근처의 문구점에 문의한 결과 해당 문구세트는 10세트 이상을 사면 10%, 30세트 이상을 사면 20%를 할인하는 프로모션을 진행한다는 이야기를 들었다. 김영수 대리가 30세트보다 적게 사더라도 30세트를 사는 것보다 더 비싸게 사는 문구세트의 최소 수량은 몇 개인가?

① 25세트 ② 26세트 ③ 27세트 ④ 28세트 ⑤ 29세트

난이도: ★★☆

15 주머니에 흰 공 3개와 검은 공 7개가 들어있다. 여기서 임의로 1개의 공을 꺼내어 색을 확인한 후, 꺼낸 공과 같은 색의 공 2개를 추가하여 꺼낸 공과 함께 다시 주머니에 넣는다. 주머니에서 두 번째로 꺼낸 공이 흰 공이었을 때, 첫 번째로 꺼낸 공이 검은 공일 확률은?

① $\frac{1}{4}$　② $\frac{1}{3}$　③ $\frac{5}{12}$　④ $\frac{1}{2}$　⑤ $\frac{7}{12}$

난이도: ★★☆

16 반원 위에 9개의 점이 있다. 이 중 세 점을 꼭짓점으로 하는 삼각형은 모두 몇 개인가?

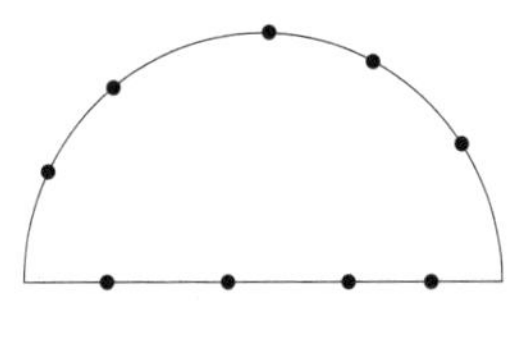

① 68개　② 72개　③ 76개　④ 80개　⑤ 84개

난이도: ★★★

17 갑은 오늘 해야 할 업무 6가지 A, B, C, D, E, F를 한 번에 한 가지씩 모두 처리하려고 한다. 이때 A는 C보다 먼저 하고, B는 E보다 먼저, E는 F보다 먼저 해야 한다고 할 때, 여섯 가지 일을 순서대로 처리하는 모든 방법의 수는?

① 60가지　② 80가지　③ 120가지　④ 360가지　⑤ 720가지

약점 보완 해설집 p.66

DAY 24 실전 연습 ⑪

- 권장 풀이 시간: /18분
- 맞은 문제: /17문제

난이도: ★★★

01 A회사 내에는 각 지역본부로 가는 셔틀버스가 운행되고 있다. 가 지역본부로 가는 셔틀버스는 오전 10시부터 18분 간격으로 출발하고 나 지역본부로 가는 셔틀버스는 오전 10시 30분부터 12분 간격으로 출발할 때, 점심시간 이후 두 버스가 처음으로 같이 출발하는 시간은? (단, 점심시간은 오후 12~1시이며, 셔틀버스는 점심시간에 관계없이 운행된다.)

① 오후 1시 12분 ② 오후 1시 18분 ③ 오후 1시 36분 ④ 오후 2시 12분 ⑤ 오후 2시 18분

난이도: ★☆☆

02 ○○공사에 근무 중인 세영이는 팀 워크숍을 위해 도시락을 주문하려고 한다. 세영이가 근무하는 팀의 인원 중 워크숍에 참여하는 인원은 64명이고, 그중 C 도시락을 주문한 사람은 12명이다. A 도시락의 전체 주문 금액이 B 도시락의 전체 주문 금액과 C 도시락의 전체 주문 금액의 합과 같다고 할 때, B 도시락을 주문한 인원은 총 몇 명인가? (단, 도시락은 1인당 1개만 주문했다.)

[도시락별 가격]

구분	A 도시락	B 도시락	C 도시락
가격(원/개)	4,800	4,500	5,300

① 19명 ② 20명 ③ 21명 ④ 22명 ⑤ 23명

난이도: ★★★

03 다음 그림과 같이 열리고 닫히는 장치가 있는 급수관과 물탱크 A, B가 있다. 이 급수관에 흐르는 물의 양은 동일하지만, C장치로 인해 닫힌다면 그곳에는 물이 흘러가지 않는다. 두 개의 물탱크에 급수관을 통해 24분간 물을 흘려보낸 후 2분간 물을 멈추어 A에 있던 물을 B로 모두 이동시켰다. 그리고 다시 x분 동안 물을 흘려보내고 C를 닫고 y분간 물을 흘려보냈더니 물탱크 B의 양은 물탱크 A 양의 3배였다. 총 44분의 시간이 걸렸다고 할 때, xy 값은 얼마인가? (단, 처음 물탱크 A, B는 모두 비어있는 상태이다.)

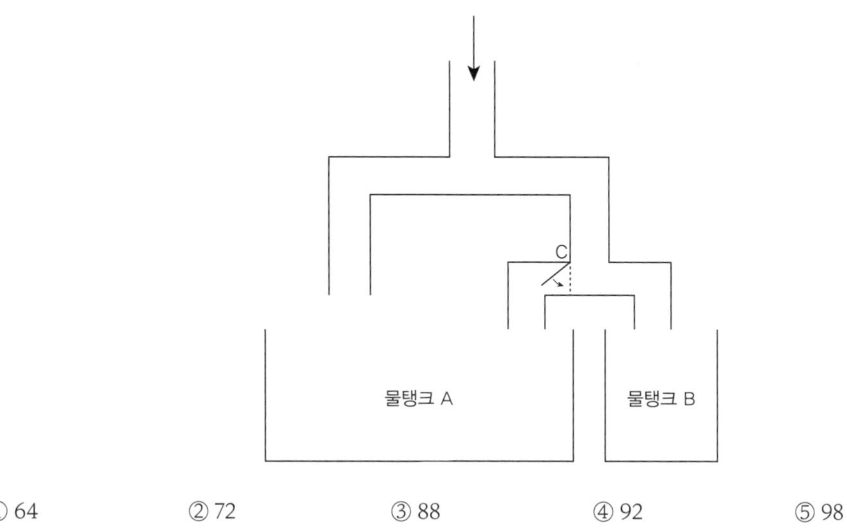

① 64 ② 72 ③ 88 ④ 92 ⑤ 98

난이도: ★★★

04 동주와 재현이가 같이 하면 175분 걸리는 일이 있다. 그런데, 동주가 사정이 생겨 1시간 늦었고 그동안 재현이가 먼저 작업하고 있었고, 동주가 온 뒤로 함께 작업해서 완료한 시간은 150분이 걸렸다면 동주 혼자 이 일을 할 때는 얼마나 걸리겠는가?

① 250분 ② 275분 ③ 300분 ④ 350분 ⑤ 420분

난이도: ★★★

05 형은 집에서부터 A지점을 지나 B지점까지 가는데 A지점까지는 자동차를 타고, A지점부터는 자전거를 타고 갔다. 동생은 거꾸로 B지점부터 A지점을 지나 집까지 가는데 A지점까지는 자동차를 타고 A지점부터는 자전거를 타고 갔다. 두 사람은 동시에 출발하여 40분 후에 만났고, 형이 동생보다 16분 일찍 도착하였다. 두 사람 모두 자동차 타는 속력을 분속 $\frac{1}{4}$km, 자전거 타는 속력을 분속 $\frac{1}{12}$km로 유지했다면, 집에서부터 B지점까지의 거리는 얼마인가?

① 7km ② 9km ③ 13km ④ 17km ⑤ 19km

난이도: ★★☆

06 어느 매장에서 두 상품 A, B를 정가에 판매할 때는 각각 6,000원, 4,000원이었는데 세일기간을 맞아 A는 5,000원, B는 2,000원으로 할인하였다. 할인가로 판매한 후 매출액은 340,000원이었는데 이 매출은 정가로 판매했을 때보다 140,000원 적은 금액이다. 이날 판매한 두 상품 개수의 총합은 얼마인가?

① 45 ② 50 ③ 65 ④ 70 ⑤ 95

난이도: ★☆☆

07 용산의 한 극장에서 슬램덩크 영화가 인기리에 상영 중이다. 평일에는 티켓이 매진될 확률이 $\frac{2}{3}$이고, 주말에는 $\frac{3}{4}$라고 한다면 이번 주 월요일부터 일요일까지 7일 연속 영화가 매진될 확률은? (단, 이번 주 금요일은 단체 예약으로 모든 티켓이 매진되었다고 한다.)

① $\frac{4}{81}$ ② $\frac{16}{81}$ ③ $\frac{9}{16}$ ④ $\frac{13}{16}$ ⑤ $\frac{1}{9}$

난이도: ★☆☆

08 아래 그림과 같은 모양의 길이 있다. A지점에서 출발하여 B지점을 거쳐 C지점까지 갈 때 가장 짧은 거리로 이동하는 경우의 수는?

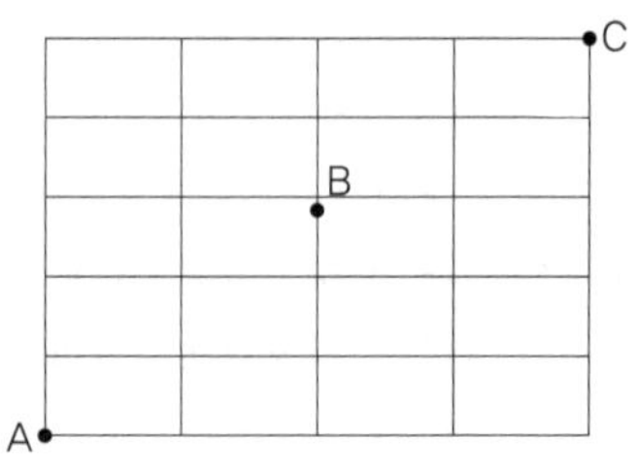

① 24가지 ② 42가지 ③ 60가지 ④ 72가지 ⑤ 88가지

난이도: ★☆☆

09 한 개의 주사위를 두 번 던질 때 첫 번째 수와 두 번째 수의 곱이 짝수라면, 각각 나온 수가 모두 짝수일 확률은?

① $\frac{7}{12}$ ② $\frac{1}{2}$ ③ $\frac{5}{12}$ ④ $\frac{1}{3}$ ⑤ $\frac{1}{4}$

난이도: ★★★

10 서울의 한 4DX 테마관의 관람 코스는 5분이다. 오픈 첫날 많은 사람이 몰렸고, 저녁이 되어도 기다리는 사람들의 줄은 계속되었다. 업체 측은 현재 줄 서 있는 마지막에 있는 사람까지만 관람할 수 있도록 하고 그 이후의 대기자 줄은 마감했다. 대기자 줄 마감 이후 다시 시작한 첫 관람 시각은 17시 30분이었고, 18시 15분에 관람을 시작한 팀을 빼고도 아직 64명의 대기자가 남아 있었다. 마지막 팀이 19시 20분에 관람을 시작했다면 총 대기자는 몇 명인가?

① 108명 ② 109명 ③ 110명 ④ 111명 ⑤ 112명

난이도: ★☆☆

11 영국, 독일, 한국 세 나라가 참가한 국제 포럼에 참석한 인원은 23명이다. 영국인은 독일인보다 2명 많고, 독일인은 한국인보다 3명 적다. 한국인은 몇 명 참석하였는가?

① 6명 ② 7명 ③ 8명 ④ 9명 ⑤ 10명

난이도: ★★☆

12 A는 팀장님의 선물을 사기 위해 팀원들과 함께 회비를 모으려 하는데 1인당 3만 원씩 내면 1만 원이 남고, 2만 5천 원씩 내면 8천 원 미만이 부족하다면 A를 포함하여 회비를 모으는 팀원의 수는?

① 2명 ② 3명 ③ 4명 ④ 5명 ⑤ 6명

난이도: ★★☆

13 갑은 책을 매일 똑같은 양만큼 읽으려고 한다. 월요일부터 목요일까지는 계획했던 양을 읽었지만, 금요일에는 야근하는 바람에 읽어야 하는 양의 반밖에 읽지 못했다. 토요일은 늦잠을 자 하루 목표치의 $\frac{1}{4}$밖에 읽지 못하여 일요일에 결국 나머지 72페이지를 다 읽어야 했을 때, 원래 하루에 목표했던 양은 얼마인가?

① 24페이지 ② 28페이지 ③ 32페이지 ④ 36페이지 ⑤ 40페이지

난이도: ★★★

14 순규와 정희는 쌀자루를 나르는 일을 한다. 첫 번째 날 함께 2시간 동안 일을 한 뒤, 정희가 약속이 있어서 먼저 떠나고 순규만 30분 더 일했더니 창고 전체의 $\frac{7}{8}$만큼의 쌀자루를 나를 수 있었다. 둘째 날에는 어제 일한 양의 두 배 만큼 일하기로 했는데, 순규와 정희가 함께 3시간 일한 후 정희가 먼저 떠나서 순규가 나머지 쌀자루를 나르느라 2시간 30분을 더 일했다면, 순규와 정희가 함께 1시간 동안 창고의 얼마만큼 쌀자루를 나를 수 있겠는가?

① $\frac{1}{8}$ ② $\frac{1}{7}$ ③ $\frac{1}{4}$ ④ $\frac{3}{8}$ ⑤ $\frac{1}{2}$

난이도: ★★☆

15 어떤 책 한 권을 하루에 17쪽씩 읽으면 25일 만에 다 읽을 수 있고, 하루에 15쪽씩 읽으면 28일 만에 다 읽을 수 있다. 매일 21쪽씩 읽는다면 며칠 만에 다 읽을 수 있는가?

① 18일　② 19일　③ 20일　④ 21일　⑤ 22일

난이도: ★☆☆

16 ○○공사의 신입사원인 A씨는 B대리와 함께 전국 지사의 현황을 파악하는 업무를 진행 중이다. 총 6개의 지사를 2박 3일간 방문하면서 현황을 파악하는 업무를 진행 중인데, 서울 지사로 돌아오는 일정까지 포함하여 3일 평균 232km를 이동했다. 첫째 날과 셋째 날 이동한 평균 거리가 245km일 때, 둘째 날 이동한 거리는 얼마인가?

① 200km　② 202km　③ 204km　④ 206km　⑤ 208km

난이도: ★★☆

17 쇼핑몰에서 한 장에 8,000원인 티셔츠를 구매하려고 한다. 이 쇼핑몰에서는 구입 가격의 5%를 할인해 주는 쿠폰과 구입 가격에서 4,000원을 할인해 주는 쿠폰 중에서 한 가지를 사용할 수 있다. 최소 몇 장 이상의 티셔츠를 구입할 때 5%를 할인해 주는 쿠폰을 사용하는 것이 더 유리한가?

① 8장　② 9장　③ 10장　④ 11장　⑤ 12장

약점 보완 해설집 p.68

DAY 25 실전 연습 ⑫

• 권장 풀이 시간: /18분
• 맞은 문제: /17문제

난이도: ★★☆

01 공정 온도 향상을 위한 히터 A와 B는 상온(20℃)에서 최적 공정 온도인 1,680℃까지 승온하는 데 히터 A만 사용하면 6시간이 소요되고, 히터 B만 사용하면 8시간이 소요된다. 상온(20℃)에서 히터 A와 히터 B를 동시에 2시간 동안 사용하다가 히터 A를 다른 공정으로 옮기고 남은 온도를 히터 B만을 이용해서 최적 공정 온도인 1,680℃까지 승온한다고 할 때, 총 소요시간은 얼마인가?

① 5시간 20분 ② 5시간 30분 ③ 5시간 40분 ④ 5시간 50분 ⑤ 6시간

난이도: ★☆☆

02 100점 만점인 어떤 시험에서 문제 수는 5개이고, 홀수 번 문제는 배점이 같다. A는 1번, 2번, 3번을 맞혀 50점을 받았고 B는 3번, 4번, 5번을 맞혀 70점을 받았다. C가 4번, 5번을 맞혔다고 하면 C의 점수는 몇 점인가?

① 10점 ② 20점 ③ 30점 ④ 40점 ⑤ 50점

난이도: ★★☆

03 A제품을 3,000개 생산하여 테스트했더니 불량품이 500개였다. 정상 제품만 판매하여 전체 생산 가격의 10% 이상 15% 이하의 이익을 얻으려 한다면 생산 가격에 최소 몇 %의 이익을 붙여서 팔아야 하는가?

① 30% ② 32% ③ 34% ④ 36% ⑤ 38%

난이도: ★☆☆

04 경기도 화성에 수세미를 만드는 A, B, C공장이 있다. A공장은 20분마다 3개의 수세미를 생산해 내고, B공장은 35분마다 4개의 수세미를, C공장은 1시간마다 6개의 수세미를 만든다고 할 때, 동일한 시간 동안 A공장, B공장, C공장에서 생산되는 수세미 개수의 비율은?

① 6 : 5 : 4 ② 9 : 7 : 6 ③ 13 : 10 : 9 ④ 17 : 15 : 12 ⑤ 21 : 16 : 14

난이도: ★★☆

05 한 부품 생산 공장에서는 근무조별로 생산 속도의 차이가 있다. 1회 근무 시 8시간씩 근로하며, A조 팀원들의 근무 시간에는 155개가 생산되고, B조 근무 시간에는 123개가, C조 근무 시간에는 149개가 생산된다. 이번에는 납기 기한이 얼마 남지 않아 C조가 근무하는 시간에 A조와 B조가 번갈아 가면서 투입되기로 했고, 이날 A조와 C조가 함께 생산한 양과, 이후 A조와 B조가 교대되어 B조, C조가 함께 생산한 양의 합은 292개라면, A조가 C조의 근무 시간에 투입되어 함께 일한 시간은 얼마인가? (단, 조별 생산 속도는 항상 똑같다고 가정한다.)

① 2시간 ② 3시간 ③ 4시간 ④ 5시간 ⑤ 6시간

난이도: ★★★

06 재호와 병훈이는 함께 등산을 했다. 올라갈 때와 내려올 때 서로 다른 등산로로 등산을 했으며, 올라갈 때 이용한 등산로보다 내려올 때 이용한 등산로가 1.5배 길다. 재호는 산 정상까지 올라가는 동안 한 번도 휴식을 하지 않고 평균 5km/h의 속도로 등산을 했으며 정상에서 30분의 휴식 후 평균 6km/h의 속도로 하산했다. 병훈이는 산 정상까지 올라가는 동안 중간에 10분 휴식을 하고, 휴식시간을 포함하여 평균 4km/h의 속도로 등산을 했으며, 산 정상에서는 10분만 휴식을 한 뒤 평균 6km/h의 속도로 하산했다. 재호와 병훈이는 같은 시간에 등산을 시작해서 같은 시간에 등산을 끝냈다고 할 때, 총 등산로의 길이는 몇 km인가? (단, 재호와 병훈이 모두 내려올 때는 휴식을 하지 않았으며, 최종 계산에서 소수점 둘째 자리에서 반올림한다.)

① 16.7km ② 17.0km ③ 17.3km ④ 17.7km ⑤ 18.0km

난이도: ★★☆

07 갑은 자차를 이용하여 지방본부에서 하는 회의에 참석하려고 한다. 시속 40km로 가면 회의시간보다 10분 일찍 도착하고, 시속 30km로 가면 회의시간보다 20분 늦어지게 된다고 할 때, 회의시간에 정확하게 도착하기 위해서는 시속 몇 km로 가야 하는가?

① 32km/h ② 33km/h ③ 34km/h ④ 35km/h ⑤ 36km/h

난이도: ★★☆

08 ○○마트에서는 판매하는 제품 A의 프로모션 행사를 기획하고 있다. 최초 정가에서 20%를 할인하여 판매하는 프로모션을 기획했지만, 조금 더 할인율을 높여서 2개를 구매하면 1개를 추가로 지급하는 2+1행사를 기획하게 되었다. 최초 기획했던 할인행사보다 2+1행사를 진행할 경우 1개 판매당 얻을 수 있는 이익이 720원 감소한다고 할 때, 제품 A의 정가는 얼마인가?

① 3,800원 ② 4,200원 ③ 4,600원 ④ 5,000원 ⑤ 5,400원

난이도: ★☆☆

09 일자로 되어있는 테이블에 임원 3명, 직원 3명이 번갈아 가면서 자리에 앉아야 한다. 이때 가능한 경우의 수는?

① 30가지 ② 36가지 ③ 48가지 ④ 72가지 ⑤ 81가지

난이도: ★★★

10 1, 2, 3의 숫자가 적힌 카드가 들어있는 주머니가 있다. 이 주머니에서 한 개의 카드를 꺼내 그 숫자를 확인하고 다시 카드를 넣는 게임을 반복한다. 이때, 꺼낸 카드의 숫자가 바로 직전에 뽑은 카드의 숫자보다 작으면 카드를 더 꺼내지 않는다. 이 게임을 3번 한다고 가정할 때, 두 번째에서 2가 적힌 카드를 뽑을 확률은?

① $\frac{1}{4}$ ② $\frac{1}{3}$ ③ $\frac{5}{12}$ ④ $\frac{1}{2}$ ⑤ $\frac{7}{12}$

난이도: ★☆☆

11 두 사건 A, B에 대하여 $P(A)=\frac{2}{5}$, $P(B|A)=\frac{5}{6}$일 때, $P(A \cap B)$의 값은?

① $\frac{1}{3}$ ② $\frac{4}{15}$ ③ $\frac{1}{5}$ ④ $\frac{2}{15}$ ⑤ $\frac{1}{15}$

난이도: ★★☆

12 5월 1일이 수요일이라면 그 이후 1일이면서 수요일이 되는 가장 빠른 달은 언제인가?

① 8월　② 11월　③ 12월　④ 다음 해 1월　⑤ 다음 해 3월

난이도: ★☆☆

13 A가 하면 24일, B가 하면 60일이 걸리는 일을 A와 B가 같이 하다가 5일째부터 A가 나오지 못하여 C가 대신 나와서 일을 끝내기까지 첫날부터 총 27일이 걸렸다. C가 단독으로 하였을 때 일을 끝마치기까지 걸리는 시간은 며칠인가?

① 24일　② 33일　③ 42일　④ 51일　⑤ 60일

난이도: ★★★

14 세 변의 길이가 모두 정수인 삼각형의 둘레의 길이가 30이라고 한다. 이 삼각형 중에서 이등변 삼각형은 몇 개인가?

① 5개　② 6개　③ 7개　④ 8개　⑤ 9개

난이도: ★★★

15 다음 수를 작은 것부터 차례대로 나열한 것은?

㉠	㉡	㉢	㉣
$1011010_{(2)}$	$134_{(8)}$	$5F_{(16)}$	91

① ㉠-㉣-㉡-㉢ ② ㉡-㉣-㉠-㉢ ③ ㉢-㉡-㉠-㉣ ④ ㉢-㉡-㉣-㉠ ⑤ ㉣-㉡-㉠-㉢

난이도: ★★★

16 ○○회사는 명절마다 임직원들 1인당 1개씩 선물세트를 지급하고 있다. 작년 추석에는 전 임직원 1,500명에게 선물세트를 지급했으며, 모든 임직원은 1호 선물세트와 2호 선물세트 중 1가지를 선택했다. ○○회사는 올해 신입사원 선발을 마무리한 후 설날에 선물세트를 지급하기 위해 조사를 진행했고, 1호 선물세트를 선택한 인원은 작년 추석에 비해 16%가 증가했으며 2호 선물세트를 선택한 인원은 작년 추석에 비해 12%가 감소하여 올해 명절 선물세트의 총 비용은 작년에 비해 3.4%가 증가할 것으로 조사되었다. 이때, 올해 1호 선물세트를 선택한 임직원의 수는 몇 명인가? (단, 1호 선물세트와 2호 선물세트의 가격은 동일하며, 작년과 올해 가격 변화는 없다.)

① 870명 ② 899명 ③ 928명 ④ 957명 ⑤ 986명

난이도: ★★★

17 세종시의 어느 공기업에서 취업 설명회를 하기로 하고 긴 벤치를 준비하였다. 이때, 1개의 벤치에 학생이 6명씩 앉으면 4자리 이하의 자리가 비고, 4명씩 앉으면 12명 이상이 앉지 못하게 된다. 또한 준비된 벤치의 절반에는 6명씩, 나머지에는 4명씩 앉으면 5명이 앉지 못하게 된다고 할 때, 취업 설명회에 참여한 인원은 총 몇 명인가?

① 40명 ② 43명 ③ 45명 ④ 48명 ⑤ 50명

약점 보완 해설집 p.71

DAY 26 실전 연습 ⑬

- 권장 풀이 시간: /18분
- 맞은 문제: /17문제

난이도: ★☆☆

01 어느 과수원에서 사과, 배와 감을 수확한다. 사과는 3일 주기로 2개씩, 배는 5일 주기로 5개씩, 감은 4일 주기로 4개씩을 수확한다. 첫째 날에 사과, 배, 감을 동시에 수확하였을 때 다음에 동시에 수확한 날까지 수확한 과일의 총 개수는 몇 개인가?

① 126　② 149　③ 160　④ 171　⑤ 182

난이도: ★★☆

02 일정한 규칙으로 수를 나열할 때, 물음표에 들어갈 알맞은 수는?

3　4　8　17　33　58　?

① 94　② 102　③ 108　④ 114　⑤ 116

난이도: ★☆☆

03 총점 80점 이상 득점 시 합격하는 시험이 있다. 작년 이 시험에 합격한 인원 중 남성의 비율은 60%였으며, 올해 이 시험에 합격한 남성의 수는 작년에 비해 20% 감소한 반면, 여성의 수는 14명 증가하여 올해 이 시험에 합격한 총 인원이 168명이 되었다고 할 때 작년에 이 시험에 합격한 총 인원은 몇 명인가?

① 175명 ② 180명 ③ 185명 ④ 190명 ⑤ 195명

난이도: ★☆☆

04 상우는 사격연습장에서 시합을 하고 있다. 사격연습장 1인당 30발을 쏠 수 있고, 과녁은 1점, 3점, 5점으로 구성되어 있으며, 빗나갈 경우 0점으로 처리된다. 5점 과녁을 맞힌 개수보다 3점 과녁을 맞힌 개수가 1개 더 많고, 총 4개가 빗나가서 상우의 점수가 64점이 되었다고 할 때, 상우가 1점 과녁을 맞힌 개수는 몇 개인가?

① 12개 ② 13개 ③ 14개 ④ 15개 ⑤ 16개

난이도: ★★☆

05 용인의 한 놀이공원은 가족의 달 프로모션을 통해 기존에 판매하고 있던 연간회원권 금액 100,000원을 20% 할인된 금액에 판매하고 있다. 이 놀이공원의 기존 자유이용권이 50,000원이고, 연간회원으로 가입하면 자유이용권 금액의 15%를 할인받을 수 있다. 연간회원권 구매 후 자유이용권을 구입하는 것이 더 이익이 되려면 이 놀이공원에서 자유이용권을 몇 번 이상 구입해야 하는가?

① 10번 ② 11번 ③ 12번 ④ 13번 ⑤ 14번

난이도: ★☆☆

06 시간당 160개의 불량 검사를 할 수 있는 검사기 A와 시간당 120개의 불량 검사를 할 수 있는 검사기 B가 있다. 검사기 A와 B를 모두 이용하여 2,240개의 제품 검사를 하였는데, 중간에 검사기 A에 고장이 발생하여 수리를 하였고, 수리 시간 동안 검사는 검사기 B만으로 진행했다. 총 검사 시간은 12시간이 소요되었다고 할 때, 검사기 A를 수리하는 데 소요된 시간은? (단, 검사기 A는 수리 시간 외에는 정상 작동하였다.)

① 4시간 ② 5시간 ③ 6시간 ④ 7시간 ⑤ 8시간

난이도: ★★★

07 700L 용량의 물탱크에 두 개의 급수관 A와 B를 함께 사용하여 물을 채우는 데 14분이 걸린다. 또한 가득 채워진 물탱크의 물을 배수관 C로 모두 빼내는 데 1시간 10분이 걸린다. 그리고 460L가 이미 채워진 물탱크에 먼저 급수관 A가 6분 동안 물을 채우고 후에 급수관 B가 10분 동안 물을 채우면 물을 가득 채울 수 있다. 이때 배수관 C는 항상 열려있다. 급수관 A만을 통해 물탱크를 가득 채운다면 몇 분이 걸리는가? (단, A, B, C로 물을 채우거나 빼내는 속력은 각각 일정하다.)

① 25분 ② 26분 ③ 27분 ④ 28분 ⑤ 29분

난이도: ★★☆

08 어떤 일을 완성하는데 A, B, C 세 사람이 함께할 때는 4시간이 걸리고, A와 B가 함께 할 땐 4시간 30분, B와 C가 함께 할 땐 5시간이 걸린다. 이 일을 A와 C가 함께 한다면 B가 혼자 일을 완성하는 데 걸리는 시간의 몇 배인가?

① $\frac{14}{31}$ ② $\frac{31}{14}$ ③ $\frac{17}{36}$ ④ $\frac{36}{17}$ ⑤ $\frac{24}{33}$

난이도: ★★★

09 M 유통 회사에 다니는 김 주임과 최 주임은 점심시간에 슈퍼 파스타 음식점에 가려고 동시에 회사를 나섰다. 둘 다 회사를 나올 때는 2m/s의 속도로 걷다가 다리 시작과 끝 지점을 지날 때 상대방보다 앞서 있는지, 뒤쳐져 있는지 확인한다. 만약 상대방보다 먼저 가고 있다면 속도를 0.5m/s 줄여서 걷고, 반대로 느리게 가고 있다면 속도를 0.5m/s 높여서 걷는다. 김 주임은 종로길, 청계천 다리를 건너, 선한은행을 들러 3분간 은행 업무를 한 뒤 슈퍼 파스타로 향하고, 최 주임은 동대문길, 다리를 건너, 제이은행을 들러 4분간 은행 업무를 마친 뒤 슈퍼 파스타로 향한다면, 누가 얼마나 먼저 도착하겠는가?

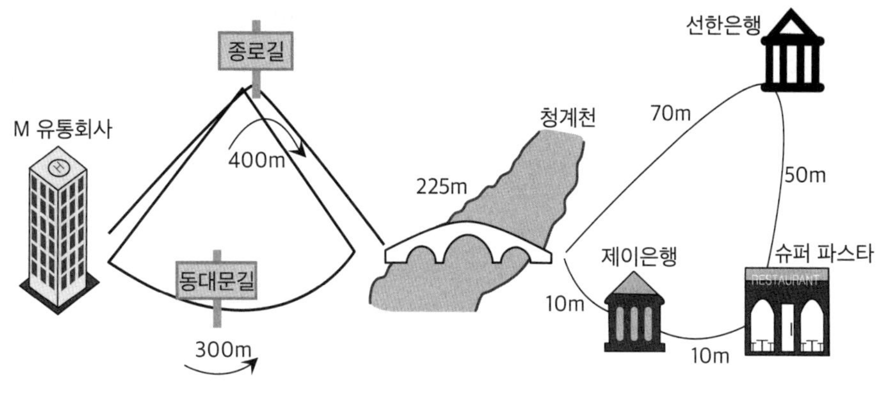

① 최 주임, 20초 ② 최 주임, 25초 ③ 최 주임, 35초 ④ 김 주임, 20초 ⑤ 김 주임, 25초

난이도: ★☆☆

10 정훈이는 0~7의 숫자가 적혀 있는 8각 주사위를 던져서 나온 결과를 아래와 같이 정리했다. 총 20번 주사위를 던졌고, 나온 숫자의 총합이 65이며, 각 숫자가 나온 빈도가 아래와 같을 때, (평균값 - 최빈값)은 얼마인가?

나온 수	0	1	2	3	4	5	6	7
빈도	3	2	3	x	1	y	2	2

① -0.5 ② -0.25 ③ 0 ④ 0.25 ⑤ 0.5

난이도: ★★★

11 갑, 을, 병 세 사람은 사내 자선 행사 진행 중에 각자 할당된 만큼의 도시락을 만들고 있다. 갑이 할당된 도시락을 다 만들었을 때 을은 20개, 병은 32개 남아있었고, 을이 할당된 도시락을 다 만들었을 때 병은 아직 16개가 남아있었다. 각자의 도시락 만드는 속도는 일정하다고 할 때 이 세 사람이 만든 도시락은 총 몇 개인가? (단, 세 명에게 할당된 도시락 양은 동일하다.)

① 150개 ② 180개 ③ 210개 ④ 240개 ⑤ 270개

DAY 26 실전 연습 ⑬ 해커스 NCS & 인적성 응용수리 500제

난이도: ★★★

12 철도 노선의 개수가 A, B, C로 총 3개인 지역이 있다. 이 노선을 이용하는 승객은 총 1,000명이며, 환승 없이 A, B, C노선만 이용하는 승객은 각각 30%, 25%, 20%이다. 노선별로 환승하는 비율이 다음과 같을 때 A노선 이용 고객 중 B/C노선으로의 환승을 하는 고객일 확률은 약 얼마인가?

구분	A노선 ↔ B노선	B노선 ↔ C노선	C노선 ↔ A노선
비율	16%	14%	27%

※ A노선 ↔ B노선의 승객 비율은 C노선을 이용한 사람 중 A노선 ↔ B노선 환승을 한 고객도 포함된다.
※ 'B/C노선으로의 환승'은 환승하여 B와 C 두 노선 모두 이용하는 경우를 의미한다.

① 약 18% ② 약 22% ③ 약 25% ④ 약 28% ⑤ 약 30%

난이도: ★☆☆

13 ○○회사 전체 직원을 대상으로 통근 유형에 대한 설문 조사를 실시한 결과 전 직원의 40%가 대중교통을 이용한다고 응답하였으며, 응답한 인원 중 60%가 남성이었다. 대중교통을 이용한다고 응답한 직원 중 남성이 여성보다 28명 많다고 할 때, ○○회사 전체 직원은 총 몇 명인가?

① 325명 ② 350명 ③ 375명 ④ 400명 ⑤ 425명

난이도: ★★☆

14 ○○대학교 1학년 학생들을 대상으로 조사한 결과 40%는 고등학교를 졸업한 지 1년 이상이 지나서 입학을 한 경우이고, 60%는 고등학교 졸업 직후 입학한 것으로 확인되었다. 고등학교를 졸업한 지 1년 이상 지나서 입학을 한 학생들 중 학점이 4.0 이상인 학생은 30%였고, 고등학교 졸업 직후 입학한 학생 중 학점이 4.0 이상인 학생은 20%였다. ○○대학교 1학년 학생 중 한 명을 선택했더니 그 학생의 학점이 4.0 이상이라고 할 때, 해당 학생이 고등학교 졸업 직후 입학한 학생일 확률은?

① 48% ② 50% ③ 52% ④ 54% ⑤ 56%

난이도: ★★★

15 6개의 문자 a, b, b, c, c, d를 일렬로 세울 때 같은 문자끼리는 이웃하지 않는 경우의 수는?

① 60 ② 84 ③ 108 ④ 132 ⑤ 156

난이도: ★★★

16 사원 3명과 대리 3명이 회의를 위해 원탁 테이블에 둘러앉으려고 한다. 이때, 사원 A가 다른 사원과 마주 보고 앉고, 양옆에는 대리가 앉을 확률은?

① $\frac{1}{2}$ ② $\frac{1}{3}$ ③ $\frac{1}{4}$ ④ $\frac{1}{5}$ ⑤ $\frac{1}{6}$

난이도: ★★★

17 갑은 회사 회의실에 의자가 부족하여 의자 10개를 주문하려고 한다. 의자의 종류는 A, B, C 세 개가 있고, A의자는 현재 행사상품이어서 두 개를 구매하면 한 개를 더 준다고 한다. 이때 갑이 주문할 수 있는 경우의 수는? (단, 모든 종류의 제품을 구매할 필요는 없으며, 두 개를 사서 한 개를 더 얻었다면 의자 3개로 생각한다.)

① 20가지 ② 27가지 ③ 35가지 ④ 48가지 ⑤ 60가지

약점 보완 해설집 p.73

DAY 27 실전 연습 ⑭

• 권장 풀이 시간: /18분
• 맞은 문제: /17문제

난이도: ★★☆

01 ○○기업은 20X0년 총 300명의 신입사원을 선발했다. 20X1년 신입사원 선발에서는 전년도 대비 남성 신입사원의 수는 10% 증가한 반면, 여성 신입사원의 수는 5%가 감소하였다. 이후 20X2년 신입사원 선발에서는 전년도 대비 남성 신입사원 수는 5% 감소한 반면 여성 신입사원의 수는 20% 증가하여 총 신입사원의 수는 전년 대비 8명 증가한 323명이었다. 이때, 20X2년 여성 신입사원의 수는 몇 명인가?

① 95명 ② 114명 ③ 132명 ④ 150명 ⑤ 168명

난이도: ★★★

02 ○○부서에서 근무하고 있는 갑, 을, 병 세 사람이 있다. 세 사람은 자료 조사와 보고서 작성 업무를 함께 처리하려 하는데, 처음 보고서 작성은 갑이 진행을 하고, 을과 병은 자료 조사가 종료되는 즉시 갑을 도와서 보고서 작성을 한다고 할 때, 아래의 <표>를 토대로 모든 업무를 수행하는 데 소요되는 총 시간은 몇 시간인가? (단, 세 사람은 동시에 업무를 시작했다.)

<표>

(단위: 시간)

구분	갑	을	병
자료 조사	8	6	12
보고서 작성	10	15	12

※ 1) 각 사람이 혼자 업무를 수행했을 때 소요되는 시간을 나타냄
2) 업무 수행 효율은 항상 일정하다고 가정함

① 6시간 12분 ② 6시간 24분 ③ 6시간 36분 ④ 6시간 48분 ⑤ 7시간 00분

난이도: ★★★

03 10km 떨어진 강의 두 지점을 왕복하는 보트가 있다. 강을 거슬러 올라가다가 중간에 보트 엔진이 고장 나는 바람에 30분간 떠내려갔다. 이 시간을 제외하고 거슬러 올라가는 데 걸린 총 시간은 내려오는 데 걸린 시간보다 1시간이 더 소요되어 왕복하는 데 총 3시간이 걸렸다. 이때, 정지된 물에서 보트의 속력은 얼마인가? (단, 강물과 보트의 속력은 일정하다.)

① 시속 10km ② 시속 12km ③ 시속 14km ④ 시속 16km ⑤ 시속 18km

난이도: ★★☆

04 학생들에게 사탕을 나누어 주려고 한다. 한 학생에게 4개씩 주면 13개가 남고 5개씩 주면 맨 마지막 학생은 5개를 다 받지 못하고 몇 개만 받게 된다. 이때 가능한 사탕의 개수 중 최솟값은?

① 65 ② 69 ③ 73 ④ 77 ⑤ 81

난이도: ★☆☆

05 학급에서 야영 훈련을 할 때, 한 텐트에 3명씩 자려고 했더니 5명이 잘 곳이 없어 4명씩 잤더니 텐트가 3개 남았다. 가능한 텐트 수의 합은?

① 39개 ② 60개 ③ 74개 ④ 78개 ⑤ 95개

난이도: ★★☆

06 우리, 나라, 만세 세 명이 일대일로 대전하는 게임을 하려고 한다. 우리가 나라에게 이길 확률은 70%이고, 나라가 만세에게 이길 확률은 60%, 만세가 우리에게 이길 확률은 40%이다. 우리, 나라, 만세가 추첨을 통해 2명이 먼저 게임을 하고, 승자가 남은 1명과 게임을 해서 최종 우승을 정하기로 했다. 이때, 우리가 우승할 확률은 얼마인가? (단, 소수점 셋째 자리에서 반올림한다.)

① 35%　② 40%　③ 45%　④ 50%　⑤ 55%

난이도: ★★☆

07 상자 안에는 당첨 제비와 비당첨 제비를 모두 합하여 10개가 들어 있다. 이 상자에서 2개씩 꺼내어 보고 다시 넣는 시행을 반복하였더니 5번에 4번꼴로 2개 모두 당첨 제비였다고 할 때, 상자에 들어있는 당첨 제비의 개수는?

① 5개　② 6개　③ 7개　④ 8개　⑤ 9개

난이도: ★★★

08 0, 1, 1, 2, 3이 각각 적힌 5장의 카드에서 3장을 뽑아 세 자리 자연수를 만들고자 한다. 만들 수 있는 서로 다른 세 자리 자연수의 개수는?

① 26개　② 32개　③ 36개　④ 44개　⑤ 52개

난이도: ★★★

09 갑과 을은 거래처 5개를 오늘 안에 다 한 번씩 방문해야 한다. 거래처의 위치가 다음 그림과 같을 때 갑과 을이 거래처 한 곳도 빠짐없이 한 번씩만 방문하는 경우의 수는?

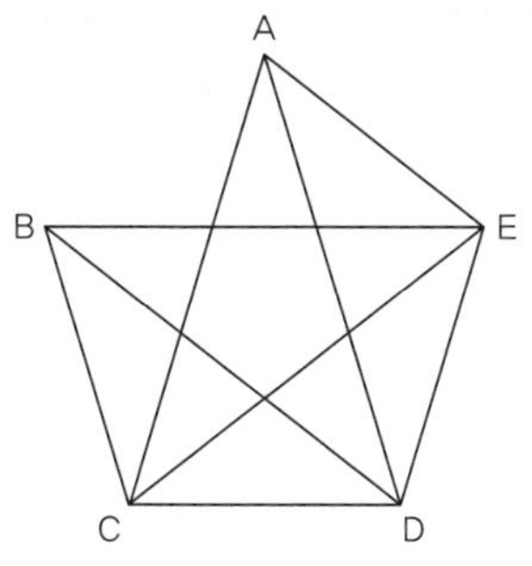

① 72가지 ② 75가지 ③ 78가지 ④ 81가지 ⑤ 84가지

난이도: ★★☆

10 종로의 한 학원에서 모의 평가를 실시했다. A반은 총 40명, B반은 25명, C반은 35명이고, 모의평가의 평균 점수는 B반이 A반보다 평균 15점이 높고, C반의 평균 점수는 A반의 평균 점수의 1.5배보다 10점이 낮고, B반의 평균 점수보다는 5점이 높았다. 이번 모의 평가의 A반부터 C반까지의 전체 학생의 평균 점수는 얼마인가? (단, 평균 점수는 소수점 둘째 자리에서 반올림한다.)

① 69.2점 ② 70.6점 ③ 70.8점 ④ 71.2점 ⑤ 71.8점

난이도: ★★☆

11 사과와 배 각 500개를 250만 원에 구입하여 사과는 50%, 배는 40%의 이익을 붙여 판매하였다. 사과의 80%, 배의 90%는 정가에 판매하고, 나머지는 떨이로 각각 20%, 10% 할인하여 모두 팔아 총 1,019,000원의 이익을 얻었다고 할 때 사과 1개의 정가는 얼마인가?

① 1,000원 ② 2,000원 ③ 3,000원 ④ 4,000원 ⑤ 5,000원

난이도: ★☆☆

12 판교의 한 스타트업은 사옥 이전을 위해 필요한 사무기기를 구매하려고 한다. 신입사원 민지는 사무실에서 사용할 노트북을 구매하려고 매장에 문의했더니 최신형 노트북을 30개 이상을 한 번에 구매하면 20% 할인을 받을 수 있고, 50개 이상을 한 번에 구매하면 35% 할인을 받을 수 있다고 한다. 50개를 주문할 때보다 가격이 오히려 더 비싸지는 노트북 최소 구매 개수는 몇 개인가?

① 38개 ② 39개 ③ 40개 ④ 41개 ⑤ 42개

난이도: ★★★

13 같은 작업을 담당하고 있는 작업자 A, B, C 세 사람이 있다. A는 작업을 한 번 완료하는 데 30시간이 소요되고, B는 작업을 한 번 완료하는 데 50시간이 소요되며, C는 작업을 한 번 완료하는 데 40시간이 소요된다. A와 B는 오랜 기간 함께 일을 해 왔기 때문에 둘이 함께 작업을 하면 전체 작업 소요시간이 20% 감소되고, C는 함께 일해 본 경험이 없어서 A 또는 B와 함께 일을 하면 전체 작업 소요시간이 10% 증가된다. 이 작업을 A와 B가 함께 하다가 A가 아파서 B와 C가 11시간 동안 마무리하여 완료했다고 할 때, A가 작업에 참여한 시간은 얼마인가?

① 6시간 30분 ② 8시간 15분 ③ 10시간 00분 ④ 14시간 30분 ⑤ 19시간 15분

난이도: ★★☆

14 현재 시침이 4와 5 사이를 가리키고 있는 시계가 있다. 지금부터 정확히 10분 후의 분침과 7분 전의 시침이 서로 반대 방향을 가리킨다고 할 때 10분 후의 시각은?

① 4시 38분 ② 4시 43분 ③ 4시 47분 ④ 4시 53분 ⑤ 4시 58분

난이도: ★★☆

15 남기와 상협이는 오전 9시에 개최하는 취업박람회에서 기념품을 나눠주는 일을 하고 있다. 전날 나눠줄 기념품을 포장해 두었지만, 생각보다 많은 사람들이 방문할 예정이라는 정보를 듣고 기념품이 부족할 것이라고 판단했다. 그에 따라 남기는 기념품을 포장하는 업무를 담당하여 동일한 속도로 꾸준히 기념품을 포장하였으며, 상협이는 기념품을 나눠주는 업무를 담당하였다. 상협이가 취업박람회가 개최되는 시점부터 5분당 평균 8개의 기념품을 나눠주면 오후 2시에는 더 이상 나눠줄 기념품이 없어지게 되고, 10분당 평균 15개의 기념품을 나눠주면 오후 4시에는 더 이상 나눠줄 기념품이 없어지게 된다고 할 때, 남기와 상협이가 전날 준비한 기념품의 개수는 총 몇 개인가?

① 99개 ② 101개 ③ 103개 ④ 105개 ⑤ 107개

난이도: ★★★

16 일정한 규칙으로 수를 나열할 때, 물음표에 들어갈 알맞은 수는?

(5 4 1) (6 4 2) (10 3 1) (11 3 2) (14 5 4) (16 5 ?)

① 1 ② 2 ③ 3 ④ 4 ⑤ 5

난이도: ★☆☆

17 현주와 민지와 승아는 각각 초콜릿을 가지고 있다. 현주가 가진 초콜릿 중 2개를 민지에게 주면 두 사람이 가지고 있는 초콜릿 개수는 같아지고, 승아가 가진 초콜릿 중 8개를 민지에게 주면 민지의 초콜릿 개수가 승아의 초콜릿 개수의 2배가 된다. 세 명이 가지고 있는 초콜릿의 총 개수가 36개라고 할 때, 승아가 갖고 있는 초콜릿은 몇 개인가?

① 14개 ② 15개 ③ 16개 ④ 17개 ⑤ 18개

약점 보완 해설집 p.76

DAY 28 실전 연습 ⑮_고난도

• 권장 풀이 시간: /18분
• 맞은 문제: /17문제

난이도: ★☆☆

01 채령이는 3회차로 구성된 시험에 응시했다. 1회차 시험보다 2회차 시험 점수가 10점이 높았다. 1회차와 2회차 시험 점수를 6:4의 비중으로 평균을 낸 점수는 77점이었고, 이 점수는 1회차와 3회차 시험 점수를 4:6의 비중으로 평균을 낸 점수보다 1점 높다고 할 때, 3회차 시험 점수는 몇 점인가?

① 78점 ② 79점 ③ 80점 ④ 81점 ⑤ 82점

난이도: ★★☆

02 다음은 ○○공사 관리팀 직원들 간의 대화이다. 대화 내용을 토대로 할 때, 업무가 종료되는 시간은 언제인가?

갑: 최대한 빨리 보고서 작성을 해야 하는데, 시간이 얼마나 걸릴 것 같나요?
을: 저 혼자 작성을 하면 4시간은 걸릴 것 같습니다.
병: 저는 혼자 하면 6시간이 걸릴 것 같은데요?
정: 나는 혼자 하면 3시간이면 될 것 같은데, 지금부터 1시간 동안은 회의가 있어서 바로 시작할 순 없어요.
갑: 그럼 지금이 오전 9시 30분이니, 을과 병이 먼저 시작하고 정은 회의가 끝나는 대로 업무를 같이 진행해 주세요.

① 10시 12분 25초 ② 10시 36분 40초 ③ 10시 52분 20초 ④ 11시 16분 40초 ⑤ 11시 32분 30초

난이도: ★★★

03 A는 2,100m 떨어진 표적을 향해 사격했는데 발사 후 7초가 지나서 탄환이 표적에 맞는 소리를 들었다. 또 A로부터 700m, 표적으로부터 1,400m 떨어진 곳에 있는 B는 A의 총성을 들은 후 5초가 지나서 탄환이 표적에 맞는 소리를 들었다고 한다. 이때 탄환의 속력은 얼마인가? (단, 탄환의 속력은 일정하다.)

① 346m/s ② 450m/s ③ 525m/s ④ 700m/s ⑤ 824m/s

난이도: ★★★

04 시현, 지우, 현영이는 A지점에서 출발하여 B지점에 도착하였다. 시현이는 지우보다 3시간 일찍 출발하였고 지우는 현영이보다 1시간 빨리 출발하였다. 시현이의 속력은 지우보다 시속 2km 느리고 현영이는 지우보다 시속 2km가 빠르다고 한다. B지점에 세 사람이 동시에 도착하였을 때 A에서 B까지의 거리는 얼마인가?

① 12 ② 16 ③ 20 ④ 24 ⑤ 28

난이도: ★★★

05 농도 30%인 소금물 30g이 들어 있는 A용기에 물을 일정량 더 넣고, 농도 6.25%인 소금물 32g이 들어있는 B용기에 열을 가해 일정량의 물을 끓인 후 소금을 더 넣었더니 A와 B의 농도가 같아졌다. A용기에 더 넣은 물의 양, B용기에서 끓여 증발한 물의 양, 더 넣어준 소금의 양이 동일할 때 이 양은?

① 5g ② 6g ③ 7g ④ 8g ⑤ 9g

난이도: ★★☆

06 같은 반 친구 광진이와 준철이의 키는 각각 Xcm, Ycm이고, 광진이는 준철이보다 Zcm만큼 더 크다. 둘의 평균 키가 Vcm라면 준철이의 키는 몇 cm인가?

① $V-\frac{Z}{2}$cm　② $V+\frac{Z}{2}$cm　③ $\frac{V-Z}{2}$cm　④ $\frac{V}{2}-Z$cm　⑤ $2V-\frac{2Z}{V}$cm

난이도: ★☆☆

07 어떤 학교에서 A반과 B반의 중간고사 평균점수를 비교한 결과 A반의 평균점수가 B반의 평균점수보다 4점이 높았으며, A반의 평균점수는 A반과 B반 전체의 평균점수보다 2.8점이 높았을 때, A반과 B반의 인원수 비율은 얼마인가?

① 7:3　② 3:2　③ 3:5　④ 2:3　⑤ 3:7

난이도: ★★☆

08 지현이는 아침에 일어나 차를 우려내기 위해 물을 끓이면서 동시에 향에 불을 붙이는 것으로 하루를 시작한다. 원래 50cm짜리 향에 불을 붙이는데 오늘은 어제 피우다 만 것이 있어 마저 피울 생각으로 불을 붙이고 동시에 물을 끓였다. 물이 끓고 나서 향의 길이를 보니 길이가 15cm 줄어들어 있었다. 어제 피운 향의 길이가 13cm라면 물을 끓이기 시작했을 때부터 향이 다 타는 데까지 걸리는 시간은 얼마인가? (물이 끓을 때까지 걸린 시간은 6분이다.)

① 8분 24초　② 8분 48초　③ 12분 50초　④ 14분 48초　⑤ 15분 25초

난이도: ★☆☆

09 어느 학급에서 학생들을 두 줄로 나란히 세웠는데 앞줄에 있는 학생 3명을 뒷줄로 보내면 앞줄의 학생 수는 전체 인원수의 $\frac{5}{14}$가 되고 뒷줄에 있는 학생 3명을 앞줄로 보내면 앞뒤의 학생 수가 같아진다. 앞줄에 서 있던 학생 수는 몇 명인가?

① 15명 ② 18명 ③ 21명 ④ 24명 ⑤ 28명

난이도: ★★★

10 갑은 90분 동안 21장의 지원서를 검토했다. 을과 함께 90장의 지원서를 검토하였더니 총 3시간이 걸렸다고 한다. 점심시간 후 100장의 지원서를 검토하고 있었는데 사무실이 정전되어 30분간 작업을 할 수 없었다. 다시 전기가 들어왔을 때는 점심시간 이후 했던 작업이 사라져 다시 처음부터 100장의 지원서를 검토하기 시작하였다. 둘이 함께 2시간 동안 일을 한 후 을 혼자 남은 지원서를 검토하고 7시에 퇴근하였다면, 정전되기 전까지 두 사람이 검토한 지원서의 양은? (단, 점심시간은 12~1시이고, 중간에 쉬는 시간은 없으며, 갑과 을은 각각 일정한 속도로 지원서를 검토한다.)

① 10장 ② 20장 ③ 30장 ④ 40장 ⑤ 50장

난이도: ★★☆

11 ○○대학교 A 학과와 B 학과의 올해 졸업과 신입생 입학 후 정원을 조사해 본 결과 A 학과는 남학생은 기존 대비 5% 감소, 여학생은 10% 증가하여 총 인원은 4명이 증가하였으며, B 학과는 남학생은 기존 대비 15% 증가, 여학생은 5% 감소하여 총 인원은 20명이 증가하였다. 작년 A 학과와 B 학과 총 인원은 각각 280명과 320명이라고 할 때, 올해 A 학과 남학생과 B 학과 남학생 수의 차이는 몇 명인가?

① 20명 ② 29명 ③ 38명 ④ 47명 ⑤ 55명

난이도: ★★★

12 둘레가 4,000m인 트랙에서 갑과 을이 서로 반대 방향으로 달리고 있다. 갑은 400m/분으로 달리고 을은 300m/분으로 달린다. 을이 갑보다 4분 먼저 출발한다고 할 때 갑과 을이 8번 만날 때까지 을이 달린 거리는?

① 9,800m ② 10,600m ③ 13,200m ④ 14,400m ⑤ 17,600m

난이도: ★★☆

13 회사 비품 구매 업무를 담당하고 있는 예성이는 이번 달 물품 구매 계획을 세우고 있다. 이번 달 예산 중 60%는 사무비품을 구매할 예정이고 남은 예산 중 40%는 사용하지 않고 예비비로 확보해 둘 예정이며, 남은 예산으로 원가가 1,600원인 과자를 구매하려고 한다. 평소 거래하는 업체를 통해 구매한다면, 이익률 30%로 책정된 정가에서 20% 할인된 금액으로 과자를 구매할 수 있다고 할 때, 이번 달 예성이가 구입할 수 있는 과자의 최대 수량은 몇 개인가? (단, 이번 달 예산은 70만 원이다.)

① 95개 ② 96개 ③ 98개 ④ 100개 ⑤ 101개

난이도: ★★☆

14 A 제약회사의 코로나19 진단키트는 90%의 확률로 코로나 감염 여부를 올바르게 판단할 수 있는 성능을 가지고 있다. A 제약회사가 현재 감염률이 20%인 집단 집단에서 임의로 1명을 선정하여 테스트를 진행한 결과 코로나19 양성 반응이 나왔을 때, 검사를 한 사람이 실제로 코로나19에 감염되었을 확률은?

① $\frac{1}{2}$ ② $\frac{9}{13}$ ③ $\frac{11}{13}$ ④ $\frac{9}{10}$ ⑤ $\frac{19}{20}$

난이도: ★★★

15 다음 그림과 같은 전개도를 가진 윗면이 없는 정사각기둥의 겉면을 칠하려 한다. 7가지 무지개 색 중 5가지 색을 임의로 선택하여 5개의 정사각형에 각각 한 가지의 색을 칠하려고 할 때, 색칠하는 방법의 수는? (단, 회전하여 같은 경우에는 같은 것으로 한다.)

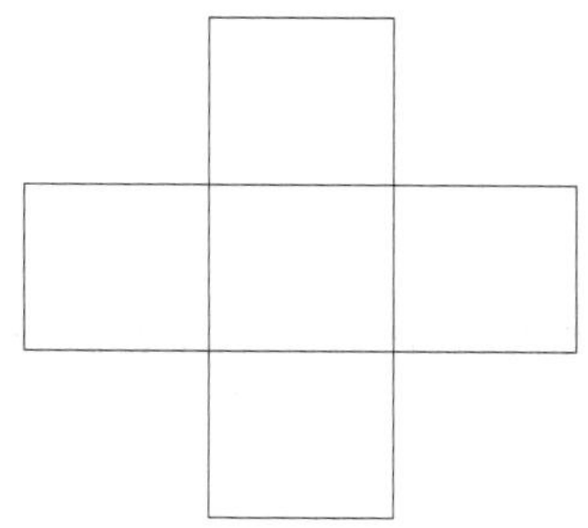

① 105가지 ② 360가지 ③ 630가지 ④ 840가지 ⑤ 2,520가지

난이도: ★★★

16 A와 B팀이 축구 시합을 하여 5경기 중에서 3경기를 먼저 이기면 최종 승리하는 식으로 경기를 진행하였다. A가 이길 확률이 40%, B가 이길 확률이 60%일 때 최종적으로 5번째 경기에서 승패가 결정될 확률은?

① $\frac{144}{625}$ ② $\frac{36}{125}$ ③ $\frac{216}{625}$ ④ $\frac{46}{125}$ ⑤ $\frac{258}{625}$

난이도: ★☆☆

17 ○○회사의 전체 직원 수는 작년 850명이었으며, 올해는 작년보다 남자 직원의 수는 8%가 감소하고, 여자 직원의 수는 1.5%가 증가하여 전체 직원 수는 30명이 감소하였다. 올해 남자 직원의 수는 몇 명인가?

① 414명 ② 425명 ③ 437명 ④ 449명 ⑤ 460명

약점 보완 해설집 p.79

DAY 29 실전 연습 ⑯_고난도

• 권장 풀이 시간: /18분
• 맞은 문제: /17문제

난이도: ★☆☆

01 여러 명 앉을 수 있는 긴 의자가 여러 개 있다. 86명의 인원이 마지막 의자만 제외한 모든 긴 의자들마다 똑같은 인원으로 나누어 앉으면, 마지막 의자에는 2명만 앉게 된다. 같은 인원이 이 각각의 긴 의자들에 두 명씩 더 앉게 되면, 전에 비해 4개의 빈 의자가 생긴다고 했을 때, 두 명씩 추가로 앉기 전에 한 개의 긴 의자마다 앉았던 인원은 몇 명이겠는가?

① 4명　② 6명　③ 7명　④ 12명　⑤ 14명

난이도: ★☆☆

02 어느 학급의 남학생 수는 학급 학생 수의 $\frac{3}{5}$보다 5명이 적고 여학생 수는 학급 학생 수의 $\frac{1}{2}$이다. 학급 학생 수는 몇 명인가?

① 30명　② 40명　③ 50명　④ 60명　⑤ 70명

난이도: ★★★

03 재우와 지현이, 창수는 ○○공장에서 근무하고 있다. 세 사람이 함께 작업을 하면 완성품 하나를 만드는 데 4시간이 소요되고, 재우와 지현이가 함께 작업을 하면 완성품 하나를 만드는 데 5시간 소요되며, 재우와 창수가 함께 작업을 하면 완성품 하나를 만드는 데 6시간이 소요된다. 지현이와 창수가 함께 작업을 한다면 24시간 동안 완성할 수 있는 제품은 총 몇 개인가? (단, 완성된 제품의 수량만 산정한다.)

① 1개 ② 2개 ③ 3개 ④ 4개 ⑤ 5개

난이도: ★★★

04 용량이 600L인 물탱크에 급수용 수도관 A, B와 배수용 수도관 C를 사용하여 물을 가득 채우려고 한다. 비어 있는 이 물탱크에 A관으로 매초 1L의 비율로 급수를 시작하고부터 x초 후에 C관으로 매초 0.2L로 배수를 추가로 시작한다. 여기에 C관으로 배수를 시작하고부터 2분 후에 B관으로 매초 yL로 급수를 또 추가하면 B관으로 급수를 시작하고부터 4분 후에 물탱크에는 물이 가득 찬다. 이 물탱크의 물을 다시 비운 후, A관의 급수량을 매초 1.2L, C관의 배수량을 매초 0.5L로 하여 다른 조건을 변화시키지 않으면 같은 시간 동안 물탱크에는 물이 가득 찬다고 한다. 이때 수도관 B만으로 2분 동안 채울 수 있는 물탱크의 양은?

① 66L ② 79L ③ 136L ④ 158L ⑤ 240L

난이도: ★★★

05 10개의 파일을 서로 다른 3개의 폴더에 정리하려고 한다. 파일끼리는 구분하지 않을 때, 파일을 담는 경우의 수는? (단, 모든 폴더에 적어도 1개 이상의 파일이 존재한다.)

① 28가지 ② 36가지 ③ 42가지 ④ 48가지 ⑤ 54가지

난이도: ★★★

06 어떤 회사의 전체 직원의 x%는 자녀가 있고 나머지 직원은 미혼이거나 자녀가 없다. 어느 날 자율근무제를 신청받았는데 자녀가 있는 직원의 $\frac{1}{75}$이 신청하였고, 나머지 직원의 $\frac{1}{25}$이 신청하였다. 전체 직원 중 임의로 자율근무제를 신청한 한 명을 선택하였을 때, 이 직원이 자녀가 없는 직원일 확률이 $\frac{7}{13}$이라면, x의 값은?

① 52 ② 58 ③ 64 ④ 72 ⑤ 80

난이도: ★☆☆

07 어느 회사에서 직원 150명을 대상으로 워크숍 장소 선호도를 조사하였다. 바다를 선호하는 직원은 78명, 산을 선호하는 직원은 89명, 어느 것도 선호하지 않는 직원은 7명이다. 직원 중 임의로 한 사람을 뽑았을 때 이 직원이 바다와 산 모두를 선호하는 직원일 확률은?

① $\frac{4}{25}$ ② $\frac{2}{35}$ ③ $\frac{9}{50}$ ④ $\frac{6}{35}$ ⑤ $\frac{7}{25}$

난이도: ★☆☆

08 다음은 A반부터 C반까지의 수학 시험 점수이다. 이에 대한 설명으로 옳지 않은 것은?

A반 : 76, 84, 64, 60, 80, 92, 96, 64, 72, 84
B반 : 88, 84, 64, 60, 56, 72, 76, 88, 68, 80
C반 : 80, 100, 92, 88, 68, 72, 84, 64, 80, 52

① B반의 수학 시험 평균 점수가 가장 낮다.
② A반 최저 점수와 C반 최저 점수의 차이는 8점이다.
③ A~C반 중 최고점이 있는 반의 평균 점수도 가장 높다.
④ C반 점수의 중앙값은 68점이다.
⑤ A반부터 C반까지 점수의 최빈값은 모두 다르다.

난이도: ★★☆

09 ○○공사 A 부서에 근무하는 직원을 대상으로 주간 초과근무 시간을 조사한 결과가 다음과 같다. A 부서 전 직원의 평균 주간 초과근무 시간이 6시간이라고 할 때, A 부서에 근무하는 직원의 수로 가능한 것은?

[A 부서 근무 직원들의 주간 초과근무 시간 조사 결과]

주간 초과근무 시간(시간)	인원수(명)
0 이상 ~ 2 미만	6
2 이상 ~ 4 미만	2
4 이상 ~ 6 미만	x
6 이상 ~ 8 미만	y
8 이상 ~ 10 미만	10

※ A 부서 직원 모두가 설문에 응답했으며, 이외의 응답은 없다고 가정한다.

① 21명 ② 22명 ③ 23명 ④ 24명 ⑤ 25명

난이도: ★☆☆

10 A지점에서 자동차에 연료를 가득 채우고 출발하여 B지점으로 이동한 후 다시 C지점으로 이동하였다. A지점에서 B지점으로 가는 동안 연료의 $\frac{1}{4}$을 소비하였다. B지점에서 C지점으로 가는 동안 연료 5리터를 소비하고 연료탱크의 $\frac{1}{4}$만큼 연료가 남았다. 연료탱크의 용량은?

① 9리터 ② 10리터 ③ 12리터 ④ 14리터 ⑤ 16리터

난이도: ★★★

11 신입사원 6명과 기존직원 4명을 멘토와 멘티로 하여 4개의 조를 짜려고 한다. 이때 4개의 조로 나누는 방법의 수는? (단, 각 조에는 적어도 멘토 1명과 멘티 1명이 있다.)

① 1,080가지 ② 1,200가지 ③ 1,560가지 ④ 1,880가지 ⑤ 1,920가지

난이도: ★★☆

12 기획팀 2명, 재무팀 3명, 영업팀 2명이 긴 탁자에 앉을 때 기획팀은 기획팀끼리, 재무팀은 재무팀끼리 이웃하여 앉을 확률은 얼마인가?

① $\frac{1}{70}$　② $\frac{2}{35}$　③ $\frac{1}{84}$　④ $\frac{4}{35}$　⑤ $\frac{5}{84}$

난이도: ★★★

13 ○○브랜드에서 어제는 별도의 할인 없이 정가 그대로 제품 A를 10개 판매했고, 오늘은 정가에서 20% 할인한 금액으로 20개를 판매하였다. 어제와 오늘 이틀간 판매한 금액을 정산해 본 결과 어제 판매액보다 오늘 판매액이 792,000원 많았으며, 이틀간 판매를 통해 얻은 이익률이 1개당 평균 30%라고 할 때, 제품 A의 원가는 얼마인가?

① 88,000원　② 101,500원　③ 114,400원　④ 121,600원　⑤ 132,000원

난이도: ★★☆

14 두 소금물 A와 B를 4:3의 비율로 섞으면 9%인 소금물이 되고 1:1의 비율로 섞으면 10%인 소금물이 된다. 이때 소금물 A와 B의 농도 차이는 얼마인가?

① 13%p　② 13.5%p　③ 14%p　④ 14.5%p　⑤ 15%p

난이도: ★★☆

15 농도가 다른 두 종류의 소금물 A, B가 각각 300g, 400g이 있다. 두 소금물 A, B에서 각각 100g씩 덜어내어 바꾸어 섞었더니 소금물 A와 B의 농도는 각각 17%, 12%가 되었다. 이때 처음 소금물 A의 농도는 얼마인가?

① 19% ② 20% ③ 21% ④ 22% ⑤ 23%

난이도: ★★★

16 △△회사는 승격 심사를 통해 과장 승격자를 선정하였다. 40점 만점의 평가 항목을 토대로 평가했으며, 승격 대상자 중 32점 이상을 획득한 사람을 승격자로 선정하였다. 탈락자의 수가 10명 이상 20명 이하이고, 전체 평균 점수는 28점이다. 또한 승격자의 평균 점수는 35점, 탈락자의 평균 점수는 24점이라고 할 때, 승격자 수와 전체 승격 대상자 수를 올바르게 짝지은 것은?

① 6명, 16명 ② 6명, 18명 ③ 7명, 19명 ④ 7명, 20명 ⑤ 8명, 22명

난이도: ★★★

17 갑, 을, 병 세 사람이 처리해야 하는 일이 있다. 이 일은 갑이 혼자 하면 12시간, 을이 혼자 하면 15시간, 병이 혼자 하면 10시간이 소요되며, 갑, 을, 병 세 사람이 함께 일을 하면 A 시간이 소요되고, 갑, 을, 병 세 사람이 함께 일을 하다가 병이 중간에 빠지고 남은 일을 갑과 을이 B 시간 동안 마무리하면 총 소요시간이 6시간이 걸린다고 할 때, A와 B의 차이는 얼마인가?

① 1 ② 2 ③ 3 ④ 4 ⑤ 5

약점 보완 해설집 p.82

DAY 30 실전 연습 ⑰_고난도

• 권장 풀이 시간: /18분
• 맞은 문제: /17문제

난이도: ★★★

01 ○○기업의 신입사원 선발 결과 선발인원 전체 중 60%를 여성으로 선발하였으며, 여성이면서 경력직으로 선발된 인원은 전체 인원 중 20%이고, 신입사원 중 여성이거나 경력직인 경우는 전체 중 80%에 해당했다. 이러한 상황에서 신입사원 중 임의로 1명을 선택한 결과 경력직이었을 때, 그 신입사원이 여성일 확률은?

① 45% ② 50% ③ 55% ④ 60% ⑤ 65%

난이도: ★★☆

02 주머니 속에 흰 구슬과 검은 구슬이 여러 개 들어 있다. 이 주머니에 흰 구슬 5개를 더 넣으면 전체 구슬의 $\frac{1}{2}$이 흰 구슬이 되고, 이 주머니에 검은 구슬 3개를 더 넣으면 전체 구슬의 $\frac{9}{14}$가 검은 구슬이 된다고 한다. 세 사람 A, B, C가 이 순서대로 주머니에서 1개씩 구슬을 꺼낼 때, 흰 구슬을 꺼낸 사람이 이기는 게임을 하고 있다. 게임을 한 번 하여 B만 이길 확률은? (단, 꺼낸 구슬은 다시 넣지 않는다.)

① $\frac{11}{47}$ ② $\frac{9}{56}$ ③ $\frac{7}{45}$ ④ $\frac{7}{46}$ ⑤ $\frac{9}{52}$

난이도: ★★★

03 어떤 마을에 원 모양 광장의 가장자리를 따라 나무를 심으려고 한다. 나무를 6m 간격으로 심을 때와 14m 간격으로 심을 때 심은 나무의 수가 20그루 차이 난다고 할 때 광장 둘레의 길이는?

① 168m ② 186m ③ 210m ④ 218m ⑤ 220m

난이도: ★★★

04 A, B, C 세 개의 주머니에 들어있는 구슬이 다음과 같은 조건을 만족할 때, B 주머니에 들어있는 구슬의 수가 가장 많을 때는 몇 개인가?

- A, B 주머니의 구슬의 합은 13개 이상 17개 이하이다.
- B, C 주머니의 구슬의 합은 12개 이상 14개 이하이다.
- A, C 주머니의 구슬의 합은 15개 이상 21개 이하이다.

① 5개 ② 8개 ③ 11개 ④ 12개 ⑤ 13개

난이도: ★★★

05 A회사에서 사원들에게 1인당 마스크를 18개씩 나누어 주려고 한다. 50개씩 들어있는 마스크 34상자를 준비하였더니 마스크가 남았고, 남은 마스크를 1인당 1개씩 더 나누어 주려고 하니 부족했다. 만일 팀장 7명에게도 나누어 준다면 마스크를 6상자 추가해야 모든 사람에게 1인당 20개씩 나누어 줄 수 있다고 할 때 가능한 사원의 수는?

① 93명 ② 94명 ③ 95명 ④ 96명 ⑤ 97명

난이도: ★★★

06 ○○회사의 생산 라인에서는 제품 A와 B 두 종류를 생산할 수 있다. 제품 A 1개를 생산하는 데 20분이 소요되고, 제품 B 1개를 생산하는 데 25분이 소요되며 종류에 관계없이 1개의 제품 생산이 종료된 후 다음 제품 생산까지는 1분의 준비 시간이 필요하다고 한다. 이때 9시간 동안 22개의 제품을 생산하기 위해서는 제품 B를 최대 몇 개까지 생산할 수 있는가? (단, 첫 번째 제품을 제작하기 전 준비 시간은 없다.)

① 13개 ② 14개 ③ 15개 ④ 16개 ⑤ 17개

난이도: ★★☆

07 농도가 다른 두 소금물 A, B를 각각 200g, 300g 섞어서 농도가 5%인 소금물을 만들려고 했는데 잘못하여 소금물 A, B를 반대로 섞었더니 농도가 6%인 소금물이 되었다. 이 6%의 소금물에 물을 몇 g 더 넣어야 소금물 B의 처음 농도와 같아지는가?

① 100g ② 200g ③ 300g ④ 400g ⑤ 500g

난이도: ★☆☆

08 상자에 들어있는 8개의 제품 중 2개가 불량품이라고 한다. 이 상자의 제품을 차례로 1개씩 검사하여 불량품 2개를 찾아내려 할 때, 세 번 이내에 불량품을 모두 찾아낼 확률은? (단, 한 번 검사한 제품은 다시 검사하지 않는다.)

① $\frac{1}{14}$ ② $\frac{3}{28}$ ③ $\frac{1}{7}$ ④ $\frac{5}{28}$ ⑤ $\frac{3}{14}$

난이도: ★★☆

09 주머니 A, B, C에는 모양과 크기가 같은 흰 공 4개와 검은 공 1개가 각각 들어있다. 세 주머니에서 각각 공을 1개씩 꺼냈을 때, 흰 공 1개와 검은 공 2개가 나올 확률은?

① $\frac{4}{125}$　② $\frac{12}{25}$　③ $\frac{16}{25}$　④ $\frac{12}{125}$　⑤ $\frac{16}{125}$

난이도: ★★★

10 서로 다른 공 7개가 들어있는 주머니가 있다. 세 명이 차례로 주머니에서 각각 1개 이상의 공을 꺼낼 때 주머니에 남은 공이 1개라면 1개의 공을 꺼낸 학생이 적어도 한 명인 경우의 수는?

① 1,260가지　② 2,520가지　③ 3,150가지　④ 4,680가지　⑤ 5,040가지

난이도: ★★★

11 다음 표는 두 제품 X, Y를 1개씩 만드는 데 필요한 재료 A, B의 양과 그 제품의 단가를 나타낸 표이다. 재료 A가 70kg 이하, 재료 B가 45kg 이하로 있을 때 제품의 합계 금액이 최대가 되는 두 제품 X, Y의 개수와 그때의 금액은?

제품	재료 A	재료 B	단가
X	18kg	9kg	4,300원
Y	12kg	6kg	2,700원

	X	Y	금액
①	1개	4개	15,100원
②	2개	2개	15,100원
③	2개	2개	14,000원
④	3개	1개	15,600원
⑤	3개	1개	16,600원

난이도: ★★☆

12 어느 회사에서 사원 80명에게 필기시험을 실시하고 시험 점수에 따라 상위 25%를 뽑아 해외 연수를 보내 주기로 하였다. 해외 연수를 가는 사원의 최저 시험 점수는 전체 사원의 평균 시험 점수보다 8점이 높고, 해외 연수를 가지 않는 사원들의 평균 시험 점수보다는 18점이 높았다. 또한 해외 연수를 가는 사원의 최저 시험 점수는 해외 연수를 가는 사원들의 평균 시험 점수의 $\frac{2}{3}$배보다 2점이 높았다. 이때 해외 연수를 가는 사원의 최저 시험 점수는?

① 40점 ② 45점 ③ 50점 ④ 55점 ⑤ 60점

난이도: ★★☆

13 여의도의 한 식당은 가게 명함을 새로 주문했는데 명함에 있는 메뉴에 대한 정보가 잘못 기입된 것을 확인하였다. 주문한 명함은 총 3박스이고 1박스당 300장씩 들어있었다. 가게는 새로 주문하는 대신 매니저들이 직접 수정하는 것으로 결정하였다. 첫 번째 박스는 오전 매니저가 혼자 30분간 작업하다가 그 이후에는 오후 매니저가 40분간 작업하여 마무리했고, 두 번째 박스는 오전, 오후 매니저가 함께 35분간 작업하여 마무리했다. 마지막 박스는 오후 매니저 혼자서 작업하였다면 이때 걸린 시간은 총 얼마인가?

① 60분 ② 70분 ③ 80분 ④ 90분 ⑤ 100분

난이도: ★★★

14 손 세정액을 제조하기 위해 농도가 96%인 알코올 용액 6L를 구매하여, 용액 일부를 덜어내고 같은 양의 순수한 물을 넣어 알코올 용액을 희석하였다. 희석한 용액의 농도가 생각보다 낮아 희석한 용액의 0.5L를 덜어내고 농도가 96%인 알코올 용액 2.5L를 다시 넣어 최종적으로 농도가 68.5%인 알코올 용액을 얻었다. 처음에 덜어냈던 농도가 96%인 알코올 용액의 양은 얼마인가?

① 2.5L ② 2.75L ③ 3L ④ 3.25L ⑤ 3.5L

난이도: ★☆☆

15 용량이 각각 2,400L, 3,000L인 물탱크 A, B에 물이 꽉 채워져 있다. A물탱크에서 초당 0.5L, B물탱크에서 초당 1L의 물을 빼낸다고 할 때, B물탱크에 남은 물의 양이 A물탱크에 남은 물의 양의 $\frac{3}{4}$이 되기까지 걸리는 시간은?

① 27분 ② 32분 ③ 35분 ④ 42분 ⑤ 46분

난이도: ★★★

16 가방과 지갑을 만드는 가죽 장인은 가방을 만드는 데는 3일, 지갑을 만드는 데는 2일이 소요된다. 각 물건이 만들어질 때마다 장인은 하루의 휴식을 가지고, 만약 일요일이 휴일이라면 월요일에도 쉰다. 가방과 지갑을 합하여 27개를 주문받고 3/2 목요일부터 일을 시작하여 105일이 지난 후에 모두 완성하였다. 이 기간에 장인이 만든 지갑은 총 몇 개인가?

① 10 ② 13 ③ 15 ④ 17 ⑤ 20

난이도: ★★★

17 어느 회사에서 상금을 걸고 각 팀끼리 축구 시합을 개최하기로 하였다. 7개의 팀이 참가하였을 때의 대진표가 다음과 같을 때 이 대진표를 작성할 수 있는 경우의 수는?

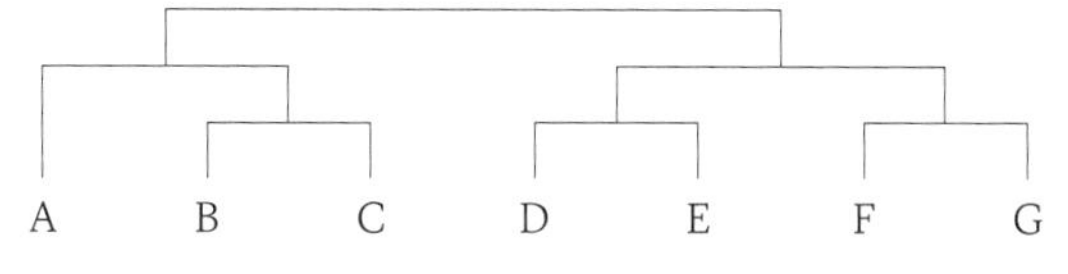

① 120가지 ② 244가지 ③ 315가지 ④ 330가지 ⑤ 488가지

약점 보완 해설집 p.85

해커스 공기업 NCS & 대기업 인적성 응용수리 500제

초판 2쇄 발행 2024년 4월 8일
초판 1쇄 발행 2023년 6월 13일

지은이	김소원, 김동민, 양리라 공저
펴낸곳	(주)챔프스터디
펴낸이	챔프스터디 출판팀

주소	서울특별시 서초구 강남대로61길 23 (주)챔프스터디
고객센터	02-537-5000
교재 관련 문의	publishing@hackers.com
	해커스잡 사이트(ejob.Hackers.com) 교재 Q&A 게시판
학원 강의 및 동영상강의	ejob.Hackers.com

ISBN	978-89-6965-372-7 (13320)
Serial Number	01-02-01

18년 연속 베스트셀러 1위
대한민국 영어강자 해커스!

토익 교재 시리즈

"1분 레벨테스트"로
바로 확인하는 내 토익 레벨! ▶

유형+문제

~450점 왕기초	450~550점 입문	550~650점 기본	650~750점 중급	750~900점 이상 정규

현재 점수에 맞는 교재를 선택하세요! : 교재별 학습 가능 점수대

해커스 토익 왕기초 리딩
해커스 토익 왕기초 리스닝 
해커스 첫토익 LC+RC+VOCA 
해커스 토익 스타트 리딩 
해커스 토익 스타트 리스닝 
해커스 토익 700+ [LC+RC+VOCA] 
해커스 토익 750+ RC 
해커스 토익 750+ LC 
해커스 토익 리딩 
해커스 토익 리스닝 
해커스 토익 Part 7 집중공략 777 

실전모의고사

해커스 토익 실전 LC+RC
해커스 토익 실전 1200제 리딩 
해커스 토익 실전 1200제 리스닝 
해커스 토익 실전 1000제 1 리딩/리스닝 (문제집 + 해설집) 
해커스 토익 실전 1000제 2 리딩/리스닝 (문제집 + 해설집) 
해커스 토익 실전 1000제 3 리딩/리스닝 (문제집 + 해설집) 

보카

해커스 토익 기출 보카

문법 · 독해

그래머 게이트웨이 베이직
그래머 게이트웨이 베이직 Light Version 
그래머 게이트웨이 인터미디엇 
해커스 그래머 스타트 
해커스 구문독해 100 

토익스피킹 교재 시리즈

해커스 토익스피킹 스타트

만능 템플릿과 위기탈출 표현으로 해커스 토익스피킹 5일 완성

해커스 토익스피킹

해커스 토익스피킹 실전모의고사 15회

오픽 교재 시리즈

해커스 오픽 스타트 [Intermediate 공략]

서베이부터 실전까지 해커스 오픽 매뉴얼

해커스 오픽 [Advanced 공략]

[해커스 어학연구소] 교보문고 종합 베스트셀러 토익/토플 분야 1위
(2005~2022 연간 베스트셀러 기준, 해커스 토익 보카 10회/해커스 토익 리딩 8회)

최신판

해커스

공기업 대기업

NCS & 인적성 응용수리 500제

약점 보완 해설집

해커스잡

해커스

공기업 대기업

NCS & 인적성 응용수리 500제

약점 보완 해설집

해커스잡

PART 1 출제포인트별 공략

DAY 01 수와 식 p.12

01 ④	**02** ②	**03** ④	**04** ②	**05** ③
06 ⑤	**07** ②	**08** ④	**09** ⑤	**10** ④
11 ④	**12** ②	**13** ⑤	**14** ④	**15** ①
16 ④				

01

정답 ④

첫 번째 신호등은 50m 떨어진 곳에 있고, 그다음부터는 100m 간격으로 설치되어 있으므로 신호등은 50m, 150m, 250m, 350m, 450m, 550m에 총 6개가 설치되어 있고, 30m 떨어진 곳에 첫 번째 나무를 심고 두 번째 나무부터는 50m 간격을 두고서 심게 되면 30m, 80m, 130m, …로 첫 번째 나무를 포함하여 $\frac{570}{50}+1=12.4$이므로 나무는 12개를 심게 된다.
따라서 철길 교체, 신호등 점검 및 보수, 나무 심기 등에 들어가는 총 작업 시간은 철길 교체 $600\text{m}\times\frac{15\text{분}}{10\text{m}}$ + 신호등 점검 및 보수 6개×5분 + 나무 심기 12개×10분 = 1,050분이므로 총 17시간 30분이 소요된다.

02

정답 ②

노란색 톱니바퀴의 24개 톱니가 1바퀴 돌면 노란색과 맞닿아 있는 빨간색, 초록색 톱니바퀴도 각각 24개 돈다. 즉, 빨간색 톱니바퀴는 1바퀴를 넘어 6개의 톱니가 더 돌고, 초록색 톱니바퀴는 1바퀴에서 6개의 톱니가 모자란 상태이다. 따라서 세 톱니바퀴가 각자 회전한 후 톱니바퀴를 돌리기 전의 최초 상태로 돌아오기 위해선 18, 24, 30의 최소공배수만큼 회전해야 한다. 18, 24, 30의 최소공배수는 $6\underline{)\ 18\ \ 24\ \ 30}$ / $3\ \ 4\ \ 5$ 이므로 $6\times3\times4\times5=360$이다.
결국 빨간색 톱니바퀴는 $360\div18=20$바퀴, 노란색 톱니바퀴는 $360\div24=15$바퀴, 초록색 톱니바퀴는 $360\div30=12$바퀴 돌게 된다. 따라서 노란색 바퀴를 최소 15바퀴를 돌려야 최초 상태로 돌아갈 수 있다.

03

정답 ④

토요일 오후 1시 주차 대수 현황을 제시하고 있기 때문에 주말의 출차 현황을 보면 12분에 1대가 출차하고, 4분에 3대가 입차하는 조건을 살펴본다. 이때 12분과 4분의 최소공배수가 12분이기 때문에 12분마다 1대가 출차하고, 9대가 입차한다고 볼 수 있다. 즉, 12분마다 8대가 들어온다고 볼 수 있다. 오후 1시에 165대였기 때문에 만차가 되려면 35대가 들어와야 한다. 12분씩 4번 시간이 지나 48분 후에는 8대×4 = 32대가 입차하여 197대가 되고 다시 4분 후에 3대가 입차하여 200대 만차가 된다.
따라서 1시부터 48분 후에 197대가 되고, 4분 후 200대가 되므로 1시 52분에 주차장은 만차가 된다.

04

정답 ②

간격이 10m일 때 필요한 경계석을 x개라고 한다면 $10(x-1)=6(x-1+36)$, $x=55$개이므로 부대 경계의 총 길이는 $10\times(55-1)=540$m가 된다.

05

정답 ③

A 버스는 5시 14분, 28분, 42분, 56분, 6시 10분, 24분, 38분에 출발하고 B 버스는 6시 12분, 24분, 36분,…에 출발하므로 처음으로 동시에 출발하는 시각은 6시 24분이다. 12와 14의 최소공배수가 84이기 때문에 오전 6시 24분 + (84×3)분 = 10시 36분이다.

06

정답 ⑤

진구는 5일을 근무하고 하루를 쉬기 때문에 6일 주기로 근무와 휴식이 반복되고, 소민이는 3일을 근무하고 하루를 쉬기 때문에 4일을 주기로 근무와 휴식이 반복된다. 두 주기가 만나는 일자는 최소공배수를 확인하면 되므로, 6일과 4일의 최소공배수인 12일마다 진구와 소민이가 함께 쉰다고 볼 수 있다. 그러므로 1월 1일에 함께 쉬고 12일 뒤인 1월 13일, 1월 25일, 2월 6일, 2월 18일(2월 18일 이후 동시에 쉬는 날은 3월로 넘어간다.)까지 함께 쉬게 된다.
따라서 진구와 소민이의 쉬는 날이 겹치는 횟수는 1월 1일, 1월 13일, 1월 25일, 2월 6일, 2월 18일까지 총 5일이다.

07

정답 ②

말뚝과 말뚝 사이의 간격은 네 수의 공약수이고 공약수는 최대공약수의 약수들이다. 최대공약수를 구하기 위해 소인수분해를 하면 $270=2\times3^3\times5$, $324=2^2\times3^4$, $162=2\times3^4$, $216=2^3\times3^3$이므로 이들의 최대공약수는 $2\times3^3=54$이다. 이때 공약수들 중 30m를 넘지 않는 가장 큰 공약수는 27이므로 말뚝 사이 간격은 27이다.
따라서 필요한 말뚝의 개수는 둘레÷간격 = $(270+324+162+216)\div27=972\div27=36$개이다.

문제 풀이 꿀TIP

최대공약수와 최소공배수를 구할 때는 소인수분해를 이용하는 것이 좋다. 네 변을 각각 구하기보다는 이 문제처럼 울타리나 트랙과 같이 둘레의 길이를 구할 수 있는 경우에 나무를 심는 경우는 항상 (둘레 ÷ 나무 사이의 간격)임을 기억해야 한다.

08

정답 ④

사과, 배, 감을 첫째 날 이후 동시 수확하는 날은 3일, 5일, 4일의 최소공배수인 60일의 다음 날이다. 61일 차까지 수확한 과일의 개수는 사과 60/3 × 2 + 2 = 42개, 배 60/5 × 5 + 5 = 65개, 감 60/4 × 4 + 4 = 64개이므로 총 42 + 65 + 64 = 171개이다.

09

정답 ⑤

최대공약수를 구하는 문제이다.
가로 132cm를 소인수분해 하면 $132 = 2^2 \times 3 \times 11$이고, 세로 312cm를 소인수분해 하면 $312 = 2^3 \times 3 \times 13$이므로, 이 두 수의 최대공약수는 $2^2 \times 3 = 12$가 된다. 즉, 한 변의 길이가 12cm인 정사각형 타일이 된다. 이런 타일이 가로에는 132 ÷ 12 = 11개, 세로에는 312 ÷ 12 = 26개가 들어가므로 11 × 26 = 286개의 타일이 쓰인다.
따라서 A = 12, B = 286이므로 A + B = 298이다.

10

정답 ④

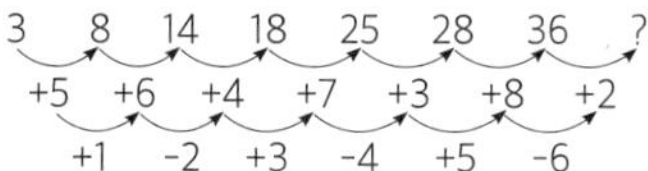

따라서 +1, -2, +3, -4, +5, -6으로 진행되는 계차수열이므로 36 + 2 = 38이 된다.

11

정답 ④

타일의 한 변은 315와 225의 공약수이고, 가능한 한 커야 하므로 최대공약수를 구해야 한다. 315를 소인수분해 하면 $3^2 \times 5 \times 7$이고, 225를 소인수분해 하면 $3^2 \times 5^2$이다. 이에 따라 최대공약수는 $3^2 \times 5$인 45가 된다. 붙이는 정사각형 타일의 크기는 45cm이다. 따라서 가로 7장, 세로 5장 나열되므로 총 필요한 타일 수는 7 × 5 = 35장이다.

12

정답 ②

전구가 켜졌다가 다시 켜질 때까지 걸리는 시간은 4초이다. 12시부터 전구가 켜지기 시작하여 12시 5분까지 5분 = 300초이고 300은 4의 배수이므로 12시 5분이 되면 전구는 켜진다. 12시 5분부터 12시 30분까지는 총 25분 = 1,500초이고, 1,500은 4의 배수이므로 12시 30분이 될 때 전구는 켜진다. 1,500 ÷ 4 = 375번이고 12시 5분에도 전구는 켜지므로 12시 5분부터 12시 30분까지 전구는 총 376번 켜진다.

13

정답 ⑤

민수는 집에서 놀이터까지 반지름이 30cm인 굴렁쇠를 굴려서 100m를 갔기 때문에 굴러간 총 길이인 100m(= 10,000cm)를 굴렁쇠 둘레의 길이로 나누어 회전수를 구하면 10,000 ÷ (2 × 3.14 × 30) = 10,000 ÷ 188.4 = 53.078 ≒ 54번이다.
놀이터에서 집으로 돌아올 때는 반지름이 50cm인 굴렁쇠를 굴려서 100m를 갔기 때문에 회전수는 10,000 ÷ (2 × 3.14 × 50) = 10,000 ÷ 314 = 31.847 ≒ 32번이다.
따라서 민수는 왕복 거리 간 굴렁쇠를 총 54 + 32 = 86번 회전시켰다.

14

정답 ④

최초로 다시 같은 톱니에서 맞물릴 때까지 돌아간 톱니의 수는 세 수의 최소공배수이다. 세 수의 최소공배수를 구하기 위해 소인수분해를 하면 $60 = 2^2 \times 3 \times 5$, $72 = 2^3 \times 3^2$, $84 = 2^2 \times 3 \times 7$이므로 최소공배수는 $2^3 \times 3^2 \times 5 \times 7 = 2{,}520$이다.
따라서 세 톱니바퀴가 같은 톱니에서 최초로 다시 맞물리려면 B는 2,520 ÷ 72 = 35번 회전해야 한다.

문제 풀이 꿀TIP

톱니의 수와 회전수는 반비례의 관계이다. 톱니의 수가 5 : 6 : 7이므로 회전수는 $\frac{1}{5} : \frac{1}{6} : \frac{1}{7}$ = 42 : 35 : 30이고 B는 35번 회전한다.

15

정답 ①

1번 캐비닛은 오직 1에게만 배수가 될 수 있으므로 단 한 번 상태가 변한다. 즉, 열림으로 끝난다.
2번 캐비닛은 1과 2의 배수가 될 수 있으므로 두 번 상태가 변하며, 닫힘으로 끝난다.
3번 캐비닛도 1과 3의 배수가 될 수 있으므로 두 번 상태가 변하여, 닫힘으로 끝난다.
이처럼 1과 자신 외에 약수가 없는 소수의 번호로 매겨진 캐비닛은 모두 짝수 번 열고 닫힌 뒤, 닫힌 상태로 끝난다. 1을 포함하여, 열고 닫히는 상태 변화가 홀수 번 진행되는 캐비닛만 문이 열려 있는 상태로 종료된다. 이러한 캐비닛들의 번호판이 될 수 있는 수들은 인수가 총 홀수 개인 제곱수들뿐이다. 이는 1, 4, 9, 16, 25, 36, 49까지 총 7개이므로, 최종적으로 7개의 캐비닛만 문이 열린 상태가 된다. 예를 들어 9는 1, 3, 9 총 3개 수들의 배수가 될 수 있고(9의 약수가 1, 3, 9), 16은 1, 2, 4, 8, 16 총 5개 수들의 배수가 될 수 있다.

16

정답 ④

43 = 32 + 8 + 2 + 1이므로 사용하지 않는 추는 16g 추이다.

DAY 02 방정식·부등식 ①

p.18

01 ②	02 ①	03 ③	04 ②	05 ①
06 ③	07 ③	08 ⑤	09 ⑤	10 ⑤
11 ④	12 ④	13 ②	14 ③	15 ③
16 ⑤	17 ③			

01

정답 ②

A가 맞힌 문항 수를 x라 하면 A가 맞히지 못한 문항 수는 $20-x$이다. 문제를 맞히는 경우 5점을 획득하고 문제를 맞히지 못하는 경우 2점이 감점된다고 했으므로 A의 점수는 $5x-2(20-x)$가 되고, A의 최종 점수가 9점이라고 했으므로 $5x-2(20-x)=90$이다. 정리하면 $5x-40+2x=90$이고, $7x=490$이므로 $x=70$이다.

02

정답 ①

톱니바퀴 A의 톱니 수를 x, 톱니바퀴 B의 톱니 수를 y라 하면 $7\times116=28x$이고, $7\times116=14y$이다. $7\times116=812=28x$이므로 $x=29$이고, $7\times116=14y$에서 양변을 7로 나누면 $116=2y$이므로 $y=58$이다.

따라서 톱니바퀴 A의 톱니 수는 29개이고, 톱니바퀴 B의 톱니 수는 58개이므로 두 톱니바퀴의 톱니 수 총합은 $29+58=87$이다.

문제 풀이 꿀TIP

톱니바퀴 A는 모터에 장착된 톱니바퀴가 7번 도는 동안 28번, 톱니바퀴 B는 모터에 장착된 톱니바퀴가 7번 도는 동안 14번 돈다고 했으므로, 동일한 조건에서 톱니바퀴 A가 톱니바퀴 B보다 2배 많이 회전한다는 것을 알 수 있다. 동일 조건에서 회전 수가 2배라는 것은 톱니의 수가 1/2이라는 의미가 된다. 그러므로 톱니바퀴 A의 톱니 수는 톱니바퀴 B의 톱니 수의 절반이 되고, 두 톱니바퀴 톱니 수의 총합은 3의 배수가 될 수밖에 없다.
따라서 주어진 선택지 중 3의 배수인 87이 정답이 된다.

03

정답 ③

전체 남학생 수를 x라 하면, 남학생 중 안경을 쓴 학생 수는 $0.4x$이다. 전체 학생 중 50%가 안경을 쓰고 있다고 했으므로 $150\times0.5=75$명이 안경을 쓰고 있으며, 안경을 쓴 남학생 수가 안경을 쓴 여학생 수보다 5명이 많다고 했으므로 $75-0.4x=0.4x-5$이다.

따라서 $80=0.8x$이고, $x=100$이 된다.

문제 풀이 꿀TIP

선택지를 활용하여 풀이하는 방법도 가능하다. 남학생 중 40%가 안경을 썼다고 했으므로 남학생이 90명이면 안경을 쓴 학생 수는 36명이 되고, 안경을 쓴 여학생 수는 31명이 된다. 이 경우 총 안경을 쓴 학생 수가 75명보다 적으므로 정답이 될 수 없다.
이 방법을 활용할 경우, 선택지 ③부터 대입하는 것이 좋다. 선택지를 대입한 결괏값이 75명보다 많다면 정답은 선택지 ① 또는 ② 중 하나이고, 선택지를 대입한 결괏값이 75명보다 적다면 정답은 선택지 ④ 또는 ⑤ 중 하나이다. 이렇게 선택지를 최소한으로 검토하도록 풀이할 수도 있다.

04

정답 ②

영상 파일의 총 크기는 2GB이므로 MB 단위로 환산하면 2,048MB이다. 회사에서 4분 40초 동안 다운로드를 받았으므로 초로 환산하면 280초 동안 다운로드 받았으며, 집에서는 4분 동안 다운로드 받았으므로 초로 환산하면 240초 동안 다운로드를 받았다. 회사 와이파이의 1초당 다운로드 속도를 x라 하면 개인 와이파이의 다운로드 속도는 1.5배인 $1.5x$가 되므로, $280x+240\times1.5x=2{,}048$이 된다. 정리하면 $640x=2{,}048$이므로 $x=3.2$이다.

따라서 회사 와이파이의 다운로드 속도는 3.2MB/sec이다.

05

정답 ①

처음에 들어있었던 초콜릿의 개수를 x개, 사탕의 개수를 y개라 했을 때 총 개수가 40개이므로 $x+y=40$이라는 식을 도출할 수 있다. 또한 사탕의 반은 동생에게 주고, 초콜릿의 $\frac{1}{5}$을 먹었기 때문에 포장 용기에는 사탕의 $\frac{1}{2}$, 초콜릿의 $\frac{4}{5}$가 남아있다. 그리고 그 측정 무게가 665g인데 포장 용기 60g의 무게를 제외하면 남아 있는 사탕과 초콜릿의 무게는 605g이 되므로 $20\times\frac{4}{5}\times x+25\times\frac{1}{2}\times y=605$가 된다.

도출된 두 방정식을 연립해 풀면

$x+y=40$

$20\times\frac{4}{5}\times x+25\times\frac{1}{2}\times y=605,\ 16x+\frac{25}{2}y=605,\ 32x+25y=1{,}210$

$x=30$, $y=10$이므로 초콜릿의 개수는 30개, 사탕의 개수는 10개이다.

06

정답 ③

진희가 딸을 낳은 연도는 4남매의 나이의 합이 아버지의 연령과 같아진 해이다.

즉, x년 후 4남매의 나이의 합과 아버지의 나이가 같아진다고 하면,

$(1+x)+(4+x)+(7+x)+(18+x)=51+x,$

$4x+30=51+x,\ 3x=21,\ x=7$이다.

즉, 7년 후 4남매의 나이의 합과 아버지의 나이가 같아진다.
그러므로 아버지의 나이가 58세일 때의 진희의 나이인 25세에 첫째 딸을 낳은 것을 알 수 있다.
진희 딸의 나이가 진희 연령의 절반에 도달하는 해를 y해가 지난 뒤라고 할 때, $2(1+y)=25+y$이므로 $y=23$이 된다.
따라서 진희의 딸이 24세일 때 진희는 48세가 되고, 이때 아버지의 나이는 $58+23=81$세가 된다.

07

정답 ③

소연이의 전동 스쿠터 연료통에 가득 찬 연료의 양을 x라고 하면, $x-\frac{1}{5}x-6=\frac{2}{5}x$가 성립된다. $\frac{4}{5}x-\frac{2}{5}x=6$, $\frac{2}{5}x=6$, $x=15$이므로 연료통에 들어갈 수 있는 연료의 총량은 15L이다. 소연이는 처음에 3L의 연료를 이미 가지고 있었기 때문에 소연이가 추가로 채운 연료의 양은 12L가 된다.

08

정답 ⑤

작년 남학생수를 x, 여학생수를 y라 하면
$x+y=740$ … ①
$1.08x+0.95y=755$ … ②이다.
①×95 - ②×100을 하면 $x=400$, $y=340$이다.
따라서 올해 남학생 수는 $1.08\times400=432$명이다.

문제 풀이 꿀TIP

[TIP 1]
②는 결괏값을 적은 식이지만 증가량과 감소량만을 표현하면 조금 더 간단한 식이 된다. 즉 $0.08x-0.05y=15$와 같이 표현하면 더 간단한 연립방정식을 풀 수 있다.
[TIP 2]
작년 남학생 수를 x라 하면 올해 남학생 수는 $1.08x=\frac{108}{100}x=\frac{27}{25}x$이다. 올해 남학생 수는 항상 정수여야하기 때문에 무조건 27의 배수가 된다. 즉 선택지에서 27의 배수를 찾으면 ⑤가 정답이다.

09

정답 ⑤

작년 동호회에 가입되어 있는 남자 직원 수를 x라 하고, 여자 직원 수를 y라 하면, 올해 증가한 남자 직원 수는 $0.05x$가 되고, 증가한 여자 직원 수는 $0.1y$가 된다. 따라서 $x+y=600$이고, 증가한 남자 직원 수와 감소한 여자 직원 수는 같으므로 $0.05x=0.1y$이다. 두 번째 식의 양변에 10을 곱하면 $0.5x=y$이고, 이를 첫 번째 식에 대입하면 $x+0.5x=600$이다. $1.5x=600$이므로 $x=400$이고, 이는 작년 동호회에 가입되어 있는 남자 직원 수이므로, 올해 동호회에 가입되어 있는 남자 직원 수는 $1.05\times400=420$명이다.

문제 풀이 꿀TIP

구해야 하는 항목은 올해 동호회에 가입되어 있는 남자 직원의 수이다. 이를 A라 한다면, 이 값은 작년에 비해 5% 증가한 값이므로 작년 남자 직원의 수 x에 1.05를 곱한 결괏값이 된다. 따라서 $x\times1.05=\text{A}$라는 식을 얻을 수 있다. 이 식을 변형한다면 $x=\text{A}\div1.05$가 되는데, 사람은 소수점이 없으므로 보기의 숫자들 중 1.05로 나누어 떨어지는 유일한 숫자인 420이 정답이 된다.

10

정답 ⑤

작년에 선발한 남성 신입사원의 수를 x, 여성 신입사원의 수를 y라 하면 올해 선발한 남성 신입사원의 수는 작년에 비해 5% 증가한 $1.05x$가 되고, 올해 선발한 여성 신입사원의 수는 작년에 비해 12.5% 증가한 $1.125y$가 된다. 올해 남성 신입사원이 여성 신입사원보다 252명 많다고 했으므로 $1.05x-1.125y=252$이고, 작년에 비해 올해 총 신입사원의 수가 32명 늘었다고 했으므로 $0.05x+0.125y=32$이다. 이를 정리하면 다음과 같다.

$0.05x+0.125y=32$ → $50x+125y=32{,}000$ → $450x+1{,}125y=288{,}000$
$1.05x-1.125y=252$ → $1{,}050x-1{,}125y=252{,}000$ → $1{,}050x-1{,}125y=252{,}000$
$1{,}500x=540{,}000$
$\therefore x=360$

작년 남성 신입사원의 수는 360명이고, 올해는 5% 증가된 $360\times1.05=378$명이 된다.
따라서 작년과 올해 남성 신입사원은 총 $360+378=738$명이다.

11

정답 ④

2월 하루 평균 1,400명이 방문했고, 2월은 28일까지 있으므로 2월에 방문한 총 방문객 수는 $1{,}400\times28=39{,}200$명이다. 이때 남성 방문객 수가 여성 방문객 수보다 3,200명 많다고 했으므로 2월에 방문한 여성 방문객 수를 x라 하면 $x+3{,}200+x=39{,}200$이므로 $2x=36{,}000$이고, $x=18{,}000$이다.
따라서 2월에 ○○놀이동산에 방문한 남성 방문객 수는 21,200명, 여성 방문객 수는 18,000명임을 알 수 있다.
3월에는 한 달 동안 방문한 남성 방문객 수가 10% 감소했다고 했으므로 $21{,}200\times0.9=19{,}080$명이 되고, 3월 1일 평균 방문객 수 또한 2월 1일 평균 방문객 수보다 10%가 감소했다고 했으므로 $1{,}400\times0.9=1{,}260$이 된다. 그런데 3월은 31일이므로 3월 한 달 총 방문객 수는 $1{,}260\times31=39{,}060$명이고, 이 중 19,080명이 남성 방문객이므로, 여성 방문객 수는 19,980명이다.
따라서 여성 방문객 수는 2월 18,000명 대비 1,980명 증가하였고 $1{,}980\div18{,}000=0.11$이므로 11%가 증가하였다.

12

정답 ④

A의 무게를 a, B의 무게를 b, C의 무게를 c, D의 무게를 d라 하면 다음과 같이 정리할 수 있다.

3a = c → ㉠

a + 2d = 3c → ㉡

3b + c = 3a + d → ㉢

㉠을 ㉢에 대입하면 3b + 3a = 3a + d이므로 3b = d → ㉣을 얻을 수 있고, ㉠을 ㉡에 대입하면 a + 2d = 9a이므로 2d = 8a이고, d = 4a임을 알 수 있다. 이 식을 ㉣에 대입하면 3b = 4a가 된다.

이를 통해 모든 금속의 무게를 'a'를 기준으로 정리하면 3b = 4a이므로 b = $\frac{4}{3}$a이고, c = 3a, d = 4a이다. 가장 가벼운 금속 덩어리는 A이고, A의 무게가 90g이므로 B의 무게는 90 × $\frac{4}{3}$ = 120g, C의 무게는 90 × 3 = 270g, D의 무게는 90 × 4 = 360g이다.

따라서 전체 금속 덩어리 무게의 총합은 90 + 120 + 270 + 360 = 840g이다.

13

정답 ②

이 자동차에 가득 채운 기름의 양을 xL이라고 하면

가득 채운 기름의 양 - 가득 채운 기름의 $\frac{1}{5}$ 사용 - 10L 사용 = 남은 기름이 전체 기름의 $\frac{2}{5}$이므로 $x - \frac{1}{5}x - 10 = \frac{2}{5}x$가 된다.

이 방정식을 풀면 $\frac{2}{5}x = 10$, $x = 25$가 된다.

14

정답 ③

첫 암산 대회에 출전한 3명의 프로 경력 연차를 각각 A, B, C년 차라고 하면 처음 받은 총 상금 1,200만 원 중 연차에 비례하여 가장 프로 경력 연차가 많은 A년차 선수가 800만 원을 받았으므로 $\frac{800}{1,200} = \frac{A}{A+B+C}$가 된다. 10년 후 같은 팀이 암산 퀴즈에 나가 또 다시 우승을 했고, 총 상금 1,200만 원 중 프로 경력이 가장 많은 선수가 받은 금액이 480만 원이므로 $\frac{480}{1,200} = \frac{(A+10)}{(A+10)+(B+10)+(C+10)}$이 된다.

첫 번째 조건을 정리하면 $\frac{800}{1,200} = \frac{A}{A+B+C}$, $\frac{2}{3} = \frac{A}{A+B+C}$,

$\frac{3}{2}A = A + B + C$

두 번째 조건을 정리하여 대입하면, $\frac{2}{5} = \frac{A+10}{A+B+C+30} = \frac{(A+10)}{\frac{3}{2}A+30}$,

$2(\frac{3}{2}A + 30) = 5(A + 10)$, A = 5

따라서 첫 번째 대회에서 프로 경력이 가장 많았던 선수는 5년 차 선수였고, 그 후 10년이 지났기 때문에 현재 프로 경력이 가장 많은 선수는 15년 차이다.

15

정답 ③

합격자와 불합격자의 비율이 3:2이므로 합격자는 60명, 불합격자는 40명이다. 이때 최저 합격 점수를 x라 하면 전체평균은 $x + 6$이 되고 합격자의 평균 점수는 $x + 26$이다.

불합격자의 평균 점수를 y라 하면 $x = 2y - 10$ … ①이다.

전체 평균 $x + 6 = \frac{60(x+26)+40y}{100}$ … ②이다.

두 개의 식을 연립하여 풀면 $x = 58$, $y = 34$이므로 최저 합격 점수는 58점이다.

문제 풀이 꿀TIP

가중평균을 활용하여 푸는 것이 간단하다. 가중평균이란 각 자료 값에 가중치를 곱하여 모두 더한 값을 가중치의 합으로 나눈 값을 의미한다. 가중평균과의 거리의 비는 무게의 비와 반비례함을 이용한다.

각각의 평균점수를 x에 관한 식으로 정리하면 합격자 평균은 $x + 26$, 불합격자의 평균은 $\frac{1}{2}(x + 10)$, 전체 평균은 $x + 6$이다. 이때 가중치는 인원수의 비이고 3 : 2가 가중치이므로 평균과의 거리의 비는 2 : 3이 된다. 합격자의 전체 평균의 거리의 차가 +20이므로 불합격자와 전체 평균의 차는 -30이 되어야 하므로 $x + 6 - 30 = \frac{1}{2}(x + 10)$이다.

따라서 $x = 58$이다.

16

정답 ⑤

학원에 가는 날을 x, 가지 않는 날을 y라고 하자.

가는 날에는 40분 = $\frac{2}{3}$시간을 공부하고, 가지 않는 날은 3시간 30분 = $\frac{7}{2}$시간을 공부하며, 총 공부한 시간의 합은 37시간이므로

$x \times \frac{2}{3} + y \times \frac{7}{2} = 37$ … ①이다.

하루 평균 공부 시간은 $\frac{\text{총 공부한 시간}}{\text{총 공부한 날}}$이므로

$\frac{37}{x+y} = \frac{74}{60} = \frac{37}{30}$ … ②이다.

식을 정리하면 ∴ $x + y = 30$ … ③이고, 두 개의 식을 연립하여 ①×6 - ③×4를 하면 $x = 24$, $y = 6$이다.

따라서 학원에 가는 날은 24일이다.

17

정답 ③

작년 1월 총 임직원 수는 875명이었지만 작년 12월 8%가 감소했다고 했으므로 감소된 인원은 875 × 0.08 = 70명이다. 따라서 작년 12월 OO공사의 총 임직원 수는 805명이다. 이때 남성 임직원 수를 x명, 여성 임직원 수를 y명이라고 한다. 올해 1월 신입 사원 선발을 통해 작년 12월에 비해 남성이 8% 증가하고 여성이 5% 증가하여 전체 사원수는 작년 1월에 비해 17명이 감소했다고 했으므로 올해 1월 OO공사 총 임직원 수는 875 - 17 = 858명이 된다. 위 내용을 정리하면 다음과 같다.

$x+y=805 \rightarrow 5x+5y=4{,}025$
$0.08x+0.05y=53 \rightarrow 8x+5y=5{,}300 \rightarrow 3x=1{,}275$
$\therefore x=425$

작년 12월 남성 임직원 수가 425명이므로 올해는 8%가 증가하여 $425\times1.08=459$명이 된다.

문제 풀이 꿀TIP

올해 남성 임직원 수는 작년에 비해 8% 증가했으므로 작년 남성 임직원 수를 x라 하면 올해 남성 임직원 수는 $1.08x$가 된다. 이때 올해 남성 임직원 수를 y라 하면 $1.08x=y$이고, 이를 정리하면 $x=y\div1.08$이다. 그런데 사람은 소수점이 존재할 수 없으므로 $y\div1.08$은 반드시 정수여야 하며, 분수의 형태로 정리하면 $y\times\frac{100}{108}=y\times\frac{25}{27}$이다.
따라서 y는 반드시 27로 나누어 떨어지는 숫자여야만 하는데, 제시된 선택지 중 27로 나누어 떨어지는 것은 선택지 ③뿐이다.

DAY 03 방정식·부등식 ② p.24

01 ④	02 ⑤	03 ⑤	04 ③	05 ⑤
06 ⑤	07 ④	08 ③	09 ①	10 ④
11 ②	12 ②	13 ②	14 ③	15 ③
16 ③	17 ①			

01

정답 ④

작년 OO공사에 재직 중인 남자 직원의 수를 x라 하고, 여자 직원의 수를 y라 하면 $x+y=480$이다. 올해 남자 직원은 작년에 비해 20% 증가했고, 여자 직원은 10%가 증가하여 올해 OO공사의 직원은 총 556명이라고 했으므로 $1.2x+1.1y=556$이다. 두 식을 연립하여 풀이해 보면 아래와 같다.

$x+y=480 \rightarrow 11x+11y=5{,}280$
$1.2x+1.1y=556 \rightarrow 12x+11y=5{,}560$
$\therefore 3x=280$

따라서 작년 남자 직원은 총 280명이다.

문제 풀이 꿀TIP

올해 남자와 여자 직원이 모두 20% 증가했다면 480명에서 20% 증가한 $480\times1.2=576$명이다. 하지만 올해 여자 직원은 10%만 증가했고, 전체 인원 또한 556명이므로 작년 여자 직원의 10%에 해당하는 인원은 $576-556=20$명이다.
따라서 작년 여자 직원은 200명이고, 작년 남자 직원은 280명이다.

02

정답 ⑤

자원관리 점수를 x라 하면, 의사소통 점수는 수리와 자원관리 점수의 합이므로 $55+x$점이고 문제해결 점수는 자원관리 점수의 2배이므로 $2x$이다. 4과목 점수의 합은 280점이라고 했으므로 $55+x+55+2x+x=280$이다.
따라서 $4x+110=280$이고, $4x=170$이므로 $x=42.5$점이다. 자원관리 점수가 42.5점이므로 문제해결 점수는 그 2배인 85점이다.

03

정답 ⑤

각 과목의 점수를 a, b, c, d라 하면 2과목씩 점수를 합산하는 경우의 수는 a + b, a + c, a + d, b + c, b + d, c + d로 6가지가 있다. 이 모든 경우를 합산하면 3a + 3b + 3c + 3d이고 두 과목씩 점수를 합산한 결괏값이 168, 170, 172, 178, 180, 182라고 했으므로 3a + 3b + 3c + 3d = 168 + 170 + 172 + 178 + 180 + 182 = 1,050이다. 양변을 3으로 나누면 a + b + c + d = 350이고, 4과목 점수의 평균을 묻고 있으므로 350 ÷ 4 = 87.5점이다.

04

정답 ③

작년 여성 직원 수를 x명이라고 하면, 작년 남성 직원 수는 $(50 - x)$명이 된다.
올해의 여성 직원과 남성 직원의 증감률을 포함하여 직원 수를 살펴보면
$1.1x + 0.9(50 - x) = 50 + 3$, $1.1x - 0.9x = 53 - 45$,
$0.2x = 8$, $x = 40$명
따라서 작년 여성 직원 수는 40명이고, 올해는 작년보다 10% 증가하였기 때문에 44명이 된다.

05

정답 ⑤

1차 합격자의 남녀비율은 5 : 2이고 전체 합격인원은 210명이므로 1차 합격자의 남자 수는 $210 \times \frac{5}{7} = 150$명이고 여자 수는 $210 \times \frac{2}{7} = 60$명이다. 불합격자의 남녀 비가 1 : 1이므로 불합격자의 남자 인원 수와 여자 인원 수 모두를 x라 하자. 지원자 수 = 합격자 수 + 불합격자 수이므로 남자 지원자 수는 $150 + x$, 여자 지원자 수는 $60 + x$이다.
$150 + x : 60 + x = 3 : 2$이고, 내항의 곱과 외항의 곱이 같다는 식을 이용하면 $3(60 + x) = 2(150 + x)$, 즉 $180 + 3x = 300 + 2x$이므로 $x = 120$이다.
따라서 총 지원자 수는 $210 + 2x = 210 + 240 = 450$명이다.

06

정답 ⑤

어른들의 인원수를 x명, 아이들의 인원수를 y명이라고 하면
$x + y = 100$ … ①
샌드위치는 어른들 x명에게 한 명당 세 개씩 나누어주므로 $3x$개, 아이들 y명에게는 두 명당 한 개씩 나누어주므로 $\frac{y}{2}$개이다.
$3x + \frac{y}{2} = 100$ … ②
① - ② × 2를 하면 $x = 20$, $y = 80$이므로 아이들은 80명이다.

07

정답 ④

작년 총 임직원 수가 900명이고, 올해 총 임직원 수가 10% 증가했다고 했으므로 90명이 선발되었다. 이 중 60%가 남자이므로 남자는 54명이고, 여자는 36명이다. 남자 사원의 수는 작년 대비 13.5%가 증가했다고 했으므로 작년 남자 사원의 수를 x라 하면 $0.135x = 54$이고, $x = 400$이다.
따라서 작년 여자 사원의 수는 500명이 되고, 올해 36명이 증가했으므로 올해 여자 사원의 수는 536명이다.

08

정답 ③

상자의 수를 x라고 한다면, 1상자당 13개의 초콜릿을 담으면 초콜릿이 10개 남는다고 했으므로 초콜릿의 수량은 $13x + 10$이고, 1상자당 15개의 초콜릿을 담으면 초콜릿이 14개 부족하다고 했으므로 $15x - 14$이다. 초콜릿의 수량은 변하지 않았으므로 $13x + 10 = 15x - 14$이고, 정리하면 $2x = 24$, 즉 $x = 12$이다.
상자의 수가 12개이므로 초콜릿의 수량은 $12 \times 13 + 10 = 166$개이고, 1상자당 초콜릿을 14개씩 차례대로 담으면 11상자에 14개씩 담고 마지막 상자에는 12개만 담을 수 있다.

09

정답 ①

20X2년 남자 신입사원 수를 x라 하고, 여자 신입사원 수를 y라 하면 $x + y = 405$이다. 20X3년 남자 신입사원은 전년 대비 8%가 증가했다고 했으므로 증가한 인원은 $0.08x$이고, 여자 신입사원은 전년 대비 5%가 감소했다고 했으므로 감소한 인원은 $0.05y$이다. 이때 총 신입사원 수는 414명이라고 했으므로 작년 대비 9명이 증가했고, 식으로 변환하면 $0.08x - 0.05y = 9$이다. 두 수식을 연립하면 다음과 같다.
$x + y = 405$ → $8x + 8y = 3,240$
$0.08x - 0.05y = 9$ → $8x - 5y = 900$ → $13y = 2,340$
$\therefore y = 180$
따라서 20X2년 여자 신입사원 수는 180명이다.

10

정답 ④

세 사람이 비긴 횟수를 x, 수연이가 이긴 횟수를 a, 재영이가 이긴 횟수를 b, 차형이가 이긴 횟수를 c라 하면 아래와 같은 수식을 얻을 수 있다.
$2a - (20 - x - a) = 4$ → $3a + x = 24$ → ㉠
$2b - (20 - x - b) = 1$ → $3b + x = 21$ → ㉡
$2c - (20 - x - c) = 7$ → $3c + x = 27$ → ㉢
세 수식을 모두 더하면 $3a + 3b + 3c + 3x = 72$이고, 양변을 3으로 나누면 $a + b + c + x = 24$가 된다. 이는 수연이가 이긴 횟수 + 재영이가 이긴 횟수 + 차형이가 이긴 횟수 + 비긴 횟수의 합이 24라는 의미이고, 총 20회의 가위바위보를 했다고 했으므로 1번의 가위바위보에서 2명이 이긴 경우는 $24 - 20 = 4$번이 된다. (3명이 가위바위보를 수행하므로 3명이 이기는 경우는 발생할 수 없다.)

11

정답 ②

3색 묶음 색연필을 x개, 12색 묶음 색연필을 y개라고 하면 $x + y = 35$이고, 3색 묶음 색연필 세트 x개의 색연필은 모두 $3x$개, 12색 묶음 색연필 세트 y개의 색연필은 모두 $12(35 - x)$개가 된다. 그러므로 $3x + 12(35 - x) = 249$이며, 정리하면 $9x = 171$, $x = 19$, $y = 16$이 된다. 즉, 12색 색연필 세트는 16개가 있다.

12

정답 ②

물체 A의 무게를 $x$kg, 물체 B의 무게를 $y$kg이라고 하여 식을 세우면 다음과 같다.

$x+y=1.4$

$\frac{4}{5}x+\frac{9}{10}y=1.2$

이 두 방정식을 연립하여 풀면 $8x+8y=11.2$, $8x+9y=12$이므로 $x=0.6$, $y=0.8$kg이다.

따라서 두 물체 무게의 차이는 0.2kg = 200g이 된다.

13

정답 ②

남자 지원자를 x명, 여자 지원자를 y명이라고 하면,

남자 지원자의 말은 $\frac{y}{x+y-1}=\frac{9}{16}$ … ①임을 의미하고

여자 지원자의 말은 $\frac{y-1}{x+y-1}=\frac{11}{20}$ … ②임을 의미한다.

①을 정리하면 $16y=9x+9y-9 \rightarrow 9x-7y=9$ … ③이고,

②를 정리하면 $20y-20=11x+11y-11 \rightarrow 11x-9y=-9$ … ④이다.

③×11 - ④×9를 하면 $4y=180$, $y=45$, $x=36$이므로 참가한 남자 지원자와 여자 지원자 수의 차는 45 - 36 = 9명이다.

문제 풀이 꿀TIP

분모의 값이 $x+y-1$로 같기 때문에 연립방정식을 푸는 것보다 분모를 통분하면 더 빠르게 계산이 가능하다.

$\frac{9}{16}=\frac{45}{80}$, $\frac{11}{20}=\frac{44}{80}$이므로 $y=45$, $x=36$이다.

14

정답 ③

작년도 된장찌개와 김치찌개 밀키트의 생산량을 각각 x, y라고 가정하면 다음과 같다.

$1.5x+2.5y=48{,}000$

$x+y=48{,}000-23{,}000=25{,}000$

$x=25{,}000-y$를 첫 번째 방정식에 연립하여 풀면

$1.5\times(25{,}000-y)+2.5y=48{,}000$, $37{,}500-1.5y+2.5y=48{,}000$이므로

$y=10{,}500$, $x=14{,}500$이 된다.

따라서 작년도 된장찌개 밀키트 생산량은 14,500개이다.

15

정답 ③

15초짜리 광고의 개수를 x, 20초짜리 광고의 개수를 y라 하자.

프로그램과 프로그램 사이의 시간은 7분 55초이다. 이때 광고 사이 1초의 간격이 발생하는데, 총 진행되는 광고의 개수는 $x+2y$이며 마지막 광고 후 프로그램과의 간격은 무시하므로 $x+2y-1$초의 간격이 있다. 이를 통해 연립방정식을 세우면 다음과 같다.

$x+y=20$ … ①

$15x+20\times2y+x+2y-1=475$ … ②

위의 식을 정리하여 ①×16 - ② 연립하여 풀면

$16x+16y=320$

$16x+42y=476$

따라서 $y=6$, $x=14$이고 광고의 방송 횟수 총합은 $14+6\times2=26$이다.

16

정답 ③

주어진 조건으로 식을 세우기 위하여 지하철의 속도를 x, B가 걸어가는 속도를 y라고 하면

$$\begin{cases}1.4x+1.4y=50.4\\2.1x-2.1y=50.4\end{cases}$$

$x=30$, $y=6$이므로 B가 걸어가는 속도 $y=6$km/h이다.

17

정답 ①

시장에 들고 간 10만 원에서 분식 8,000원, 지갑의 잔돈 7,000원을 제외하면 절임 배추와 무 구매 비용은 85,000원임을 알 수 있다. 이때 절임 배추의 가격은 x원, 무의 가격은 y원이라고 하면 $30x+10y=85{,}000$, $x=y+1{,}500$이다. 두 식을 연립해서 풀면 $30(y+1{,}500)+10y=85{,}000$이고 $40y=40{,}000$이므로 $y=1{,}000$, $x=2{,}500$이다.

따라서 절임 배추의 가격은 2,500원이고, 무의 가격은 1,000원이다.

DAY 04 일률 p.30

01 ⑤	02 ①	03 ②	04 ③	05 ⑤
06 ④	07 ③	08 ⑤	09 ①	10 ①
11 ⑤	12 ①	13 ②	14 ③	15 ①
16 ②	17 ②			

01

정답 ⑤

A 기구는 1분당 $\frac{1}{5}$만큼 공기를 채울 수 있고, B 기구는 1분당 $\frac{1}{7}$만큼 공기를 채울 수 있다. 두 기계를 동시에 사용한다고 했으므로 1분당 $\frac{1}{5}+\frac{1}{7}=\frac{12}{35}$만큼 공기를 채울 수 있다.

따라서 총 소요시간은 $\frac{35}{12}$분이고, $\frac{35}{12}\times 60 = 35\times 5 = 175$초이므로 2분 55초이다.

02

정답 ①

선영이가 1시간 동안 만들 수 있는 물건 개수는 x개이고, 미선이가 1시간 동안 만들 수 있는 물건 개수는 y개이다. 둘이 함께 120개의 물건을 만드는 데 걸리는 시간이 각각 6시간과 8시간이므로 $6x+8y=120$이다. 또한 선영이와 미선이가 함께 4시간 동안 만들고, 나머지를 선영이 혼자서 4시간 동안 만들면 전체 양의 $\frac{5}{6}$만큼 만들 수 있으므로 $(x+y)\times 4+4x=120\times\frac{5}{6}=100$이다.

연립방정식으로 두 식을 정리하면 $5x=40$이므로 $x=8$, $y=9$이다.
즉, 선영이는 1시간에 8개, 미선이는 9개를 만들 수 있다.
따라서 1시간에 함께 만들 수 있는 물건의 개수는 $8+9=17$이고 총 136개를 만드는 데 걸리는 시간은 $17\times t=136$이므로 $t=8$이다.

03

정답 ②

급수 배관 A는 1분당 $\frac{1}{60}$만큼의 물을 욕조에 채우고, 배수 배관 B는 1분당 $\frac{1}{30}$만큼의 물을 욕조에서 비우며, 배수 배관 C는 1분당 $\frac{1}{40}$만큼의 물을 욕조에서 비운다. 따라서 세 배관을 모두 사용하면 1분당 $\frac{1}{30}+\frac{1}{40}-\frac{1}{60}=\frac{4}{120}+\frac{3}{120}-\frac{2}{120}=\frac{5}{120}=\frac{1}{24}$씩 욕조가 비워진다. 최초 욕조에 물은 $50\%=\frac{1}{2}$만큼 채워져 있으므로, 욕조가 완전히 비워질 때까지의 시간을 x라 하면 $\frac{1}{24}\times x=\frac{1}{2}$가 되고, 양변에 24를 곱하여 정리하면 $x=12$이다.
따라서 12분 후에 욕조가 완전히 비워진다.

04

정답 ③

동현이는 퍼즐 완성에 12일이 소요된다고 했으므로 하루에 $\frac{1}{12}$만큼의 퍼즐을 맞출 수 있으며, 수연이는 퍼즐 완성에 6일이 소요된다고 했으므로 하루에 $\frac{1}{6}$만큼의 퍼즐을 맞출 수 있다. 동현이가 혼자 퍼즐을 맞춘 기간을 x라 하면, 동현이와 수연이가 함께 퍼즐을 맞춘 기간은 $(6-x)$일이므로 $(\frac{1}{12}+\frac{1}{6})\times(6-x)+\frac{1}{12}\times x=1$이 된다. 양변에 12를 곱하여 수식을 정리하면 $18-3x+x=12$이고, $6=2x$이므로 $x=3$이다.

문제 풀이 꿀TIP

동현이는 처음부터 끝까지 퍼즐을 맞추었으므로 총 6일간 퍼즐을 맞췄고, 동현이는 혼자 퍼즐을 완성하는 데 12일이 걸리므로 동현이가 퍼즐의 절반을 맞춘 셈이 된다. 이에 따라 남은 절반은 수연이가 완성을 해야 하는데, 수연이는 퍼즐의 절반을 완성하는 데 3일이 소요된다.
따라서 동현이가 혼자 퍼즐을 맞춘 기간은 3일이 된다.

05

정답 ⑤

현진이는 평소 컨디션으로 8개의 표를 읽는 데 8분, 20문제를 푸는 데 10분, 12개의 표를 해석하는 데 12분 등 총 30분이 걸렸고, 몸이 안 좋아지기 시작하는 40분까지 10분간 추가로 20문제를 풀 수 있다. 20문제가 남았을 때는 컨디션이 안 좋아지기 시작했기 때문에 1문제를 푸는 데 2분이 걸리게 되므로 총 40분이 걸리게 된다.
따라서 평소 컨디션에서 40분간 문제를 풀고, 몸이 좋지 않을 때 20문제를 40분간 풀게 되어 총 80분의 시간이 소요되었다.

06

정답 ④

전체 출력해야 하는 보고서의 양을 1이라고 하면, 최초 6분간 동진이의 사무실 프린터기의 작업량은 $\frac{6}{18}$, 남은 작업량은 $\frac{12}{18}$이다. 남아있는 보고서의 양을 마치는 데 걸리는 시간을 x분이라고 하면, $(\frac{1}{18}+\frac{1}{9})\times x=\frac{12}{18}$, $\frac{3}{18}x=\frac{12}{18}$, $x=4$분이다. 처음 6분간 동진이의 사무실 프린터기로 보고서를 출력하고, 그 이후 4분이 걸려 두 사무실에서 보고서 출력을 완료했으므로 전체 걸린 시간은 10분이 된다.

07

정답 ③

처음 20분간은 4+2-1L/min의 속도로 물이 채워졌으므로 $5\times 20=100$L가 채워졌다. 나머지 200L를 B로만 채워야 하므로 $200/(2-1)=200$분 = 3시간 20분이다.

08

정답 ⑤

A와 B가 같이 일을 한 일수는 4일이므로 처음 4일 동안 한 일은 $(\frac{1}{24}+\frac{1}{60})\times 4=\frac{7}{30}$이다. 남은 일에 대하여 B와 C가 23일 동안 같이 하였으므로 $(\frac{1}{60}+\frac{1}{C})\times(27-4)=\frac{23}{30}$이다.
따라서 C가 단독으로 하였을 때 걸리는 시간은 60일이다.

문제 풀이 꿀TIP

일의 총량을 24와 60의 최소공배수 120으로 가정하면, A는 1일당 5, B는 1일당 2만큼의 일을 한다고 볼 수 있다. C가 1일당 하는 일의 양을 x로 설정하면, $(5+2)\times 4+(2+x)\times 23=120$이고, $x=2$이므로 120을 끝낼 때까지 C는 60일이 걸린다.

09

정답 ①

일률의 개념을 명확히 알고 있어야 풀 수 있는 문제이다. 일률의 단위는 '일의 양/시간'이다. A 공사의 규모를 B 공사의 배수로 물어보았기 때문에, B 공사를 1, A 공사를 1(B 공사 규모)×x배 = x로 두고 푸는 것이 편리하다.
Y 건설사 1명의 일률을 y라고 한다면, 400명의 일률은 $400y$가 되며, $400y\times 1$(년) $=x$이므로 $y=x/400$가 된다.
N 건설사 1명의 일률을 b라고 한다면, 500명의 일률은 $500b$가 되며, $500b\times 1.25$(년) $=1$이므로 $b=1/(1.25\times 500)$이 된다.
B 공사와 정확히 같은 규모의 C 공사의 경우도 일의 총량은 1이며, 이를 식으로 표현하면 다음과 같다.
(Y 건설사 1명의 일률×Y 건설사 투입인원 + N 건설사 1명의 일률×N 건설사 투입인원)×공사 기간 = C 공사 규모$(x/400\times 240+1/(1.25\times 500)\times 125)\times 5/3=1$
$x=2/3$
따라서 정답은 2/3배이다.

10

정답 ①

구형 인쇄기가 1시간 동안 만들 수 있는 신문 개수는 24개이고, 신형 인쇄기가 1시간 동안 만들 수 있는 신문 개수를 x개라고 하면 5시간 30분 동안 한 일의 양은 $(24+x)\times\frac{11}{2}=462$이다.
$24+x=84$이므로 $x=60$이다. 신형 인쇄기가 1시간 동안 만들 수 있는 신문의 개수가 60개이므로 30분 동안은 30개를 만들 수 있다.

11

정답 ⑤

a, b, c가 각각 한 시간 동안 한 일의 양을 x, y, z라 하자. b가 혼자 하면 12시간이면 일이 완성되므로 $y=\frac{1}{12}$이다.
셋이 함께하여 3시간 만에 일이 완성되기 때문에 $(x+\frac{1}{12}+z)\times 3=1$ … ①이 된다.
또한 이 일을 a와 c가 2시간 동안 함께한 뒤 나머지를 b와 c가 3시간 45분 동안 함께 하면 끝낼 수 있으므로
$(x+z)\times 2+(\frac{1}{12}+z)\times\frac{15}{4}=1$ … ②이다.
두 식을 정리하면 $x+z=\frac{1}{3}-\frac{1}{12}=\frac{3}{12}=\frac{1}{4}$ … ①이고
$8x+8z+\frac{15}{12}+15z=4$ … ②이므로
$8x+23z=\frac{48}{12}-\frac{15}{12}=\frac{33}{12}$ … ②이다.
두 식을 연립하기 위하여 ①×8을 하면 $8x+8z=\frac{24}{12}$ 이고,
①×8 - ②를 하면 $15z=\frac{9}{12}=\frac{3}{4}$이다.
따라서 $z=\frac{3}{4}\times\frac{1}{15}=\frac{1}{20}$, $x=\frac{1}{4}-\frac{1}{20}=\frac{4}{20}=\frac{1}{5}$이고, C가 혼자서 일을 할 때 걸리는 시간은 $\frac{1}{20}\times t=1$이므로 $t=20$이다.

12

정답 ①

A, B 호스가 1분 동안 한 일의 양을 a, b라 하자.
A, B 호스를 모두 사용하여 6분 동안 물을 넣으면 물이 가득 찬다고 하였으므로 $(a+b)\times 6=1$ … ①이다.
A 호스만으로 물을 넣을 때 2배의 시간이 걸리므로 1분 동안 한 일의 양은 B 호스가 A 호스의 2배임을 알 수 있다.
즉, $b=2a$ … ②이다.
②에 ①을 대입하면 $(a+2a)\times 6=1$이고 $18a=1$이다.
즉, $a=\frac{1}{18}$이다.
A 호스가 1분 동안 한 일의 양이 $\frac{1}{18}$이므로, 일을 완성하기까지의 시간을 t라 하면 $\frac{1}{18}\times t=1$이고 $t=18$이다.
따라서 A 호스만으로 물을 가득 채우는 데는 18분이 걸린다.

13

정답 ②

A 업체의 작업 일수를 x, B 업체의 작업 일수를 y라 하면 $45x+30y=2{,}400$이고, A 업체는 1일당 $\frac{1}{50}$만큼의 일을 하고, B 업체는 1일당 $\frac{1}{100}$만큼의 일을 하므로, $x\times\frac{1}{50}+y\times\frac{1}{100}=1$이다.
두 번째 수식의 양변에 100을 곱하여 정리하면 $2x+y=100$이고, $y=100-2x$이므로 이를 첫 번째 수식에 대입하면
$45x+30(100-2x)=2{,}400$이며 $45x+3{,}000-60x=2{,}400$이고, 정리하면 $600=15x$이므로 $x=40$이다.
따라서 x가 40이므로 y는 20이고, 작업 일수의 차이는 20일이 된다.

14

정답 ③

영진이는 1시간당 $\frac{1}{10}$만큼의 꼬막을 캘 수 있고, 혜영이는 1시간당 $\frac{1}{12}$만큼의 꼬막을 캘 수 있다. 영진이와 혜영이가 1시간 동안 같이 꼬막을 캤다고 했으므로 총 $\frac{1}{10}+\frac{1}{12}=\frac{11}{60}$만큼의 꼬막을 캔 상태이다. 이때, 수찬이도 함께 꼬막을 캐기 시작해서 바구니의 80%를 채웠다고 했으므로 추가로 캔 꼬막의 양은 $\frac{80}{100}-\frac{11}{60}=\frac{480}{600}-\frac{110}{600}=\frac{370}{600}=\frac{37}{60}$이 된다.

따라서 영진이와 혜영이, 수찬이가 함께 꼬막을 캐면 1시간당 $\frac{1}{10}+\frac{1}{12}+\frac{1}{8}=\frac{12}{120}+\frac{10}{120}+\frac{15}{120}=\frac{37}{120}$이므로, $\frac{37}{60}$을 추가로 캐기 위해서는 2시간이 소요된다.

15

정답 ①

A가 1시간당 하는 일의 양은 1/6, B가 1시간당 하는 일의 양은 1/4이다.

함께 하면 각자 능력의 80%(= 4/5)밖에 발휘하지 못하므로 함께 일을 할 때 A가 1시간당 하는 일의 양은 1/6 × 4/5 = 2/15이고 B가 1시간당 하는 일의 양은 1/4 × 4/5 = 1/5이다.

둘이 함께 2시간 동안 한 일의 양은 (2/15 + 1/5) × 2 = 2/3이므로 남은 1/3의 일을 A가 혼자서 하는 데 걸리는 시간 a는 1/6 × a = 1/3이다.

따라서 a = 2시간이다.

16

정답 ②

한 시간 동안 B에 들어가는 물의 양을 xL라고 하면 A에 들어가는 물의 양은 $(x+2)$L이다. 8시간 동안 A에 들어간 물의 양은 $8(x+2)$L, 6시간 동안 B에 들어간 물의 양은 $6x$L이므로 $8(x+2)=2\times6x$이고, $x=4$L이다.

따라서 두 탱크에 들어 있는 물의 양의 합은 8(4 + 2) + 6 × 4 = 72L이다.

17

정답 ②

A는 1시간당 $\frac{1}{5}$만큼의 구슬을 연결할 수 있고, B는 1시간당 $\frac{1}{7}$만큼의 구슬을 연결할 수 있다. 작업을 하던 중 전체 양의 20%에 해당하는 구슬을 추가로 전달받았다고 했으므로 총 작업 시간을 x라 하면, $(\frac{1}{5}+\frac{1}{7})\times x=1.2$로 수식을 세울 수 있다. 양변을 정리하면 $12x=42$이고 $x=3.5$이므로, 총 3시간 30분이 소요된다.

DAY 05 거리·속력·시간 ①

p.36

01 ③	02 ③	03 ①	04 ⑤	05 ④
06 ③	07 ①	08 ②	09 ①	10 ④
11 ②	12 ②	13 ④	14 ④	15 ③
16 ③	17 ②			

01

정답 ③

A씨는 이날 행사에서 총 24km의 거리를 걷게 되었고, 반환점이 12km 지점에 위치하므로 '거리 = 속력 × 시간'의 공식을 이용했을 때 A씨가 빈손으로 움직인 시간은 12km = 6km/h × 시간이므로 2시간이고, A씨가 피켓을 들고 움직인 시간은 12km = 4km/h × 시간이므로 3시간이다.

따라서, A씨가 소모한 총 열량은

(빈손으로 움직인 시간 × 200cal/분) + (피켓을 들고 움직인 시간 × 240cal/분)

= (2시간 × 60분 × 200cal/분) + (3시간 × 60분 × 240cal/분)

= 67,200cal = 67.2Kcal이다.

02

정답 ③

준현이는 퇴근 후 수근이와 만날 때까지 12분 + 3분 = 15분 = $\frac{15}{60}=\frac{1}{4}$시간 동안 걸었고, 준현이가 걸어간 속력을 x, 수근이가 운전을 시작하고 준현이를 만날 때까지 걸었던 거리를 a라고 하면 $\frac{1}{4}=\frac{a}{x}$이다. a는 수근이가 3분 = $\frac{3}{60}=\frac{1}{20}$시간 동안 운전한 거리이기도 하므로, 수근이의 속력을 y라고 하면, $a=\frac{y}{20}$이다. 따라서 수근이의 속력을 구하면 준현이의 속력도 함께 구할 수 있다.

수근이는 3.2km의 거리를 오후 5시 12분에 출발하여 집에 도착한 시간이 24분이므로 자동차를 타고 12분 = $\frac{12}{60}=\frac{1}{5}$시간 동안 3.2km를 간 것이다. 즉 수근이의 속력 y는 속력 = $\frac{거리}{시간}=\frac{3.2}{\frac{1}{5}}$ = 16km/h이다.

따라서 $a=\frac{y}{20}=\frac{16}{20}=\frac{4}{5}$이고, 앞에서 미리 확인한 수근이가 운전을 시작하고 준현이를 만날 때까지의 관계식은 $\frac{1}{4}=\frac{a}{x}=\frac{4}{5x}$이므로 $x=\frac{16}{5}$km/h 속력으로 준현이가 걸어갔다.

03

정답 ①

왕복 총 이동거리는 9km이므로 비례식으로 세워보면

9km : 20분 = 2km : x분이고, 따라서 $x = \frac{40}{9}$분이다.

04

정답 ⑤

동근이의 평균 속력은 80km/h이고, 민철이의 평균 속력은 60km/h이므로, 총 이동거리를 x라 하면 $x/80 + 2 = x/60$이다. $(x+160)/80 = x/60$이고, 양변에 240을 곱해주면 $3\times(x+160) = 4x$이므로, 수식을 풀이하면 $x = 480$이다. 총 이동 거리가 480km이므로, 민철이가 이동한 시간은 480/60 = 8시간이 된다.

문제 풀이 꿀TIP

동근이와 민철이의 속력 차이는 80 - 60 = 20km/h이다. 이 말은 1시간당 20km의 거리 차이가 생긴다는 의미이고, 민철이는 동근이가 도착한 후 2시간 후에 도착했으며, 속력은 꾸준히 60km/h로 일정했으므로 동근이가 도착한 후 민철이가 이동한 거리는 60×2 = 120km이다. 1시간당 20km의 거리 차이가 생기는데, 동근이와 민철이의 거리 차이가 120km이므로, 동근이가 이동한 시간은 6시간이며, 민철이는 동근이보다 2시간 후에 도착했으므로 8시간이 된다.

05

정답 ④

민철이는 반시계 방향으로 4km/h의 속력으로 산책을 하고 있으므로 호수 공원을 한 바퀴 도는 데 총 3.2/4×60 = 48분이 소요된다. 민철이가 산책을 시작한 뒤 6분 후 민지가 시계 방향으로 3km/h의 속력으로 산책을 했으므로, 민지가 산책을 시작하는 시간까지 민철이가 이동한 거리는 3.2km×6/48 = 0.4km이다.
따라서 민철이와 민지 사이의 거리는 3.2 - 0.4 = 2.8km이고, 서로 마주보고 이동하므로 마주치기까지 걸리는 시간은 2.8/(4 + 3) = 0.4시간이다. 분으로 환산하면 0.4×60 = 24분이고, 민철이가 혼자 이동한 6분을 더하면 총 30분이 된다.

06

정답 ③

민철이가 정상에서 점심식사를 하는 데 소요된 시간을 x라 하면 민철이가 올라갈 때 소요된 시간은 $\frac{1.2}{3.6}$시간이고, 분으로 환산하면 $\frac{1.2}{3.6}\times 60$분이 된다. 내려올 때 소요된 시간은 $\frac{1.2}{4.8}$시간이고, 분으로 환산하면 $\frac{1.2}{4.8}\times 60$분이다.

따라서 민철이가 등산을 하는 데 소요된 총 시간은 $\frac{1.2}{3.6}\times 60 + x + \frac{1.2}{4.8}\times 60 = 35 + x$분이다.

호영이가 등산하는 데 소요된 총 시간을 구해보면 올라갈 때 소요된 시간은 $\frac{1.2}{2.4}$시간이고, 분으로 환산하면 $\frac{1.2}{2.4}\times 60$분이다. 내려올 때 소요된 시간은 $\frac{1.2}{3.6}$시간이고, 분으로 환산하면 $\frac{1.2}{3.6}\times 60$분이다. 정상에서 10분만 휴식했다고 했으므로 총 소요시간은 $\frac{1.2}{2.4}\times 60 + 10 + \frac{1.2}{3.6}\times 60 = 60$분이다.
민철이와 호영이가 동시에 출발하여 주차장에 돌아온 시간도 동일하다고 했으므로 $35 + x = 60$이고, $x = 25$이다.

07

정답 ①

버스의 속력을 분속 $x$km, 택시의 속력을 분속 $y$km라고 하자.
버스로 출근한 거리 + 택시로 출근한 거리 = 10km이고,
버스로 퇴근한 거리 + 택시로 퇴근한 거리 = 10km이다.
또한 거리 = 시간×속력이므로 버스를 타고 움직인 시간×버스의 속력 + 택시를 타고 움직인 시간×택시의 속력 = 10이다.
이를 식으로 나타내면 다음과 같다.

$$\begin{cases} 70x + 40y = 10 & \cdots ① \\ 49x + 52y = 10 & \cdots ② \end{cases}$$

①÷10×7 - ②를 계산하면 $y = \frac{1}{8}$, $x = \frac{1}{14}$이므로

버스의 속력은 분속 $\frac{1}{14}$km, 택시의 속력은 분속 $\frac{1}{8}$km이다.

따라서 재우가 버스를 타고 퇴근한 거리는 $49\times\frac{1}{14} = \frac{7}{2} = 3.5$km 이다.

08

정답 ②

내려오는 데 걸리는 시간을 t분이라고 한다면 올라오는 데 걸리는 시간은 $2t - 24$분이다. 총 시간은 2시간 = 120분이 걸리므로 올라오는 데 걸리는 시간 + 내려오는 데 걸리는 시간 = 120이고 $t + 2t - 24 = 120$이다.
따라서 $t = 48$분임을 알 수 있다. 즉, 내려오는 데 걸리는 시간은 48분 = $\frac{48}{60}$ = 0.8시간, 올라오는 데 걸리는 시간은 72분 = $\frac{72}{60}$ = 1.2시간이다.
정지한 물에서 배의 속력을 시속 $x$km, 강물의 속력을 $y$km라고 하면 강을 내려오는 속력은 배의 속력과 강물의 속력의 방향이 같으므로 시속 $(x+y)$km, 올라가는 데 속력은 배의 속력과 강물의 속력의 방향이 반대이므로 시속 $(x-y)$km이다.

속력 = $\frac{거리}{시간}$이므로

$$\begin{cases} x + y = \frac{12}{0.8} = \frac{120}{8} = 15 & \cdots ① \\ x - y = \frac{12}{1.2} = \frac{120}{12} = 10 & \cdots ② \end{cases}$$

이고 ① + ②를 하면 $x = \frac{25}{2}$, $y = \frac{5}{2}$이다.

따라서 배의 속력은 시속 12.5km이고 강물의 속력은 2.5 km이다. 종이배가 강물을 따라 내려갈 때는 물의 속력만 존재하므로 1시간에 2.5km를 가기 때문에 비례식을 세우면 1h : 2.5km = ah : 1km이고, $a = \frac{1}{2.5} = \frac{2}{5}$h $= \frac{2}{5}\times 60$ = 24min이므로 24분이다.

09

정답 ①

열차 A의 길이를 a라 하면 열차의 속력은

$\frac{1,000+a}{2}=\frac{1,800+a}{3}$

$3,000+3a=3,600+2a \rightarrow a=600$

즉, 열차 A의 길이는 600m이고 속력은 800m/분이다.

열차 B의 속력을 bm/분이라고 하면 두 열차가 움직인 시간은 15초 $=\frac{1}{4}$분이고, 두 열차가 움직인 거리의 합은 600m이므로

$800\times\frac{1}{4}+\frac{1}{4}b=600$

$\frac{1}{4}b=400 \rightarrow b=1,600$

즉, 열차 B의 속력은 1,600m/분이다.

열차 B의 길이를 x라 하면 열차의 속력은

$\frac{1,000+x}{1}=1,600 \rightarrow x=600$

따라서 열차 B의 길이는 600m이다.

10

정답 ④

A와 C가 같은 시계 방향으로 달리면서 A가 C를 앞지르는 데 16분이 걸렸으므로, 16분 동안 A와 C는 한 바퀴의 거리가 차이 났고, B는 A, C와 다르게 반시계 방향으로 달리면서 12분 만에 C를 만났기 때문에 12분 동안 B와 C 두 사람이 달린 거리는 호수 1바퀴가 된다. A와 B는 같은 x 속력으로 달리고 있다고 가정하고, C가 달리는 속도는 y라고 하였을 때, 호수 1바퀴에 대한 거리 = 속력×시간으로 표현하면 $12\times(x+y)=16\times(x-y)$이다.

식을 정리하면 $x=7y$가 되고, 속력 $x:y=7:1$의 비가 됨을 알 수 있다.

B와 C가 12분 동안 달린 거리가 호수 1바퀴가 되는 것을 고려하면 B는 12분 동안 $\frac{7}{8}$의 거리만큼 가고, C는 $\frac{1}{8}$의 거리만큼 가는 것을 알 수 있다. 따라서 같은 시간 동안 B와 C의 거리비도 속력비와 같은 7:1의 관계가 성립된다. B가 12분간 달린 거리 '7'에 C가 온 거리 '1'만큼을 더 가면 한 바퀴를 다 도는 것이고, 이때 C의 거리 '1'은 B가 달린 거리 '7'의 $\frac{1}{7}$이기 때문에 이때 걸리는 시간은 12분$\times\frac{1}{7}=\frac{12}{7}$분이다.

A와 B는 같은 속력이므로 A 또는 B가 한 바퀴를 도는 데 걸리는 시간은 12분$+\frac{12}{7}$분$=\frac{96}{7}$분이다.

11

정답 ②

민지가 동생이 출발하기 전인 30분 동안 이동한 거리는 3.8km/h × 0.5h = 1.9km이다. 또한 민지와 동생의 시속 차이는 15.2 - 3.8 = 11.4km/h이고 이를 통해 1시간마다 11.4km씩 거리가 좁혀지는 것을 알 수 있다. 여기서 10분당 줄어드는 거리를 보면 $11.4\times\frac{10}{60}=1.9$km이다. 따라서 동생은 민지가 출발하고 30분 동안 이동한 거리 1.9km 차이를 10분 만에 따라잡을 수 있게 된다. 즉, 동생과 민지는 민지가 출발한 지 40분 뒤에 만나게 되고, 15:10분에 민지의 위치가 된다. 이때 민지는 총 40분간 이동했기 때문에 3.8km/h$\times\frac{40}{60}$h$=\frac{38}{15}$km만큼 이동했고, 2번 지점까지 2시간이 소요될 때 2번 지점은 1번 지점으로부터 3.8km/h × 2h = 7.6km만큼 떨어진 지점이기 때문에 민지가 동생에게 따라 잡히게 된 지점은 2번 지점에서 $7.6-\frac{38}{15}=\frac{114-38}{15}=\frac{76}{15}$km 떨어진 곳이다.

12

정답 ②

열차 A의 속력은 180km/h이므로 m/s로 변환하면 (180 × 1,000)/(1 × 3,600)m/s이므로 50m/s가 된다. 40초 후에 마주쳤다고 했으므로 열차 A가 이동한 거리는 50 × 40 = 2,000m이고, 따라서 열차 B가 이동한 거리는 1,600m가 된다. 이때, 열차 B의 속력은 40초 동안 1,600m를 이동했으므로 1,600/40 = 40m/s이다. 마주친 시점부터 58초 후 열차 B가 터널을 완전히 빠져나갔다고 했으므로 58 × 40 = 2,320m를 이동했을 때 열차 B가 터널을 완전히 빠져나가게 된다. 열차 A와 열차 B가 만난 시점까지 열차 B가 이동한 거리는 1,600m이므로 남은 터널의 길이는 2,000m가 되고, 열차가 완전히 빠져나가기 위해 이동한 거리가 2,320m이므로 열차 B의 길이는 2,320 - 2,000 = 320m가 된다.

13

정답 ④

강물의 속력을 $x$km/h라 했을 때, A 지점에서 하류 방향으로 18km 떨어진 B 지점으로 이동하는 배는 $18/(8+x)$시간 후 B 지점에 도착하며, A 지점에서 상류 방향으로 6km 떨어진 C 지점으로 이동하는 배는 $6/(8-x)$시간 후 C 지점에 도착한다. 동시에 출발하여 동시에 도착한다고 했으므로 $18/(8+x)=6/(8-x)$이며, $18(8-x)=6(8+x)$이므로 $144-18x=48+6x$이다. $96=24x$이므로 $x=4$이다.

문제 풀이 꿀TIP

A 지점에서 B 지점으로의 거리가 A 지점에서 C 지점으로의 거리의 3배인데, 동시에 도착했다고 했으므로, 속력 또한 3배가 된다. 따라서 강물의 속력을 x라 했을 때, $8+x=3\times(8-x)$이고, $8+x=24-3x$가 되며, $4x=16$이므로 $x=4$이다.

14

정답 ④

기차의 길이를 xm라 하자. 기차의 속력은 일정하므로 다리를 지났을 때의 기차의 속력 = 터널에서 보이지 않았을 때의 기차의 속력이다. 이때 속력 $=\frac{거리}{시간}$이므로 각 상황의 이동 거리를 구하면, 기차가 다리를 지날 때 이동 거리는 다리 길이 + 열차 길이이고 터널을 통과할 때 기차가 보이지 않았을 때의 이동 거리는 터널 길이 - 열차 길이이다. 즉, 다리를 지날 때는 $900+x$m이고 터널을 지날 때는 $1,800-x$m이다.

따라서 속력의 식을 세우면 $\frac{900+x}{55}=\frac{1,800-x}{80}$이므로 $x=200$이다. 열차의 길이가 200m이므로 열차의 속력은 $\frac{900+200}{55}=\frac{1,100}{55}=20$m/s이다.

15

정답 ③

영미가 걸은 거리를 $x$km라 하면 재민이가 걸은 거리는 $21-x$km이다. 이때 둘이 동시에 출발하여 도중에 만났기 때문에 둘의 움직인 시간은 같다. 즉, 영미가 움직인 시간 = 재민이가 움직인 시간이고, 시간 = $\frac{거리}{속력}$이므로 $\frac{x}{4}=\frac{21-x}{3}$이다.
따라서 $x=12$km이다.

문제 풀이 꿀TIP

시간 = $\frac{거리}{속력}$의 식을 보았을 때 시간이 일정하다면 속력과 거리는 비례의 관계를 갖는다.
문제에 적용을 시켜보면 재민이와 영미의 속력이 3 : 4의 비율이고, 이 값은 거리에도 동등하게 적용되므로 이동한 거리의 비도 3 : 4의 값이다. 총 이동한 거리가 21km이므로 영미가 걸은 거리는 $21\times\frac{4}{7}=12$km이다.

16

정답 ③

사무실과 은행 사이의 총 거리를 $x$km라고 가정하고, 총 소요된 50분 중 은행 업무를 본 20분을 제외하면 이동하는 데 걸린 순수 시간은 30분이 된다. 시간 = $\frac{거리}{속력}$ 공식을 이용하게 되면 $\frac{x}{12}+\frac{x}{4}=\frac{1}{2}$, $x+3x=6$, $4x=6$, $x=1.5$km가 사무실과 은행과의 거리가 된다.

17

정답 ②

A와 B 사이의 거리가 $x$km라고 한다면, 45분 후 두 차의 이동 거리의 합이 $2x$와 같다.
즉, 세현이가 시속 52km를 45분 달리면 이동 거리는 $52\times\frac{45}{60}=39$km이고, 주리가 시속 72km를 45분 달리면 이동 거리는 $72\times\frac{45}{60}=54$km이므로 $39+54=93=2x$이다.
즉, $x=46.5$km가 된다.

DAY 06 거리·속력·시간 ②

p.42

01 ⑤	02 ②	03 ②	04 ④	05 ⑤
06 ④	07 ④	08 ④	09 ③	10 ④
11 ②	12 ④	13 ④	14 ②	15 ③
16 ④	17 ②			

01

정답 ⑤

열차 A가 이동한 거리를 x라 하면 두 기차가 마주치기까지 열차 B가 이동한 거리는 $7.2-x$가 된다. 두 열차가 이동한 시간은 서로 동일하므로 $x/180=(7.2-x)/144$가 된다. 양변에 18을 곱해주면 $x/10=(7.2-x)/8$이고 정리하면 $8x=72-10x$이므로 $18x=72$, 따라서 $x=4$가 된다.

문제 풀이 꿀TIP

열차 A와 열차 B의 속력 비는 180 : 144이므로 이는 5 : 4가 된다. 따라서 동일한 시간 동안 이동한 거리의 비도 5 : 4가 되므로, 7.2km를 5 : 4의 비율로 나누면 열차 A가 이동한 거리는 4.0km, 열차 B가 이동한 거리는 3.2km가 된다.

02

정답 ②

민철이와 수영이가 만나기 위해서는 속력이 빠른 민철이가 수영이보다 30분 동안 1.2km를 더 달려야 만날 수 있게 된다. 민철이의 속력이 21.6km이므로, 30분 동안 민철이가 이동한 거리는 10.8km가 되고, 수영이는 민철이보다 속력이 느리고 1.2km를 덜 이동해야 하므로, 30분 동안 이동한 거리는 9.6km가 된다. 30분 동안 이동한 거리가 9.6km이므로 속력은 $9.6\times2=19.2$km/h가 된다.

문제 풀이 꿀TIP

민철이가 수영이보다 빠르게 달리고 있으며 30분 후 1.2km의 거리를 따라잡게 된다. 30분에 1.2km이므로 1시간에는 2.4km가 되고, 이는 민철이의 속력이 수영이의 속력보다 2.4km/h 빠르다는 의미이다.
따라서 수영이의 속력은 $21.6-2.4=19.2$km/h이다.

03

정답 ②

집에서 스터디 카페까지의 거리를 x라고 할 때, 스터디 카페로 이동하는 데 $(x\div15)$시간이 소요되었으며, 스터디 카페에서 집으로 이동하는 데 $(x\div30)$시간이 소요되었다. 이동에 소요된 총 시간이 1시간이라고 했으므로 $(x\div15)+(x\div30)=1$이고, 양변에 30을 곱하여 정리하면 $2x+x=30$이다. $3x=30$, 즉 $x=10$이므로, 집에서 스터디 카페까지의 거리는 10km가 된다.

문제 풀이 꿀TIP

스터디 카페로 이동할 때 속도에 비해 스터디 카페에서 집으로 돌아올 때 속도가 2배이고, 이동한 거리는 동일하므로 소요되는 시간은 절반이 된다. 따라서 1시간을 3등분한 값인 20분이 스터디 카페에서 집으로 돌아오는 데 소요된 시간이 된다.
30km/h의 속력으로 20분이 소요되고, 20분은 1/3시간이므로 30km/h × 1/3시간 = 10km가 된다.

04

정답 ④

열차 A의 길이를 xm라 하면 열차 B의 길이는 $x-120$m이다. 열차 A가 600m 터널을 완전히 지나는 데 이동한 거리는 $600+x$이고 열차 B가 터널을 완전히 지나는 데 이동한 거리는 $600+(x-120)$이다.
속력 $=\frac{거리}{시간}$이므로 열차 A의 속력 $=\frac{600+x}{105}$이고 열차 B의 속력 $=\frac{600+(x-120)}{30}$이다. 이때 A의 출발점으로부터 터널의 $\frac{1}{4}$의 지점에서 만났기 때문에 열차 A가 움직인 거리 $=600\times\frac{1}{4}=150$m이고 열차 B가 움직인 거리 $=600-150=450$m이다. 동시에 출발하여 마주쳤기 때문에 각 열차의 움직인 시간은 같다. 시간 $=\frac{거리}{속력}$이므로 $\frac{150}{\frac{600+x}{105}}=\frac{450}{\frac{600+(x-120)}{30}}$이다. 분자를 150으로 약분하여 정리하면 $\frac{600+(x-120)}{30}=3\times\frac{600+x}{105}$이므로 $x=240$m이다.

문제 풀이 꿀TIP

시간 $=\frac{거리}{속력}$이므로 시간이 일정할 때 거리와 속력은 비례관계를 갖는다.
이 문제에서는 시간이 일정하기 때문에 거리의 비가 속력의 비가 된다. 이때 열차 A와 열차 B가 움직인 거리의 비가 1 : 3이기 때문에 속력의 비도 1 : 3이 되어야 한다. 비례식을 세워서 계산하면 $1:3=\frac{600+x}{105}:\frac{600+(x-120)}{30}$이 되고, 내항의 곱과 외항의 곱이 같은 성질을 이용하면 $\frac{600+(x-120)}{30}=3\times\frac{600+x}{105}$의 값이 된다.

05

정답 ⑤

동생이 움직인 시간을 x초라고 하면 형이 움직인 시간은 $10-x$초이다. 이때 동생과 형의 출발지가 같고 따라잡았다고 하였으므로 동생이 움직인 거리 = 형이 움직인 거리이다. 거리 = 시간 × 속력이므로 $6x=8(x-10)$이고 $x=40$이다.
따라서 동생이 출발한 지 40초 후에 형이 동생을 따라 잡는다.

문제 풀이 꿀TIP

동생은 형보다 초속 2m가 느리기 때문에 1초에 2m씩 따라잡는다. 이때 동생은 형보다 60m 앞에서 출발하는 것과 같기 때문에 형은 동생을 따라잡기 위해서 30초를 가야 한다. 형이 동생을 따라잡기까지 30초가 걸렸기 때문에 동생이 움직인 시간은 30 + 10 = 40초가 된다.

06

정답 ④

찬이의 속력은 시속 $x$km, 새하의 속력을 시속 $y$km라고 하자.
같은 방향으로 돌 때 다시 만나는 것은 찬이가 새하보다 1바퀴 더 돌 때이기 때문에 두 사람이 이동한 거리의 차가 1바퀴이고, 반대 방향으로 돌 때 만나는 것은 두 사람이 이동한 거리의 합이 1바퀴이다.
즉, 같은 방향일 때는 찬이가 간 거리 - 새하가 간 거리 = 1바퀴, 반대 방향일 때는 찬이가 간 거리 + 새하가 간 거리 = 1바퀴이다.
거리 = 속력 × 시간이므로

$$\begin{cases} 3(x-y)=15 & \cdots ① \\ \frac{20}{60}(x+y)=15 & \cdots ② \end{cases}$$

이고 ① + ② × 3을 하면 $x=25$, $y=20$이다.
즉, 찬이의 속력은 시속 25km, 새하의 속력은 시속 20km이다.

07

정답 ④

평상시 4.8km/h로 3분 만에 다니던 버스정류장의 거리는
$\frac{4.8km}{h}\times3min=\frac{4,800m}{60min}\times3min=240m$이다.
그런데 껌을 사기 위해 소요되는 시간이 2분이므로 나머지 시간인 4-2=2분 안에 240m보다 60m가 더 긴 300m를 걸어가야 하므로, 이를 시속 km로 환산하면
$\frac{300m}{2min}=\frac{300\times30m}{2\times30min}=9km/h$이다.
즉, 집에서부터 나와 평균 시속 9km로 버스정류장까지 움직여야 버스를 늦지 않게 탈 수 있게 된다.

08

정답 ④

영화 관람 후 파티까지는 32분의 여유가 있다. 자전거로는 제시간에 맞게 도착하므로 32분이 걸리게 되는 것이고, 택시를 이용하면 12km를 시속 40km로 가게 되므로 12km = 40km/h × 시간, 즉 0.3시간(18분)이 소요된다. 이때 32분까지는 14분이 더 필요하므로, 택시를 14분 안에 탑승할 수 있다면 자전거보다 더 빨리 도착할 수 있게 될 것이다.

09

정답 ③

300초는 5분이므로 이를 비례식으로 세워보면
250m : 5분 = xm : 60분(1h)이고, $x=3,000$m이다.
따라서 구하는 평균 속력은 3km/h이다.

10

정답 ④

열차 A가 '가'역에서 출발하여 '다'역까지 갔다가 다시 '가'역으로 돌아오는 경우를 생각해 보면 열차는 '나'역에 정차했다가 '다'역으로 이동하여 다시 정차하고, 돌아오는 길에 '나'역에 다시 정차하게 된다. 따라서 총 정차횟수는 3번이 된다.
'가'역에서 '다'역까지의 거리를 x라고 할 때, 열차 A가 '가'역에서 출발해서 '나'역, '다'역, 다시 '나'역을 거쳐서 '가'역으로 돌아오는 데 걸리는 총 시간은 이동에 소요되는 시간 $2x/80$와 정차 소요시간 30분의 합인 $2x/80+30$분이고, 열차 B가 '가'역에서 출발해서 '나'역, '다'역, 다시 '나'역을 거쳐서 '가'역으로 돌아오는 데 걸리는 총 시간은 이동에 소요되는 시간 $2x/60$와 정차 소요시간 15분의 합인 $2x/60+15$분이다. 동시에 출발하여 동시에 도착한다고 했으므로 $2x/80+30$분 $=2x/60+15$분이 되고, '분'을 '시간' 단위로 바꿔주면 $2x/80+1/2=2x/60+1/4$이다. 식을 정리하면 $(4x+80)/160=(8x+60)/240$이며, 양변에 80을 곱해주면 $(4x+80)/2=(8x+60)/3$이 된다. 양변에 다시 6을 곱해주면 $3(4x+80)=2(8x+60)$이므로 $12x+240=16x+120$이고, 따라서 x는 30이 된다.
그러므로 '가'역에서 '다'역까지의 거리는 30km이다.

11

정답 ②

A 지점에서 B 지점으로 이동할 때 탑승한 보트의 속력을 $x$km/h라 하면 A 지점에서 B 지점으로 이동하는 데 걸린 시간은 $32/(x-4)$이다. B 지점에서 속력이 2배 빠른 보트로 갈아탔다고 했으므로 B 지점에서 C 지점으로 이동할 때 탑승한 보트의 속력은 $2x$가 되고, B 지점에서 C 지점으로 이동하는 데 걸린 시간은 $36/(2x-4)$이다. A 지점에서 B 지점으로 이동하는 데 소요된 시간이 B 지점에서 C 지점으로 이동하는 데 소요된 시간의 2배라고 했으므로 $32/(x-4)=36/(2x-4)\times2$이다.
정리하면 $32/(x-4)=36/(x-2)$이므로 $32x-64=36x-144$이고 $80=4x$이므로, A 지점에서 B 지점으로 이동할 때 탑승한 보트의 속력은 20km/h, B 지점에서 C 지점으로 이동할 때 탑승한 보트의 속력은 40km/h이다.
따라서 A 지점에서 B 지점으로 이동하는 데 걸린 시간은 $32/(20-4)=2$시간, B 지점에서 C 지점으로 이동하는 데 걸린 시간은 $36/(40-4)=1$시간으로, 총 이동 시간은 3시간이 된다.

12

정답 ④

총 거리는 354km이고, 구간 단속 구간의 거리는 104km이므로 구간 단속 구간이 아닌 구간은 $354-104=250$km가 된다. 250km를 125km/h의 속력으로 이동하고 104km를 104km/h의 속력으로 이동했으므로, 250km ÷ 125km/h = 2시간, 104km ÷ 104km/h = 1시간이 되어 총 소요시간은 3시간이 되고, 총 이동거리가 354km이므로 평균 속력은 354km ÷ 3h = 118km/h이다.

13

정답 ④

처음에 지영이는 시속 18km로 20분 동안 이동했으므로 18km/h × (1/3h) = 6km를 이동한 상태이다. 이때 집으로 1.5배의 속도로 돌아갔다고 했으므로 지영이의 속도는 18km/h × 1.5 = 27km/h이고, 지영이의 동생 또한 지영이가 있는 방향으로 뛰어서 9km/h의 속도로 이동했으므로 지영이와 지영이의 동생의 속도 비율은 지영이 : 지영이 동생 = 3 : 1이 된다. 따라서 지영이는 총 6km 중 4.5km를, 지영이 동생은 1.5km를 이동한 지점에서 만나게 된다. 여기서부터 처음 약속장소로 이동하던 속도의 2배 속도로 이동하였고, 총 소요시간이 1시간이라고 했으므로, 36km/h의 속도로 이동한 시간은 30분이 된다.
따라서 총 이동거리는 36km/h × 1/2h = 18km이므로 집에서 약속장소까지의 거리는 1.5km + 18km = 19.5km이다.

14

정답 ②

1분에 평균 90걸음을 가는 것은 속력 = 90걸음/분이다. 한 걸음에 75cm이므로 16분간 총 이동거리는(= 속력 × 시간) 90 × 75 × 16 = 108,000cm이다. 이 거리를 한 걸음에 60cm씩 100걸음/분 속력으로 걸어갈 때 걸리는 시간은 108,000 ÷ 60 ÷ 100 = 18분이다.

15

정답 ③

1시간 24분을 시로 정리하면 1.4시간이고, 2시간 6분을 시로 정리하면 2.1시간이다.
주어진 조건으로 식을 세우기 위하여 지하철의 속도를 x, B가 걸어가는 속도를 y라고 하면 $1.4x+1.4y=50.4$, $2.1x-2.1y=50.4$이다. 이를 풀면 B가 걸어가는 속도인 y는 6km/h이다.

16

정답 ④

회사에서 휴게소까지의 거리를 b라고 한다. 같은 거리 b를 가는데, 주니어가 탑승한 버스는 84km/h로 달려갔으므로 $b/84$시간이 걸렸고, 주니어가 휴게소까지 가는 데 소요된 시간보다 18분 시니어가 단축했으므로 $b/84-b/105=18/60$, $b=126$이 된다. 최종 도착지까지의 거리가 125km이므로, 회사에서 도착지까지의 이동 거리는 251km가 된다.

17

정답 ②

처음 시속 13km로 뛰던 구간의 시간을 x시간이라고 가정하자. 이때의 거리는 $13x$km가 되므로, 총 목표 지점까지의 거리는 $13x+16\times\frac{8}{60}=13x+\frac{32}{15}$km가 된다. 또한, 집에서 출발하여 목표 지점에 도착할 때까지 걸린 시간은 $x+\frac{8}{60}=x+\frac{2}{15}$시간이 된다.
집에서 돌아오는 길의 시간을 구하기 위해 1시 36분을 13시 36분으로 바꾸면 13시 36분- 11시 48분 = 1시간 48분, 즉, 1시간 48분이 소요되었다. 이는 시간으로 환산하면 $1+\frac{4}{5}$시간이 되며, 시속 6km로 돌아왔으므로 총 거리 S는 $S=6\times(1+\frac{4}{5})=\frac{54}{5}$km가 된다. 집에서 목표 지점까지 간 거리와 온 거리가 같으므로 $13x+\frac{32}{15}=\frac{54}{5}$이고 $x=\frac{2}{3}$이다. 이는 $\frac{2}{3}$시간으로, 40분에 해당한다. 그러므로 처음 출발한 시각은 11시 48분 - 48분 = 11시, 즉 11시이다.

DAY 07 농도 ①

p.48

01 ③	02 ③	03 ④	04 ④	05 ⑤
06 ⑤	07 ③	08 ③	09 ①	10 ①
11 ④	12 ③	13 ③	14 ④	15 ⑤
16 ③				

01

정답 ③

현재 소금물은 전체 소금물 550g(소금의 양 + 물의 양) 중 소금이 50g 들어있는 상태이다. 추가로 물을 넣어 4% 소금물을 만든다고 했으므로 추가로 들어가는 소금의 양은 없다. 따라서 최종 만들어지는 소금물의 양을 x라 하면 $50\div x\times100=4\%$이므로 $5{,}000=4x$가 되고, $x=1{,}250$이다. 기존 소금물은 550g이었고, 최종 만들어지는 소금물의 양이 1,250g이므로, 추가로 넣어야 하는 물의 양은 700g이다.

문제 풀이 꿀TIP

소금의 양이 50g으로 고정되어 있고, 목표 농도는 4%이므로 $50\times100\div4=1{,}250$이 된다. 총 소금물의 양이 1,250g일 때 그 안에 소금이 50g이 있으면 농도가 4%라는 의미이므로, 추가로 넣어야 하는 물의 양은 700g이 된다.

02

정답 ③

5%의 소금물 400g 안에는 $400\times0.05=20$g의 소금이 들어있다. 증발이 되더라도 소금의 양 자체에는 변화가 발생하지 않으므로 여전히 소금은 20g이 남아있는 상태이다. 이때 20%의 소금물 200g을 넣었다고 했으므로 추가된 소금의 양은 $200\times0.2=40$g이다. 따라서 최종 만들어진 12% 소금물 속에 소금은 $20+40=60$g이 있는 상태이다. 소금이 60g이고 소금물의 농도가 12%이므로 이때 소금물의 양을 x라 하면 $60\div x\times100=12$이고, $6{,}000=12x$이므로 $x=500$이 된다.

03

정답 ④

농도를 모르는 소금물이 들어있는 비커 A의 최초 상태의 소금을 x, 소금물을 y라고 하자.

여기에 60g의 소금을 넣었을 때의 농도는 $\frac{x+60}{y+60}\times100\%$가 된다.

그리고 이 농도보다 20% 낮은 소금물을 만들기 위해 500g의 물을 넣었더니 800g이 되었다면, 원래 있던 소금물의 양은 $y+60=300$g이 된다는 의미이다. 이를 식으로 정리하면 다음과 같다.

$\frac{x+60}{300}\times100\%-20\%=\frac{x+60}{800}\times100\%$

따라서 $x=36$g, $y=240$g이므로, $\frac{36}{240}\times100\%=15\%$가 된다.

04

정답 ④

큰 비커에 더 넣어야 하는 소금의 양을 xg이라고 하면 큰 비커의 소금의 양 + x = 작은 비커의 소금의 양이 되어야 한다. 작은 비커의 물을 증발시켜도 소금의 양은 변하지 않기 때문에 최초의 소금의 양만 계산하여도 된다.

따라서 $(\frac{21}{100}\times300)+x=\frac{21}{100}\times600$의 식이 성립하고, $x=63$g이 되므로 큰 비커에 63g의 소금을 더 넣었을 경우 큰 비커와 작은 비커의 소금의 양은 동일해진다.

05

정답 ⑤

처음 만들려고 했던 설탕물의 농도는 $\frac{0.03A+0.12B}{A+B}\times100=6$, $3A+12B=6A+6B$, $3A=6B$, $A=2B$이다.

잘못 만들어진 설탕물의 농도는 $\frac{0.03B+0.12A}{A+B}\times100$이고, 첫 번째 조건에서 얻은 $A=2B$를 대입하게 되면 $\frac{0.03B+0.12\times2B}{2B+B}\times100=\frac{0.27B}{3B}\times100=9\%$의 설탕물이 만들어진다.

06

정답 ⑤

처음 비커에 넣은 물과 소금의 양을 각각 a, b라고 하면,

$(\frac{b}{a+b})\times100=10$, $(\frac{b+25}{a+b+25})\times100=20$이며, 이때 $a=180$, $b=20$이 된다.

25g의 소금을 넣었을 때 비커의 소금물의 농도는 20%, 45g의 소금과 225g의 소금물이 존재한다.

여기서 두 배의 농도인 40%로 농도가 높아지려면, 소금을 더 넣거나, 물이 제외(증발)되어 소금의 비중이 늘어나야 한다. 추가할 소금을 a, 증발할 물의 양을 b라 할 때,

1) 소금만 넣으려면 $(\frac{45+a}{225+a})\times100=40$, $a=75$가 되고,

2) 물만 증발시키려면 $(\frac{45}{225-b})\times100=40$, $b=112.5$가 된다.

즉, 소금만 넣으려면 75g을 첨가하고, 물만 증발시키려면 112.5g을 증발시켜야 한다.

07

정답 ③

9% 소금물과 18% 소금물에 들어있는 소금의 합은 15% 소금물에 들어있는 소금의 양과 같음을 이용한다.

소금의 양 $=\frac{농도}{100}\times$소금물의 양이므로 18% 소금물의 양을 x라 하면

$\frac{9}{100}\times200+\frac{18}{100}\times x=\frac{15}{100}\times(200+x)$이고, $x=400$g이다.

따라서 이때 소금의 양은 $\frac{18}{100}\times400=72$g이다.

문제 풀이 꿀TIP

가중평균을 이용하면 더 빠르게 계산이 된다. 가중평균이란 각 자료값에 가중치를 곱하여 모두 더한 값을 가중치의 합으로 나눈 값을 의미한다. 가중평균과의 농도 차이의 비는 무게의 비와 반비례함을 이용한다.
9%와 18%의 가중평균의 값이 15%가 나왔기 때문에 각각의 값에서 가중평균까지의 농도 차이를 구해보면 6%와 3%이고 농도 차이의 비는 6 : 3=2 : 1이기 때문에 반비례 관계인 무게의 비는 1 : 2의 값을 갖는다.
즉 9%의 소금물의 양 : 18%의 소금물의 양 = 200 : x = 1 : 2이므로 $x=400$g이 나온다.
소금의 양 $=\frac{농도}{100}\times$소금물의 양이기 때문에 소금의 양은 $\frac{18}{100}\times400=72$g이다.

08

정답 ③

12% 설탕물과, 5% 설탕물과 물을 넣었을 때의 설탕의 양과 7% 설탕물의 설탕의 양은 같다. 5% 설탕물을 x라고 하면 12% 설탕물은 $700-x$이고, 설탕의 양 $=\frac{농도}{100}\times$설탕물의 양이므로

$\frac{12}{100}\times(700-x)+\frac{5}{100}\times x=\frac{7}{100}\times900$이다.

따라서 $x=300$g이다.

문제 풀이 꿀TIP

물을 넣는 문제의 경우 가중평균을 사용하여 풀이가 가능하지만 눈으로 보기 쉽게 나오지 않는 경우가 대부분이기 때문에 기본적인 소금의 양을 구하는 풀이가 시간을 더 절약하는 방법이다.

09

정답 ①

12% 소금물을 x, 20% 소금물을 y라 하면 섞은 소금의 양의 합과 최종적으로 만들어진 18% 소금물에 들어있는 소금의 양은 같으므로 $\frac{12}{100}\times x+\frac{20}{100}\times y=\frac{18}{100}\times(x+y)$, $y=3x$가 된다.

이때 두 소금물의 양을 바꾸어 섞었을 때의 농도를 k%라 하면 k%에 들어있는 소금물의 양은 $x+y$가 된다. 이 값도 위의 식과 똑같이 소금의 양으로 표현하면 $\frac{12}{100}\times y+\frac{20}{100}\times x=\frac{k}{100}\times(x+y)$

양변에 100을 곱하면 $12y+20x=k(x+y)$이다.

$y=3x$를 위의 식에 대입하면

$12\times3x+20x=k(x+3x)$

$36x+20x=k\times4x$

$\therefore k=\frac{36x+20x}{4x}=\frac{56x}{4x}$

$x\neq0$이므로 x로 약분하면 $k=\frac{56}{4}=14\%$이다.

문제 풀이 꿀TIP

가중평균을 활용하여 푸는 것이 간단하다.
12%와 20%의 가중평균의 값이 18%이기 때문에 각각의 농도의 차이를 구하면 6%와 2%이고, 농도 차이의 비는 6:2 = 3:1이므로 무게의 비는 1:3이 된다. 이때 각각의 소금물의 양을 바꾸어 섞었기 때문에 이 경우의 무게의 비는 3:1이 되고, 가중평균을 계산하면 $\frac{12 \times 3 + 20 \times 1}{4} = \frac{56}{4} = 14$%임을 알 수 있다.

10

정답 ①

떠낸 소금물을 xg이라고 한다면 기존 농도가 7%였던 소금물에는 현재 7% 소금물 $300 - x$g과 5% 소금물 xg이 들어있다. 또한, 5%였던 소금물에는 7% 소금물 xg과 5% 소금물 $500 - x$g이 들어있다. 농도가 7%였던 소금물에 들어있는 소금의 양은 $\frac{7}{100} \times (300 - x) + \frac{5}{100}x$이고, 농도가 5%였던 소금물에 들어있는 소금의 양은 $\frac{7}{100}x + \frac{5}{100}(500 - x)$이다.

이때 농도가 같아졌기 때문에

$$\frac{\left\{\frac{7}{100}(300 - x) + \frac{5}{100}x\right\}}{300} \times 100 = \frac{\left\{\frac{7}{100}x + \frac{5}{100}(500 - x)\right\}}{500} \times 100$$이다.

$5(2{,}100 - 2x) = 3(2x + 2{,}500)$

$10{,}500 - 10x = 6x + 7{,}500$

$16x = 3{,}000 \rightarrow x = 187.5$

따라서 각 소금물에서 떠낸 소금물의 양은 187.5g이다.

11

정답 ④

비커 A에 들어있는 소금의 양은 $300 \times 0.1 = 30$g이고 비커 B에 들어있는 소금의 양은 $600 \times 0.06 = 36$g이다. 가열하면 물은 증발하지만 소금의 양은 변하지 않으므로 가열 후에도 비커 B에 들어있는 소금의 양은 변함이 없다. 비커 A와 비커 B를 섞었을 때 소금물의 양은 700g이 되고, 이때 들어있는 소금의 양은 66g이 된다. 여기에 추가하는 물의 양을 x라 하면 $66 \div (700 + x) \times 100 = 5$가 된다. 정리하면 $6{,}600 = 3{,}500 + 5x$이고, $3{,}100 = 5x$이므로 $x = 620$g이다.

12

정답 ③

소금물 A의 농도를 x%, 소금물 B의 농도를 y%, 소금물 C의 농도를 z%라 하자.

ⓐ를 통해서 소금의 양을 식으로 세워보면 $200 \times x\% + 100 \times y\% + 300 \times z\% = 600 \times 8\% = 48$이고, ⓑ를 통해서 소금의 양을 식으로 세워보면 $450 \times x\% + 300 \times y\% + 150 \times z\% = 900 \times 9.5\% = 85.5$이며, ⓒ를 통해서 소금의 양을 식으로 세워보면 $300 \times x\% + 200 \times y\% + 200 \times z\% = 700 \times 9\% = 63$이다.

정리하면 아래와 같다.

$200x + 100y + 300z = 48$ → ①

$450x + 300y + 150z = 85.5$ → ②

$300x + 200y + 200z = 63$ → ③

③×1.5 - ② = $450x + 300y + 300z - 450x - 300y - 150z = 94.5 - 85.5 = 9$이므로 정리하면 $150z = 9$가 된다.

따라서 $z = 9 \div 150 = 0.06$이므로 6%이다.

①에 $z = 6\%$를 대입하면 $200x + 100y + 18 = 48$이므로 $200x + 100y = 30$이고,

③에 $z = 6\%$를 대입하면 $300x + 200y + 12 = 63$이므로 $300x + 200y = 51$이다.

첫 번째 식에 2를 곱하여 연립하면 $400x + 200y - 300x - 200y = 60 - 51$이므로 정리하면 $100x = 9$이고, $x = 0.09$이므로 9%이다. $200x + 100y = 30$이라는 식에 $x = 9\%$를 대입하면 $18 + 100y = 30$, 즉 $100y = 12$이고 $y = 0.12$이므로 12%가 된다.

따라서 소금물 A의 농도는 9%, 소금물 B의 농도는 12%, 소금물 C의 농도는 6%가 된다. 세 종류의 소금물을 모두 같은 양만큼 섞어서 만든 소금물의 농도는 각 소금물 농도의 산술평균이므로 $(9 + 12 + 6) \div 3 = 9$%가 된다.

13

정답 ③

A 비커에 담긴 소금물의 소금 양은 $200 \times \frac{10}{100} = 20$g이고, B 비커에 담긴 소금물의 소금 양은 $400 \times \frac{18}{100} = 72$g이다. 유빈이가 A 비커 소금물의 절반을 B 비커로 옮긴다면 B 비커에는 소금물 $100 + 400 = 500$g, 소금의 양 $10 + 72 = 82$g이 담겨 있게 된다. 이후 B 비커 소금물의 절반을 다시 A 비커로 옮긴다면 A 비커에는 소금물 $100 + 250 = 350$g, 소금의 양 $10 + 41 = 51$g이 담겨 있게 된다.

따라서 A 비커의 최종 농도는 $\frac{51}{350} \times 100 = 14.57 ≒ 14.6$%이다.

14

정답 ④

12% 소금물을 파란색 컵과 흰색 컵에 각각 400g, 800g씩 나눠 담으면 파란색 컵에는 400g×12% = 48g의 소금이, 흰색 컵에는 800g×12% = 96g의 소금이 들어있다. 흰색 컵의 물은 따로 증발시키더라도 소금의 양은 변하지 않기 때문에 96g 소금의 양은 변함이 없다.

따라서 파란색 컵과 흰색 컵의 소금의 양이 같아지기 위해서는 $96 - 48 = 48$g의 소금을 더 넣어야 한다.

15

정답 ⑤

증발시킨 물의 양을 x라 하면 8% 소금물의 양은 $3x$이고, 7% 소금물의 양은 $600-2x$가 된다. 두 소금물을 섞고 증발시킨 소금물에 들어있는 소금의 양과 최종적으로 만들어진 10% 소금물의 소금의 양은 같음을 이용한다.

$\frac{7}{100}\times(600-2x)+\frac{8}{100}\times 3x=\frac{10}{100}\times 600$이므로 $x=180$g이다.

8% 소금물의 양은 증발시킨 물의 양의 3배이므로 $180\times 3=540$g이 된다.

16

정답 ③

A와 B를 섞으면 5% 농도의 소금물 500g이 되고, 소금과 물의 양은 각각 25g, 475g이 된다. 수분의 양에서 10%가 증발하므로, 1시간 뒤 수분은 427.5g이 되고 농도는 $25/(427.5+25)\times 100 \fallingdotseq 5.5\%$가 된다. A의 소금과 물의 양은 각각 9g, 291g이고 1시간 뒤에는 각각 9g, 261.9g이다. B의 농도는 8%가 되므로, 소금과 물의 양은 각각 16g, 184g이고 1시간 뒤에는 각각 16g, 165.6g이다. A와 B의 물의 양을 합치면 427.5g이다. 즉, 농도는 합친 후 1시간이 흐른 뒤나 섞지 않고 1시간 흐른 뒤에 합치는 경우나 같다. 다만, C컵이 만약 용기가 매우 넓어(혹은 좁아서) 주어진 상황보다 증발이 더 잘 되는(혹은 잘 안되는) 조건이라면, $x-y$ 값은 달라질 수 있다.

DAY 08 농도 ②

p.54

01 ②	02 ④	03 ⑤	04 ②	05 ⑤
06 ①	07 ①	08 ③	09 ④	10 ①
11 ④	12 ③	13 ⑤	14 ①	15 ⑤
16 ②	17 ④			

01

정답 ②

처음 A와 B 비커의 소금물을 섞게 되면

$\frac{150\times 0.05+250\times 0.13}{150+250}\times 100=10\%$가 된다.

즉, 10% 농도 400g의 소금물이 만들어진다.

C 비커의 소금물이 $600-400=200$g이므로, 농도를 x%라고 한다면,

$\frac{400\times 0.1+x\times 0.01\times 200}{600}\times 100=15$가 된다.

이를 정리하면 $x=25\%$가 되는데, A 비커의 소금물과 C 비커의 소금물을 4 : 1의 비율로 섞는다면 $\frac{0.05\times 4+0.25\times 1}{5}\times 100=9\%$가 될 것이다.

02

정답 ④

A 비커 소금물의 양을 a, B 비커 소금물의 양을 b, C 비커 소금물의 양을 c라고 하자.

첫 번째로, B와 C 비커의 소금물을 합쳤을 때 15%의 농도가 된다면 정확하게 B 비커 소금물 20%와 C 비커 소금물 10%의 농도의 평균값에 해당하기 때문에, 각 비커의 비중이 같다. 그러므로 두 비커 소금물의 양은 서로 같다.

이를 소금의 양에 관한 식으로 나타내면 다음과 같다.

$\frac{b\times 0.20+c\times 0.10}{b+c}\times 100\%=15\%,\ b=c$

여기에 A 비커의 소금물을 넣은 것을 식으로 나타내면 다음과 같다.

$\frac{a\times 0.18+b\times 0.2+c\times 0.1}{a+b+c}\times 100\%=\frac{a\times 18+b\times 30}{300}=17\%$

$a+b+c=a+2b=300$

위 두 식 $\frac{a\times 18+b\times 30}{300}=17$과 $a+2b=300$을 연립하면

$\frac{(300-2b)\times 18+b\times 30}{300}=17$이므로 $b=50$이다.

$b=$c이고, $a=300-2b$이므로, $a=200$, $b=50$, $c=50$이 된다.

03

정답 ⑤

원래 있던 물의 양을 xg이라고 하자.
잘못 실험한 결과의 소금물의 농도를 식으로 나타내면
$\frac{90}{x\times1.35+90}\times100=25$이다.
따라서 $x=200$, 즉 200g이 된다.
원래의 업무 지시서대로 실험한 결과를 농도로 나타내면
$\frac{70}{200-200\times0.35+70}\times100=35$이다.
즉, 35%의 소금물이 된다.

04

정답 ②

농도 30%의 소금물 30g에 들어 있는 소금의 양은 9g이고, 농도 6.25%의 소금물 32g에 들어 있는 소금의 양은 2g이다. 구하고자 하는 양을 x라고 두고, A와 B의 농도가 같아졌으므로 농도에 대한 식을 세워보면 $\frac{9}{30+x}=\frac{2+x}{32+x-x}=\frac{2+x}{32}$이고, $x=6$g이 된다.

05

정답 ⑤

7%, 10% 소금물과 물을 섞은 소금의 양과 최종적으로 만들어진 5% 소금물의 소금의 양은 같다. 이때 더 넣은 물의 양을 x라 하면 7% 소금물의 양도 x가 되고, 10% 소금물은 $650-2x$이다.
소금의 양 = $\frac{\text{농도}}{100}$ × 소금물의 양이므로 $\frac{7}{100}\times x+\frac{10}{100}\times(650-2x)$
$=\frac{5}{100}\times650$이다.
따라서 $x=250$g이다.

문제 풀이 꿀TIP

가중평균을 이용하여 문제를 풀 수 있다.
우선 알아야 할 것은 꼭 섞는 순서를 지킬 필요는 없다는 것이다. 7% 소금물과 물을 먼저 섞고 10% 소금물을 섞어도 똑같이 5%의 소금물을 만들 수 있다.
순서를 바꾸어 7% 소금물과 물을 먼저 섞는 것이 좋다. 왜냐하면 두 소금물의 양이 같기 때문에 이 경우는 산술평균의 값을 가지는 것을 알 수 있다. 즉 7% 소금물에 물을 더 넣은 소금물의 농도는 $\frac{7+0}{2}=3.5$%가 된다.
다음은 가중평균을 이용하면 빠르게 계산이 된다. 가중평균과의 농도 차이의 비는 무게의 비와 반비례함을 이용한다. 그럼 3.5%와 10%를 섞어 5%의 값이 나옴을 알 수 있고 가중평균을 이용하여 문제를 풀어 보면 각 평균과의 농도 차는 1.5%와 5%의 값이기 때문에 1.5 : 5 = 3 : 10의 비율을 갖는다. 무게의 비는 반비례이기 때문에 10 : 3이 되므로 3.5% 소금물의 양은 $650\times\frac{10}{13}=500$g이고 이 값은 7%의 소금물과 더 넣은 물의 양이 반반 들어가 있기 때문에 각각 250g이 들어있음을 알 수 있다.

06

정답 ①

7%, 9%, 11% 소금물의 양을 각각 x, y, z라 하자.
$x+y+z=1{,}400$
$\frac{7}{100}\times x+\frac{9}{100}\times y+\frac{11}{100}\times z=\frac{9.8}{100}\times1{,}400$
$\frac{7}{100}\times x+\frac{9}{100}\times y+\frac{8.2}{100}\times(x+y)$
식을 정리하면 다음과 같다.

$$\begin{cases} x+y+z=1{,}400 & \cdots ① \\ 7x+9y+11z=13{,}720 & \cdots ② \\ 7x+9y=8.2(x+y) & \cdots ③ \end{cases}$$

③을 정리하면 $1.2x=0.8y$, $x=\frac{2}{3}y$가 나오고, 이를 ①과 ②에 대입하면 다음과 같다.
$\frac{5}{3}y+z=1{,}400$
$\frac{41}{3}y+11z=13{,}720$
두 식을 연립해서 계산하면 $y=360$, $x=\frac{2}{3}y=240$이다.
따라서 농도 7% 소금물의 양 $x=240$g이다.

문제 풀이 꿀TIP

가중평균을 활용하여 푸는 것이 간단하다.
7%와 9%의 가중평균이 8.2%이므로 농도의 차는 1.2%, 0.8%이고, 농도 차이의 비는 1.2 : 0.8 = 3 : 2이므로 무게의 비는 2 : 3이 된다. 또한 두 개 섞은 소금물 8.2%와 11%의 가중평균이 9.8%의 값이 되므로 농도의 차는 1.6%, 1.2%, 농도 차이의 비는 1.6 : 1.2 = 4 : 3이므로 무게의 비는 3 : 4이다. 이때 8.2%의 소금물의 양은 $1{,}400\times\frac{3}{7}=600$g이 되고, 이 값은 다시 7%와 9%의 소금물의 양으로 2:3의 비율로 나누어지기 때문에 7%의 소금물의 양은 $600\times\frac{2}{5}=240$g이 된다.

07

정답 ①

비커 A, B에 들어있던 설탕물의 양을 각각 ag, bg이라 하자.
비커 A의 설탕의 양은 $\frac{9}{100}a+34$이고, 비커 B의 설탕의 양은 $\frac{5}{100}\times(b-40)$이다.
두 비커를 섞은 설탕물의 양은
$a-34+34+b-40+40=600$이다.
들어있는 설탕의 양은
$\frac{9}{100}a+34+\frac{5}{100}\times(b-40)=\frac{13}{100}\times600$이다.
이를 정리하면 다음과 같다.

$$\begin{cases} a+b=600 & \cdots ① \\ 9a+3{,}400+5b-200=7{,}800 & \cdots ② \end{cases}$$

①×9 - ②를 하면 $a=400$, $b=200$이다.
따라서 비커 B에 들어있던 설탕의 양은 $\frac{5}{100}\times200=10$g이다.

08

정답 ③

그릇 A에 증발시킨 물의 양을 xg, 그릇 B에 더 넣은 물의 양을 yg이라고 하자.

이때 각 그릇에 100g씩 바꾸어 섞었기 때문에 그릇 A에는 15% 소금물 400g과 12% 소금물 100g, 증발시킨 물의 양 xg이 있고 소금의 양은 $\frac{15}{100}\times400+\frac{12}{100}\times100=60+12=72$g이 있다. 그릇 B에는 15% 소금물 100g과 12% 소금물 300g, 더 넣은 물의 양 yg이 있고 소금의 양은 $\frac{15}{100}\times100+\frac{12}{100}\times300=15+36=51$g이 있다.

두 그릇을 합한 후 최종적인 소금물의 양이 931g이 되므로 $400+100-x+300+100+y=931$이고, 정리하면 $y-x=31$ ⋯ ① 이다.

이때 각 농도의 비가 5 : 2라고 했기 때문에 $\frac{72}{500-x}:\frac{51}{400+y}=5:2$이고, 내항의 곱과 외항의 곱이 같으므로 정리하면 $48(400+y)=85(500-x)$ ⋯ ②이다.

①과 ②를 연립하여 풀면 $x=164$, $y=195$이므로, 두 물의 양의 합은 $164+195=359$g이다.

09

정답 ④

처음에 퍼낸 소금물을 xg이라고 하면 처음에 퍼낸 이후의 소금양은 $10\times(1-\frac{x}{100})$, 두 번째 퍼낸 이후의 소금 양은 $10\times(1-\frac{x}{100})\times(1-\frac{x}{100})=4.9$g이 되어 $(1-\frac{x}{100})=0.7$이다.

$x=30$이므로 처음에 퍼낸 소금물의 양은 30g이다.

10

정답 ①

농도 12% 소금물 1,000g에 포함된 소금의 양은 120g이고, 추가로 넣어야 하는 물의 양을 x라 하면 최종 만들어야 하는 농도 12% 소금물의 농도는 $(120+33)\div(1{,}000+33+x)\times100=12$가 된다. 정리하면 $15{,}300=12{,}396+12x$이고, $2{,}904=12x$이므로 $x=242$이다.

따라서 추가로 넣어야 하는 물의 양은 242g이다.

문제 풀이 꿀TIP

농도 12%의 소금물에 농도 12%의 소금물을 섞으면 만들어지는 소금물의 농도는 당연히 12%가 된다. 따라서 12%의 소금물 1,000g에 33g의 소금을 더 넣었을 때 만들어지는 소금물의 농도를 구하고, 이후 추가로 넣는 물의 양을 산출하는 것보다는 33g의 소금을 포함한 농도 12%의 소금물의 양을 산출하면 더욱 간단히 문제를 풀이할 수 있다. 물의 양을 x라 하면 $33\div(x+33)\times100=12$이고, $3{,}300=12x+396$이므로 $2{,}904=12x$이다. $x=242$이므로 추가로 넣어야 하는 물의 양은 242g이다.

11

정답 ④

처음 소독제의 농도를 x%라 하면 최종적으로 얻어진 소독제의 농도는 $4x$%이다. 제조하는 과정의 알코올 양과 최종적으로 만들어진 소독제에 들어있는 알코올의 양이 같음을 이용하여 식을 세우면 $\frac{x}{100}\times600+70=\frac{4x}{100}\times500$이므로 $x=5$%이다.

12

정답 ③

비커 B에서 비커 A로 100g의 소금물을 옮긴 후 비커 A에는 x% 소금물 200g, y% 소금물 100g이 들어있으므로 농도는

$\frac{2x+y}{300}\times100=\frac{2x+y}{3}$이다.

다시 비커 A에서 B로 옮긴 후 비커 B에는 y% 소금물 300g, $\frac{2x+y}{3}$% 소금물 100g이 들어있으므로 농도는 $\frac{3y+\frac{2x+y}{3}}{400}\times100=\frac{2x+10y}{12}$이다.

최종적으로 7%와 13%의 농도가 되므로 정리하면 다음과 같다.

$$\begin{cases}\frac{2x+y}{3}=7 & \cdots ①\\ \frac{2x+10y}{12}=13 & \cdots ②\end{cases}$$

$$\begin{cases}2x+y=21 & \cdots ①\\ 2x+10y=156 & \cdots ②\end{cases}$$

$x=3$, $y=15$이므로 $x+y=3+15=18$이다.

13

정답 ⑤

각 소금물에 들어있는 소금의 양을 구하면

$\frac{6}{100}\times300=18$g

$\frac{14}{100}\times450=63$g

물을 추가한 양을 xg이라고 한다면 증발시킨 물의 양은 $2x$g이다. 12%의 소금물에 들어있는 소금물의 양은 $(300+450+x-2x)$g이고 소금의 양은 $18+63=81$g이다. 소금의 양의 식을 사용해 정리하면 다음과 같다.

$\frac{12}{100}\times(750-x)=81\rightarrow x=75$

따라서 증발시킨 물의 양은 $75\times2=150$g이다.

14

정답 ①

1L짜리 비커의 $\frac{1}{5}$이라고 했으므로 농도 20% 염산 용액의 양은 200ml이다. 이때, 염산 용액 안에 있는 염산은 $200\times0.2=40$ml가 된다. 추가하는 5% 농도 염산 용액의 양을 $x$ml라고 하면, 그 안에 포함된 염산은 $(x\times0.05)$ml가 된다. 따라서 최종 염산 용액의 농도를 구하는 식을 세우면 (염산의 양)÷(최종 염산 용액

의 양)×100이므로 $(40+0.05x)\div(200+x)\times100=10\%$이다.
$4{,}000+5x=2{,}000+10x$이고, $2{,}000=5x$이므로 $x=400$이다.
따라서 상철이가 넣어야 할 농도 5% 염산 용액의 양은 400ml이다.

문제 풀이 꿀TIP

Cross 방법을 활용하면 간단하게 풀이 가능하다.

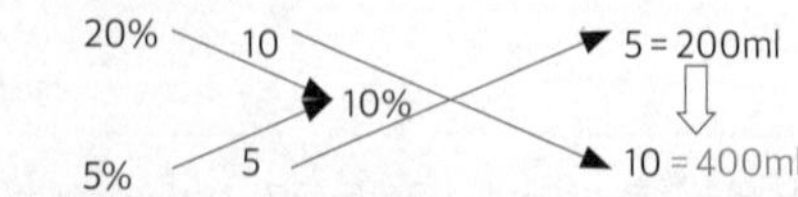

20%와 5%를 섞어서 10%를 만드는 것이므로, 20%와 10%의 차이인 10, 5%와 10%의 차이인 5를 산출한다. 이는 농도 차이의 비율이다. 이를 Cross로 바꾸면 20% 염산 용액의 양을 5의 비율로, 5% 염산 용액의 양을 10의 비율로 섞으면 10% 염산 용액이 나온다는 의미가 된다.
따라서 20% 염산 용액이 200ml이므로, 5% 염산 용액은 400ml가 필요하다.

15

정답 ⑤

8%의 소금물에서 일정량을 퍼낸다고 했는데, 이때 소금과 물을 분리해서 퍼낼 수 없으므로 남아있는 소금물과 퍼낸 소금물은 모두 농도가 8%이다. 따라서 퍼낸 소금물의 양을 x라 하면 남아있는 소금물의 양은 $480-x$이고, 이 소금물 안에 있는 소금의 양은 $(480-x)\times0.08$이 된다. 여기에 15% 소금물 120g과 섞는다고 했으므로 총 소금물의 양은 $(480-x)+120$이고, 이때 소금의 양은 $(480-x)\times0.08+120\times0.15$가 된다. 이 소금물의 농도가 11%라고 했으므로 $\{(480-x)\times0.08+120\times0.15\}\div\{(480-x)+120\}\times100=11$이라는 식을 세울 수 있다.
이는 $(38.4-0.08x+18)\times100=11\times\{(480-x)+120\}$이고,
정리하면 $5{,}640-8x=6{,}600-11x$이므로 $3x=960$, 즉 $x=320$이다.

문제 풀이 꿀TIP

Cross 방법을 활용하면 간단하게 풀이 가능하다.

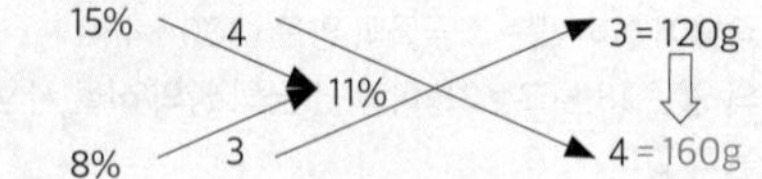

퍼내고 남은 소금물의 농도도 결국 8%로 유지되므로 15% 소금물 120g과 8% 소금물 xg을 섞어서 11% 소금물을 만들어 내는 상황이다. 15%와 11%의 차이가 4이고, 8%와 11%의 차이가 3이므로, 이 비율을 Cross하면 15% 소금물 양을 3의 비율로, 8% 소금물 양을 4의 비율로 섞으면 11% 소금물이 나온다는 것을 알 수 있다. 15% 소금물의 양이 120g이므로 비율에 따른 계산을 하면 8% 소금물은 160g을 섞어야 한다는 것을 알 수 있고, 원래 8% 소금물의 양은 480g이었으므로 480 - 160 = 320만큼 퍼냈다는 것을 확인할 수 있다.

16

정답 ②

최초 소금물은 농도 10%짜리 14,000g이고, 채우는 물은 농도가 0%이므로 Cross 방법을 활용하면 간단히 풀이가 가능하다.

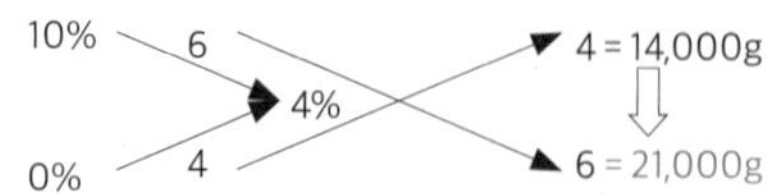

따라서 추가해야 하는 수돗물의 양은 21,000g이며, 분당 600g을 채울 수 있으므로 21,000 ÷ 600 = 35분 동안 물을 채워야 4%인 소금물을 만들 수 있다.

17

정답 ④

증발된 물의 양을 xg이라 했을 때, 최초 농도 6%인 소금물 1,000g 안에 들어있는 소금의 양은 60g이고, 추가한 소금물의 양은 $1.5x$g이 되며, 그 안에 포함된 소금의 양은 $1.5x\times0.06$이므로 $0.09x$이다. 최종 완성된 소금물의 양은 $1{,}000+0.5x$이고, 이때 들어있는 소금의 양은 $60+0.09x$가 된다.
$(1{,}000+0.5x)\times0.08=60+0.09x$이므로 정리하면
$80+0.04x=60+0.09x$, 즉 $20=0.05x$이고 x는 400이다.
건조기는 1분당 10g의 물을 증발시킨다고 했으므로 총 건조 시간은 40분이 된다. 위 내용을 표로 정리하면 아래와 같다.

구분	최초 소금물	증발된 양	남아있는 소금물	더한 소금물	최종 소금물
소금물의 양	1,000g	xg	$(1{,}000-x)$g	$1.5x$g	$(1{,}000+0.5x)$g
농도	6%		$60/(1{,}000-x)$%	6%	8%
소금의 양	$1{,}000\times0.06=60$g		60g	$1.5x\times0.06=0.09x$g	$(60+0.09x)$g

문제 풀이 꿀TIP

선택지를 활용하여 Cross 방법을 사용하면 조금 더 편하게 문제를 풀이할 수 있다. 선택지 ③부터 적용해 보면 증발된 물의 양은 300g이고 추가된 소금물은 450g이라는 것을 확인할 수 있다. 물 300g이 증발된 소금물은 (60 ÷ 7)% 농도의 소금물 700g이 되고, 추가된 소금물은 6% 소금물 450g이다. 60 ÷ 7은 약 8.6이므로 Cross 방법을 활용하면 그림과 같다. 정확한 값은 아니지만 완성된 소금물의 농도가 8%보다 낮기 때문에 증발된 물의 양은 더 많을 것임을 확인할 수 있다.
따라서 이후 선택지 ④를 적용해 보면 증발된 물의 양은 400g이고 추가된 소금물은 600g이라는 것을 확인할 수 있다. 물 400g이 증발된 소금물은 10% 농도의 소금물 600g이 되고, 추가된 소금물은 6% 소금물 600g이 된다. 서로 다른 두 농도의 소금물을 동일한 양만큼씩 섞는 과정이므로 농도는 10%와 6%의 중간인 8%가 됨을 확인할 수 있다.

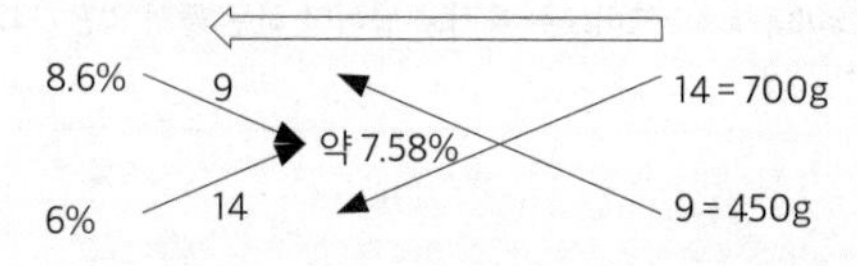

DAY 09 원가·정가 ① p.60

01 ①	02 ③	03 ②	04 ②	05 ①
06 ④	07 ①	08 ①	09 ①	10 ④
11 ③	12 ⑤	13 ④	14 ③	15 ⑤
16 ③				

01

정답 ①

원가가 1,200원인 물건 A를 원가에 5% 이익을 붙여서 판매한다고 했으므로 이때 얻을 수 있는 이익은 1,200×0.05=60원이다. 원가가 1,300원인 물건 B는 원가에 20% 이익을 붙여서 1,300×1.2=1,560원에 판매하고 있었다. 물건 B를 할인해서 30개 판매했을 때 얻을 수 있는 이익이 물건 A를 52개 판매했을 때 얻을 수 있는 이익과 같다고 했고, 물건 B를 30개 판매했을 때 얻을 수 있는 이익은 52×60=3,120원이므로 물건 B의 1개당 이익은 3,120/30=104원이다. 할인 후 판매 금액이 1,404원이므로, 할인된 금액은 1,560-1,404=156원이다. 156원은 1,560원의 10%이므로, 할인율은 10%이다.

02

정답 ③

○○업체에서 자재 A를 10개, 자재 B를 10개 사는 경우 총 금액은 1,000×1.1×10+2,000×1.2×0.9×10=32,600원이고, ☆☆업체에서 자재 A를 10개, 자재 B를 10개 사는 경우 총 금액은 1,000×1.3×0.8×10+2,000×1.2×10=34,400원이다. 따라서 ○○업체가 더 저렴하고, 비용은 32,600원이 된다.

문제 풀이 꿀TIP

○○업체 자재 B의 경우 이익률이 20%, 할인율이 10%이므로 1.2×0.9=1.08이다. 이는 원가에서 8%의 이익률로 정가를 책정하여 판매하는 금액과 동일하다. ☆☆업체의 자재 A의 경우 이익률이 30%, 할인율이 20%이므로 1.3×0.8=1.04이다. 이는 원가에서 4%의 이익률로 정가를 책정하여 판매하는 금액과 동일하다.

○○업체의 자재 A는 1개 판매당 100원의 이익을 얻게 되고, 자재 B는 1개 판매당 160원의 이익을 얻게 된다. 이에 따라 ○○업체에서 구매 시 원가보다 100×10+160×10=2,600원을 더 지출해야 물건을 구입할 수 있다. ☆☆업체의 자재 A는 1개 판매당 40원의 이익을 얻게 되고, 자재 B는 1개 판매당 400원의 이익을 얻게 된다. 이에 따라 ☆☆업체에서 구매 시 원가보다 40×10+400×10=4,400원을 더 지출해야 물건을 구입할 수 있다.

따라서 더 저렴한 업체는 ○○업체이고, 총 금액은 원가 1,000×10+2,000×10=30,000원에 이익 2,600원을 더한 32,600원이 된다.

03

정답 ②

원가를 x로 한다면 정가는 30%의 이익을 붙여서 판매한다고 했으므로 $1.3x$가 되고, 판촉 행사로 20% 할인해서 판매한다고 했으므로 $1.3x\times0.8$이 된다. 이때 발생하는 이익이 120원이라고 했으므로 $(1.3x\times0.8)-x=120$이 된다.

따라서 $1.04x-x=120$이고, $0.04x=120$이므로 $x=3{,}000$이다.

04

정답 ②

두 제품 A, B를 50개씩 동일한 가격으로 160,000원에 매입했기 때문에 A의 판매가=(A 매입 가격+A 판매 이익)÷제품 A 개수=(80,000+25,000)÷50=2,100원이다. A와 B를 처음에는 같은 소비자가로 판매하였으므로 제품 B의 판매가도 2,100원이었다. 그리고 남아있던 제품 B를 1,500원으로 가격을 인하하여 판매했으므로 1개당 할인액은 제품 B 1개당 할인액=B의 판매가-B의 인하된 가격=2,100-1,500=600원임을 알 수 있다. 이때 제품 B를 정상가로 판매했을 때의 이익 25,000원보다 적은 19,000원의 이익을 얻었으므로 6,000원이 총 할인된 금액임을 알 수 있다. 제품 B 1개당 할인액은 600원이므로 총 10개의 제품이 할인된 가격에 판매되었다.

05

정답 ①

A사의 기계 30대 중 총 12대를 B사와 C사로 교체하므로 A사의 12대의 불량품으로 인한 손실액에서 B사 8대와 C사 4대의 손실액을 빼게 되면 감소액을 확인할 수 있다.

A사 12대의 1일 손실액은

12대×생산량 5,000개×불량률 0.03×불량품 1개당 손실액 4,000원=7,200,000(원),

B사 8대의 1일 손실액은

8대×생산량 7,000개×불량률 0.01×불량품 1개당 손실액 5,000원=2,800,000(원),

C사 4대의 1일 손실액은

4대×생산량 8,000개×불량률 0.02×불량품 1개당 손실액 6,000원=3,840,000(원)이므로

기계 교체 후 하루 동안 불량품 손실액은 7,200,000-2,800,000-3,840,000=560,000원만큼 줄어들게 된다.

06

정답 ④

가입비를 포함한 총 여행경비에서 정회원 30명, 준회원 10명의 입회비를 제외하면 순수 여행경비를 알 수가 있다. 가입비를 포함한 총 여행경비는 530만 원이고, 회원의 입회비는 3만 원×30명+1만 원×10명=100만 원이므로 순수 여행경비는 430만 원임을 알 수 있다. 이때 비회원 1인의 여행 경비를 x원이라고 하면

$30명\times0.8x+10명\times0.9x+10x=4{,}300{,}000원$

$24x+9x+10x=4{,}300{,}000원$

$43x=4{,}300{,}000원$, $x=100{,}000원$이다.

따라서 비회원의 순수 여행경비는 10만 원이 되고, 준회원의 경우 10% 할인을 해주므로 9만 원이 되며, 가입비를 포함하여 준회원 1명이 지불한 여행경비는 10만 원임을 알 수 있다.

07

정답 ①

A, B 두 제품의 원가를 각각 a, b라 하자.
두 제품을 합하여 45,000원에 샀으므로 $a+b=45{,}000$ … ①이다.
A제품은 원가의 20%, B제품은 원가의 10%의 이익을 붙여서 판매하였더니 6,500원의 이익을 얻었다고 했으므로 20%, 10%의 이익은 각각 $0.2a$, $0.1b$로 나타낼 수 있고, 두 이익의 합이 6,500원임을 식으로 세우면 $0.2a+0.1b=6{,}500$ … ②이다.
두 식을 연립하기 위하여 ①-②×10을 하면 $a=20{,}000$, $b=25{,}000$이다.
따라서 A제품의 원가는 20,000원, B제품의 원가는 25,000원이다.

08

정답 ①

재킷과 바지의 원가를 각각 x, y라 하자.
재킷과 바지의 가격의 합은 147,000원이므로
$x+y=147{,}000$ … ①이다.
이때 두 가지의 옷을 세트로 구매 시 재킷은 27%, 바지는 20% 할인하여 원래 가격보다 36,750원의 할인을 받아 구매할 수 있으므로 할인받은 금액을 식으로 세우면
$0.27x+0.2y=36{,}750$ … ②이다.
두 식을 연립하기 위하여 ①×20-②×100을 하면
$20x+20y=2{,}940{,}000$
$27x+20y=3{,}675{,}000$이다.
$7x=735{,}000$이므로 $x=105{,}000$, $y=42{,}000$이다.
즉, 재킷의 원가는 105,000원이고 바지의 원가는 42,000원이다.
따라서 할인된 바지의 가격은 $42{,}000\times0.8=33{,}600$원이다.

문제 풀이 꿀TIP

가중평균을 활용하여 푸는 것이 간단하다. 가중평균이란 각 자료 값에 가중치를 곱하여 모두 더한 값을 가중치의 합으로 나눈 값을 의미한다. 가중평균과의 거리의 비는 무게의 비와 반비례함을 이용한다.
27%와 20%가 감소하여 결국 36,750원이 감소했고 이 값을 비율로 표현하면 $\frac{36{,}750}{147{,}000}\times100=25\%$이다. 27%와 20%의 가중평균이 25%의 값이고 거리의 비가 2:5이므로 가격의 비는 5:2가 되고 바지의 가격은 $147{,}000\times\frac{2}{7}=42{,}000$원이다.
따라서 할인된 바지의 가격은 $42{,}000\times0.8=33{,}600$원이다.

09

정답 ①

A, B 두 상품의 원가를 a, b라고 하면 $a+b=6{,}000$ … ①이다.
2할의 이익을 붙여 정가를 매겼으므로 정가는 $1.2a$, $1.2b$이고, 할인한 판매가는 $1.2a\times0.8=0.96a$, $1.2b\times0.9=1.08b$이다. 이때, 판매가 - 원가 = 이익이므로 $(0.96a+1.08b)-(a+b)=360$ … ②이다.
식을 정리하면 다음과 같다.
$-0.04a+0.08b=360$ … ②
$-4a+8b=36{,}000$ … ②
$-a+2b=9{,}000$ … ②
연립하며 풀기 위해 ①+②를 하면 $3b=15{,}000$, 즉 $b=5{,}000$이고 $a=1{,}000$이다.
따라서 A 상품의 원가는 1,000원이다.

문제 풀이 꿀TIP

-4%와 8%의 가중평균이 $\frac{360}{6{,}000}\times100=6\%$의 값이고 거리의 비가 $10:2=5:1$이므로 가격의 비는 1:5가 되고 A 상품의 원가는 $6{,}000\times\frac{1}{6}=1{,}000$원이다.

10

정답 ④

B 상품의 개수를 x, C 상품의 개수를 y라고 하면 다음의 연립방정식을 세울 수 있다.

$$\begin{cases} 50+x+y=300 \\ 400\times0.3x\times2=300\times0.2y \end{cases}$$

이 연립방정식을 정리하면

$$\begin{cases} x+y=250 \\ y=4x \end{cases}$$

→ $x=50$, $y=200$
따라서 C 상품의 개수는 200개이다.

11

정답 ③

제품 50개의 원가를 x라 하면 원가의 20%를 이익으로 추가한다고 했으므로 정가는 $1.2x$가 되고, 30개 이상 시 15%를 할인해 준다고 했으므로 구매가는 $1.2x\times0.85=178{,}500$원이 된다.
따라서 $1.02x=178{,}500$이고, $x=175{,}000$임을 알 수 있다. 이는 50개에 대한 원가이므로 1개당 원가는 $175{,}000\div50=3{,}500$원이 된다.

문제 풀이 꿀TIP

제품 50개의 구입가격이 178,500원이므로 1개당 구입가격은 $178{,}500\div50=3{,}570$원이다. 따라서 판매가보다 금액이 큰 선택지 ④와 ⑤는 삭제한다. 이때, 원가의 20%를 이익으로 하고, 최종 가격에서 15%를 할인한다고 했으므로 판매 가격은 원가의 5% 미만을 이익으로 하는 금액이 된다. 3,300원의 5%는 165원이므로 3,300원 이하의 금액은 정답이 될 수 없다.
따라서 정답은 ③이 된다.

12

정답 ⑤

전기포트의 정가를 a원, 에어프라이어의 정가를 b원이라고 했을 때 주어진 문제를 정리하면 다음과 같다.

$$\begin{cases} 0.9a+0.8b=209{,}800+18{,}000=227{,}800 \\ 0.85(a+b)=209{,}800+18{,}000=227{,}800 \end{cases}$$

이 두 방정식을 연립하여 풀면

$0.9a+0.8b=0.85(a+b)$, $0.05a=0.05b$, $a=b$이므로 이를 다시 첫 번째 방정식에 대입하여 풀면 $0.9b+0.8b=227{,}800$이고 $1.7b=227{,}800$, $b=134{,}000$(원)이 된다.

따라서 에어프라이어의 정가는 134,000원이다.

13

정답 ④

A사의 정가를 x원, B사의 정가를 y원이라고 가정한다.

$$\begin{cases} 0.9x+0.8y=45{,}200 \\ x-y=3{,}000 \end{cases}$$

두 방정식을 풀면 $x=28{,}000$원, $y=25{,}000$원이고, 두 제품의 할인된 가격을 구하면 다음과 같다.

10% 할인된 A사 제품 가격 = 28,000 × 90% = 25,200(원)

20% 할인된 B사 제품 가격 = 25,000 × 80% = 20,000(원)

따라서 두 제품의 할인된 가격의 차이는 25,200 - 20,000 = 5,200원이다.

14

정답 ③

올해 이 회사의 연봉 인상률은 12%이므로 올해 민식이의 연봉은 4,000 × 1.12 = 4,480(만 원)이 된다. 여기서 세금이 4%이기 때문에 세금을 제외한 연봉 총액은 4,480 × 96% = 4,300.8(만 원)이다. 세금을 제외한 연봉 총액의 5%를 펀드에 투자하기로 했으므로 43,008,000 × 5% = 2,150,400원을 펀드에 투자하게 된다.

15

정답 ⑤

동일한 원가를 x원이라고 하고, 구하고자 하는 값을 k%라 하자. A, B, C를 1개 팔면 각각 a%, b%, 5%의 이익이 있고, A, B를 각각 300개씩, C를 200개 팔면 전체 원가의 8%의 이익이 있으므로

$\frac{a}{100}\times x\times 300+\frac{b}{100}\times x\times 300+\frac{5}{100}\times x\times 200=\frac{8}{100}\times x\times 800$이다.

식을 정리하면 $3a+3b+10=64$이므로 $3a+3b=54$, 즉 $a+b=18$ … ①이다.

위와 동일하게 A, B를 각각 200개씩, C를 400개 팔면 전체 원가의 k%의 이익이 있으므로 $\frac{a}{100}\times x\times 200+\frac{b}{100}\times x\times 200+\frac{5}{100}\times x\times 400=\frac{k}{100}\times x\times 800$ … ②이다.

$2a+2b+20=8k$ … ②이므로 ①을 ②에 대입하여 정리하면

$k=\frac{18\times 2+20}{8}=\frac{56}{8}=7$이다.

문제 풀이 꿀TIP

이 문제의 경우 a와 b의 각각의 값을 구할 필요가 없음을 이용하여야 한다. 즉 a%와 b%를 합한 이익을 y%라 하면 y%와 5%의 가중평균이 8%이고 이때 무게의 비는 300 + 300 : 200으로 6:2 = 3:1이기 때문에 거리의 비는 1:3이다. 5%와 8%의 차이가 3%가 나기 때문에 y%와 8%의 차이는 1%이므로 y는 9%이다.

그럼 9%와 5%의 가중평균을 구하면 되는데 이때 무게의 비는 200 + 200:400으로 1:1이기 때문에 산술평균으로 구하면 된다.

즉, $\frac{9+5}{2}=7$%이다.

16

정답 ③

이익률 $=\frac{\text{이익}}{\text{원가}}\times 100$이다. 이익을 구해보면, 1대당 40%의 이익이기 때문에 25만 원 × 0.4 = 10만 원이고 45대를 판매하였으므로 450만 원, 나머지 5대는 원가로 판매하였기 때문에 이익 = 0이다.

따라서 이익률 $=\frac{450}{25\times 50}\times 100=\frac{9}{25}\times 100=36$%이다.

문제 풀이 꿀TIP

이익률 40%와 0%를 합한 가중평균을 구하면 된다. 이때 가중치는 판매 대수이므로 45:5 = 9:1이고 가중평균은 $\frac{40\times 9+0\times 1}{9+1}=36$%이다.

DAY 10 원가·정가 ② p.66

01 ②	02 ④	03 ⑤	04 ⑤	05 ①
06 ②	07 ①	08 ④	09 ③	10 ②
11 ①	12 ②	13 ①	14 ④	15 ③
16 ④	17 ②			

01
정답 ②

원가가 6,000원이면 이익은 6,000×0.45=2,700원이다. 이때 운반비와 광고비가 1,500원이 들었으므로 순이익은 2,700-1,500=1,200원이다.
이 상품에 들어간 총 비용은 6,000+1,000+500=7,500원이므로 이익률은 $\frac{1,200}{7,500}$×100=16%이다.

02
정답 ④

어제 사과 1개의 가격을 x원, 배 1개의 가격을 y원이라고 하자.
사과 10개와 배 5개를 사는 데 총 8만 원이 들었으므로
$10x+5y=80,000$ … ①이다.
사과는 10%, 배는 5% 더 비싸졌으므로 비싸진 가격은 $0.1x$원, $0.05y$원이다. 같은 양을 구입할 때 비용이 6천 5백 원 더 들어갔으므로 $10\times0.1x+5\times0.05y=6,500$ … ②이다.
정리하면 $x+0.25y=6,500$, 즉 $100x+25y=650,000$ … ②이다.
①×5-②를 하여 연립하여 풀면
$50x=250,000$이고 $x=5,000$이다.
어제 사과의 가격이 5,000원이므로 오늘 사과의 가격은 5,000×1.1=5,500원이다.

03
정답 ⑤

비성수기 때 판매된 양을 x, 성수기 때 판매된 양을 y라고 하자.
원가가 150원이고 비성수기 때의 이익이 850원이기 때문에 정가는 1,000원에 판매되었다.
이때 총 판매 이익은 $850\times x$이고, 할인했을 때의 총 판매 이익은 $(1,000\times0.85-150)\times y$이다.
성수기 판매량 y는 x에 비해 2.5배가 되었으므로 $y=2.5x$이다.
위 식을 정리하면
$850\times x+2,160,000=700\times2.5\times x$
$900\times x=2,160,000$, $x=2,400$
위와 같이, $x=2,400$이고 $y=2.5\times2,400=6,000$이므로 성수기 때 판매된 양은 6,000개이다.

04
정답 ⑤

브랜드별 총 구입 금액은 다음과 같다.
A브랜드에서 구입한 금액 $=(100,000\times0.95)\times x-58,000\times y=1,320,000=95x-58y=1,320$
B브랜드에서 구입한 금액 $=80,000\times x+58,000\times y=(100,000\times0.95)\times x+58,000\times y-300,000$
$80x+58y=95x+58y-300$, $15x=300$, $x=20$
이때 A브랜드에서 구입한 금액의 방정식에 x를 연립하여 y를 구하면 $95\times20-58y=1,320$이므로 $y=10$이다.
따라서 서울의 한 회사는 신입사원 행사를 위해 브랜드별로 티셔츠 20개, 바지 10개를 구매하였고, A브랜드와 B브랜드 모두 합한 총 개수는 60개이다.

05
정답 ①

여행에 사용된 전체 금액은 640,000+380,000+420,000=1,440,000원이고, 1인당 여행 금액은 480,000원이 된다. 각각 지불한 금액을 보면 우리가 640,000원, 나라가 380,000원, 대한이는 420,000원이다.
1인당 여행 경비 부담액이 480,000원이므로 우리는 나라에게 480,000-380,000=100,000원을 더 받아야 하고, 대한이는 우리에게 480,000-420,000=60,000원을 주어야 한다.

06
정답 ②

전시회를 방문한 동호회 회원 수를 x명이라 하면 1명부터 35명까지의 입장료는 12,000원이고, 36명부터 x명까지는 35% 할인이 적용된 7,800원의 입장료를 지불했다. 즉, 1~35명까지의 입장료 총액은 420,000원이고, $(x-35)$명에 대해서는 할인된 입장료 7,800원이 적용된 $7,800(x-35)$원이 되므로 x명에 대해 지불한 입장료는 총 $420,000+7,800(x-35)$가 된다.
최종적으로 동호회 1인당 입장료가 10,800원이 되었으므로
$420,000+7,800(x-35)=10,800x$이고,
정리하면 $3,000x=147,000$, 즉 $x=49$(명)이다.

07
정답 ①

운동화의 정가를 x, 슬리퍼의 정가를 y라고 하자.
$x+y=192,000$원이고, 이렇게 책정한 가격으로 판매하면 세트 상품 원가의 8%가 이익으로 남는다고 했으므로 $\{(x\div1.2)+(y\div0.9)\}\times1.08=192,000$이다. 두 식을 정리하면 아래와 같다.
$x+y=192,000$ $1.2x+1.2y=230,400$
$0.9x+1.2y=192,000$ → $0.9x+1.2y=192,000$ → $0.3x=38,400$
따라서 $x=38,400\div0.3=128,000$원이다.

문제 풀이 꿀TIP

운동화의 원가를 x, 슬리퍼의 원가를 y라 하면 $1.2x+0.9y=192,000$과 $(x+y)\times1.08=192,000$이라는 두 개의 수식을 만들 수 있다. 이 두 식을 정리하면 $1.2x+0.9y=192,000$과 $1.08x+1.08y=192,000$이 된다.
연립하면 $0.12x-0.18y=0$이므로 $0.12x=0.18y$이고 $y=\frac{2}{3}x$이다. 이를 첫 번째 수식에 넣어 정리하면 $1.2x+0.6x=192,000$이 되는데, 우리가 최종적으로 구해야 하는 값은 운동화의 정가인 $1.2x$이므로, $1.2x$와 $0.6x$의 비율이 2 : 1이라는 것을 고려하여 $192,000\times\frac{2}{3}=128,000$으로 구할 수 있다.

08

정답 ④

제품 A와 제품 B의 원가를 a라 하면, 제품의 정가를 원가에 10%의 이익을 더하여 산출한다고 했으므로 제품 A를 1개 팔아서 얻을 수 있는 이익은 $0.1a$가 된다. 제품 A는 300개를 판매한다고 했으므로 제품 A를 판매해서 얻을 수 있는 총 이익은 $0.1a\times300$이고, 제품 B를 판매해서 얻는 이익이 제품 A를 판매해서 얻을 수 있는 이익의 1.2배라고 했으므로 $0.1a\times300\times1.2$이다.
제품 B의 이익률을 x라 하면 제품 B를 1개 판매해서 얻는 이익은 ax가 되고, 제품 B는 200개를 판매한다고 했으므로 제품 B를 판매해서 얻는 이익은 $ax\times200$이 된다.
두 식을 연결하면 $0.1a\times300\times1.2=ax\times200$이므로, $36=200x$이고 $x=0.18$이다.
따라서 제품 B의 이익률은 18%가 된다.

09

정답 ③

구입한 소고기의 원래 가격을 x라 하면 수진이는 20% 할인 행사를 하고 있는 소고기를 구매했으므로 가격은 $x\times0.8$이다. 이 소고기를 구매할 때 10% 할인된 가격으로 구매한 상품권으로 구입했으므로 수진이가 실제 사용한 금액은 $x\times0.8\times0.9$이다. 이 값이 18만 원이므로 $x\times0.8\times0.9=180,000$이 되고, $x=180,000\div0.72$이고 $x=250,000$이다.
따라서 수진이가 현금으로 아무런 혜택 없이 동일한 소고기를 구입하려면 25만 원을 지불해야 한다.

10

정답 ②

모자의 정가를 x라 하면, 수영이는 정가보다 20% 할인된 금액으로 구입했으므로 수영이가 지불한 금액은 $0.8x$이다. 수범이는 수영이보다 20% 비싸게 구입했다고 했으므로 $0.8x\times1.2=0.96x$가 된다. 이에 따라 수범이가 할인받은 금액은 $x-0.96x=0.04x$가 되는데, 수범이가 할인받은 금액에 700원을 더한 만큼 수영이가 수범이에게 주면 두 명이 지불한 금액이 서로 같아진다고 했으므로 $0.8x+0.04x+700=0.96x-0.04x-700$이다. 정리하면 $0.84x+700=0.92x-700$이고 $1,400=0.08x$이므로 $x=17,500$이 된다.
따라서 수범이가 최초 지불한 금액인 $0.96x$는 $17,500\times0.96=16,800$원이다.

11

정답 ①

제품 A의 원가를 x라 하면 정가는 15%의 이익을 붙여서 책정했다고 했으므로 $1.15x$가 된다. 그런데 유통기한이 2일 이내로 남은 경우 660원을 할인하여 판매한다고 했으므로 이때 판매가격은 $1.15x-660$원이 된다. 이 상태에서 제품 A를 1개 판매할 때마다 ○○마트는 4%의 이익을 얻는다고 했으므로 이 판매가격은 원가에 4%의 이익을 붙인 가격인 $1.04x$와 같다는 의미가 된다.
따라서 수식으로 정리하면 $1.15x-660=1.04x$가 되고, $0.11x=660$이므로 $x=6,000$이다.

12

정답 ②

1시간당 30개의 제품을 생산하고 1달 중 20일을 쉼 없이 생산한다고 했으므로 1달 동안 생산하는 제품의 수는 $30\times24\times20=14,400$개이다. 제품당 원가가 12,000원이므로 총 생산 원가는 $14,400\times12,000=172,800,000$원이 되고, 원가의 30%에 해당하는 금액을 더하여 정가를 산출했지만 세팅 조정과 점검에 소요되는 비용을 포함하면 이익률은 원가의 20%가 된다고 했으므로 세팅 조정과 점검에 소요되는 비용은 원가의 10%에 해당하는 비용이 된다.
따라서 $172,800,000\times0.1=17,280,000$원이 된다.

문제 풀이 꿀TIP

세팅 조정과 점검에 소요되는 비용이 원가의 10%에 해당하는 값이므로 1개를 생산한다고 가정하면 1,200원이 된다. 이때 선택지에서 만 원 단위 숫자가 선택지 ②와 ④만 동일하고 모두 서로 다르다. 만 원 단위까지 계산을 해본다면 $1,200\times30\times24\times20=1,200\times14,400$이므로 만 원 단위의 숫자는 8이 된다.
따라서 정답은 선택지 ② 또는 ④이고, 10만 원 단위까지 계산을 하거나 근삿값을 활용하여 $1,200\times15,000$이 1,800만 원임을 확인하여 1,800만 원보다 작은 값인 선택지 ②를 고를 수 있다.

13

정답 ①

매출 이익이 4,000만 원인데 이는 작년 총 매출의 20%이므로, 총 매출을 x라 하면 $x\times0.2=4,000$만 원이 되고, 양변을 0.2로 나누면 $x=4,000$만 원$\div0.2=2$억 원이다. 따라서 총 매출 2억 원 중 매출 이익을 제외한 원가는 1억 6천만 원이 되는데, 올해 원가 절감을 통해 원가를 10% 낮추었으므로 올해의 원가는 1억 6천만 원$\times0.9=1$억 4천 400만 원이다.
그런데 총 매출은 10%가 감소되었다고 했으므로 2억 원$\times0.9=1$억 8천만 원이 되고, 올해 매출 이익은 총 매출 1억 8천만 원 - 원가 1억 4천 400만 원 = 3천 600만 원이다.

14

정답 ④

연필의 판매 개수를 x, 공책의 판매 개수를 y라 하자.
두 제품에 각각 5%, 3%의 이익을 붙였으므로 연필 1개를 팔았을 때의 이익은 25원, 공책을 1권 팔았을 때의 이익은 27원, 총이익은 각각 $25x$, $27y$이다. 이때 연필과 공책 모두 판매했을 때의 이익이 동일하므로 $25x = 27y$ … ①이다.
이익률을 바꿨을 때의 이익은 두 제품에 각각 3%, 5%의 이익을 붙인 것이므로 연필 1개를 팔았을 때의 이익은 15원, 공책을 1권 팔았을 때의 이익은 45원, 총이익은 각각 $15x$, $45y$이다. 공책을 모두 팔았을 때의 이익은 연필을 모두 팔았을 때의 이익의 3배보다 1,800원이 적으므로 $45y = 15x \times 3 - 1{,}800$ … ②이다.
①을 ②에 대입하면 $45y = 15 \times \frac{27}{25}y \times 3 - 1{,}800$이고, 식을 정리하여 계산하면 $45y = 48.6y - 1{,}800$이므로 $3.6y = 1{,}800$,

즉 $y = 500$이고 $x = 540$이다.
따라서 연필은 540개, 공책은 500개를 판매하였다.

15

정답 ③

계란 한 개의 구입 가격을 a원이라고 하면 총 구입가격은 2000a이다. 이때 계란 한 개당 x%의 이익을 붙여 판매한다면, 총 판매액은 $(2{,}000 - 200) \times a \times (1 + \frac{x}{100})$이다.
이 판매액이 전체를 팔았을 때의 35% 이익과 같아야 하므로

$(2{,}000 - 200) \times a \times (1 + \frac{x}{100}) = 2{,}000 \times a \times 1.35$

$1{,}800a(1 + \frac{x}{100}) = 2{,}700a$

$x = 50$

따라서 계란 한 개당 50%의 이익을 붙여 팔아야 한다.

16

정답 ④

새우과자의 원가는 160원이고 불량품 발생 확률은 3%이다. 통밀과자 생산량을 a개, 새우과자 생산량을 b개라고 하면, 다음과 같은 식을 세울 수 있다.

$90a + 160b = 645{,}000$

$90a \times 0.02 + 160b \times 0.03 = 17{,}460$

연립하여 풀이하면 $a = 2{,}100$개, $b = 2{,}850$개이다.
따라서 두 제품의 생산량 차이는 750개이다.

17

정답 ②

한 명당 여행금액을 a원, 여행가는 인원수를 x로 설정하면 15명 이상 30명 미만이므로 10%를 할인 받을 수 있다. 이 경우 내야 하는 금액은 $ax \times 0.9$원이다. 30명으로 단체 신청을 한 경우 내야 하는 금액은 $30a \times 0.8 = 24a$이다. 30명 단체 요금이 더 저렴한 것이므로 $ax \times 0.9 > 24a$가 된다. 이때 2명이 올 수 없게 되어, 신청한 총액인 $30a$의 5%를 수수료로 내고 10%만 할인받는 금액으로 변경하였을 때가 더 이득이 되었다고 하였으므로

$24a > (30a \times 0.05) + 0.9a(x - 2)$

$24 > 1.5 + 0.9x - 1.8$

$240 > 9x - 3$

$243 > 9x$

$27 > x$이다.

따라서 최대 26명이다.

DAY 11 경우의 수·확률 ①

p.72

01 ③	02 ⑤	03 ③	04 ⑤	05 ⑤
06 ⑤	07 ④	08 ②	09 ③	10 ④
11 ⑤	12 ④	13 ③	14 ②	15 ③
16 ③	17 ④			

01

정답 ③

A 기업의 제품 할당량은 $\frac{20}{100}$이고, B 기업의 제품 할당량은 $\frac{80}{100}$일 때 A 기업의 제품 불량률은 $\frac{20}{100} \times \frac{6}{100} = \frac{120}{10,000}$, B 기업의 제품 불량률은 $\frac{80}{100} \times \frac{3}{100} = \frac{240}{10,000}$, 전체 제품의 불량률은 $\frac{120}{10,000} + \frac{240}{10,000} = \frac{360}{10,000}$이다.

따라서 전체 부품 중 1개가 B 기업의 제품 불량일 확률은 $\frac{\frac{240}{10,000}}{\frac{360}{10,000}} = \frac{240}{360} = \frac{2}{3}$이다.

02

정답 ⑤

1) 처음에 둘 다 다음 기회에 표시된 공을 꺼낸 후 나중에도 다음 기회에 표시된 공을 뽑는 경우

$$\frac{{}_4C_2}{{}_5C_2} \times \frac{{}_2C_2}{{}_3C_2} = \frac{\frac{4\times3}{2\times1}}{\frac{5\times4}{2\times1}} \times \frac{\frac{2\times1}{2\times1}}{\frac{3\times2}{2\times1}} = \frac{3}{5} \times \frac{1}{3} = \frac{1}{5}$$

2) 처음에 다음 기회에 표시된 공 하나와 당첨된 공 하나를 꺼낸 후 나중에 둘 다 다음 기회에 표시된 공을 뽑는 경우

$$\frac{{}_4C_1 \times {}_1C_1}{{}_5C_2} \times \frac{{}_3C_2}{{}_3C_2} = \frac{4\times1}{\frac{5\times4}{2\times1}} \times \frac{\frac{3\times2}{2\times1}}{\frac{3\times2}{2\times1}} = \frac{2}{5}$$

두 가지 경우는 동시에 일어날 수 없는 배반사건이기 때문에 두 가지 사건의 확률은 합하면 된다.

따라서 나중에 뽑은 두 공이 모두 다음 기회에 표시가 된 공일 확률은 $\frac{1}{5} + \frac{2}{5} = \frac{3}{5}$이다.

03

정답 ③

1) 영래만 성공할 확률

$$\frac{50}{100} \times (1 - \frac{20}{100}) \times (1 - \frac{30}{100}) = \frac{50}{100} \times \frac{80}{100} \times \frac{70}{100} = \frac{7}{25}$$

2) 성우만 성공할 확률

$$\frac{20}{100} \times (1 - \frac{50}{100}) \times (1 - \frac{30}{100}) = \frac{20}{100} \times \frac{50}{100} \times \frac{70}{100} = \frac{7}{100}$$

3) 학재만 성공할 확률

$$\frac{30}{100} \times (1 - \frac{50}{100}) \times (1 - \frac{20}{100}) = \frac{30}{100} \times \frac{50}{100} \times \frac{80}{100} = \frac{3}{25}$$

각각의 확률을 더하면 $\frac{7}{25} + \frac{7}{100} + \frac{3}{25} = \frac{47}{100}$이므로 47% 확률로 단 한 명만 성공할 수 있다.

04

정답 ⑤

기복이는 A팀에서 총 3번의 대결을 하게 되고, 기복이가 3번의 결과 중 승점 5점 이상을 가져갈 수 있는 경우는 총 4가지 경우이다.

1) 3번 모두 승리할 경우: 9점
2) 2번 승리하고, 1번 비길 경우: 7점
3) 2번 승리하고, 1번 질 경우: 5점
4) 1번 승리하고, 2번 비길 경우: 5점

이에 따라,

3번 모두 승리할 경우 $= (\frac{1}{2})^3$

2번 승리하고, 1번 비길 경우 $= (\frac{1}{2})^2 \times \frac{3}{10} \times 3$

2번 승리하고, 1번 질 경우 $= (\frac{1}{2})^2 \times \frac{2}{10} \times 3$

1번 승리하고, 2번 비길 경우 $= (\frac{1}{2})^1 \times (\frac{3}{10})^2 \times 3$

여기서 3을 곱해주는 이유는 팀의 4명 중 3명에게 동일하게 이벤트가 발생할 수 있기 때문이다.

따라서 기복이가 다음 라운드에 진출할 수 있는 확률은

$\{(\frac{1}{2})^3 + (\frac{1}{2})^2 \times \frac{3}{10} \times 3 + (\frac{1}{2})^2 \times \frac{2}{10} \times 3 + (\frac{1}{2})^1 \times (\frac{3}{10})^2 \times 3\} \times 100$

$= \frac{25+45+30+27}{200} \times 100 = \frac{127}{200} \times 100$

$= 0.635 \times 100 = 63.5\%$가 된다.

05

정답 ⑤

지역 대표 선발전의 리그전에서 1개 조당 치르는 경기 수는 {참가자 수×(참가자 수 - 1)}÷2이므로 5명이 리그전을 할 경우 5명×(5명 - 1)÷2 = 총 10번의 경기가 필요하다. 여기서는 5명씩 8개 조로 나누어 조별 리그전을 하므로 총 80번의 경기가 필요하다. 리그전에서 각 조당 2명씩 토너먼트를 하게 되는데 토너먼트전에서 치르는 경기 수는 (참가자 수 - 1)이 된다. 토너먼트전에 각 조의 상위 2명씩 참여하면 총 16명이므로 16 - 1 = 15번의 경기가 필요하다.

따라서 리그전 80번, 토너먼트전 15번 총 95번의 경기가 필요하다.

06

정답 ⑤

6개의 자릿수로 이루어진 데이터이며, 마지막 3자리가 '001'인 경우에만 정상적으로 데이터 처리가 된다고 했으므로 지정되지

않은 자릿수는 앞의 3자리가 된다.
첫 번째 자리에 올 수 있는 데이터의 경우의 수는 0과 1의 두 가지이며,
두 번째 자리에 올 수 있는 데이터의 경우의 수도 0과 1의 두 가지, 세 번째 자리에 올 수 있는 데이터의 경우의 수도 0과 1의 두 가지이다.

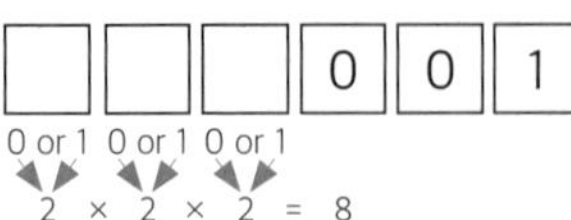

따라서 마지막 3자리가 '001'인 데이터의 경우의 수는 2×2×2 = 8가지이다.

07

정답 ④

조합과 순열을 이용하여 풀이한다. 오늘 보고서 작성과 프레젠테이션 작성 업무는 반드시 수행해야 하므로, 남은 6가지 업무 중 2가지를 선택하는 경우의 수는 ${}_6C_2$를 통해서 구할 수 있다. 그리고 보고서 작성이 끝난 후 프레젠테이션 자료 작성 업무가 진행될 수 있으므로, 순서가 정해져 있는 상황이므로 이 두 가지의 업무를 같은 것으로 가정하여 4개 중 2개가 같은 것일 때 순서의 경우의 수를 구한다면 $\frac{4!}{2!}$이다.

따라서 최종 경우의 수는 ${}_6C_2 \times \frac{4!}{2!} = 180$이 된다.

문제 풀이 꿀TIP

조합과 순열을 이용하지 않고 직관적으로 풀이한다면 다음과 같이 풀이할 수 있다. 오늘 4가지 업무를 수행할 수 있으며, 보고서 작성과 프레젠테이션 작성 업무는 반드시 포함되어야 한다. 그리고 보고서 작성이 프레젠테이션 작성 업무보다 먼저 진행될 수 있는 경우의 수는 아래와 같다.

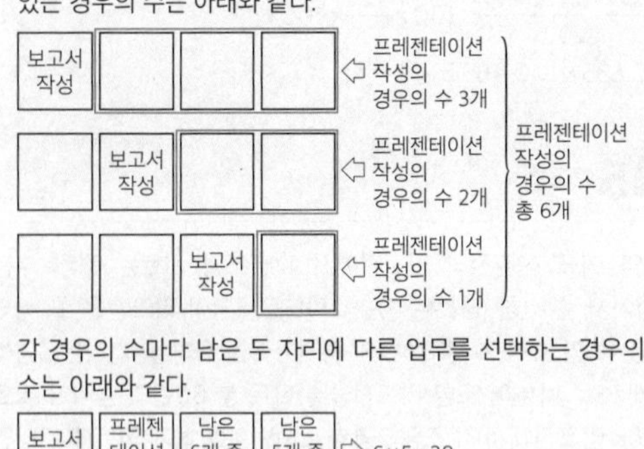

각 경우의 수마다 남은 두 자리에 다른 업무를 선택하는 경우의 수는 아래와 같다.

보고서 작성	프레젠테이션 작성	남은 6개 중 1개	남은 5개 중 1개	⇨ 6×5 = 30

따라서 6×30=180가지 경우의 수가 된다.

08

정답 ②

1부터 10까지의 숫자 중 1개의 숫자를 선택하는 프로그램이고 3번을 구동한다고 했으므로, 처음 프로그램을 구동했을 때, 결과는 반드시 6 이하여야 한다. 7 이상이 나올 경우 이후 두 번의 구동에서 가장 작은 숫자인 1이 연속으로 나오더라도 결괏값의 합이 9 이상이 될 수밖에 없기 때문이다.

따라서 첫 번째 구동에서 6이 나올 경우 3번 구동에서 결괏값의 합이 8이 되기 위해서는 남은 두 번의 구동에서 모두 1이 나와야 하므로 경우의 수는 1개가 된다.
(6, 1, 1)
첫 번째 구동에서 5가 나올 경우 남은 두 번의 구동에서 각각 1과 2가 나와야 한다. 따라서 경우의 수는 2개가 된다.
(5, 1, 2) or (5, 2, 1)
첫 번째 구동에서 4가 나올 경우 남은 두 번의 구동에서 결괏값의 합은 4가 되어야 하므로 경우의 수는 3개가 된다.
(4, 1, 3) or (4, 2, 2) or (4, 3, 1)
첫 번째 구동에서 3이 나올 경우 남은 두 번의 구동에서 결괏값의 합은 5가 되어야 하므로 경우의 수는 4개가 된다.
(3, 1, 4) or (3, 2, 3) or (3, 3, 2) or (3, 4, 1)
첫 번째 구동에서 2가 나올 경우 남은 두 번의 구동에서 결괏값의 합은 6이 되어야 하므로 경우의 수는 5개가 된다.
(2, 1, 5) or (2, 2, 4) or (2, 3, 3) or (2, 4, 2) or (2, 5, 1)
첫 번째 구동에서 1이 나올 경우 남은 두 번의 구동에서 결괏값의 합은 7이 되어야 하므로 경우의 수는 6개가 된다.
(1, 1, 6) or (1, 2, 5) or (1, 3, 4) or (1, 4, 3) or (1, 5, 2) or (1, 6, 1)
따라서 총 경우의 수는 1 + 2 + 3 + 4 + 5 + 6 = 21개이다.

문제 풀이 꿀TIP

첫 번째 숫자는 반드시 8보다 2 이상 작은 숫자가 되어야 하므로 총 6개가 된다. 두 번째 자리에 올 수 있는 숫자는 8에서 첫 번째 숫자를 뺀 숫자에서 추가로 1을 뺀 숫자만큼 자리할 수 있다. 예를 들어 첫 번째 숫자가 6이면 8 - 6 - 1 = 1이므로 두 번째 자리에는 1가지 숫자만 올 수 있다. 그 이유는 결괏값의 합이 8이어야 하므로 두 번째 숫자와 세 번째 숫자의 합은 (8 - 첫 번째 숫자)가 된다. 이때, 두 번째 숫자가 (8 - 첫 번째 숫자 - 1)보다 작거나 같다면 어떠한 경우에도 세 번째 숫자를 통해 8을 맞출 수 있으므로 경우의 수를 보다 쉽게 구할 수 있다.

09

정답 ③

약수가 홀수 개인 경우는 어떤 수의 제곱이어야 하므로 $1^2, 2^2, 3^2, \cdots 10^2$인 10가지이고 10의 배수인 경우는 10, 20, 30, …100이므로 10가지이다. 그러나 100은 겹치는 수이기 때문에 10 + 10 - 1 = 19이다.

10

정답 ④

버스가 정시보다 일찍 도착할 확률 =
1 - 버스가 정시에 도착할 확률 - 버스가 정시보다 늦게 도착할 확률
$= 1 - \frac{3}{4} - \frac{1}{6} = 1 - \frac{9}{12} - \frac{2}{12} = \frac{1}{12}$이다.

1) 첫째 날 정시 도착, 둘째 날 늦게 도착할 확률: $\frac{3}{4} \times \frac{1}{6} = \frac{1}{8}$

2) 첫째 날 정시 도착, 둘째 날 일찍 도착할 확률: $\frac{3}{4} \times \frac{1}{12} = \frac{1}{16}$

첫째 날과 둘째 날이 바뀌는 경우도 같은 확률이므로
$(\frac{1}{8} + \frac{1}{16}) \times 2 = \frac{3}{16} \times 2 = \frac{3}{8}$이다.

11

정답 ⑤

적어도 한 사람이 합격할 확률 = 1 - 모두 불합격할 확률이므로 $1-\frac{2}{5}\times\frac{1}{6}\times\frac{1}{2}=\frac{29}{30}$이다.

12

정답 ④

6개 자리에 각각 3자리씩 임/직/임/직/임/직, 또는 직/임/직/임/직/임 순서대로 앉아야 하므로 3!×3!×2 = 72가지이다.

13

정답 ③

6명이 원형 테이블에 앉는 모든 경우의 수는 (6 - 1)!이므로 총 120가지이다. 여사건인 신입사원 2명이 이웃하게 앉는 경우의 수를 구해보면, 신입사원을 한 명으로 취급하여 5명을 원형 테이블에 앉히는 경우에서 신입사원끼리 좌우를 바꾸는 경우를 곱하여 4!×2 = 48가지이다.
따라서 신입사원 2명이 서로 이웃하지 않게 앉는 경우의 수는 120 - 48 = 72가지이다.

14

정답 ②

세 사람이 카드를 한 장씩 뽑아서 만든 숫자가 홀수일 확률은 $\frac{\text{만들어진 숫자가 홀수인 경우의 수}}{\text{세 사람이 카드를 1장씩 뽑아서 세 자리 숫자를 만드는 경우의 수}}$이다.
먼저 세 사람이 카드를 1장씩 뽑아서 세 자리 숫자를 만드는 경우의 수를 구해보면 648가지이다.

A		B		C		
1~9 중 1개		남은 9개 숫자 중 1개		남은 8개 숫자 중 1개		
9	×	9	×	8	=	648

다음으로 만들어진 숫자가 홀수인 경우의 수를 구해보면 C가 1, 3, 5, 7, 9 중 1개를 뽑았을 때이다. C가 카드를 마지막에 뽑는다고 했으므로, C가 1을 뽑는 경우의 수를 구해보면 아래와 같이 64가지가 나온다.

A		B		C		
2~9 중 1개		A가 뽑은 숫자와 1을 제외한 8개 숫자 중 1개		1		
8	×	8	×	1	=	64

이는 C가 3을 뽑는 경우와 5를 뽑는 경우, 7을 뽑는 경우, 9를 뽑는 경우 모두 동일한 경우의 수가 나오게 된다. 그러므로 A, B, C가 숫자 3개를 뽑아서 만들어진 세 자리 숫자가 홀수인 경우의 수는 64×5 = 320이다.
따라서 A, B, C가 숫자 3개를 뽑아서 만들어진 세 자리 숫자가 홀수일 확률은 $\frac{320}{648}=\frac{40}{81}$이다.

15

정답 ③

5번을 뽑아서 당첨 복권을 3장 뽑을 확률은 당첨 복권을 3장 뽑을 확률과 당첨이 아닌 복권을 2장 뽑을 확률을 모두 확인해야 한다.
처음 당첨 복권을 뽑을 확률은 $\frac{4}{10}$이다. 두 번째 당첨 복권을 뽑을 확률은 $\frac{3}{9}$이며, 세 번째 당첨 복권을 뽑을 확률은 $\frac{2}{8}$이다. 다음으로 당첨이 아닌 복권을 뽑을 확률은 $\frac{6}{7}$이고, 다음으로 당첨이 아닌 복권을 뽑을 확률은 $\frac{5}{6}$가 된다.
따라서 이 경우 확률은 $\frac{4}{10}\times\frac{3}{9}\times\frac{2}{8}\times\frac{6}{7}\times\frac{5}{6}=\frac{1}{42}$이다.
그런데 당첨 복권을 뽑는 순서는 상관이 없으므로 같은 것이 포함된 순열을 계산하는 방식을 이용하여 $\frac{5!}{3!\times2!}=10$을 구할 수 있고, 따라서 최종 확률은 $\frac{1}{42}\times10=\frac{5}{21}$가 된다.

문제 풀이 꿀TIP

10장의 복권 중 5장을 뽑는 전체 경우의 수는 ${}_{10}C_5=\frac{10\times9\times8\times7\times6}{5!}$ = 252가지이다. 이때, 3장의 당첨 복권과 2장의 당첨이 아닌 복권을 뽑는 경우의 수는 ${}_4C_3\times{}_6C_2=4\times\frac{6\times5}{2!}=4\times15=60$가지이다.
따라서 5장을 뽑았는데, 그중 3장이 당첨 복권일 확률은 $\frac{60}{252}=\frac{5}{21}$이다.

16

정답 ③

맛집이 문을 여는 경우는 내일 비가 오는데 문을 여는 경우와 비가 오지 않는데 문을 여는 경우의 2가지가 있다. 먼저 비가 오는데 문을 열 확률은 (비가 올 확률×비가 오는 날 문을 열 확률)이므로 $\frac{4}{7}\times\frac{3}{5}=\frac{12}{35}$이고, 비가 오지 않는데 문을 열 확률은 (비가 오지 않을 확률×비가 오지 않는 날 문을 열 확률)이므로 $\frac{3}{7}\times\frac{2}{3}=\frac{2}{7}$이다.
따라서 내일 맛집이 문을 열 확률은 $\frac{12}{35}+\frac{2}{7}=\frac{22}{35}$이다.

17

정답 ④

첫 번째 자릿수인 천의 자리가 3, 4, 5, 6인 경우에는 남은 3가지 숫자에 상관없이 2,143보다 크므로, $4\times{}_5P_3=4\times\frac{5!}{2!}=4\times60=240$가지가 된다.
천의 자리가 2인 경우, 백의 자리가 3, 4, 5, 6인 경우에는 남은 2가지 숫자에 상관없이 2,143보다 크므로 $4\times{}_4P_2=4\times\frac{4!}{2!}=4\times12=48$가지가 되고, 백의 자리가 1인 경우에는 십의 자리 숫자가 5, 6인 경우 남은 1가지 숫자에 상관없이 2,143보다 크므로 $2\times{}_3P_1=2\times\frac{3!}{2!}=2\times3=6$가지가 되며, 십의 자리 숫자가 4인 경

해설

우에는 일의 자리 숫자가 3보다 커야 하므로 이미 사용한 숫자인 4를 제외하고 5와 6이 들어가는 2가지 경우가 존재한다.
따라서 천의 자리가 2인 경우 2,143보다 큰 경우의 수는 48 + 6 + 2 = 56가지이므로 총 경우의 수는 240 + 56 = 296가지이다.

문제 풀이 꿀TIP

순열을 사용하지 않고 풀이한다면, 천의 자리가 3, 4, 5, 6인 경우 남은 3가지 숫자에 상관없이 2,143보다 크므로 전체 경우의 수는 240가지이다.

3, 4, 5, 6 중 택1		남은 5개 중 택1		남은 4개 중 택1		남은 3개 중 택1		
4	×	5	×	4	×	3	=	240

천의 자리가 2인 경우 백의 자리가 1인 경우와 1이 아닌 경우로 나누어 생각한다. 백의 자리가 1이 아닌 경우 남은 2가지 숫자에 상관없이 2,143보다 크므로 전체 경우의 수는 48가지이다.

2	3, 4, 5, 6 중 택1		남은 4개 중 택1		남은 3개 중 택1		
	4	×	4	×	3	=	48

천의 자리가 2, 백의 자리가 1인 경우는 십의 자리가 5 또는 6인 경우와 십의 자리가 4인 경우인데, 십의 자리가 4인 경우는 일의 자리가 3보다 커야 하므로 가능한 경우가 2,145와 2,146으로 2가지가 있으며, 십의 자리가 5 또는 6인 경우 남은 1가지 숫자에 상관없이 2,143보다 크므로 전체 경우의 수는 6가지이다.

2	1	5, 6 중 택1		남은 3개 중 택1		
		2	×	3	=	6

따라서 총 경우의 수는 240 + 48 + 2 + 6 = 296가지이다.

DAY 12 경우의 수·확률 ②

p.78

01 ①	02 ③	03 ①	04 ②	05 ①
06 ⑤	07 ③	08 ④	09 ③	10 ⑤
11 ⑤	12 ③	13 ②	14 ⑤	15 ①
16 ⑤	17 ④			

01

정답 ①

내년 판매 목표액을 달성할 확률은 다음과 같다.

1) 내년 여름의 평균 기온이 예년보다 높을 때
   $0.9 \times 0.3 = 0.27$
2) 내년 여름의 평균 기온이 예년과 같을 때
   $0.6 \times 0.5 = 0.3$
3) 내년 여름의 평균 기온이 예년보다 낮을 때
   $0.2 \times 0.2 = 0.04$

따라서 구하고자 하는 확률은 $0.27 + 0.3 + 0.04 = 0.61$이다.

02

정답 ③

1) 우리나라와 일본이 준결승을 치를 경우
   일본이 부전승이 있는 대진표에 있을 확률은 $\frac{2}{6} = \frac{1}{3}$이고, 일본이 준준결승에서 이겨야 우리나라와 시합을 할 수 있기 때문에 $\frac{1}{3} \times \frac{1}{2} = \frac{1}{6}$이다.
2) 우리나라와 일본이 결승전을 치를 경우
   일본은 부전승이 없는 대진표에 있어야 하므로 확률은 $\frac{4}{6} = \frac{2}{3}$이고, 일본이 준준결승, 준결승에서 모두 이겨야 하고 우리나라도 준결승에서 이겨야 결승에서 일본을 만나기 때문에 $(\frac{2}{3} \times \frac{1}{2} \times \frac{1}{2}) \times \frac{1}{2} = \frac{1}{12}$이다.

따라서 구하고자 하는 확률은 $\frac{1}{6} + \frac{1}{12} = \frac{1}{4}$이다.

03

정답 ①

십의 자리에 올 수 있는 숫자는 1~9까지 총 9장이고, 일의 자리에 올 수 있는 숫자는 십의 자리에 자리한 1장의 카드를 제외한 나머지 9장이 된다.
따라서 만들 수 있는 두 자릿수의 자연수는 81개가 된다.

문제 풀이 꿀TIP

0~9까지 총 10개의 숫자가 적힌 10장의 카드라고 했으므로 동일한 숫자가 적힌 카드가 없음을 알 수 있다. 따라서 두 자릿수 숫자 중 구성이 불가능한 숫자는 같은 숫자가 반복되는 11, 22, 33, 44, 55, 66, 77, 88, 99임을 알 수 있고, 총 9개이므로 전체 두 자릿수 숫자 90개 중 9개를 제외한 81개를 만들 수 있다.

04

정답 ②

이벤트에 참여한 남자는 영석이를 포함한 8명이며, 이벤트에 참여한 총 인원이 17명이라고 했으므로 이벤트에 참여한 여자는 유진이를 포함하여 9명이 된다. 이때, 남자 중 영석이가 당첨되는 경우의 수는 당첨자 2명 중 1명이 영석이인 경우이므로 총 7가지의 경우의 수가 있다. (영석, 남자1), (영석, 남자2), ……(영석, 남자7).
또한 여자 중 유진이가 당첨되는 경우의 수는 당첨자 2명 중 1명이 유진이인 경우이므로 총 8가지의 경우의 수가 있다. (유진, 여자1), (유진, 여자2), ……(유진, 여자8).
따라서 총 경우의 수는 $7 \times 8 = 56$가지이다.

05

정답 ①

세민이가 카드를 확인한 후 그 카드를 다시 섞는다고 했으므로 세민이와 수영이의 확률은 서로 독립적이다. 1~20까지의 숫자 중 4의 배수는 4, 8, 12, 16, 20 총 5개가 있으며, 6의 배수는 6, 12, 18 총 3개가 있으므로 세민이가 4의 배수에 해당하는 카드를 뒤집을 확률은 $\frac{5}{20} = \frac{1}{4}$이고, 수영이가 6의 배수에 해당하는 카드를 뒤집을 확률은 $\frac{3}{20}$이다.
따라서 세민이가 4의 배수, 수영이가 6의 배수에 해당하는 카드를 뒤집을 확률은 $\frac{1}{4} \times \frac{3}{20} = \frac{3}{80}$이다.

06

정답 ⑤

정상 제품을 불량으로 판정하는 1종 과오를 저지를 확률이 8%라고 했으므로 정상 제품 600개를 검사했을 때, 92%에 해당하는 552개는 정상 제품, 48개는 불량 제품으로 판정을 하게 된다.
또한 불량 제품을 정상 제품으로 판정하는 2종 과오를 저지를 확률이 2%라고 했으므로 불량 제품 400개를 검사했을 때, 98%에 해당하는 392개는 불량 제품으로, 8개는 정상 제품으로 판정을 하게 된다.
따라서 1,000개를 검사한 판정 결과는 정상 제품 $552 + 8 = 560$개, 불량 제품 $48 + 392 = 440$개가 되므로 임의의 1개를 선택했을 때, 불량 제품으로 판정을 받았을 확률은 $\frac{440}{1,000} = \frac{44}{100} = 44\%$이다.

07

정답 ③

첫 번째 상자에서 당첨권이 나올 확률은 $\frac{4}{4+16} = \frac{1}{5}$이다. 첫 번째 상자에서 $\frac{1}{5}$의 확률로 꺼낸 당첨권을 두 번째 상자에 넣으면 두 번째 상자에는 당첨권 3장과 비 당첨권 13장이 있게 되고, 여기서 당첨권이 나올 확률은 $\frac{3}{3+13} = \frac{3}{16}$이 된다.
따라서 첫 번째 상자와 두 번째 상자에서 모두 당첨권을 뽑을 확률은 $\frac{1}{5} \times \frac{3}{16} = \frac{3}{80}$이 된다.

08

정답 ④

A팀의 2년 차 이상 기존 직원 4명이 자리에 앉는 경우의 수는 총 $4! = 4 \times 3 \times 2 \times 1 = 24$(가지)이고, 신입사원이 자리에 서로 인접하여 앉을 수 없기 때문에 기존 직원들이 앉고 난 이후 그사이 혹은 양 끝의 자리 중 세 군데에 앉을 수 있다. 기존 직원 사이와 양 끝의 자리는 총 5개이고, 그 중 세 군데를 선택하기 때문에 경우의 수는 ${}_5P_3 = 60$이 된다. 즉, A팀이 자리에 앉을 수 있는 총 경우의 수는 $4! \times {}_5P_3 = 24 \times 60 = 1,440$가지이다.

09

정답 ③

한 개를 샘플링했을 때 불량품이 나올 확률은 $\frac{1}{10}$이고, 10번을 뽑아 모두 양품일 확률은 $(\frac{9}{10})^{10}$이다.
10번 중 두 번이 불량품일 확률은 순서에 상관 없으므로
${}_{10}C_2 \times (\frac{9}{10})^8 \times (\frac{1}{10})^2$이고, 이 두 확률의 차이를 나타내면 다음과 같다.

$$(\frac{9}{10})^{10} - 45 \times (\frac{9}{10})^8 \times (\frac{1}{10})^2 = \frac{9^{10} - 45 \times 9^8}{10^{10}}$$
$$= \frac{9^8(9^2 - 45)}{10^{10}} = \frac{36 \times 9^8}{10^{10}} = \frac{4 \times 9^9}{10^{10}}$$

10

정답 ⑤

진수와 서율이 모두 두 번 다 슛을 실패할 확률이 아닌 확률을 구해야 한다. 이를 전체 확률에서 빼면, $1 - (\frac{2}{5} \times \frac{2}{5} \times \frac{1}{3} \times \frac{1}{3}) = \frac{221}{225}$이 된다.

11

정답 ⑤

실내 놀이기구 5개 중 3개를 선택하는 경우의 수는 ${}_5C_3 = {}_5C_2 = \frac{5 \times 4}{2 \times 1} = 10$이고, 야외 놀이기구 4개 중 2개를 선택하는 경우의 수는 ${}_4C_2 = \frac{4 \times 3}{2 \times 1} = 6$이다. 고른 5가지의 놀이기구를 타는 순서를 배열해야 하므로 $10 \times 6 \times 5! = 10 \times 6 \times 120 = 7,200$이다.

12

정답 ③

1쪽~9쪽: 9개
10쪽 ~ 99쪽: 90 × 2 = 180개
100쪽~199쪽: 100 × 3 = 300개
200쪽~299쪽: 100 × 3 = 300개
따라서 299쪽이다.

13

정답 ②

1) 4개 팀씩 이루어진 1개 조의 경기 수는 $_4C_2 = \frac{4 \times 3}{2 \times 1} = 6$
   4개의 조로 이루어진 조별 예선의 경기 수는 6 × 4 = 24번
2) 8강전 경기 수
   8팀이 2팀씩 경기하므로 4번
3) 4강전 경기 수
   4팀이 2팀씩 경기하므로 2번
4) 3·4위전, 결승전
   4강에서 진 팀끼리 3·4위전, 4강에서 이긴 팀끼리 결승전이므로 2번

따라서 총 경기 수는 24 + 4 + 2 + 2 = 32번이다.

14

정답 ⑤

비어있는 하나의 접시를 선택하는 경우의 수 $_5C_1$ = 5가지이다. 나머지 4개의 접시에 들어있는 사과의 개수를 a, b, c, d라 하면 a + b + c + d = 8이고,
(1개, 1개, 1개, 5개)로 나눌 수 있는 경우 4가지
(1개, 1개, 2개, 4개)로 나눌 수 있는 경우 12가지
(1개, 1개, 3개, 3개)로 나눌 수 있는 경우 6가지
(1개, 2개, 2개, 3개)로 나눌 수 있는 경우 12가지
(2개, 2개, 2개, 2개)로 나눌 수 있는 경우 1가지이므로 총 35가지이다.
따라서 5 × 35 = 175가지이다.

15

정답 ①

5개의 숫자라고 했으므로 1~5까지 5개라고 가정을 한다면 첫 숫자가 1, 마지막 숫자가 5일 때 가능한 경우의 수는 3 × 2 = 6가지가 있다.

1	2, 3, 4 중 택1	남은 2개 중 택1	5
	3 ×	2 =	6

첫 숫자가 1, 마지막 숫자가 4일 때 가능한 경우의 수는 2 × 1 = 2가지가 있다.

1	2, 3 중 택1	남은 1개	4
	2 ×	1 =	2

첫 숫자가 2, 마지막 숫자가 5일 때 가능한 경우의 수는 2 × 1 = 2가지가 있다.

2	3, 4 중 택1	남은 1개	5
	2 ×	1 =	2

따라서 총 경우의 수는 10가지이다.

16

정답 ⑤

컴퓨터활용능력 1급에 합격할 확률은 40%이고, 한국사능력검정시험에서 2급 이상을 취득할 확률은 2급이 나올 확률 33% + 1급이 나올 확률 37% = 70%이므로, 컴퓨터활용능력 1급과 한국사능력검정 2급 이상을 취득할 확률은 40% × 70% = 28%가 된다.

17

정답 ④

A가 우승을 하는 경우 중 첫 번째는 A가 부전승으로 바로 결승에 올라가는 경우이다. B와 C의 결과 B가 C에게 이길 확률이 40%이고, A가 B를 이길 확률은 60%이므로 B가 결승전에 올라와서 A와 경기 후 A가 이길 확률은 40% × 60% = 0.4 × 0.6 = 0.24 = 24%이다. 반대로 C가 B를 이길 확률은 60%이고, A가 C를 이길 확률은 30%이므로 C가 결승전에 올라와서 A와 경기 후 A가 이길 확률은 60% × 30% = 0.6 × 0.3 = 0.18 = 18%이다. 따라서 A가 부전승으로 결승에 진출할 경우 우승할 확률은 24% + 18% = 42%가 된다.
A가 우승을 하는 경우 중 두 번째는 B가 부전승으로 바로 결승에 올라가고 A가 C와 B를 연속으로 이겨서 우승을 하는 경우이다. 이 경우 A가 C를 이길 확률인 30%와 A가 B를 이길 확률인 60%의 곱이므로 30% × 60% = 0.3 × 0.6 = 0.18 = 18%이다.
A가 우승을 하는 경우 중 세 번째는 C가 부전승으로 바로 결승에 올라가고 A가 B와 C를 연속으로 이겨서 우승을 하는 경우이다. 이 경우는 앞서 살펴본 B와 C를 연속으로 이기는 경우와 확률이 동일하므로 18%임을 알 수 있다.
각 경우는 3명 중 1명이 부전승으로 올라가는 경우를 나타내므로 $\frac{1}{3}$의 확률로 발생한다.
따라서 최종적으로 A가 우승을 할 확률은 $\frac{1}{3} \times (42\% + 18\% + 18\%) = 26\%$이다.

DAY 13 기타 p.84

01 ④	02 ③	03 ④	04 ①	05 ④
06 ④	07 ①	08 ①	09 ②	10 ④
11 ②	12 ②	13 ①	14 ④	15 ④
16 ③				

01

정답 ④

전체 수강생 48명 중 안경을 착용한 학생은 48명 × $\frac{1}{4}$ = 12명이고, 나머지 학생 36명 중 $\frac{1}{4}$인 9명은 렌즈를 착용하였다. 또 나머지 학생 36명 중 $\frac{1}{3}$인 12명은 라식을 하였다. 이에 따라 전체 수강생 48명 중 12명은 안경을 착용하였고, 9명은 렌즈를 착용하였으며, 12명은 라식을 하였음을 알 수 있다.
따라서 이 중 안경이나 렌즈를 착용하지 않고 라식도 하지 않은 학생은 48 - 12 - 9 - 12 = 15명이다.

02

정답 ③

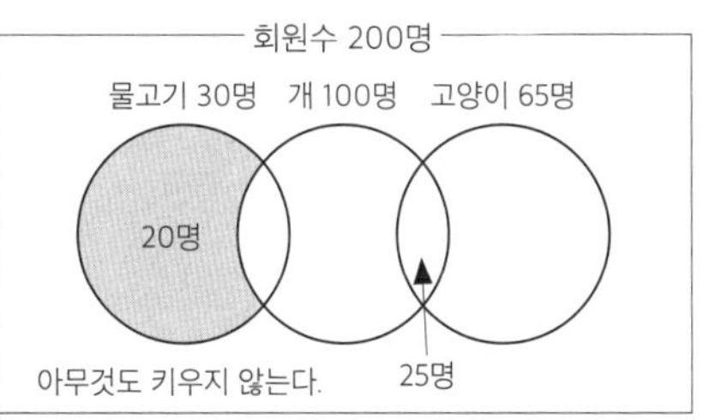

문제에서 제시한 근거를 도형으로 표시해 보면 위와 같이 정의할 수 있다. 이때 물고기를 키우는 회원은 30명이고, 물고기를 키우지만 개는 키우지 않는 회원은 20명이므로 물고기와 개를 키우는 회원은 10명임을 확인할 수 있다.
따라서 회원 전체 200명 중에 아무것도 키우지 않는 회원을 구하면 전체 회원 수 - (물고기를 키우는 회원 수 + 개를 키우는 회원 수 + 고양이를 키우는 회원 수 - 물고기와 개를 모두 키우는 회원 수 - 개와 고양이를 모두 키우는 회원 수)이다.
즉, 200 - (30 + 100 + 65 - 10 - 25) = 200 - 160 = 40명이 된다.

03

정답 ④

합격한 사람의 평균 점수는 x점, 불합격한 사람의 평균 점수는 y점이라고 했을 때, 전체 50명의 평균 점수는 $\frac{30x+20y}{50} = \frac{3x+2y}{5}$점이다. 필기시험 합격자 중 가장 낮은 점수는 평균보다 20점 낮았기 때문에 $x - 20$점이고, 전체 50명의 평균보다 8점이 낮았기 때문에 $\frac{3x+2y}{5} - 8$점과 동일하고, 불합격자의 평균의 2배보다 6점이 낮으므로 $2y - 6$점과도 같다.
따라서 $x - 20 = \frac{3x+2y}{5} - 8 = 2y - 6$의 수식이 성립한다.
$x - 20 = 2y - 6,\ x - 2y = 14$ … ㉠
$\frac{3x+2y}{5} - 8 = 2y - 6,\ 3x - 8y = 10$ … ㉡
㉠과 ㉡을 연립하면 $x = 46,\ y = 16$이므로 합격자 평균 점수는 46점이다.

04

정답 ①

최저 합격점수를 x점이라고 하면 40명의 평균 점수는 $x + 5$점이 된다. 또한 최종합격자의 평균은 $x + 15$점이 되고, 불합격자의 평균은 $\frac{x+10}{2}$점이 된다.
즉, 40명 지원자의 평균 점수를 보면

$$\frac{20\times(x+15)+20\times\frac{x+10}{2}}{40} = x+5,$$

$20x + 300 + 10x + 100 = 40x + 200,\ 10x = 200,\ x = 20$
따라서 최저 합격점수는 20점이다.

05

정답 ④

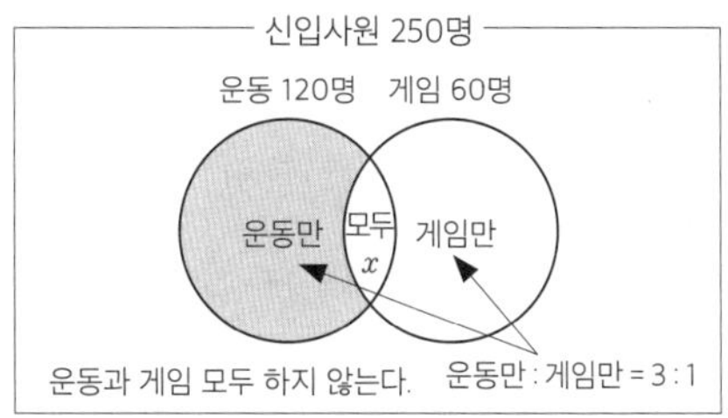

운동과 게임을 모두 하는 신입사원을 x명이라고 하면 운동만 하는 신입사원은 $(120 - x)$명으로 볼 수 있고, 게임만 하는 신입사원은 $(60 - x)$명으로 볼 수 있다. 이때 운동을 하지만 게임을 하지 않는 신입사원은 게임을 하지만 운동을 하지 않는 신입사원의 3배가 되므로 운동만 하는 신입사원 : 게임만 하는 신입사원 = 3 : 1이다.
$(120 - x) : (60 - x) = 3 : 1$
$120 - x = 180 - 3x,\ 2x = 60,\ x = 30$명이다.
따라서 운동은 하지만 게임을 하지 않는 신입사원은 120 - 30 = 90명이다.

06

정답 ④

10번의 모의고사에서 항상 94점 또는 87점을 받았다고 했으므로 94점을 받은 횟수를 x라 하면 87점을 받은 횟수는 $10 - x$가 되고, 10번의 모의고사 평균 점수는 91.2점이라고 했으므로 10번의 모의고사 총점은 91.2 × 10 = 912점이 된다. $94x + 87(10 - x) = 912$이므로 정리하면 $94x + 870 - 87x = 912$이고, $7x = 42$가 되어 $x = 6$이다.
따라서 94점을 받은 횟수는 6번이다.

문제 풀이 꿀TIP

가중평균을 활용하여 풀이할 수 있다. 94점과 87점의 가중평균이 91.2점이므로 91.2점은 94점과는 2.8점 차이, 87점과는 4.2점 차이가 난다. 2.8 : 4.2 = 2 : 3이므로, 94점을 받은 횟수와 87점을 받은 횟수는 3 : 2의 비율을 갖게 된다. 총 10회의 시험이라고 했으므로 3 : 2 = 6 : 4가 되어 94점을 받은 횟수는 6번임을 알 수 있다.

07

정답 ①

200명 중 상위 30%가 합격했다고 했으므로 합격자 수는 200 × 0.3 = 60명이다. 합격자의 평균 점수를 x, 불합격자의 평균 점수를 y라 하면, 합격자와 불합격자의 평균 점수 차이가 26점이라고 했으므로 $x - y = 26$이고, $60x + 140y = 200 \times 57.6$이다.
정리하여 연립하면 다음과 같다.

$60x + 140y = 11,520$ $\quad 3x + 7y = 576$
$x - y = 26$ $\quad \rightarrow \quad 7x - 7y = 182 \quad \rightarrow \quad 10x = 758$
$\therefore x = 75.8$

08

정답 ①

12명 중 8명의 점수의 총합은 533이고, 남은 네 명 중 한 명의 점수는 응시자 평균 점수보다 13점이 높았으며, 그 외 세 명의 평균 점수가 82점이라고 했으므로 세 명의 점수 총합은 246점이다. 남은 한 명의 점수를 x라 하면 12명의 점수 총합은 $533 + 246 + x$가 된다. 이때 평균은 $(533 + 246 + x) \div 12$이고, 이는 x보다 13점이 낮으므로 $(533 + 246 + x) \div 12 = x - 13$이다. $779 + x = 12x - 156$이고, $935 = 11x$이므로 $x = 85$이다.
따라서 학생 12명의 평균 점수는 85 - 13 = 72점이다.

09

정답 ②

을의 점수를 x, 병의 점수를 y라 하면 $(115 + x + y) \div 3 = 108$이므로 $115 + x + y = 324$이고, $x + y = 209$이다. 또한 세 사람의 평가 점수의 분산이 26이라고 했으므로 $\{(115 - 108)^2 + (x - 108)^2 + (y - 108)^2\} \div 3 = 26$이 된다. 정리하면 $49 + (x - 108)^2 + (y - 108)^2 = 78$이므로 $(x - 108)^2 + (y - 108)^2 = 29$가 된다. 제곱을 해서 나오는 결괏값이 29 미만인 수는 1, 2, 3, 4, 5뿐이고 각 수의 제곱은 1, 4, 9, 16, 25인데, 이 중 두 수의 합이 29가 되는 경우는 4 + 25뿐이다. 이에 따라 $(x - 108)^2$와 $(y - 108)^2$는 각각 4와 25가 된다.
따라서 가능한 점수의 조합은 113점과 110점 또는 103점과 106점이고, $x + y = 209$이므로 을과 병의 점수의 조합은 103점과 106점이 되며, 을의 점수가 병의 점수보다 높다고 했으므로 을이 106점, 병이 103점이 된다.

10

정답 ④

분산은 편차^{2}의 평균이므로 (25 + 1 + 1 + 9 + 4) ÷ 5 = 8이다.
표준편차는 분산의 제곱근이므로 $\sqrt{8} = 2\sqrt{2}$이고, $\sqrt{2}$는 약 1.414이므로 $2\sqrt{2} \fallingdotseq 2 \times 1.414 = 2.828$이다.
따라서 소수점 둘째 자리에서 반올림하면 2.8이 된다.

11

정답 ②

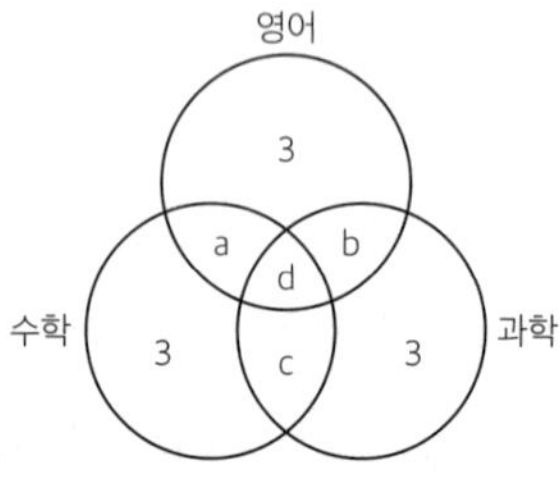

문제에서 주어진 두 과목만 다니는 학생의 수는 a + b + c = 16명이다. 학원을 한 과목 이상 다니는 친구들은 30 - 1 = 29명이며, 이 중 두 과목만 다니는 친구들은 총 9명이므로, d = 29 - 16 - 9 = 4이다.
즉, 세 과목의 학원을 모두 다니는 친구들은 d = 4, 4명이 된다.

12

정답 ②

문제에서 제시된 근거를 기준으로 벤다이어그램을 작성해 보면 다음과 같다.

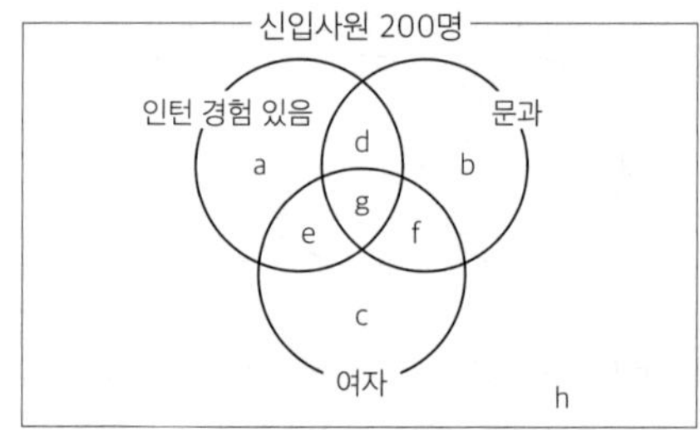

ㄱ. a + d + e + g = 56
ㄴ. d + g = 31
ㄷ. h = 22
ㄹ. c = 92임을 알 수 있다.
a + b + c + d + e + f + g + h = 200
(a + d + e + g) + (b + c + f + h) = 200
b + c + f + h = 200 - 56 = 144
b + 92 + f + 22 = 144
b + f = 144 - 114 = 30
따라서 문과 출신 신입사원 b + d + f + g = (b + f) + (d + g) = 30 + 31 = 61명이다.

13

정답 ①

주요 과목 국어, 영어, 수학, 사회, 과학의 점수를 a, b, c, d, e라고 가정하고, 문제에서 제시된 각각의 근거를 풀이해 보면 다음과 같다.

ㄱ. 100 ≥ (a, b, c, d, e)
ㄴ. b + e = 82점 × 2 = 164
ㄷ. c + d = 76점 × 2 = 152
ㄹ. a + b + d = 84점 × 3 = 252
ㅁ. a + b + c + d + e = 5a
ㅂ. b = d + 1

각각의 근거를 조합하면
ㄴ + ㄷ = b + c + d + e = 316
ㅁ - (ㄴ + ㄷ) = a + b + c + d + e = a + 316 = 5a, 316 = 4a, a = 79점
이어서 ㄹ에 a = 79점과 ㅂ을 대입하면
a + b + d = 79 + (d + 1) + d = 252, 2d = 172, d = 86점, b = 87점
ㄴ에 b=87점을 대입하면 b + e = 87 + e = 164, e = 77점
ㄷ에 d=86점을 대입하면 c + d = c + 86 = 152, c = 66점
따라서 국어가 79점, 영어가 87점, 수학이 66점, 사회이 86점, 과학이 77점으로 가장 높은 점수는 영어, 가장 낮은 점수는 수학이다.

14

정답 ④

전체 집합을 U, $n(A \cap B \cap C) = x$, $n((B \cap C) - A) = y$라 하고 벤다이어그램에 각각의 영역에 해당하는 원소의 개수를 표시하면 다음과 같다.

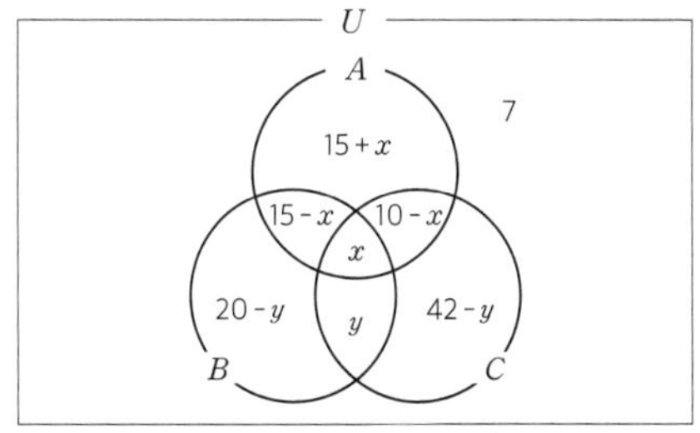

$n(A \cup B \cup C) = 102 - y = 93$이므로 $y = 9$이다.
x의 범위는 $0 \leq x \leq 10$이고, 두 문제 이상 맞힌 학생 수는 $34 - x$이므로 최솟값은 $x = 10$일 때 24명이다.

15

정답 ④

① 중앙값은 자료의 개수가 짝수인 경우 2개가 존재하며, 그 2개 값의 평균이 중앙값이 되어 항상 자료의 값 중에 존재하는 것은 아니므로 옳지 않은 설명이다.
② 최빈값은 자료의 수가 적은 경우 자료의 경향을 잘 반영하지 못할 수 있으므로 옳지 않은 설명이다.
③ 최빈값은 항상 존재하는 것은 아니며, 모든 자료의 값이 1개씩만 존재하거나 빈도수가 모두 같으면 최빈값은 존재하지 않으므로 옳지 않은 설명이다.
④ 평균은 중앙값에 비해 변량의 값에 영향을 더 많이 받으므로 옳은 설명이다.
⑤ 평균은 자료의 값에 영향을 더 많이 받기 때문에 자료의 값에 매우 크거나 매우 작은 극단적인 값이 포함되어 있을 때는 대푯값으로 중앙값을 사용하는 것이 더 합리적이므로 옳지 않은 설명이다.

16

정답 ③

합격자의 수가 6명이고 평균 점수가 94점이므로 합격자의 점수 합은 94 × 6 = 564점이다. 탈락자의 수는 총 지원자 40명에서 합격자 6명을 뺀 수이므로 34명이 되고 평균 점수는 84점이므로 탈락자의 점수 합은 84 × 34 = 2,856점이다. 총인원이 받은 점수의 합은 2,856 + 564 = 3,420점이고 평균 점수는 3,420/40 = 85.5점이다.
따라서 합격자의 평균 점수와 전체 평균 점수의 차이는 94 - 85.5 = 8.5점이다.

PART 2 응용수리 실전 공략

DAY 14 실전 연습 ① p.92

01 ④ 02 ③ 03 ⑤ 04 ② 05 ②
06 ⑤ 07 ④ 08 ② 09 ④ 10 ③
11 ④ 12 ③ 13 ⑤ 14 ② 15 ③
16 ③

01

정답 ④

시우가 굴린 주사위 값들의 최소공배수를 구하려면 5, 8, 6, 1의 최소공배수를 구하면 된다.
8과 6의 공통 인수인 2가 중복되므로, 5×2×(8÷2)×(6÷2)×1=120이 최소공배수가 되고 현수가 이기려면 120보다 큰 최소공배수가 나와야 한다. 이때, 현수는 3, 5, 4와 다른 한 수의 값으로 120보다 큰 수가 나와야 하는데, 3, 5, 4의 최소공배수는 3×4×5=60이고, 다른 8면체 주사위의 값이 1부터 6의 값을 가지는 경우, 똑같이 60의 최소공배수의 값을 가지게 된다.
7인 경우에는 3, 4, 5, 7의 공통 인수가 없으므로 그대로 네 수를 곱한 420이 되어 현수가 이길 수 있게 되며, 8인 경우에는 3, 4, 5, 8 중 4, 8은 공통 인수가 4가 있으므로 3×4×(4÷4)×5×(8÷4)=120으로 시우와 비기게 되므로 정답이 될 수 없다.

02

정답 ③

A와 B는 12일과 15일의 공배수마다 함께 당직을 선다. 12와 15의 최소공배수를 구하기 위해 두수를 각각 소인수분해하면 $12=2^2\times3$, $15=3\times5$이므로 최소공배수는 $2^2\times3\times5=60$이다. 즉, 60일 이후 함께 당직에 서게 된다. 각 월의 말일이 5월은 31일, 6월은 30일이므로 구하는 날은 5월 1일에서 60일 후인 6월 30일이다.

문제 풀이 꿀TIP

날짜 계산이 어렵다면 한 달 단위로 끊어서 생각하자.
5월 1일에서 6월 1일까지는 5월이 31일까지 있으므로 31일 후가 되고 나머지 29일을 더해주어야 하므로 6월 30일이 정답이 된다.

03

정답 ⑤

A가 혼자 조립하면 90시간이 소요된다고 했으므로 A는 1시간당 $\frac{1}{90}$만큼 조립이 가능하다. A와 B가 함께 조립하면 60시간이 소요된다고 했으므로 A와 B가 함께하면 1시간당 $\frac{1}{60}$만큼 조립이 가능하고, B가 혼자 1시간당 조립 가능한 양을 x라 하면, A가 1시간당 $\frac{1}{90}$만큼 조립이 가능하므로 $\frac{1}{90}+x=\frac{1}{60}$이고, 양변에 180을 곱해서 정리하면 $2+180x=3$이므로 $x=\frac{1}{180}$이다. 따라서 B 혼자 조립식 장난감을 조립하면 180시간이 소요된다.
B와 C가 함께 조립식 장난감을 조립하면 72시간이 걸린다고 했으므로 B와 C가 함께하면 1시간당 $\frac{1}{72}$만큼 조립이 가능하고, C가 혼자 1시간당 조립 가능한 양을 y라 하면, B가 1시간당 $\frac{1}{180}$만큼 조립이 가능하므로 $\frac{1}{180}+y=\frac{1}{72}$이고, 양변에 360을 곱해서 정리하면 $2+360y=5$이므로, $y=\frac{1}{120}$이다.
따라서 C 혼자 조립식 장난감을 조립하면 120시간이 소요된다.

문제 풀이 꿀TIP

B가 혼자 1시간당 조립 가능한 양을 x라 하고, C가 혼자 1시간당 조립 가능한 양을 y라 하면 A와 B가 함께 조립하는 경우 수식은 $\frac{1}{90}+x=\frac{1}{60}$이고, B와 C가 함께 조립하는 경우 수식은 $x+y=\frac{1}{72}$가 된다. 두 수식을 연립하면 $\frac{1}{90}-y=\frac{1}{60}-\frac{1}{72}$이고, 양변에 360을 곱해서 정리하면 $4-360y=6-5$이다.
따라서 $3=360y$이고, $y=\frac{1}{120}$이다.

04

정답 ②

작년 A 학과 남학생 수를 x명, 여학생 수를 y명이라 하면, 올해 A 학과 남학생 증가 인원은 $0.08x$이고 여학생 감소 인원은 $0.03y$이므로 수식으로 정리해 보면 다음과 같다.

$x+y=725 \rightarrow 8x+8y=5{,}800$
$0.08x-0.03y=36 \rightarrow 8x-3y=3{,}600 \rightarrow 11y=2{,}200$
$\therefore y=200$

작년 A 학과 여학생 수는 200명이고, 올해는 3% 감소하여 194명이다.
작년 B 학과 남학생 수를 Q명, 여학생 수를 W명이라 하면, 올해 B 학과 남학생 증가 인원은 0.01Q이고 여학생 감소 인원은 0.04W이므로 수식으로 정리해 보면 다음과 같다.

$Q + W = 525$ → $Q + W = 525$
$0.01Q - 0.04W = -1$ → $Q - 4W = -100$ → $5W = 625$
$\therefore W = 125$

작년 B 학과 여학생 수는 125명이고, 올해는 4% 감소하여 120명이다.

따라서 올해 A 학과와 B 학과에 재학 중인 여학생 수는 194 + 120 = 314명이다.

문제 풀이 꿀TIP

작년 A 학과 여학생 수를 x, 작년 B 학과 여학생 수를 y라 하면 A 학과 남학생 수는 $725 - x$, B 학과 남학생 수는 $525 - y$가 되므로 $(725 - x) \times 0.08 - 0.03x = 36$이라는 수식과 $(525 - y) \times 0.01 - 0.04y = -1$이라는 수식을 만들 수 있다.
첫 번째 식을 정리하면 $58 - 0.08x - 0.03x = 36$이므로 $22 = 0.11x$이고, 따라서 $x = 200$이다.
두 번째 식을 정리하면 $5.25 - 0.01y - 0.04y = -1$이므로 $6.25 = 0.05y$이고, $y = 125$이다.
따라서 작년 A 학과 여학생 수가 200명이므로 올해는 194명이 되고, 작년 B 학과 여학생 수가 125명이므로 올해는 120명이 되어 총 314명임을 확인할 수 있다.

05

정답 ②

A가 달린 시간을 x시간으로 두면, B가 달린 시간은 $(x + 1/2)$시간이다. 두 사람이 달린 거리의 합이 200km가 되어야 하므로 $90x + 10(x + 1/2) = 200$이고 $x = 39/20$시간이 된다.

따라서 두 사람이 만나는 시간은 A가 출발한 시간으로부터 1시간 57분 후이다.

06

정답 ⑤

1호차가 행사장까지 이동하는 데 걸린 시간을 x시간이라고 할 때 2호차가 회사에서 행사장까지 이동하는 데 걸린 시간은 $x + \frac{1}{3}$시간이다. 1호차와 2호차가 이동한 거리가 같기 때문에 $70x = 60(x + \frac{1}{3})$이고, $70x = 60x + 20$, $x = 2$시간만큼 이동했다.

따라서 행사장까지의 거리는 $70 \times 2 = 140$km이다.

07

정답 ④

6%의 소금물 중 절반은 200g이고, 11%의 소금물 전부는 300g이므로 Cross 방법을 통해 농도를 확인해 보면 다음과 같이 9%임을 알 수 있다.

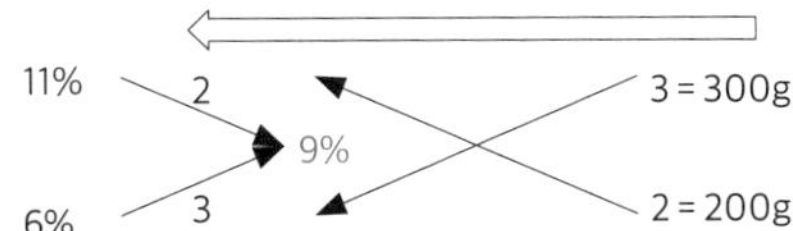

완성된 소금물은 9% 소금물 500g이고, 최초 농도를 측정하지 않은 소금물은 750g이라고 했으며 완성된 소금물의 농도는 7.5%라고 했으므로 다시 한 번 Cross 방법을 사용해 보면 다음과 같다.

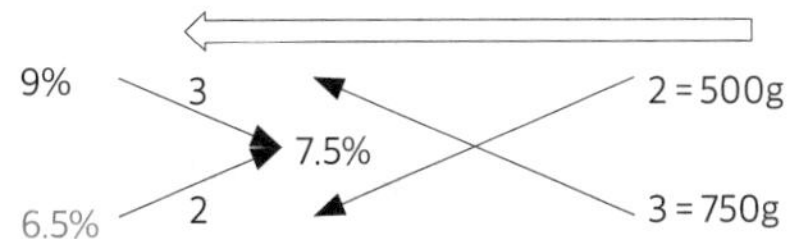

따라서 최초 농도를 알 수 없었던 소금물의 농도는 6.5%이고, 농도가 6.5%인 소금물 750g 안에 들어있는 소금의 양은 $750 \times 0.065 = 48.75$g이다.

08

정답 ②

A 업체의 원가를 x라 하면 A 업체의 판매가는 원가에 20%의 이익을 붙인 정가에서 10%를 할인한 금액이므로 $x \times 1.2 \times 0.9 = 1.08x$이고, B 업체는 원가에 10%의 이익을 붙여서 정가를 책정했다고 했으므로 정가는 $1,500 \times 1.1 = 1,650$이다. A 업체의 판매가가 B 업체의 정가보다 57원 저렴하다고 했으므로 A 업체의 판매가는 $1,650 - 57 = 1,593$원이 된다.

$1.08x = 1,593$이므로 $x = 1,475$원이다.

문제 풀이 꿀TIP

A 업체는 10%의 이익을 더해서 정가를 책정하고 해당 금액에서 10% 할인했으므로 원가에서 8%의 이익을 더한 금액이 된다. 이 금액이 B 업체의 정가보다 57원 저렴하다고 했으므로 B 업체와 원가가 동일하게 1,500원이라고 한다면 2%의 차이는 30원 밖에 되지 않으므로 A 업체의 원가는 B 업체보다 저렴할 수밖에 없다. 따라서 정답은 선택지 ① 또는 ②가 되는데, 1,450원의 8%는 116원이므로 1,450원에 8%의 이익을 붙인 금액은 1,569원이다. 이 금액은 1,500원에 10%의 이익을 붙인 1,650원에 비해 80원 이상 저렴하므로 정답이 될 수 없다. 따라서 정답은 ②가 된다.

09

정답 ④

원가가 1개당 800원이라고 했으므로 첫 주에 판매한 정가는 $800 \times 1.5 = 1,200$원이고, 두 번째 주에 판매한 판매가는 $1,200 \times 0.8 = 960$원이며, 세 번째 주에 판매한 판매가는 $960 - 60 = 900$원이다. 따라서 첫 번째 주에는 1개당 이익이 400원, 두 번째 주에는 1개당 이익이 160원, 세 번째 주에는 1개당 이익이 100원이 된다. 첫 번째 주에 총 수량 중 $\frac{1}{3}$을 판매했으며, 두 번째 주에는 남은 수량의 $\frac{1}{2}$을 판매했고, 세 번째 주에는 나머지를 모두 판매했다고 했으므로 총 수량을 A라 하면 첫 번째 주에 판매한 수량은 $\frac{1}{3}$A이고, 두 번째 주에는 남은 수량의 $\frac{1}{2}$을 판매했다고 했으므로 $\frac{2}{3}A \times \frac{1}{2} = \frac{1}{3}A$이며, 세 번째 주에는 첫 번째 주와 두 번째 주에 판매하고 남은 수량을 판매했다고 했으므로 사실상 매주 판매한 수량은 총 수량의 $\frac{1}{3}$로 동일하다.

따라서 각 주에 판매된 수량을 x라 하면 $400x + 160x + 100x = 49,500$이고, $660x = 49,500$이므로 $x = 75$이다. 이는 1주당 판매된 수량이므로 총 수량은 $75 \times 3 = 225$개이다.

10

정답 ③

수요일에 눈이 내리는 경우는, 목요일에도 눈이 내리고 금요일에 눈이 내리는 경우와 목요일에는 눈이 내리지 않고 금요일에는 눈이 내리는 2가지 경우가 있다.
목요일에 눈이 내리고 금요일에 눈이 내리는 경우는 (목요일에 눈이 내릴 확률×금요일에 눈이 내릴 확률)이므로 $\frac{3}{7}\times\frac{3}{7}=\frac{9}{49}$이다. 목요일에 눈이 내리지 않고 금요일에 눈이 내리는 경우는 (목요일에 눈이 내리지 않을 확률×금요일에 눈이 내릴 확률)이므로 $\frac{4}{7}\times\frac{1}{7}=\frac{4}{49}$이다.
따라서 금요일에 눈이 내릴 확률은 $\frac{9}{49}+\frac{4}{49}=\frac{13}{49}$이다.

11

정답 ④

갑이 호텔을 선택할 방법은 3가지, 을이 호텔을 선택할 방법은 3가지, 병이 호텔을 선택할 방법은 3가지, 정이 호텔을 선택할 방법은 3가지이다.
따라서 $3^4=81$가지이다.

12

정답 ③

A반의 영어 평균 점수를 a점이라고 할 경우에 B반은 a - 10점이고, C반의 평균은 2a - 40 = (a - 10) + 25이 되므로 2a - 40 = a + 15, a = 55점이 된다. 따라서 A반의 평균은 55점, B반의 평균은 45점, C반의 평균은 70점이 된다. 여기에 전체 학생의 평균을 구해보면 다음과 같다.
A반의 총점 = 55 × 40 = 2,200점
B반의 총점 = 45 × 50 = 2,250점
C반의 총점 = 70 × 35 = 2,450점
따라서 전체 학생의 총점은 6,900점이 된다. 전체 학생 수는 125명이므로 전체 학생 평균 점수는 $\frac{6,900}{125}=55.2 \fallingdotseq 55$점이 된다.

13

정답 ⑤

① 분산이 클수록 자료는 평균으로부터 멀리 떨어져 있으므로 옳지 않은 설명이다.
② 편차는 변량에서 평균을 뺀 값이므로 옳지 않은 설명이다.
③ 표준편차가 작을수록 평균에 가까이 분포되어 있고 분포 상태가 고르다고 할 수 있으므로 옳지 않은 설명이다.
④ 편차는 변량의 값이 평균값보다 작을 경우 음수의 값도 가질 수 있으므로 옳지 않은 설명이다.
⑤ 편차의 절댓값이 클수록 변량은 평균에서 멀리 떨어져 있으므로 옳은 설명이다.

14

정답 ②

파운드화를 유로화로 바꾸기 위해서는 파운드화를 원화로, 원화를 유로화로 환전하는 이중 환전을 사용해야 한다.
따라서 파운드화를 원화로 환전하게 될 때 =
2,400파운드 × 1,500원/파운드 = 3,600,000원이고,
원화를 다시 유로화로 환전하게 될 때 =
3,600,000원 ÷ 1,200유로/원 = 3,000유로이다.

15

정답 ③

민국이가 축구장에 도착하여 40분간 운동을 하고 시계를 본 시각은 4시 10분이다. 이때 손목시계의 두 바늘이 이루는 각도를 보면, x시 y분일 때 시침의 각도는 $30°x+0.5°y$이므로 $30°\times4+0.5°\times10=125°$이고, x시 y분일 때 분침의 각도는 $6°y$이므로 $6°\times10=60°$가 된다.
따라서 시침과 분침 사이의 각도는 $|125°-60°|=65°$이다.

16

정답 ③

1) A → P → B로 가는 최단 거리는
$\frac{3!}{2!}\times\frac{5!}{2!3!}=3\times10=30$가지
2) A → Q → B로 가는 최단 거리는
$\frac{6!}{3!3!}\times2=20\times2=40$가지
3) A → P → Q → B로 가는 최단 거리는
$\frac{3!}{2!}\times\frac{3!}{2!}\times2=3\times3\times2=18$가지

P 지점을 지나고 Q 지점을 지나지 않는 경우의 수는 30 - 18 = 12가지이고, Q 지점을 지나고 P 지점을 지나지 않는 경우의 수는 40 - 18 = 22가지이다.
따라서 P와 Q 중에 한 점만 지나는 경우는 12 + 22 = 34가지이다.

DAY 15 실전 연습 ②

p.98

01 ③	02 ④	03 ⑤	04 ②	05 ②
06 ③	07 ④	08 ①	09 ②	10 ①
11 ⑤	12 ③	13 ⑤	14 ②	15 ②
16 ③	17 ③			

01

정답 ③

작년 남자 신입사원 수를 x, 여자 신입사원 수를 y라 하면 $x+y=465$이다. 올해는 전년 대비 남자 신입사원이 5% 증가했다고 했으므로 증가한 인원은 $0.05x$이고, 여자 신입사원은 12% 증가했다고 했으므로 증가한 인원은 $0.12y$이다. 또한 올해 선발된 신입사원은 작년 대비 39명 많다고 했으므로 $0.05x+0.12y=39$가 된다. 두 수식을 연립해 보면 아래와 같다.

$x+y=465 \rightarrow 5x+5y=2{,}325$

$0.05x+0.12y=39 \rightarrow 5x+12y=3{,}900 \rightarrow 7y=1{,}575$

$\therefore y=225$

따라서 작년에 선발한 여자 신입사원 수는 225명이고, 올해는 12%가 증가했다고 했으므로 $225\times1.12=252$명이다.

02

정답 ④

처음 들어있던 A4용지의 묶음 수를 x, A5용지의 묶음 수를 y라 하면 $x+y=60$이고, 'A4용지를 $\frac{3}{4}$만큼, A5용지를 $\frac{1}{5}$만큼 사용한 뒤'라고 했으므로 남아있는 용지의 수량은 각각 $\frac{1}{4}x$, $\frac{4}{5}y$가 된다. A4용지 1묶음의 무게가 800g = 0.8kg이고, A5용지 1묶음의 무게가 600g = 0.6kg이므로 $\frac{1}{4}x\times0.8+\frac{4}{5}y\times0.6=17.6$이 된다.

정리하면 다음과 같다.

$x+y=60 \qquad x+y=60 \rightarrow 2x+2y=120$

$\frac{1}{4}x\times0.8+\frac{4}{5}y\times0.6=17.6 \rightarrow 0.2x+0.48y=17.6 \rightarrow 2x+4.8y=176$

$2.8y=56$

$\therefore y=20$

따라서 처음에 들어 있던 A5용지는 20묶음이다.

03

정답 ⑤

지난달 ○○출판사가 판매한 교재 A의 수량을 x, 교재 B의 수량을 y라 하면 $x+y=1{,}600$이고, 교재 A는 지난달에 비해 3% 감소하고 교재 B는 지난달에 비해 5% 증가하여 총 판매 수량은 16권 증가했으므로 $-0.03x+0.05y=16$이다.

$x+y=1{,}600 \rightarrow 3x+3y=4{,}800$

$-0.03x+0.05y=16 \rightarrow -3x+5y=1{,}600 \rightarrow 8y=6{,}400$

$\therefore y=800$

지난달 ○○출판사가 판매한 교재 B가 800권이고, 이번 달에는 판매량이 5% 증가했으므로 $800\times1.05=840$권이 된다.

문제 풀이 꿀TIP

교재 A와 교재 B 모두 판매량이 3% 감소했다면 1,600권에서 48권이 감소해야 한다. 하지만 교재 B는 5% 증가했고 전체 판매 수량은 16권 증가했으므로 교재 B의 8%에 해당하는 수량이 $48+16=64$권이 된다. 8%가 64권이므로 지난달 교재 B의 판매 수량을 x라 하면 $0.08x=64$이고, $x=800$이다.
따라서 지난달 교재 B의 판매 수량이 800권이므로 이번 달에 5% 증가한 840권이 된다.

04

정답 ②

n마리의 말이 x일 동안 먹는 풀의 양은 처음에 있던 풀의 양(A)과 x일 동안 자란 풀의 양의 합과 같으므로, $n\times x\times1=A+x\times B$로 나타낼 수 있다. 12마리의 말이 4일 지나서 풀을 다 먹는다면 $12\times4\times1=A+4B$이고 7마리의 말이 9일 만에 풀을 다 먹는다면 $7\times9\times1=A+9B$가 된다.

위 두 식을 연립하면 A = 36, B = 3이므로, A + B = 39가 된다.

05

정답 ②

가로 128m와 세로 80m의 최대 공약수는

```
4 | 128  80
4 |  32  20
      8   5
```

으로 16이 된다.

따라서 가로와 세로 모두 16m의 일정한 간격으로 나무를 심었을 때 필요한 나무의 그루 수가 최소가 된다. 가로 한 변에 심어야 할 나무는 $128\div16+1=9$그루, 세로 한 변에 심어야 할 나무는 $80\div16+1=6$그루가 된다. (모서리별로 반드시 나무를 심어야 하므로 +1을 해주어야 한다.)

따라서 모서리별로 나무를 심고, 가로, 세로 16m 간격으로 나무를 심는다면 모서리별로 한 그루씩 겹치게 된다. 즉, 필요한 나무는 최소 $9+9+6+6-4=26$그루이다.

06

정답 ③

갑이 1시간 동안 한 일의 양은 $\frac{1}{3}$

을이 1시간 동안 한 일의 양은 $\frac{1}{7}$

갑이 한번 일을 하면 전체 일의 $\frac{1}{3}\times\frac{30}{60}=\frac{1}{6}$이 완성

을이 한번 일을 하면 전체 일의 $\frac{1}{7}\times\frac{35}{60}=\frac{1}{12}$이 완성

갑과 을이 일한 횟수는 같고 그 횟수를 x라 할 때

$\frac{1}{6}x+\frac{1}{12}x=1 \rightarrow x=4$

따라서 각각 4회씩 번갈아 가며 일을 했으므로 일이 완성되기까지 걸린 시간은 30×4 + 35×4 = 260분 = 4시간 20분이다.

07

정답 ④

A, B, C의 일률은 각각 $\frac{1}{6}$, $\frac{1}{4}$, $\frac{1}{12}$이고, 배수구의 일률은 $-\frac{1}{5}$이다.

모든 수도꼭지를 열어 욕조의 $\frac{1}{6}$까지 채우는 시간을 t_1이라고 하면

$(\frac{1}{6}+\frac{1}{4}+\frac{1}{12})\times t_1 = \frac{1}{6}$ → $t_1 = \frac{1}{3}$

즉, A, B, C 수도꼭지를 틀어 $\frac{1}{6}$을 채우는 시간은 $\frac{1}{3}$시간(20분)이 소요된다. 이후 $\frac{1}{6}$을 빼야하므로 물을 빼는 시간을 t_2라고 하면

$(\frac{1}{6}-\frac{1}{5})\times t_2 = -\frac{1}{6}$ → $t_2 = 5$

즉, A 수도꼭지와 배수구로 $\frac{1}{6}$을 빼는 시간은 5시간이 소요된다.

따라서 처음 물을 틀기 시작해서 다시 모두 빼는 데까지 걸리는 시간은 5시간 20분이다.

08

정답 ①

지우가 가져온 소금물은 농도 7.5% 400g이고, 혜경이가 가져온 소금물은 농도 4% 300g이다. 이 둘을 섞으면 농도 6%인 소금물 700g이 만들어진다.

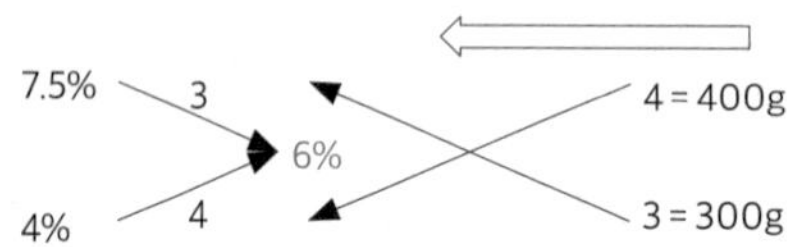

여기에 무게를 알 수 없는 농도 13.5%의 소금물을 섞었더니 만들어진 소금물의 농도가 8.5%라고 했으므로 다시 한 번 Cross 방법을 활용해 보면 농도 13.5% 소금물의 양은 350g임을 알 수 있다.

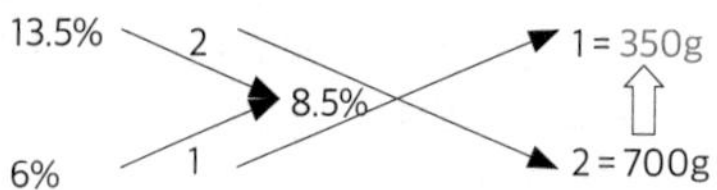

09

정답 ②

정가로 판매했을 때의 개당 이윤은 1,500원이며 2,000개 판매 시 총 이윤은 300만 원이 된다.

이윤 1,500원의 30% 할인한 금액은 450원이고, 이때의 이윤은 1,050원이 된다. 판매량은 $2,000\times\frac{125}{100} = 2,500$개가 되고, 이를 이윤에 곱하면 1,050 × 2,500 = 2,625,000이다.

따라서 그 차이는 3,000,000 - 2,625,000 = 375,000이다. 즉, 375,000원 손해를 보게 된다.

10

정답 ①

두 펜의 원가를 각각 x, y라 하자.

두 종류의 펜을 7,500원 주고 들여왔기 때문에

$x+y=7,500$ … ①이다.

펜에 대해 각각 20%, 30%의 이익을 붙여 판매하는데 두 제품 모두 잘 팔리지 않아 정가에 10% 할인하여 판매하였고 그때 이익이 960원이므로 $(1.2x+1.3y)\times 0.9-(x+y)=960$ … ②이다.

정리하면 $0.08x+0.17y=960$ … ②이고 연립하여 풀기 위해 ①×8 - ②×100를 하면 $y=4,000$, $x=3,500$이다.

따라서 각 원가는 3,500원과 4,000원이므로 구하고자 하는 두 원가의 차는 4,000 - 3,500 = 500원이다.

11

정답 ⑤

이 문제는 조건부 확률에 대한 문제이다. 임의로 선택한 1명이 여성이라고 했으므로 선택한 대상자는 '여성'임을 문제에서 확정해 주고 있다. 이때 그 여성의 학력이 4년제 대학 졸업 이상일 확률을 묻고 있으므로 여성 지원자 중 1명을 선택했을 때 그 여성의 학력이 4년제 대학 졸업 이상일 확률을 구하면 된다. 조사대상자는 총 400명인데, 그중 210명이 남성이라고 했으므로 여성은 190명임을 알 수 있고, 이 중 4년제 대학 졸업 미만의 학력을 가진 여성은 70명이라고 했으므로 4년제 대학 졸업 이상의 학력을 가진 여성은 120명임을 알 수 있다.

따라서 여성 조사대상자 중 1명을 선택했을 때, 그 사람이 4년제 대학 졸업 이상의 학력을 가졌을 확률은 $\frac{120}{190}=\frac{12}{19}$이다.

12

정답 ③

A형에게 수혈 가능한 사람은 A형과 O형이므로 A + O = 145명

B형에게 수혈 가능한 사람은 B형과 O형이므로 B + O = 107명

모든 사람에게 수혈할 수 있는 사람은 O형이고, 모든 사람에게 수혈 받을 수 있는 사람은 AB형이므로 AB + O = 94명이다. 또한 문제에서 혈액형을 조사한 인원이 총 300명이기 때문에 A + B + AB + O = 300 = 145 - O + 107 - O + 94, 2O = 46, O = 23명이다. 즉, A형 = 122명, B형 = 84명, AB형 = 71명, O형 = 23명이고, 가장 인원이 많은 혈액형은 A형으로 122명, 가장 인원이 적은 혈액형은 O형으로 23명이므로 이 두 혈액형의 인원수 차이는 122 - 23 = 99명이다.

13

정답 ⑤

영화관에서 보유하고 있는 50초짜리 광고를 x개, 60초짜리 광고를 y개라고 하면, 영화관은 총 11개의 광고를 보여주고자 하므로 $x+y=11$이 되고, 11개의 광고 사이 사이 2초의 간격이 있기 때문에 20초가 추가되고, 총 광고 시간 10분은 600초임을 고려하면 총 광고 시간은 $50x+60y+20=600$이 된다. $x+y=11$, $50x+60y+20=600$을 연립하여 풀면 $x=8$, $y=3$이 된다.

따라서 50초짜리 광고는 8번 보여줄 수 있다.

14

정답 ②

자정부터 12시간 동안 10cm를 올라가고, 그 후 12시간 동안에는 4cm 미끄러져 내려가기 때문에 달팽이가 기둥을 오르기 시작한 시간부터 하루 동안 6cm 올라가게 된다. 이렇게 20일간 달팽이가 기둥을 올라가게 되면 20일째에 $6\times20=120$cm 올라가게 되고, 그다음 자정부터 12시간 지난 시점에 130cm에 도달한다. 따라서 달팽이는 21일째에 원통 기둥 밖으로 나올 수 있게 된다.

15

정답 ②

평균은 변량의 총합을 변량의 개수로 나눈 값이므로

$$\frac{3+7+9+10+11+13+x+y}{8}=8$$

→ $x+y=11$ … ⓐ

분산은 각 변량과 평균의 제곱합을 변량의 개수로 나눈 값이므로

$$\frac{(-5)^2+(-1)^2+1^2+2^2+3^2+5^2+(x-8)^2+(y-8)^2}{8}=9.75$$

$(x-8)^2+(y-8)^2=13$

$x^2+y^2-16(x+y)+128=13$

ⓐ를 대입하면 $x^2+y^2=61$ … ⓑ

따라서 두 수의 곱을 구해야 하므로 $(x+y)^2=x^2+2xy+y^2$ 식에 ⓐ, ⓑ를 대입하면 $xy=30$이다.

16

정답 ③

Cross 방법을 활용하면 간단하게 풀이할 수 있다.

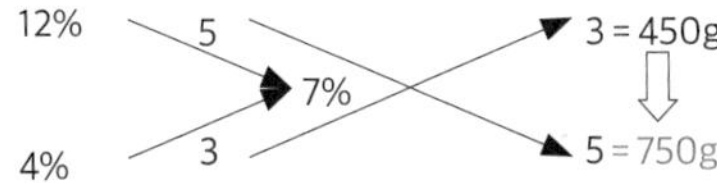

추가한 농도 4%의 소금물의 양이 750g인데, 비커의 $\frac{3}{4}$에 해당하는 양이라고 했으므로 비커의 용량은 1,000g이고, 농도에 관계없이 1g = 1ml라고 했으므로 1,000ml가 된다.

17

정답 ③

각설탕 1개의 무게를 x라 하면 컵 A의 설탕물의 총 무게는 $(250+x+100)$g이고, 농도가 12.5%라고 했으므로 $\{x\div(350+x)\}\times100=12.5$이고 $100x=4{,}375+12.5x$, 즉 $87.5x=4{,}375$이므로 $x=50$이다. 따라서 각설탕 1개의 무게는 50g임을 알 수 있다. 이후 컵 A의 설탕물 100g과 컵 B의 설탕물 200g을 섞었더니 17.5%의 설탕물이 만들어졌다고 했으므로 Cross 방법을 사용해 보면 컵 B에 들어있는 설탕물 농도는 20%임을 알 수 있다.

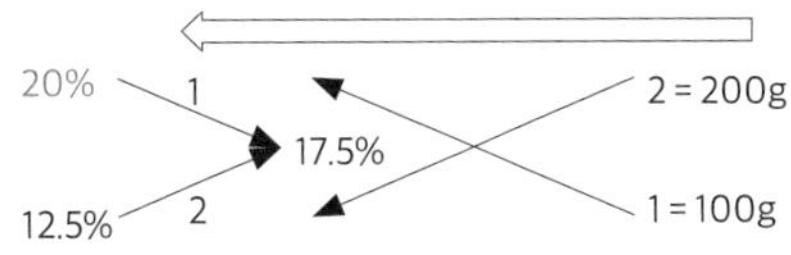

컵 B에 넣은 각설탕 개수를 y라 하면 물 600g에 50g짜리 각설탕 y개를 추가해서 농도 20%의 설탕물을 만든 것이므로 $\{50y\div(600+50y)\}\times100=20$이라는 식을 세울 수 있고, 정리하면 $5{,}000y=12{,}000+1{,}000y$, 즉 $4{,}000y=12{,}000$이고 $y=3$이다.

따라서 컵 B에 넣은 각설탕은 총 3개이다.

DAY 16 실전 연습 ③ p.104

01 ①	02 ④	03 ④	04 ②	05 ③
06 ③	07 ③	08 ②	09 ③	10 ②
11 ⑤	12 ②	13 ④	14 ②	15 ②
16 ③	17 ②			

01

정답 ①

A가 1시간 동안 한 일의 양은 $\frac{1}{10}$, B가 1시간 동안 한 일의 양은 $\frac{1}{14}$이다. 이때 A가 일한 시간을 x라 하면, B가 일한 시간은 $(x+2)$가 된다.

이에 따라 둘이 함께 일을 완성한 식은 $\frac{1}{10}\times x+\frac{1}{14}\times(x+2)=1$

$7x+5x+10=70$

$12x=60$

$x=5$이다.

따라서 A가 일한 시간은 5시간이다.

02

정답 ④

하산할 때의 준영이의 속력은 $6\times3.5=21$m/min이다. 총 1시간 48분이 걸렸으므로 올라가는 데 걸린 시간을 x분이라 하면 내려오는 데 걸린 시간은 $108-x$분이다. 이때 올라온 거리와 내려온 거리는 동일하기 때문에 올라온 거리 = 내려온 거리이고, 거리 = 속력 × 시간이므로 $6x=21(108-x)$이고 $x=84$이다.

따라서 정상까지 올라가는 데 걸리는 시간은 84분이다.

문제 풀이 꿀TIP

거리 = 속력 × 시간이기 때문에 거리가 일정하면 속력과 시간은 반비례의 관계를 갖는다. 속력의 비가 1 : 3.5 = 2 : 7이기 때문에 시간의 비는 반비례인 7 : 2의 값을 갖는다.

따라서 정상까지 올라가는 데 걸린 시간은 $108\times\frac{7}{9}=84$이므로 84분이다.

03

정답 ④

최초 농도가 8%인 소금물 안에 들어있는 소금의 양은 $400\times0.08=32$g이고, 농도가 6%인 소금물 안에 들어있는 소금의 양은 $400\times0.06=24$g인데, 증발될 때 소금의 양은 변함이 없으므로 마지막에 두 컵의 소금물을 섞었을 때 들어있는 소금의 양은 $32+24=56$g이다.

각 컵에서 증발된 물의 양을 x라 하면 증발된 후 소금물의 양은 두 컵 모두 $(400-x)$g으로 동일하므로 최종 만들어진 소금물은 $(800-2x)$g이 되고, 이때 소금물에 들어있는 소금의 양은 56g이며, 농도는 8.75%이므로 $56\div(800-2x)\times100=8.75$이다. 정리하면 $5{,}600=7{,}000-17.5x$가 되고, $17.5x=1{,}400$이므로 $x=80$이다. 한 컵당 증발된 물의 양이 80g이므로, 두 컵 모두에서 증발된 물의 총량은 160g이다.

문제 풀이 꿀TIP

두 컵 각각을 두고 증발된 양을 산출하는 것보다는 최초 소금물을 섞은 다음, 거기서 증발된 양을 산출하면 더욱 간단하다. 최초 각 소금물의 농도는 8%와 6%이고, 서로 동일하게 400g씩 있으므로 두 소금물을 섞으면 농도는 8%와 6%의 중간인 7%가 되고, 양은 800g이 된다. 이 소금물에서 일정 수준의 물이 증발되어 농도가 8.75%가 되었으므로 Cross 방법을 사용해 보면 증발된 물의 양이 160g임을 쉽게 확인할 수 있다.

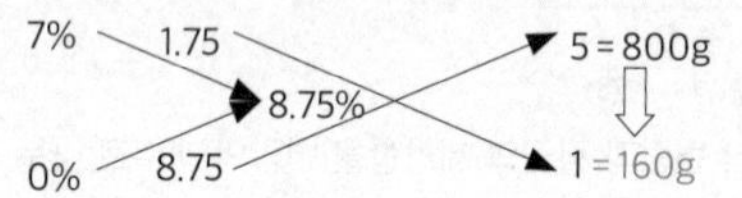

04

정답 ②

최초 투자한 금액을 x라 하면 1년 뒤 금액은 $1.4x$가 된다. 이때 절반을 판매했다고 했으므로 판매한 금액은 $0.7x$가 되고, 남아있는 주식 또한 $0.7x$가 된다. 다시 1년 뒤 작년에 비해 30%가 떨어졌다고 했으므로 남아있는 주식의 가치는 $0.7x\times0.7=0.49x$가 된다.

따라서 총 수익은 $0.7x+0.49x=1.19x$이고 이 중 이익은 $0.19x$이다. $0.19x=1{,}634{,}000$원이므로 $x=8{,}600{,}000$원이다.

문제 풀이 꿀TIP

$0.19x=1{,}634{,}000$원이라는 것까지 확인한 후, 약 $0.2x$가 165~170만 원 정도가 되므로 정답은 850~880만 원 사이인 선택지 ②임을 판단할 수 있다.

05

정답 ③

좌측 상단에 들어갈 수 있는 색의 종류는 총 3가지이다. 또한, 우측 상단에 들어갈 수 있는 색의 종류는 총 2가지인데, 이때 좌측 하단의 색이 우측 상단과 같은 경우라면 우측 하단에서 선택할 수 있는 색의 종류는 총 2가지가 되고 이를 식으로 정리하면 $3\times2\times1\times2=12$이다. 좌측 하단의 색이 우측 상단과 다른 경우라면, 우측 하단에서 선택할 수 있는 색의 종류는 1가지이다. 이를 식으로 정리하면 $3\times2\times1\times1=6$이므로, 두 경우의 수를 더하면 18가지가 된다.

06

정답 ③

전체 대리 진급자 100%를 100명으로 보면, 이중 남성이 40%, 즉 40명이므로 여성은 60%, 즉 60명이다.
남성 중 25%가 A형이므로 A형인 남성은 40명×0.25 = 10명이다.
이에 따라 전체 A형 30%, 즉 30명 중 남자 10명을 제외한 20명이 여성이므로 여성 60명 중 A형이 아닌 사람은 40명이다.
따라서 전체 중에서 여성 진급자를 선택하고 이 진급자가 A형이 아닐 확률을 조건부확률로 나타내면,
$\frac{\frac{40}{100}}{\frac{60}{100}}$이므로, $\frac{40}{60} = \frac{2}{3}$이다.

07

정답 ③

모니터의 가로 길이를 x, 세로 길이를 y라고 하면, 부피 공식에 따라 $x \times y \times 3 = 3{,}600$, $xy = 1{,}200$이 된다. 또한 모니터의 화면 대각선 길이가 20인치 = 20×2.5 = 50cm이므로 피타고라스 정리에 의하면 $x^2 + y^2 = 50^2 = 2{,}500$이 되고, $xy = 1{,}200$식과 연립하여 풀이하면, $(x+y)^2 = x^2 + 2xy + y^2 = 2{,}500 + 2{,}400 = 4{,}900$, $(x+y) = 70$이 된다. $y = 70 - x$이므로 $xy = 1{,}200$에 연립하여 풀이하면 $x \times (70 - x) = 1{,}200$, $x^2 - 70x + 1{,}200 = 0$이므로 이를 만족하는 값은 $x = 40$ or 30이 되고, 이때 $y = 30$ or 40이 된다.
문제에서 가로 길이가 세로 길이보다 길다고 했기 때문에 $x > y$가 되어야 하고, 이를 만족하는 길이는 $x = 40$, $y = 30$이다.

08

정답 ②

판매 가격을 x원만큼 인상했을 때 하루 매출은
판매 가격×판매 개수 = $(1{,}000 + x) \times (2{,}400 - 2x)$
$= 2{,}400{,}000 + 2{,}400x - 2{,}000x - 2x^2$
$= -2x^2 + 400x + 2{,}400{,}000$
$= -2(x^2 - 200x + 10{,}000) + 20{,}000 + 2{,}400{,}000$
$= -2(x - 100)^2 + 2{,}420{,}000$이 된다.
이때 x가 100이 되어야 하루 매출이 최대가 되므로, 가격은 100원만큼 인상하여 1,100원에 판매할 때 최대 매출을 낼 수 있다.

09

정답 ③

세 자료의 평균을 각각 구해보면 다음과 같다.

- $m_A = \frac{1 + 2 + 3 + \cdots + 100}{100} = 50.5$
- $m_B = \frac{101 + 102 + 103 + \cdots + 200}{100} = 150.5$
- $m_C = \frac{2 + 4 + 6 + \cdots + 200}{100} = \frac{2(1 + 2 + \cdots + 100)}{100}$
  $= 2 \times 50.5 = 101$

이에 따라 분산을 구해보면 다음과 같다.

- $a^2 = \frac{(-49.5)^2 + (-48.5)^2 + \cdots + 49.5^2}{100}$
- $b^2 = \frac{(-49.5)^2 + (-48.5)^2 + \cdots + 49.5^2}{100}$
- $c^2 = \frac{(-99)^2 + (-97)^2 + \cdots + 99^2}{100}$
  $= \frac{4\{(-49.5)^2 + (-48.5)^2 + \cdots + 49.5^2\}}{100}$

따라서 표준편차는 $a = b$, $c = 2a$이므로 크기는 $a = b < c$이다.

10

정답 ②

공사 터의 가로 길이는 12 + 18 = 30m이고, 세로 길이는 12 + 12 + 12 = 36m이다. 30과 36의 최대공약수는 6이므로, 가로 30m의 길이에는 6m 간격씩 5개의 기둥이 필요하고, 세로 36m 길이에는 6m 간격씩 6개의 기둥이 필요하다. 각 모퉁이는 모두 6m 간격으로 기둥이 설치되기 때문에 추가 기둥은 필요 없고, 세로와 가로는 각각 2개씩 있기 때문에 5 + 5 + 6 + 6 = 22개의 기둥이 필요하다.

11

정답 ⑤

$40_{(8)} = 32 = 100000_{(2)}$, $40_{(16)} = 64 = 1000000_{(2)}$이므로 A를 이진법으로 표현하면 $100000_{(2)} < A < 1000000_{(2)}$가 되어 여섯 자릿수다.

12

정답 ②

20X1년 남성은 240명이고 20X2년은 전년 대비 5% 감소했으므로 240×0.95 = 228명이다. 20X3년에는 다시 전년 대비 25% 증가했으므로 228×1.25 = 285명이다.
20X1년 여성은 200명이고 20X2년은 전년 대비 5% 증가했으므로 200×1.05 = 210명이다. 20X3년에는 다시 전년 대비 10% 감소했으므로 210×0.90 = 189명이다.
따라서 20X3년 신입사원 총 인원은 285 + 189 = 474명이다.

13

정답 ④

동훈이 어머니의 나이를 x라 하고, 동훈이의 나이를 y라 하면 동훈이 동생의 나이는 $y - 1$이다. 9년 후 동훈이 어머니의 나이는 $x + 9$가 되고 동훈이의 나이는 $y + 9$, 동훈이 동생의 나이는 $y + 8$이 되므로 $x + 9 = 2y + 17$이다. 정리하면 $x = 2y + 8$, 즉 $2y = x - 8$이다. 동훈이 부모님의 나이 차이가 6살이라고 했으므로 동훈이 아버지의 나이는 $x + 6$이고, 올해 동훈이 부모님의 나이의 합은 동훈이 나이의 6배라고 했으므로 $x + x + 6 = 6y$로 정리할 수 있다. 식을 풀이하면 $2x + 6 = 6y$, $2y = x - 8$이므로 대입하면 $2x + 6 = 3(x - 8)$이다. 정리하면 $2x + 6 = 3x - 24$이므로 $x = 30$이다. x는 동훈이 어머니의 나이이므로 올해 동훈이 아버지 나이는 36세가 된다.

14

정답 ②

기혼 남녀의 수를 구하면,
$2B + 7 + A = 3B + 2$,
$5 + A = B$
미혼 남녀의 수를 구하면,
$B + A - 3 = 4A - B - 8$,
$2B = 3A - 5$
여기에 첫 번째 식인 기혼 남녀의 수로 구한 식을 대입하면
$2(5 + A) = 3A - 5$,
$A = 15$
즉, $B = A + 5 = 15 + 5 = 20$이므로, 총 인원은 $47 + 15 + 20 + 12 = 94$명이 된다.

15

정답 ②

A와 B의 중간 점수를 각각 a, b라고 하면 중간 점수의 합은 130점이므로 $a + b = 130$ … ①이다.
최종 점수는 한 번 이길 때마다 2배가 되기 때문에 ×2, 한 번 질 때마다 반으로 줄기 때문에 ÷2, 무승부는 +20을 한다.
A의 최종 점수는 6승을 했기 때문에 $\times 2^6$, 2패를 했기 때문에 $\div 2^2$, 2무이기 때문에 +40을 한다.
B의 최종 점수는 A와 반대이므로 6패를 했기 때문에 $\div 2^6$, 2승을 했기 때문에 $\times 2^2$, 2무이기 때문에 +40을 한다.
이때 두 사람의 최종 점수의 합은 885점이므로 정리하면
$a \times 2^6 \div 2^2 + 40 + b \div 2^6 \times 2^2 + 40 = 885$ … ②이다.
이는 $16a + \frac{b}{16} = 805$이고 양변에 16을 곱해 정리하면
$256a + b = 12,880$ … ②이다.
② - ①을 하면 $255a = 12,750$이므로 $a = 50$, $b = 80$이다.
따라서 A의 중간 점수는 50점이다.

16

정답 ③

A 지점에서 B 지점까지의 거리를 x라 하고, B 지점에서 C 지점까지의 거리를 y라 하면, $(x \div 4) + (y \div 8) = 2$이다. 양변에 8을 곱해주면 $2x + y = 16$이 된다. 또한 걸어서 이동한 시간이 자전거를 이용하여 이동한 시간의 3배라고 했으므로 $(x \div 4) = 3(y \div 8)$이고, 양변에 8을 곱해주면 $2x = 3y$가 된다. $2x + y = 16$에서 $2x$를 $3y$로 바꿔주면 $4y = 16$이고, $y = 4$가 된다. $2x = 3y$이므로 $2x = 12$이고 $x = 6$이 된다.
따라서 영철이가 이동한 총 거리는 10km이다.

문제 풀이 꿀TIP

총 이동 시간이 2시간인데, 걸어서 이동한 시간이 자전거를 타고 이동한 시간의 3배라고 했으므로 2시간을 4등분하여 자전거를 타고 이동한 시간은 30분이 되고, 걸어서 이동한 시간은 1시간 30분이 된다. 8km/h의 속력으로 30분을 이동했으므로 4km를 이동했고, 4km/h의 속력으로 1시간 30분을 이동했으므로 6km를 이동했다.
따라서 총 이동거리는 4 + 6 = 10km이다.

17

정답 ②

3시 20분부터 공연이 시작이므로, 늦어도 10분 전인 3시 10분에는 놀이동산에서 출발해야 한다. 즉, 소현이가 롤러코스터에 타기 위해 줄을 서서 기다린 후, 롤러코스터 탑승 후 내렸을 때 늦어도 3시 10분이어야 한다.
승객은 한 번에 26명까지 탈 수 있으므로, 처음 떠난 롤러코스터 외에 152명/26(명/회) > 5.XX이므로 소현이는 대기 인원 중 6회차에 탑승이 가능하다.
따라서 줄을 서는 순간 막 출발한 열차를 1회 차로 보았을 때, 소현이는 대기를 포함하여 7회 차에 탑승이 가능하다.
롤러코스터의 1회 운행시간은 시속 180km = 50m/s이므로 시간은 3,750/50 = 75초이다. 매회 75초 운행 이후 승하차 시간 15초를 포함하면 1회의 총 시간은 90초로 볼 수 있다. 이에 따라 90초×7회 = 630초가 소현이가 총 예상해야 하는 시간이고, 이는 10분 30초이다.
따라서 3시 10분에는 공연장으로 출발을 해야 하므로 3시 10분의 10분 30초 전인 2시 59분 30초에는 줄을 서야 한다.

DAY 17 실전 연습 ④ p.110

01 ③	02 ②	03 ④	04 ⑤	05 ③
06 ②	07 ③	08 ①	09 ②	10 ①
11 ④	12 ④	13 ④	14 ⑤	15 ④
16 ⑤	17 ①			

01

정답 ③

작년에 선발된 남성 신입사원의 수를 x, 여성 신입사원의 수를 y라 하면 $x+y=325$이고, 올해는 작년에 비해 남성 신입사원의 수는 8% 증가했고 여성 신입사원의 수는 12% 증가했으며, 총 신입사원의 수는 357 - 325 = 32명 증가했으므로 $0.08x+0.12y=32$이다.

정리하면 $8x+12y=3,200$이고 양변을 4로 나누면 $2x+3y=800$이 된다.

$x+y=325$ $\quad$ $3x+3y=975$

$2x+3y=800$ → $2x+3y=800$ → $x=175$

따라서 작년 남성 신입사원의 수는 175명이고, 올해는 8% 증가했으므로 175×1.08 = 189명이다.

문제 풀이 꿀TIP

남성과 여성 모두 12%가 증가했다면 325×1.12 = 364명이 되어야 하지만, 남성이 8%만 증가함에 따라 357명이 되었다. 따라서 남성의 4%에 해당하는 인원이 364 - 357 = 7명이 되고, 작년 남성 신입사원의 수를 x라 하면 $0.04x=7$이므로 $x=175$이다. 175에서 8%가 증가된 인원이 올해 남성 신입사원의 수인데, 4%가 7명이므로 8%는 14명이고 175 + 14 = 189명이다.

02

정답 ②

A가 혼자 자료 조사를 하면 15시간이 걸린다고 했으므로 A는 1시간당 $\frac{1}{15}$만큼 자료 조사를 할 수 있다. A와 B가 함께 자료 조사를 하면 6시간이 걸린다고 했으므로, B가 혼자 1시간당 자료 조사할 수 있는 양을 x라 하면 $\frac{1}{15}+x=\frac{1}{6}$이고, 양변에 30을 곱해서 정리하면 $2+30x=5$이다. 따라서 $x=\frac{1}{10}$이다.

A와 C가 함께 자료 조사를 하면 10시간이 걸린다고 했으므로, C가 혼자 1시간당 자료 조사할 수 있는 양을 y라 하면 $\frac{1}{15}+y=\frac{1}{10}$이고, 양변에 30을 곱해서 정리하면 $2+30y=3$이다. 따라서 $y=\frac{1}{30}$이다.

A, B, C 세 사람이 함께 자료 조사를 할 때, 소요되는 시간을 z라 하면 $(\frac{1}{15}+\frac{1}{10}+\frac{1}{30})\times z=1$이 되고, 양변에 30을 곱해서 정리하면 $6z=30$이므로 $z=5$이다.

문제 풀이 꿀TIP

A와 B가 함께 자료 조사를 하면 6시간이 걸리고, A와 C가 함께 자료 조사를 하면 10시간이 걸린다고 했으므로 B가 혼자 1시간당 조사할 수 있는 자료의 양을 x, C가 혼자 1시간당 조사할 수 있는 자료의 양을 y라 하면, $\frac{1}{15}+x+y$는 A, B, C 세 사람이 동시에 자료 조사를 할 때 1시간 동안 조사할 수 있는 자료의 양이 된다.

이는 $(\frac{1}{15}+x)+(\frac{1}{15}+y)-\frac{1}{15}$이므로 $\frac{1}{6}+\frac{1}{10}-\frac{1}{15}$가 된다.

정리하면 $\frac{5}{30}+\frac{3}{30}-\frac{2}{30}$이므로 $\frac{6}{30}$이고, $\frac{6}{30}=\frac{1}{5}$이다.

따라서 세 사람이 동시에 1시간 동안 조사할 수 있는 자료의 양이 $\frac{1}{5}$이므로, 총 소요시간은 5시간이다.

03

정답 ④

정지한 물에서 유람선의 속력을 $x$km, 전날 강물의 속력을 시속 $y$km하면 강을 내려오는 속력은 배의 속력과 강물의 속력의 방향이 같으므로 시속 $x+y$km, 올라가는 데 속력은 배의 속력과 강물의 속력의 방향이 반대이므로 시속 $x-y$km이다.

속력 = $\frac{거리}{시간}$이므로

$$\begin{cases} x+y=\frac{14}{\frac{1}{2}}=28 & \cdots ① \\ x-y=\frac{14}{\frac{7}{6}}=12 & \cdots ② \end{cases}$$

이고 ①+②를 하면 $x=20$, $y=8$이다.

즉, 유람선의 속력은 시속 20km, 전날 강물의 속력은 시속 8km이다. 다음 날 강물의 속력이 50% 증가하였기 때문에 8 + 8 × 0.5 = 12km/h이다.

하니네 가족이 탄 유람선이 강을 따라 내려간 거리를 $a$km라 하면

$$\frac{a}{20+12}+\frac{a}{20-12}=\frac{5}{4}$$

$$\frac{a}{32}+\frac{a}{8}=\frac{5}{4}$$

따라서 $a=8$이다.

구하려는 값은 편도가 아닌 왕복의 거리이기 때문에 2 × 8 = 16km이다.

04

정답 ⑤

최초 호스를 연결하고 1분 후가 되는 시점에 소금물을 덜어낸다고 했으므로 처음 덜어낼 때 소금물의 농도는 Cross 방법을 이용하여 9%임을 알 수 있다.

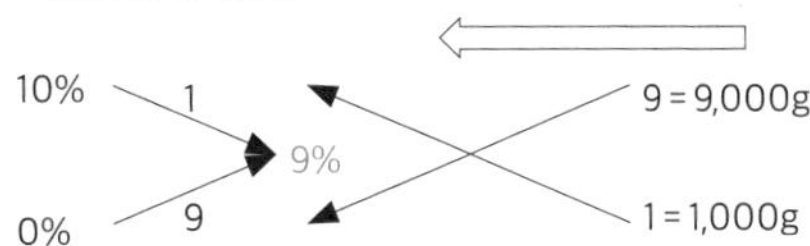

1,000g을 덜어낸 후 수조 A에 남아있는 소금물의 양은 다시 9,000g이 되고, 이때 소금물 농도는 9%이다. 1분간 다시 물 1,000g이 보충되고, 다시 소금물을 덜어낼 때의 소금물 농도는

아래의 방법을 통해 8.1%임을 알 수 있다.

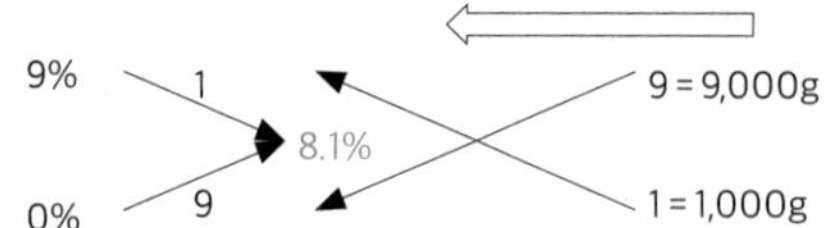

처음 수조에 호스를 연결한 후 2분 뒤라고 했으므로 2번째 물을 덜어내는 순간까지 해당하며, 수조 B에는 9% 농도의 소금물 1,000g과 8.1% 농도의 소금물 1,000g이 섞여 있는 상태이다. 각 농도의 소금물 양이 동일하므로 섞인 소금물의 농도는 9%와 8.1%의 산술평균인 (9 + 8.1) ÷ 2 = 8.55%이다.

05

정답 ③

5번째 경기에서 승패가 결정되기 위해서는 4경기째까지 A 2승, B 2승이어야 한다.

1) A가 3승 할 확률: ${}_4P_2 \times (\frac{2}{5})^2(\frac{3}{5})^2 \times \frac{2}{5} = \frac{6\times4\times9}{5^4} \times \frac{2}{5}$

2) B가 3승 할 확률: ${}_4P_2 \times (\frac{2}{5})^2(\frac{3}{5})^2 \times \frac{3}{5} = \frac{6\times4\times9}{5^4} \times \frac{3}{5}$

1) + 2)의 확률은 $\frac{6\times4\times9}{5^4}(\frac{2}{5} + \frac{3}{5})$이므로 $\frac{216}{625}$이다.

06

정답 ②

6명 중 자신의 자리에 앉을 2명을 택하는 경우의 수는 ${}_6C_2 = \frac{6\times5}{2\times1} = 15$가지이다.

나머지 4명을 A, B, C, D라 하고 각 수험생의 번호가 붙어있는 책상을 a, b, c, d라 하면 4명의 수험생이 다 다른 자리에 앉을 경우는 다음과 같이 총 9가지이다.

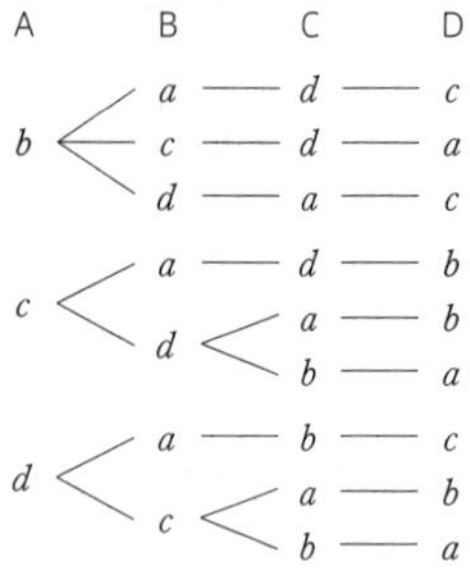

따라서 구하고자 하는 경우의 수는 15 × 9 = 135가지이다.

07

정답 ③

2진법을 활용하는 문제이다. 1을 2진법으로 표현하면 $1_{(2)}$, 2를 2진법으로 표현하면 $10_{(2)}$, 3을 2진법으로 표현하면 $11_{(2)}$, 4를 2진법으로 표현하면 $100_{(2)}$이다.

따라서 5를 2진법으로 표현하면 $101_{(2)}$이므로 물음표에 들어갈 수는 101이 된다.

08

정답 ①

작년 남성 신입사원의 수를 x, 여성 신입사원의 수를 y라 하면 $x + y = 280$이다. 올해 남성 신입사원은 8%가 증가했고 여성 신입사원의 수는 5% 감소했는데, 총 신입사원의 수는 작년에 비해 1명 감소했다고 했으므로 $0.08x - 0.05y = -1$이다.

정리하면 $8x - 5y = -100$이 된다.

$x + y = 280$ → $8x + 8y = 2,240$

$8x - 5y = -100$ → $8x - 5y = -100$ → $13y = 2,340$

$y = 180$이 된다.

따라서 작년에 입사한 여성 신입사원의 수는 180명이다.

문제 풀이 꿀TIP

남성과 여성 모두 8%가 증가했다면 280 × 1.08 = 302.4명이 되어야 하지만, 여성이 5% 감소함에 따라 279명이 되었다. 따라서 여성의 13%에 해당하는 인원이 302.4 - 279 = 23.4명이 되고, 작년 여성 신입사원의 수를 x라 하면 $0.13x = 23.4$이므로 $x = 180$이다.

09

정답 ②

A 동화책의 가격을 x원, B 동화책의 가격을 y원이라고 하면 다음과 같다.

$5x + 4y = 143,000$

$3x + 6y = 156,000$

이를 연립하면, $x = 13,000$, $y = 19,500$이므로 A 동화책의 가격은 13,000원이다.

10

정답 ①

과자의 가격을 x원, 음료수의 가격을 y원이라고 하자.

19,800원을 지불하였는데 이는 두 개의 가격이 바뀌어 계산된 것이다. 즉, 과자 1개의 가격은 음료수의 1개의 가격으로, 음료수 1개의 가격은 과자 1개의 가격으로 계산된 것이므로 $8y + 6x = 19,800$이다.

정확한 계산을 하면 종업원에게서 400원을 돌려받았으므로 총 금액은 19,800 - 400 = 19,400원이 된다. 따라서 과자 8개와 음료수 6개의 원래의 값은 $8x + 6y = 19,400$이다.

두 개의 식을 정리하면 다음과 같다.

$3x + 4y = 9,900$ … ①

$4x + 3y = 9,700$ … ②

①×3 - ②×4를 하면 $x = 1,300$, $y = 1,500$이므로, 과자 1개의 가격은 1,300원이다.

11

정답 ④

3일간 평균 이동거리가 232km이므로, 총 이동거리는 696km이다. 첫째 날과 셋째 날 이동한 평균 거리가 245km이므로, 이틀간 이동한 거리는 총 490km가 된다.

따라서 둘째 날 이동한 거리는 총 이동거리에서 이틀간 이동한 거리를 뺀 696 - 490 = 206km가 된다.

문제 풀이 꿀TIP

가평균과 편차를 이용한 개념으로 계산할 수 있다.

12

정답 ④

모든 응시자의 점수가 25점씩 상승하므로, 평균점수는 25점이 상승한다. 하지만 모든 응시자의 점수가 동일하게 변경되므로 편차는 차이가 발생하지 않고, 편차의 차이가 발생하지 않는다면 분산과 표준편차는 변하지 않는다.

13

정답 ④

처음 뽑을 때부터, 다 뽑더라도 절대 5개가 될 수 없는 파란색이나 초록색이 뽑힐 수 있기 때문에, 언제나 5개의 같은 색 구슬을 뽑아야 한다는 전제를 만족하려면 최소한 초록색, 파란색을 다 뽑는 상황인, 7개 이상은 뽑아야 한다. 또한, 특정 색의 구슬이 5개 뽑힐 수 있는 가장 늦는 상황은 초록, 파랑 구슬을 다 뽑고도 빨강, 주황, 노랑 구슬이 각각 4개씩 뽑혔을 때 이후에 딱 1개를 더 뽑았을 때이므로, 3 + 4 + 4 + 4 + 4 + 1 = 20이다. 20개째를 뽑았을 때는 어느 상황에서라도 5개의 같은 색 구슬은 뽑혀있게 된다.

14

정답 ⑤

ㄱ. 어떤 값을 추가하든 평균값은 총합과 개수가 달라져 항상 바뀌므로 옳지 않은 설명이다.

ㄴ. 현재 자료가 홀수개이기 때문에 가운데 위치한 34가 중앙값이 되는데 한 개의 값을 추가하면 자료가 짝수개로 바뀌게 되어 중앙값은 중간 2개의 값의 평균으로 구해야 한다. 2개의 값 모두 34이므로 평균도 34가 되어 중앙값은 34로 변하지 않으므로 옳은 설명이다.

ㄷ. 최빈값은 빈도가 제일 높은 값으로 34이며, 여기서 한 개의 값을 더 추가해도 다른 값들은 최대 2번이 나오는 것이기 때문에 최빈값은 바뀌지 않으므로 옳은 설명이다.

15

정답 ④

조건을 대입하기 편하도록 물의 부피를 11로 가정하면 얼음의 부피는 $11 + 11 \times \frac{1}{11} = 12$이다. 얼음이 녹아서 물이 되면 부피는 12에서 11로 감소한다. 12 중의 1이 감소하므로 얼음의 부피는 $\frac{1}{12}$만큼 감소한다.

16

정답 ⑤

모든 염산 용액을 섞으면 5% 염산 용액 1,000g이 만들어지고, 5% 염산 용액과 10% 염산 용액을 섞으면 7% 염산 용액이 만들어진다는 것은 5% 염산 용액과 10% 염산 용액을 섞은 7% 염산 용액과 3% 염산 용액을 섞으면 5% 염산 용액 1,000g이 만들어진다는 의미이다. 5%는 3%와 7%의 산술평균에 해당하므로 3% 염산 용액과 7% 염산 용액을 동일한 양만큼 섞어야 만들어진다. 따라서 3% 염산 용액은 500g임을 알 수 있다. 5% 염산 용액과 10% 염산 용액의 합은 500g이고, 5% 염산 용액의 양을 xg이라 하면 10% 염산 용액의 양은 $(500 - x)$g이다. 이를 활용하여 Cross 방법을 사용해 보면 아래와 같다.

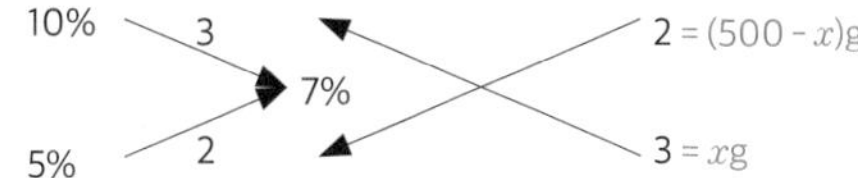

두 용액의 합이 500g이므로 2:3의 비율로 나누면 10% 염산 용액은 200g, 5% 염산 용액은 300g임을 알 수 있다.
따라서 마지막으로 3% 염산 용액 500g과 5% 염산 용액 300g을 섞으면 농도 3.75%의 염산 용액 800g이 만들어진다.

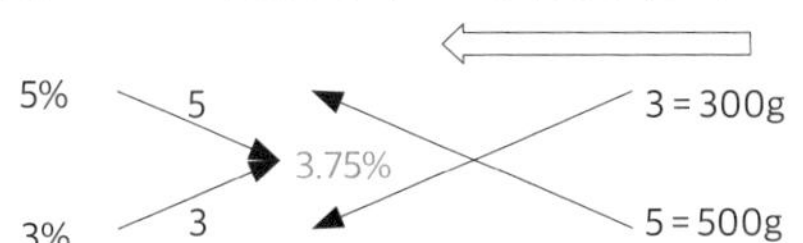

17

정답 ①

갑과 을이 에스컬레이터 끝에 도달하기까지의 시간의 비는 $\frac{45}{9} : \frac{49}{7} = 5 : 7$이다. 에스컬레이터의 계단 수를 x개라고 하면 갑은 에스컬레이터가 움직였을 때 45걸음을 걷고 끝에 도달하였기 때문에 $x - 45$걸음 움직인 것이고, 을은 $x - 49$걸음 움직인 것이다. 에스컬레이터의 속력은 일정하므로 에스컬레이터가 움직인 시간의 비는 갑과 을이 에스컬레이터 끝에 도달하기까지의 시간의 비와 같다. 식으로 정리하면 다음과 같다.

$(x - 45) : (x - 49) = 5 : 7$

$5x - 245 = 7x - 315$

$2x = 70 \rightarrow x = 35$

따라서 에스컬레이터 계단 수는 35개이다.

DAY 18 실전 연습 ⑤ p.116

01 ⑤	02 ②	03 ④	04 ③	05 ①
06 ⑤	07 ①	08 ③	09 ②	10 ④
11 ②	12 ③	13 ②	14 ②	15 ②
16 ③	17 ③			

01

정답 ⑤

지난달 남자 손님의 수를 x, 여자 손님의 수를 y라 하면, 지난달에 비해 증가한 남자 손님의 수는 $0.1x$가 되고, 감소한 여자 손님의 수는 $0.15y$가 된다. 이를 토대로 수식을 세워보면 다음과 같다.

$x+y=500$ → $x+y=500$ → $15x+15y=7,500$

$0.1x-0.15y=-500\times0.02$ → $0.1x-0.15y=-10$ → $10x-15y=-1,000$

$25x=6,500$ $\therefore x=260$

따라서 이번 달 남자 손님은 10% 증가한 286명이다.

문제 풀이 꿀TIP

남자 손님과 여자 손님이 모두 15% 감소했다면 총 손님의 수도 15%가 감소해야 한다. 하지만 남자 손님이 10% 증가하여 총 손님의 수는 2% 감소하였으므로 남자 손님 25%에 해당하는 인원은 총 손님 중 13%에 해당한다. $0.25x=0.13\times500$이므로 $0.25x=65$이고, $x=260$이 된다.

따라서 이번 달 남자 손님은 10% 증가한 286명이다.

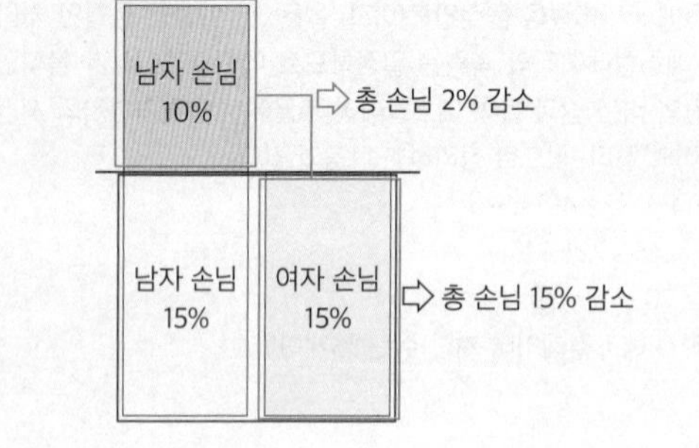

02

정답 ②

놀이동산 성인 요금을 x라 하면 처음 주영이, 어머니, 세영이가 방문할 때에는 입장료가 $0.9x\times2+x=2.8x$원이다. 하지만 소영이와 소영이 어머니도 함께 놀이동산에 방문하게 되면 청소년이 3명 이상이 되므로 청소년 1인 요금은 $x-5,000$이다. 따라서 이 경우 총 요금은 $3\times(x-5,000)+2x$이고, 정리하면 $5x-15,000$이다. 이 경우 최초 계획보다 4,800원이 증가한다고 했으므로 $5x-15,000-2.8x=4,800$이고, $2.2x=19,800$이다.

따라서 $x=9,000$원임을 알 수 있다.

03

정답 ④

일의 양을 40이라고 가정하면 1시간 동안 A, B는 혼자서 각각 8, 5의 일을 한다. A가 2시간 동안 한 일은 16이므로 B는 남은 24만큼의 일을 하였다.

따라서 걸린 시간은 $24\div5=\frac{24}{5}$시간이다.

04

정답 ③

A 양수기 1대로 1시간 동안 한 일의 양은 $\frac{1}{5}$이고, B 양수기 1대로 1시간 동안 한 일의 양은 $\frac{1}{20}$이다. A 양수기를 a대 사용하면 B 양수기는 $10-a$대 사용한다. 따라서 $\frac{1}{5}a+\frac{1}{20}(10-a)\geq1$이고, $a\geq\frac{1}{2}\times\frac{20}{3}=\frac{20}{6}=3.3333\cdots$이므로 정리하면 $a\geq3.333\cdots$이다.

즉, A 양수기는 최소한 4대를 사용해야 한다.

05

정답 ①

기차 B의 길이를 x라 하면, 마주치는 순간부터 완전히 지나치기까지 이동한 거리는 기차 A의 길이인 360m에 x를 더한 $(360+x)$m가 된다. 기차 A가 190km/h, 기차 B가 170km/h로 마주보고 달리므로 360km/h의 속력으로 6초 동안 이동한 거리가 $(360+x)$m이다. 360km/h를 m/s로 단위 변환을 하면 360,000m/3,600s = 100m/s가 된다.

따라서 $(360+x)$m ÷ 100m/s = 6s이므로 $360+x=600$이고, $x=240$이다.

06

정답 ⑤

일정량 증발시킨 다음 물 225g을 넣었더니 농도 8%의 소금물 675g이 되었다고 했으므로 증발된 후 소금물의 양은 450g임을 알 수 있다. 이를 토대로 Cross 방법을 활용해 보면 증발된 상태의 소금물은 농도가 12%인 소금물 450g임을 알 수 있다.

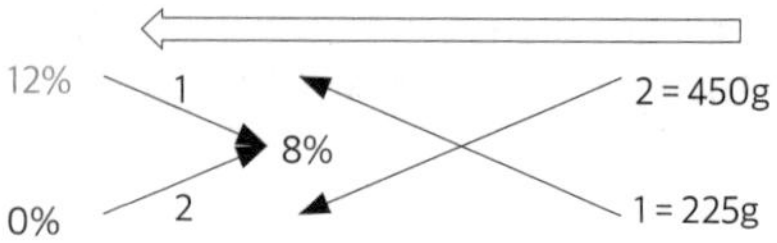

최초 소금물의 농도는 10%라고 했으므로 다시 한 번 Cross 방법을 사용하면 아래와 같고, 증발된 물의 양을 x라 하면 $6x-x=450$이므로 $x=90$이고, 증발된 물의 양은 90g임을 알 수 있다.

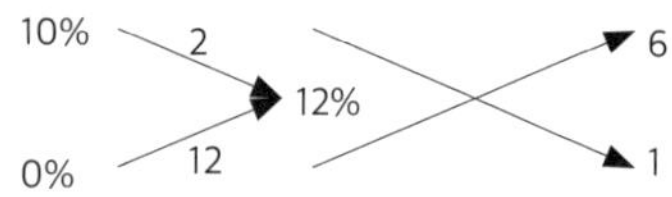

문제 풀이 꿀TIP

소금의 양을 토대로 풀이한다면, 농도 8%의 소금물 675g이므로 해당 소금물에 소금의 양은 54g이 들어 있음을 알 수 있다. 증발 과정과 물을 추가하는 과정에서 소금의 양은 변하지 않으므로 최초 10% 소금물에도 소금은 54g이 들어있고, 이때의 소금물은 540g임을 쉽게 구할 수 있다. 소금물이 540g에서 450g으로 줄어들었으므로 증발된 물의 양은 90g이다.

07

정답 ①

가장 싸게 살 수 있는 티켓은 할인율과 할인 폭이 가장 큰 50명분을 구매하는 것이다.

5장 단체 티켓 각각 10명씩 총 50명에 대한 비용은 (25,000 - 1,200)×5 = 119,000원이고, 나머지 19명 중 10명은 단체 티켓 25,000원으로, 9명은 개인 티켓으로 사게 되면 25,200원으로 10인 단체 티켓보다 비싸지므로 차라리 10명 단체 티켓을 두 장 사는 것이 더 저렴하다.

따라서 나머지 19명에 대한 비용은 최소 비용이 50,000원이 될 수 있으며, 위 50명분에 대한 입장권료와 합산하면 169,000원이 가장 저렴할 수 있다.

08

정답 ③

9개의 팀을 4개, 5개 팀으로 나누는 방법의 수는 ${}_9C_4 \times {}_5C_5 = 126$가지,

나누어진 4개의 팀을 2개, 2개 팀으로 나누는 방법의 수는 $\frac{{}_4C_2 \times {}_2C_2}{2!} = 3$가지,

나누어진 5개의 팀을 2개, 3개 팀으로 나눈 다음 3개의 팀을 다시 2개, 1개 팀으로 나누는 방법의 수는 ${}_5C_2 \times {}_3C_2 = 30$가지이다.

따라서 대진표를 작성하는 방법의 수는 $126 \times 3 \times 30 = 11,340$가지이다.

09

정답 ②

[경우1] 첫 번째 꺼낸 공과 세 번째 꺼낸 공이 빨간색일 경우

두 번째 꺼낸 공은 노란색 또는 흰색이므로 이 경우의 확률은

$\frac{3}{8} \times \frac{5}{7} \times \frac{2}{6}$

[경우2] 첫 번째 꺼낸 공과 세 번째 꺼낸 공이 노란색일 경우

두 번째 꺼낸 공은 빨간색 또는 흰색이므로 이 경우의 확률은

$\frac{2}{8} \times \frac{6}{7} \times \frac{1}{6}$

[경우3] 첫 번째 꺼낸 공과 세 번째 꺼낸 공이 흰색일 경우

두 번째 꺼낸 공은 빨간색 또는 노란색이므로 경우의 확률은

$\frac{3}{8} \times \frac{5}{7} \times \frac{2}{6}$

따라서 구하는 확률은

$$\frac{\frac{3}{8} \times \frac{5}{7} \times \frac{2}{6}}{\frac{3}{8} \times \frac{5}{7} \times \frac{2}{6} + \frac{2}{8} \times \frac{6}{7} \times \frac{1}{6} + \frac{3}{8} \times \frac{5}{7} \times \frac{2}{6}} = \frac{30}{30+12+30} = \frac{5}{12}$$이다.

10

정답 ④

익스트림 월드는 탑승 시간 5분, 승객 상하차 시간은 5분이므로 1회 운영 시 10분이 소요되고, 트위스트 킹은 탑승 시간 3분, 승객 상하차 시간은 2분이므로 1회 운영 시 5분이 소요된다. 즉, 1시간 동안 익스트림 월드는 6회 운행하고, 트위스트 킹은 12회 운영이 가능하므로 1시간 동안 이용 승객은 익스트림 월드는 6×15 = 90명, 트위스트 킹은 25×12 = 300명이 탑승하므로 1시간 동안 두 놀이기구를 이용한 사람은 총 390명이다.

11

정답 ②

A를 뽑은 사람을 a, B를 뽑은 사람을 b, C를 뽑은 사람을 c라고 하자.

총 투표에 참여한 사람은 2,700명이지만 5개의 무효표가 나왔으므로 전체 득표수는 $a+b+c = 2,700 - 5 = 2,695$ … ①이다.

B의 득표수가 C의 득표수보다 55표 많았기 때문에

당첨된 득표수 $b = c + 55$ … ②이다.

만일 A를 뽑은 사람의 10%가 C를 뽑았다면 C의 득표수는 $c + 0.1a$가 되고, 이때 B는 C보다 50표 적게 되므로

가정된 득표수 $b = c + 0.1a - 50$ … ③이다.

②를 ③에 대입하면 $c + 55 = c + 0.1a - 50$이므로 $0.1a = 105$이고, $a = 1,050$이다.

①에 ②와 $a = 1,050$을 대입하면 $1,050 + c + 55 + c = 2,695$이므로 정리하면 $2c = 1,590$, 즉 $c = 795$, $b = 850$이다.

따라서 B가 얻은 득표수는 850표이다.

12

정답 ③

갑이 3분 동안 24문제를 더 만들었기 때문에 갑은 을보다 1분 동안 8문제를 더 만든다.

갑이 1분 동안 만든 문제수 = x

을이 1분 동안 만든 문제수 = $x - 8$

$\frac{3}{4} \times x \times 32 = 36 \times (x - 8)$

$24x = 36x - 288$

$12x = 288 \rightarrow x = 24$

따라서 을이 1분 동안 만든 문제수는 24 - 8 = 16개이므로, 36분간 만든 문제수는 36×16 = 576개이다.

문제 풀이 꿀TIP

일률 문제는 항상 단위시간을 기준으로 잡고 문제를 푸는 것이 가장 쉽다. 1분의 단위와 1문제의 단위 중 시간의 단위인 1분을 기준점으로 잡아야 한다.

13

정답 ②

코스 길이와 민철이의 속력을 토대로 민철이의 총 소요 시간을 구하면 {(10km ÷ 15km/h) + (2km ÷ 4km/h) + (20km ÷ 50km/h)} × 60 = 94분이다. 상현이는 마라톤은 평균 속력 12km/h로 달렸으며 사이클은 평균 속력 60km/h로 달렸으므로 마라톤과 사이클에 소요된 시간은 {(10km ÷ 12km/h) + (20km ÷ 60km/h)} × 60 = 70분이다. 이에 따라 수영에 소요된 시간은 24분이고, 2km를 이동했으므로 수영 평균 속력을 x라 하면 $(2 \div x) \times 60 = 24$이므로 $120 = 24x$이고, $x = 5$이다.

따라서 상현이의 수영 평균 속력은 5km/h이다.

14

정답 ②

소금물 A의 농도를 x, 소금물 B의 농도를 y라고 할 때, 소금물 A와 소금물 B를 200g씩 섞어서 만든 소금물의 농도는 x와 y의 산술평균인 $(x+y) \div 2$가 된다. 그리고 남은 소금물을 모두 섞어서 만든 소금물의 농도는 소금물 A가 400g이고 소금물 B가 200g이므로, 소금물 A의 비율이 소금물 B의 비율의 2배이다. 따라서 만들어진 소금물의 농도는 $(2x+y) \div 3$이다. 처음 200g씩 섞어서 만든 소금물의 농도가 1%p 낮다고 했으므로 $(x+y) \div 2 + 1 = (2x+y) \div 3$이고, 양변에 6을 곱하여 정리하면 $3x + 3y + 6 = 4x + 2y$이다.

따라서 $x - y = 6$이므로, 소금물 A와 소금물 B의 농도 차이는 6%p이다.

문제 풀이 꿀TIP

소금물 A와 소금물 B를 200g씩 섞어서 만든 소금물의 농도는 소금물 A 농도와 소금물 B 농도의 산술평균 값이고 남은 소금물을 모두 섞어서 만든 소금물의 농도는 소금물 A가 400g, 소금물 B가 200g이 섞여 있으므로 2 : 1의 비율로 섞어서 만든 소금물이다. 1 : 1 비율로 섞어서 만든 소금물의 농도가 2 : 1 비율로 섞어서 만든 소금물의 농도보다 1%p 낮다고 했으므로 소금물 A의 농도가 소금물 B의 농도보다 높음을 알 수 있고 두 소금물의 농도 차이를 x라 했을 때, 1 : 1 비율로 섞어서 만든 소금물의 농도는 B 소금물의 농도 + $\frac{1}{2}x$%가 되고, 2 : 1의 비율로 섞어서 만든 소금물의 농도는 B 소금물의 농도 + $\frac{2}{3}x$%가 된다.

따라서 두 소금물의 농도 차이는 $\frac{2}{3}x - \frac{1}{2}x$인데 이 값이 1이라고 했으므로 $\frac{2}{3}x - \frac{1}{2}x = 1$이 되고, 정리하면 $x = 6$이다.

15

정답 ②

판매한 선물 세트의 개수를 각각 a개, b개라 하자. 선물 세트를 만드는 데 사용한 비누는 5,200개, 치약은 2,400개이므로 식을 세우면 다음과 같다.

$6a + 5b = 5{,}200$ … ①

$2a + 3b = 2{,}400$ … ②

두 식을 연립하여 ① - ② × 3하면 $4b = 2{,}000$이므로 $b = 500$, $a = 450$이다.

따라서 A 선물 세트는 450개, B 선물 세트는 500개 판매하였으므로 총 판매 이익은 450 × 1,000 + 500 × 1,100 = 450,000 + 550,000 = 1,000,000원이다.

16

정답 ③

$2 + x + 10 + 3 + y = 25$에 $y = 4x$를 대입하여 계산하면 $x = 2$, $y = 8$이다.

평균을 구하기 위해 계급값을 구하면 35, 45, 55, 65, 75이고 평균은 $\frac{\text{(계급값×도수)의 총합}}{\text{도수의 총합}}$이므로

$\frac{35 \times 2 + 45 \times 2 + 55 \times 10 + 65 \times 3 + 75 \times 8}{25} = 60.2$이다.

소수 첫째 자리에서 반올림하므로 평균은 60분, 중앙값은 총인원이 25명이므로 13번째가 중앙값이 된다. 13번째는 50분 이상 60분 미만 계급이므로 중앙값은 55분이 된다.

따라서 평균과 중앙값의 합은 60 + 55 = 115이다.

17

정답 ③

총 3,270표 중 무효표가 20표이므로 유효표는 3,250표이다. C의 득표수를 x로, B의 득표수를 $x + 50$으로 두면, A의 득표수는 $3{,}250 - x - (x + 50) = 3{,}200 - 2x$이다. A의 득표수의 4%가 C의 득표수로 바뀌었다면 B보다 C가 10표 많아지는 것이므로 A 득표수의 4%는 60표임을 알 수 있다. $(3{,}200 - 2x) \times 0.04 = 60$이고, $3{,}200 - 2x = 1{,}500$이므로 $x = 850$이다. C의 득표수가 850표이므로, B의 득표수는 900표, A의 득표수는 1,500표가 된다.

따라서 A와 B의 득표수 차이는 600표이다.

DAY 19	실전 연습 ⑥	p.122

01 ⑤	02 ④	03 ③	04 ⑤	05 ③
06 ④	07 ③	08 ③	09 ②	10 ②
11 ④	12 ③	13 ③	14 ④	15 ②
16 ②	17 ③			

01

정답 ⑤

총 거리는 1.4km이고 상호와 수영이의 속력의 비는 4:3이라고 했으므로 상호가 4에 해당하는 거리를 이동하면 수영이는 3에 해당하는 거리를 이동한다. 같은 시간 동안 상호는 4의 배수만큼, 수영이는 3의 배수만큼 이동하고, 총 거리는 7의 배수만큼 좁혀지게 된다. 1.4km는 7×0.2이므로, 상호가 이동한 거리는 $4 \times 0.2 = 0.8$km, 수영이가 이동한 거리는 $3 \times 0.2 = 0.6$km가 된다.

문제 풀이 꿀TIP

속력의 비율의 합이 7이 되고, 거리는 7의 0.2배이므로 수영이 속력 비율인 3에 0.2를 곱해주면 수영이가 이동한 거리가 나온다.

02

정답 ④

기차가 터널에 진입하는 순간부터 완전하게 빠져나오기까지라고 했으므로, 기차의 총 이동거리는 터널의 길이+기차의 길이인 1,080m이다. 소요 시간은 36초이므로, 기차의 속력은 $1{,}080 \div 36 = 30$m/s이고 단위를 변환하면 $(30 \times 3{,}600)$m/h = 108,000m/h가 되고, 이는 108km/h이다.

03

정답 ③

에어컨 A는 1분당 $\frac{1}{16}$만큼의 일을 하는데, 10분 동안 가동했다고 했으므로 적정온도의 $\frac{10}{16}$만큼 일을 한 상태이다. 이때 에어컨 A를 끄고 에어컨 B를 가동했고, 에어컨 B는 1분당 $\frac{1}{20}$만큼의 일을 하므로 남아있는 $\frac{6}{16}$만큼의 일을 하는 데 소요되는 시간을 x라 하면 $\frac{1}{20} \times x = \frac{6}{16}$이고, 양변에 80을 곱해서 정리하면 $4x = 30$이므로 $x = 7.5$이다.
따라서 7분 30초 후 적정온도에 도달하게 된다.

04

정답 ⑤

A 신호등이 다시 빨간 불이 들어오는 때는 3분 30초, 즉 210초 뒤이고, B 신호등은 3분 뒤인 180초 뒤, C 신호등은 2분 6초 뒤인 126초 뒤이다. 이 세 수는 각각 $210 = 2 \times 3 \times 5 \times 7$, $180 = 2 \times 2 \times 3 \times 3 \times 5$, $126 = 2 \times 3 \times 3 \times 7$이므로 세 수의 최소공배수는 $2 \times 2 \times 3 \times 3 \times 5 \times 7 = 1{,}260$초 = 21분이 되고, A 신호등은 21분 동안 6번 켜진다.

05

정답 ③

5 → 9 → 16 → 29 → 54 → 103 → ?
×2-1, ×2-2, ×2-3, ×2-4, ×2-5, ×2-6

따라서 ×2가 공통으로 반복되고 추가로 -1, -2, -3, -4, -5로 진행되므로 $103 \times 2 - 6 = 200$이 된다.

06

정답 ④

전단지를 x장 인쇄한다고 하면 200장을 초과하는 분량의 인쇄비는 $150 \times (x - 200)$이 된다.
1장당 인쇄비가 170원 이하가 되어야 하므로
$\frac{150 \times (x - 200) + 40{,}000}{x} \le 170$, $150 \times (x - 200) + 40{,}000 \le 170x$,
$10{,}000 \le 20x$, $500 \le x$이다.
따라서 전단지는 500장 이상 주문하면 1장당 인쇄비가 170원 이하가 된다.

07

정답 ③

데스크탑으로 1시간 동안 할 수 있는 일의 양은 $\frac{1}{20}$이고, 노트북으로 1시간 동안 할 수 있는 일의 양은 $\frac{1}{30}$이다. 데스크탑으로 일한 시간을 x라 하면, 노트북으로 일한 시간은 $x + 10$이다. 따라서 $\frac{1}{20} \times x + \frac{1}{30} \times (x + 10) = 1$이 된다. 양변에 60을 곱하여 정리하면 $3x + 2x + 20 = 60$이고, $5x = 40$이므로 $x = 8$이다.

문제 풀이 꿀TIP

선택지를 활용하면 간단하게 풀이할 수 있다. 선택지 ③부터 대입한 뒤, 결과에 따라 선택지 ①, ② 또는 ④, ⑤로 압축하는 방법이 효과적이다. 데스크탑으로 1시간 동안 할 수 있는 일의 양은 $\frac{1}{20}$이고, 노트북으로 1시간 동안 할 수 있는 일의 양은 $\frac{1}{30}$이다. 데스크탑으로 일한 시간이 8시간이라면 노트북으로 일한 시간은 18시간이므로 $\frac{8}{20} + \frac{18}{30} = 1$인 경우 정답은 ③, $\frac{8}{20} + \frac{18}{30} > 1$인 경우 정답은 ① 또는 ②, $\frac{8}{20} + \frac{18}{30} < 1$인 경우 정답은 ④ 또는 ⑤가 된다. $\frac{8}{20} + \frac{18}{30} = \frac{24}{60} + \frac{36}{60}$이므로 합은 1이 되고, 따라서 정답은 ③이다.

08

정답 ③

처음 8% 염산 용액과 20% 염산 용액을 섞어서 12%의 염산 용액을 만든다고 했으므로, 만들려고 했던 염산 용액의 농도는 $(0.08x+0.2y) \div (x+y) \times 100 = 12$라는 수식으로 나타낼 수 있다. 이를 정리하면 $8x+20y=12x+12y$이고, $x=2y$가 된다. 그런데 섞을 때는 8% 염산 용액을 $y$ml, 20% 염산 용액을 $x$ml 섞었다고 했으므로 만들어진 염산 용액의 농도는 $(0.08y+0.20x) \div (x+y) \times 100$이 되며, $x=2y$를 대입하여 정리하면 $(0.08y+0.4y) \div 3y \times 100$이다. 이는 $48y \div 3y = 16$이므로, 실제 만들어진 염산 용액의 농도는 16%가 된다.

문제 풀이 꿀TIP

처음 섞으려고 했던 염산 용액의 비율과 목표했던 염산 용액의 비율을 그래프로 나타내면 아래와 같이 8%에서 1에 해당하는 비율, 20%에서 2에 해당하는 비율만큼 떨어진 12%로 나타난다.

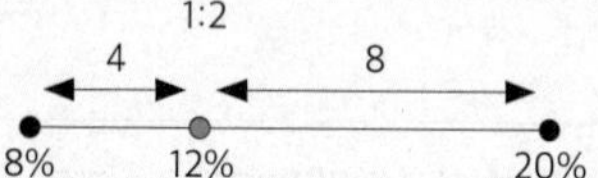

하지만, 섞는 비율이 반대가 되었으므로 완성된 용액의 농도는 9%에서 2에 해당하는 비율, 18%에서 1에 해당하는 비율만큼 떨어진 농도가 완성될 수밖에 없으므로 완성된 염산 용액의 농도는 16%가 된다.

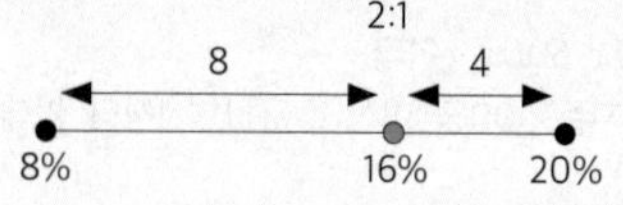

09

정답 ②

1개당 가격이 300원, 600원, 900원인 각 물건의 개수를 x, y, z라 하자.

구입한 물건은 모두 20개이므로 $x+y+z=20$ … ①이고,

금액은 13,500원이었으므로 $300x+600y+900z=13{,}500$ … ②이다. 이를 정리하면 $x+2y+3z=45$ … ②이고 연립방정식을 풀기 위해 ② - ①을 하면 $y+2z=25$이다.

이때, 900원짜리 물건을 최대한 많이 사려고 했기 때문에 z가 최대가 되려면 $z=12$, $y=1$이어야 한다. 이를 ①에 대입하면 $x+1+12=20$이므로 $x=7$이다.

따라서 300원짜리 물건은 7개 사야 한다.

10

정답 ②

중앙의 삼각형을 칠하는 방법의 수는 4가지, 나머지 주변 삼각형을 칠하는 방법의 수는 3가지의 색을 원형으로 배열하는 원순열과 같으므로 $(3-1)! = 2! = 2$가지이다.

따라서 4가지 색을 모두 사용하여 색칠하는 방법의 수는 $4 \times 2 = 8$가지이다.

11

정답 ④

A기업의 마스크를 택하는 사건을 A, B기업의 마스크를 택하는 사건을 B, 불량품을 선택할 확률을 E라고 한다면,

$P(A \cap E) = P(A)P(E \mid A) = \frac{600}{1{,}000} \times \frac{1}{50} = \frac{6}{500}$

$P(B \cap E) = P(B)P(E \mid B) = \frac{400}{1{,}000} \times \frac{1}{100} = \frac{4}{1{,}000}$

$\rightarrow P(E) = P(A \cap E) + P(B \cap E) = \frac{6}{500} + \frac{4}{1{,}000} = \frac{16}{1{,}000}$

따라서 불량인 마스크가 A기업에서 생산될 마스크일 확률은

$P(A \mid E) = \frac{P(A \cap E)}{P(E)} = \frac{3}{4}$이다.

12

정답 ③

갑이 시험에서 과락하지 않았을 사건을 X, 수리능력이 과락일 사건을 Y라고 한다면

$P(X) = \frac{5}{6} \times \frac{3}{4} \times \frac{5}{6} = \frac{25}{48}$, $P(Y) = \frac{1}{4}$이므로 이 시험에서 과락했을 확률은 $1 - P(X) = 1 - \frac{25}{48} = \frac{23}{48}$이다.

따라서 이 시험에서 과락했을 때 수리능력의 점수가 60점 미만일 확률은 $\frac{\frac{1}{4}}{\frac{23}{48}} = \frac{12}{23}$이다.

13

정답 ③

A기업 임원진들은 홀 좌석의 10%인 50석이 배정되었고, 임원진들에게 배정되지 않은 좌석 450석 중 30%인 135석이 신입 사원에게 배정되었다. 또한 코엑스 행사 진행자에게는 기업 임원진 배정 수 50석의 절반인 25석이 배정되었다. A기업 임원진과 신입 사원, 코엑스 행사 진행자들에게 배정된 의자를 제외한 나머지 의자는 $500-50-135-25=290$석으로 이 중 절반인 145석이 대학생들에게 배정되었다.

14

정답 ④

1부터 500까지 중 짝수는 1부터 9까지 4개, 두 자릿수 10부터 99까지 45개, 세 자릿수 100부터 500까지 201개, 쉼표의 총 개수는 249개이다. 한 자릿수 짝수를 적는 시간은 $4 \times 0.8 = 3.2$초, 두 자릿수 짝수를 적는 시간은 $45 \times 2 \times 0.8 = 72$초, 세 자릿수 짝수를 적는 시간은 $201 \times 3 \times 0.8 = 482.4$초, 쉼표를 적는 시간은 $249 \times 0.1 = 24.9$초로 공책에 짝수를 다 적는 데 걸리는 시간은 $3.2+72+482.4+24.9=582.5$초이다.

15

정답 ②

평균을 구하기 위해선 각각의 계급값을 구해야 한다. 계급값은 55, 65, 75, 85, 95이고 평균은 $\frac{(\text{계급값}\times\text{도수})\text{의 총합}}{\text{도수의 총합}}$이므로 $\frac{55\times5+65\times10+75\times17+85\times11+95\times7}{50}=76$이다.

편차는 계급값 - 평균이므로 -21, -11, -1, 9, 19이고

분산은 $\frac{(\text{편차}^2\times\text{도수})\text{의 총합}}{\text{도수의 총합}}$이므로

$\frac{(-21)^2\times5+(-11)^2\times10+(-1)^2\times17+9^2\times11+19^2\times7}{50}=137$이다.

따라서 표준편차는 $\sqrt{137}$이다.

16

정답 ②

한 권에 x원짜리 공책을 y권 구매했다고 하면

$\begin{cases}1.3x\times(y-50)+1.3x\times0.9\times50-xy=23{,}600\\1.2x\times y-xy=19{,}200\end{cases}$

$\begin{cases}3xy-65x=236{,}000\cdots ⓐ\\xy=96{,}000\quad\cdots ⓑ\end{cases}$

ⓑ를 ⓐ에 대입하면 $65x=52{,}000\to x=800$

따라서 공책 1권의 구매 가격은 800원이다.

17

정답 ③

작년 남성 사원 수를 x, 여성 사원 수를 y라 하자. 남성 사원은 5% 증가, 여성 사원은 20% 증가하여 전체 인원은 90명이 증가하였고, 올해 남성 사원의 수와 여성 사원의 수가 같아졌다고 했으므로 수식을 만들어 보면 아래와 같다.

$0.05x+0.2y=90\quad\to\quad0.3x+1.2y=540$

$1.05x=1.2y\quad\to\quad1.05x=1.2y\quad\to\quad1.35x=540$

$\therefore x=400$

$1.05\times400=1.2y\quad\to\quad420=1.2y$

$\therefore y=350$

따라서 작년 남성 사원 수는 400명, 여성 사원 수는 350명이므로 그 차이는 50명이 된다.

DAY 20 실전 연습 ⑦

p.128

01 ③	02 ⑤	03 ②	04 ④	05 ⑤
06 ③	07 ⑤	08 ③	09 ⑤	10 ①
11 ②	12 ④	13 ①	14 ③	15 ②
16 ②	17 ②			

01

정답 ③

원래 있던 오래된 은행나무와 정문 사이가 1.2km이고, 정문과 오래된 은행나무(시작과 끝) 위치를 제외한 사이에 100m 간격으로 나무를 심으면 1,200 ÷ 100 - 1 = 11개의 나무가 필요하다.

벤치는 나무 사이 간격에 설치하게 되는데 마지막 은행나무를 포함하여 총 12개의 간격이 생기지만 정문에서 첫 번째 나무 사이에는 벤치를 두지 않는다고 하였으므로 벤치를 설치할 간격은 총 11개이다. 1개씩 설치할 계획이었으나 1개씩 추가하는 것으로 계획이 변경되어 위치마다 2개씩 설치하게 되므로 총 벤치의 개수는 11 × 2 = 22개이다.

따라서 벤치는 은행나무보다 11개가 더 필요하다.

02

정답 ⑤

농도 13%인 소금물의 양을 xg이라고 한다면

$\frac{5}{100}\times300+\frac{13}{100}\times x=\frac{12}{100}(300+x-100)$

$1{,}500+13x=2{,}400+12x\to x=900$

따라서 농도가 12%인 소금물의 양은 300 + 900 - 100 = 1,100g이다.

03

정답 ②

A가 이긴 횟수를 x, B가 이긴 횟수를 y라고 하면, A가 진 횟수는 y, B가 진 횟수는 x라고 볼 수 있으므로 다음과 같이 연립방정식을 세울 수 있다.

$\begin{cases}2x-y=6\\2y-x=21\end{cases}$

$\to x=11,\ y=16$

따라서 B가 이긴 횟수는 16회이다.

04

정답 ④

여자직원 수를 x라 하면 남자직원 수는 $4x$이다. 이때 총 인원수가 200명이므로

$x+4x=200\to x=40$

남자직원들의 평균 점수를 y라 하면 여자직원들의 평균 점수는 $1.2y$이므로 총 직원의 평균 점수

$78 = \frac{160 \times y + 40 \times 1.2y}{200} \rightarrow y = 75$

따라서 남자직원들의 평균 점수는 75점이다.

문제 풀이 꿀TIP

가중평균을 이용하여 구하면 더 쉽게 구할 수 있다.

05

정답 ⑤

A, B, C는 일정한 사이즈 벽면에 타일 시공을 1시간당 각각 $\frac{1}{3}$, $\frac{1}{6}$, $\frac{1}{8}$만큼 할 수 있다. 세 명이 동시에 타일 시공을 한다고 했고, 벽면은 총 4개라고 했으므로 총 소요시간을 x라 하면 $(\frac{1}{3}+\frac{1}{6}+\frac{1}{8}) \times x = 4$라는 수식을 세울 수 있다. 양변에 24를 곱하여 정리하면 $15x = 96$이고, $x = \frac{96}{15}$시간이므로 60을 곱하면 384분임을 확인할 수 있다. 384분은 6시간 24분이므로 오전 9시 10분에 시작하여 6시간 24분 후인 오후 3시 34분에 종료된다.

06

정답 ③

처음 20분간 A와 B로는 물이 급수되고 C로는 배수되어 4 + 2 - 1L/min의 속도로 5 × 20 = 100L의 물이 채워졌으므로, 나머지 300 - 100 = 200L를 B로만 채운 시간은 200 / (2 - 1) = 200분 = 3시간 20분이다.

07

정답 ⑤

지영이가 서점을 갈 때의 속력이 시속 4km이므로 올 때는 시속 8km이다. 지영이가 서점을 갈 때의 거리를 $x$km라 하면 올 때 거리는 $x + 0.5$km이다. 총 이동시간 = 갈 때 시간 + 10분 + 올 때 시간이고, 이때 총 소요시간은 $\frac{70}{60}$시간, 시간 = $\frac{거리}{속력}$이므로 $\frac{x}{4}+\frac{1}{6}+\frac{x+0.5}{8}=\frac{70}{60}$이다. 정리하면 $9x = 22.5$이고, $x = 2.5$이다.

서점을 갈 때 거리가 2.5km, 올 때 거리가 3km이므로 총 이동거리는 5.5km이다.

08

정답 ③

부산역이 150km 남겨진 지점을 A지점이라 한다. 서울부터 A까지 x시간이 걸렸고 나머지 150km를 시속 $y$km로 달린다고 한다면 서울에서 부산까지 총 걸린 시간은 $x+\frac{150}{y}$시간이다. 문제에서 원래 속력으로 간다면 30분 늦게 도착한다고 하였으므로 서울에서 부산까지 시속 100km로 간다면 $x+\frac{150}{100}-\frac{1}{2}$시간이 걸린다. 이때 늦어지는 시간을 20분 이내로 한다고 하였으므로 $x+\frac{150}{100}-\frac{1}{2}+\frac{1}{3}$시간이 걸린다.

즉, $x+\frac{150}{100}-\frac{1}{2} \le x+\frac{150}{y} \le x+\frac{150}{100}-\frac{1}{2}+\frac{1}{3}$이다.

따라서 $112.5 \le y \le 150$이므로 최소 시속 112.5km로 달려야 한다.

09

정답 ⑤

최초 세훈이는 7% 소금물과 21%의 소금물을 3 : 4의 비율로 섞어서 소금물을 만들려고 했으므로 만들려고 했던 소금물의 농도는 Cross 방법을 활용하여 구하면 15%임을 쉽게 구할 수 있다.

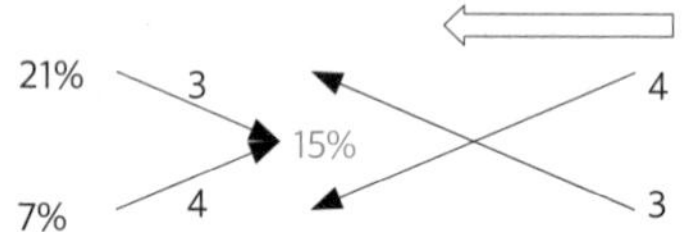

하지만 21%의 소금물 대신 순수한 물을 섞었다고 했으므로 1차로 만들어진 소금물은 7%의 소금물과 순수한 물을 3:4로 섞은 소금물이 된다. 이때 7%의 소금물은 300g을 넣었다고 했으므로, 7%의 소금물 300g과 순수한 물 400g을 섞은 상황이다. 이렇게 만들어진 소금물의 농도 또한 Cross 방법을 활용하여 3%임을 쉽게 구할 수 있다.

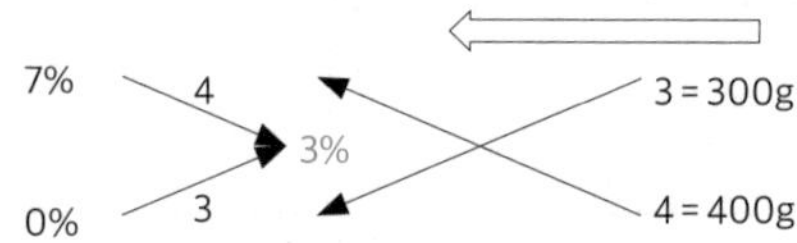

1차로 만들어진 소금물이 농도는 3%이고 그 양은 700g임을 확인했으므로 15%의 소금물을 만들기 위해 추가로 넣어야 하는 농도 21% 소금물의 양 또한 Cross 방법을 활용하여 구하면 1,400g임을 알 수 있다.

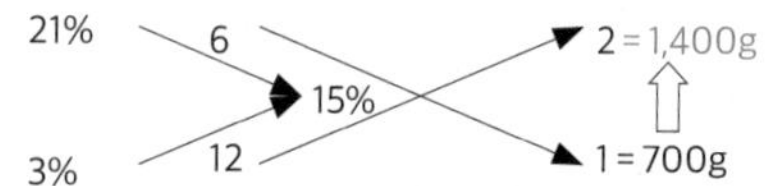

10

정답 ①

1박 숙박요금의 정가를 x라 하면 2박 이상 숙박할 경우 10%를 할인한다고 했으므로 1박당 $0.9x$의 금액으로 숙박하게 된다. 그런데 7박 숙박 시 75,000원을 추가로 할인한다고 했으므로 이때의 금액은 $0.9x \times 7 - 75{,}000$원이 된다. 이 금액이 별도의 할인이 없는 경우 6박을 숙박하는 가격과 동일한 금액이라고 했으므로 $0.9x \times 7 - 75{,}000 = 6x$가 되고, $6.3x - 75{,}000 = 6x$이므로 $0.3x = 75{,}000$이다.

따라서 $x = 250{,}000$원임을 알 수 있다.

문제 풀이 꿀TIP

1일당 할인받는 금액이 $0.1x$이고, 7일 숙박 시 추가 할인 금액이 75,000원이므로 $0.7x + 75{,}000$원이 프로모션에 따른 할인 금액이 된다. 이 금액이 1일 숙박요금과 동일한 것이므로 $0.7x + 75{,}000 = x$가 되고 $0.3x = 75{,}000$, $x = 250{,}000$원으로 구할 수 있다.

11

정답 ②

수지가 카드를 이용해서 구매할 경우 정가에서 10% 할인된 금액으로 구매할 수 있다고 했으므로 1인당 15,000 × 0.9 = 13,500원이 된다. 5인 단체 입장권은 20% 할인된 금액으로 구매할 수 있다고 했으므로 1인당 금액은 15,000 × 0.8 = 12,000원이다. 하지만 5인 단체 입장권은 5인 단위로밖에 구입할 수 없다. 수지는 5명 이상의 친구들과 경기 관람을 하러 갔다고 했으므로 최소 인원은 6명이 된다. 우선 10명 이하일 경우를 계산해 보면 $13{,}500 \times x > 12{,}000 \times 10$이고, $x > 120{,}000 \div 13{,}500$이므로 $x > 8.8888\cdots\cdots$이다.
따라서 최소 인원은 9명이 된다.

12

정답 ④

조건부 확률에 대한 문제이다. '선택한 제품이 불량품일 때'라고 했으므로 불량품을 이미 선택한 상황임을 확정하고 문제를 풀이해야 한다.
갑 공장과 을 공장에서 A 부품을 납품받는 비율이 7:3이라고 했으므로 갑 공장에서 납품받는 비율은 70%, 을 공장에서 납품받는 비율은 30%이다. 갑 공장에서 납품받은 A 부품을 이용한 제품의 불량률은 1%라고 했으므로 70% × 1% = 0.7 × 0.01 = 0.007이고, 을 공장에서 납품받은 A 부품을 이용한 제품의 불량률은 2%라고 했으므로 30% × 2% = 0.3 × 0.02 = 0.006이다.
따라서 전체 불량은 0.007 + 0.006이고 그 중 갑 공장에서 납품받은 A 부품을 이용한 경우는 0.007이므로 확률은 $\frac{0.007}{0.013} = \frac{7}{13} \fallingdotseq 53.8\%$가 된다.

13

정답 ①

6월은 30일까지, 7월은 31일까지 있는 달이므로 6월 3일 이후부터 8월 10일까지의 총 기간은 27 + 31 + 10 = 68일이다. 일주일은 7일이므로 68 ÷ 7 = 9, 나머지는 5이다. 9주 하고 5일이 지난 시점이므로 목요일로부터 5일 이후인 화요일이다.

14

정답 ③

숫자 4개를 택하는 방법은 (1, 1, 1, 2), (1, 1, 2, 2)의 2가지 경우이다. (1, 1, 1, 2)에서 만들 수 있는 네 자리 정수의 개수는 4! / 3! = 4가지, (1, 1, 2, 2)에서 만들 수 있는 네 자리 정수의 개수는 4! / 2! × 2! = 6가지이다.
따라서 만들 수 있는 네 자리 정수의 총 개수는 4 + 6 = 10개이다.

15

정답 ②

A와 B의 점수의 합이 2점일 경우는
1) 앞면 A 2번, B 0번
$${}_9C_2 = \frac{9 \times 8}{2 \times 1} = 36$$
2) 앞면 A 1번, B 1번
$${}_9C_1 \times {}_{18}C_1 = 9 \times 8 = 162$$
3) 앞면 A 0번, B 2번
$${}_{18}C_2 = \frac{18 \times 17}{2 \times 1} = 153$$이므로
36 + 162 + 153 = 351가지이고, A가 1점일 경우의 수는 9 × 18 = 162가지이므로 확률은 $\frac{162}{351} = \frac{6}{13}$이다.

16

정답 ②

민영이의 나이는 x살, 진호의 나이는 y살이라고 한다. 나이의 합이 63살이라고 하였으므로 $x + y = 63$이다.
과거 민영이의 나이가 $\frac{y}{2}$이었을 때 진호의 나이가 x살이었고, 현재와 과거의 나이 차이는 동일하므로 $x - \frac{y}{2} = y - x$이다.
두 식을 정리하면 $x = 27$, $y = 36$이므로 현재 민영이의 나이는 27살이다.

17

정답 ②

주문하려는 도시락의 개수를 x라 하면 할인된 금액이 8,000원보다 많으면 쿠폰을 사용하는 것이 유리하다.
$8{,}000 \times x \times 0.04 > 8{,}000 \rightarrow x > 25$이다.
따라서 최소 26개의 도시락을 주문할 때 4% 할인쿠폰을 사용하는 것이 더 유리하다.

DAY 21 실전 연습 ⑧ p.134

01 ①	02 ①	03 ③	04 ②	05 ②
06 ②	07 ②	08 ⑤	09 ③	10 ③
11 ④	12 ⑤	13 ②	14 ③	15 ①
16 ④	17 ④			

01

정답 ①

a = $\frac{75}{100}$b = $\frac{3}{4}$b, c = b + 1이다. a + b + c = $\frac{3}{4}$b + b + (b + 1) = $\frac{11}{4}$b + 1이고, $\frac{11}{4}$b + 1 = 1,101이므로 b = 400, a = $\frac{3}{4}$ × 400 = 300, c = 401이다.

따라서 a - b + c = 301이다.

02

정답 ①

수학 점수를 a점, 국어 점수를 b점이라 하면 a = 1.25b이므로 b = $\frac{1}{1.25}$a = 0.8a = a - 0.2a이다.

따라서 국어 점수는 수학 점수보다 20%가 낮다.

문제 풀이 꿀TIP

국어 점수를 80점이라고 가정하면 25% 높은 수학 점수는 100점이다. 따라서 80점은 100점에서 20% 낮은 점수이다.

03

정답 ③

갑은 2일 동안 일하고 하루를 쉬고, 을은 5일 동안 일하고 2일을 쉬는 직원이라 가정한다면 갑과 을의 최소공배수인 21일을 주기로 만남이 반복되며, 21일 중 10일을 같이 일한다.

	1	2	3	4	5	6	7	8	9	10	11
갑	O	O		O	O		O	O		O	O
을	O	O	O	O	O			O	O	O	O
	12	13	14	15	16	17	18	19	20	21	
갑		O	O		O	O		O	O		
을	O			O	O	O	O	O			

3달은 총 30 + 31 + 30 = 91일이고 91 = 21 × 4 + 7이므로, 10일을 같이 일하는 21일 주기가 4번 반복되어 40일을 만나며, 나머지 7일 중 4일을 같이 일하므로 총 44일을 함께 일하게 된다.

04

정답 ②

가득 찬 상태의 우물 물의 양을 a라 하고 1분 동안 우물로 흘러 들어오는 물의 양을 b라 하면, 4명이서 30분 동안 퍼 올린 물의 양은 a + 30b이다. 1명이 1분 동안 퍼 올리는 물의 양을 x라 한다면 a + 30b = x × 30 × 4가 된다. 또한 8명이서 10분 동안 퍼 올린 물의 양은 a+10b이고, 이 경우 역시 1명이 1분 동안 퍼 올리는 물의 양을 x라 하면 a + 10b = x × 10 × 8이 된다.

두 식을 연립해 보면 20b = 40x이고, b = 2x이다. 이를 첫 번째 수식에 대입해 보면 a + 60x = 120x가 되고, a = 60x임을 알 수 있다. 14명이서 물을 모두 퍼 올리는 데 소요되는 시간을 y라 하면 a + yb = x × y × 14가 되고, a와 b에 각각 60x와 2x를 대입해 보면 60x + 2xy = 14xy이고, 60x = 12xy이므로 y = 5이다.

05

정답 ②

주용이의 집에서 카페까지의 거리를 x라 하면 주용이의 집과 카페, 지현이의 집은 일직선상에 위치한다고 했으므로 지현이의 집에서 카페까지의 거리는 32 - x가 된다. 이때 주용이가 카페까지 이동하는 데 걸린 시간은 x ÷ 8이고, 지현이가 집에서 카페까지 이동하는 데 걸린 시간은 (32 - x) ÷ 5가 된다. 지현이는 주용이가 출발하고 6분 후 출발했다고 했고, 6분은 시간 단위로 환산하면 $\frac{1}{10}$시간이므로 x ÷ 8 = (32 - x) ÷ 5 + $\frac{1}{10}$이 된다. 양변에 40을 곱해서 정리하면 5x = 256 - 8x + 4이고, 13x = 260이므로 x = 20이다. 주용이의 집에서 카페까지의 거리가 20km이므로 지현이의 집에서 카페까지의 거리는 12km가 되고, 거리의 차이는 20 - 12 = 8km이다.

06

정답 ②

민영이와 준석이의 속력의 비는 2 : 3이므로 민영이의 속력은 2x, 준석이의 속력은 3x이다. 서로 마주보고 출발하여 만났기 때문에 민영이가 움직인 거리+준석이가 움직인 거리 = 4,500이고, 거리=속력×시간이므로 2x × 30 + 3x × 30 = 4,500이고 x = 30이다. 즉, 민영이의 속력은 분속 60m, 준석이의 속력은 분속 90m이다. 따라서 민영이는 1분 동안 60m를 걷기 때문에 2분 동안은 120m를 걷는다.

문제 풀이 꿀TIP

서로 동시에 출발하여 만났기 때문에 둘이 움직인 시간은 일정하다. 시간 = $\frac{거리}{속력}$이므로 시간이 일정하면 거리와 속력은 비례의 관계를 갖는다. 속력의 비가 2 : 3이면 거리의 비도 2 : 3이므로 민영이가 움직인 거리는 4,500 × $\frac{2}{5}$ = 1,800이고, 속력은 $\frac{거리}{시간}$이므로 $\frac{1,800}{30}$ = 60이고 분속은 60m이다.

따라서 2분 동안 움직인 거리는 120m이다.

07

정답 ②

학년 전체 평균 점수를 x라고 가정하면 1반부터 3반까지의 점수는 1반은 $(x-5)$점, 2반은 $(x-3)$점, 3반은 $(x+8)$점이라고 할 수 있고, 4반은 학년 평균과 4반과의 차이가 제시되지 않기 때문에 y점만큼 차이가 있다고 가정하면 $(x+y)$로 둘 수 있다. 4반의 평균 점수가 학년 평균보다 높고, 3반보다는 점수가 낮기 때문에 $0<y<8$임을 알 수 있다.
또한 1반부터 4반까지의 평균 점수는 80점이기 때문에 다음의 식이 성립한다.
$(x-5)+(x-3)+(x+8)+(x+y)=80\times4$
$4x+y=320$, $x=80-\frac{y}{4}$이고, 학년 평균과 반 평균 점수 모두 정수이기 때문에 $0<y<8$ 범위에서 $y=4$일 때만 조건을 충족한다.
따라서 $x=80-1=79$점이 학년 평균 점수가 된다.

08

정답 ⑤

의사소통과 문제해결의 평균은 71점이고 수리와 조직이해의 평균은 75점이라고 했으므로 의사소통, 문제해결, 수리, 조직이해 4과목의 평균점수는 73점이 되고, 총점은 $73\times4=292$점이다.
또한 자원관리의 점수는 5과목 전체 평균점수와 같다고 했으므로 자원관리의 점수를 x라 하면 $(292+x)\div5=x$가 되고, $292+x=5x$이므로 $x=73$이다.
의사소통과 문제해결의 평균이 71점이므로 두 과목의 총점은 142점이고, 문제해결, 자원관리, 수리의 평균이 55점이므로 세 과목의 총점은 165점이며, 그중 자원관리의 점수가 73점이므로 문제해결과 수리 두 과목의 총점은 92점이다. 의사소통 + 문제해결 점수에서 문제해결 + 수리 점수를 빼면 의사소통 - 수리 점수를 알 수 있고, 이는 50점이다.
또한 수리와 조직이해의 평균이 75점이라고 했으므로 두 과목의 총점은 150점이다. 따라서 의사소통 - 수리 점수에 수리 + 조직이해 점수를 더하면 의사소통 + 조직이해 총점을 알 수 있고, 이는 $50+150=200$이다.
따라서 의사소통과 조직이해 두 과목의 총점은 200점임을 알 수 있으며, 두 과목의 평균은 100점이다.

09

정답 ③

신입사원이 서로 이웃하지 않을 경우의 수는 전체 - 신입사원끼리 이웃하는 경우의 수이다.
전체 경우의 수는 6명이 원탁에 앉는 경우의 수이므로
$(6-1)!=5!=120$이다.
신입사원끼리 이웃하는 경우의 수는
$(5-1)!\times2=4!\times2=24\times2=48$이다.
따라서 $120-48=72$가지이다.

10

정답 ③

전체 경우의 수는 9개의 공을 하나씩 차례로 꺼내는 경우의 수인 $\frac{9!}{4!\times5!}=126$가지이다. 다섯 번째에 마지막 흰 공을 꺼내는 경우는 네 번째까지 흰 공 3개, 검은 공 1개를 꺼내고 다섯 번째에 흰 공을 꺼내야 하므로 $\frac{4!}{3!}=4$가지이고, 일곱 번째에 마지막 흰 공을 꺼내는 경우는 여섯 번째까지 흰 공 3개, 검은 공 3개를 꺼내고 일곱 번째에 흰 공을 꺼내야 하므로 $\frac{6!}{3!\times3!}=20$가지이다.
따라서 상자에서 공을 한 개씩 꺼낼 때 다섯 번째 또는 일곱 번째에 마지막 흰 공을 꺼낼 확률은 $\frac{4+20}{126}=\frac{24}{126}=\frac{4}{21}$이다.

11

정답 ④

하나의 단에 있는 2개의 손잡이를 색칠하는 경우의 수는 ${}_4P_2=4\times3=12$가지이다.
따라서 단은 4개이므로 $12\times12\times12\times12=20{,}736$가지이다.

12

정답 ⑤

전체 무빙워크의 길이를 20과 8의 최소공배수인 40이라고 가정한다면 무빙워크의 속력은 분당 2의 속력이 되고, 무빙워크의 속력과 상협이가 걷는 속력의 합은 분당 5의 속력이 된다. 따라서 상협이가 걷는 속력만 생각한다면 분당 3의 속력이라는 것을 알 수 있다. 이때 무빙워크와 상협이가 걷는 방향이 서로 반대가 되면 속력은 상쇄되므로 무빙워크의 이동 방향과 반대 방향으로 상협이가 걷게 되면 상협이의 속력은 $3-2=1$이므로, 분당 1의 속력으로 이동하게 된다. 전체 거리를 40으로 가정한 상황이므로 분당 1의 속력으로 이동하면 40분이 소요된다.

문제 풀이 꿀TIP

무빙워크 위에서 가만히 서 있을 때 총 20분이 소요되고 무빙워크 위에서 상협이가 걸었을 때 소요된 시간이 8분이므로, 무빙워크에 의해 8분만큼 이동하는 동안 상협이가 걸은 거리는 무빙워크에 의해 12분만큼 이동하는 거리를 걸은 것이다. 따라서 $8:12=2:3$이므로 무빙워크의 속력을 2라 하면, 상협이가 걷는 속력은 3이 된다. 따라서 무빙워크와 상협이가 서로 반대 방향으로 걷는다면 속력이 상쇄되어 1의 속력으로 이동하게 된다. 2의 속력으로 이동할 때 20분이 소요되는 거리이므로 1의 속력으로 이동하면 40분이 소요된다.

13

정답 ②

퍼즐을 맞춘 시간의 비율이 3 : 7 : 4라고 했으므로, A 혼자 퍼즐을 맞춘 시간은 $3x$, B 혼자 퍼즐을 맞춘 시간은 $7x$, C 혼자 퍼즐을 맞춘 시간은 $4x$라고 할 수 있다.
A, B, C 세 사람이 각각 맞춘 퍼즐의 양은 A = $\frac{3x}{24}$, B = $\frac{7x}{28}$, C = $\frac{4x}{32}$이고, 약분하면 A = $\frac{x}{8}$, B = $\frac{x}{4}$, C = $\frac{x}{8}$이다. 따라서 $\frac{x}{8}+\frac{x}{4}+\frac{x}{8}=1$이 되고, 양변에 8을 곱해서 정리하면 $4x=8$이므로 $x=2$이다.
즉, A는 $3x=6$시간, B는 $7x=14$시간, C는 $4x=8$시간 퍼즐을 맞추었고, 총 소요시간은 6 + 14 + 8 = 28시간이다.

문제 풀이 꿀TIP

A : B : C = 3 : 7 : 4이고, A, B, C는 1시간 단위로만 퍼즐을 맞추었다고 했으므로, 총 소요시간은 3 + 7 + 4 = 14의 배수일 수밖에 없다. 따라서 정답은 선택지 ② 또는 ⑤로 압축되고, 전체 소요시간 중 B가 퍼즐을 맞추는 데 사용한 시간이 절반에 해당하므로 28시간 중 14시간 동안 B가 퍼즐을 맞추고, 남은 14시간은 3 : 4의 비율로 나누면 A가 6시간, C가 8시간 퍼즐을 맞추었다는 의미가 된다. 이 경우 $\frac{6}{24}+\frac{14}{28}+\frac{8}{32}=\frac{1}{4}+\frac{1}{2}+\frac{1}{4}=1$이므로 정답이라는 것을 확인할 수 있다.

14

정답 ③

일의 양을 6과 10의 최소공배수 30이라고 하면 A, B는 혼자서 1시간 동안 각각 5와 3만큼의 일을 한다. A, B가 함께 일을 하면 1시간 동안 8의 일을 하므로 걸리는 시간은 $30 \div 8 = \frac{15}{4}$시간이다.

15

정답 ①

할인하여 판매할 때 원가는 변함이 없이 이익금이 줄어드는 것이므로 600원을 할인하여 팔았을 때 이익이 절반으로 줄어든 것은 원래 총 이익은 1,200원이었다는 의미가 된다.
따라서 절반의 이익인 600원이 한 개당 얻은 이익이다.

16

정답 ④

1개당 재료비가 40,000원인 상품을 100개 만든다고 했지만, 만드는 과정 중 10개를 불량품으로 버리게 되었으므로 재료비는 110개의 상품에 해당하는 만큼 소요가 되었다. 따라서 40,000 × 110 = 4,400,000원이 총 원가가 된다. 여기에 20%의 이익을 붙인 정가는 4,400,000 × 1.2 = 5,280,000원이고, 여기서 5% 할인한 판매가는 5,016,000원이다. 이는 100개에 해당하는 금액이므로 1개당 판매가는 50,160원이다.

17

정답 ④

작년에 지원한 남성 지원자의 수를 x, 여성 지원자의 수를 y라 하면, 작년에 지원한 총 인원은 $x+y$명이 되고, 올해 남성 지원자는 $0.06x$만큼 더 증가했고, 여성 지원자는 $0.12y$만큼 더 증가했다고 나타낼 수 있다. 따라서 아래와 같이 수식을 연립하면

$x+y=425$ → $1.2x+1.2y=510$
$0.06x+0.12y=36$ → $0.6x+1.2y=360$
$\therefore 0.6x=150$이고, $x=250$이 된다.
올해는 작년에 비해 남성 지원자 수가 6% 증가했다고 했으므로 250 × 1.06 = 265명이 된다.

DAY 22 실전 연습 ⑨

p.140

01 ④	02 ①	03 ③	04 ④	05 ③
06 ①	07 ⑤	08 ⑤	09 ⑤	10 ①
11 ④	12 ②	13 ④	14 ④	15 ⑤
16 ⑤	17 ③			

01

정답 ④

마스크의 개수를 x라고 하면 $12 \times 71 < x < 13 \times 66$이고, 이를 정리하면 $852 < x < 858$이므로 가능한 개수는 853, 854, 855, 856, 857이다. 이 중에서 $6n + 4$, n은 자연수임을 만족하는 수는 856이다.

02

정답 ①

정답의 수를 x개, 무응답의 수를 y개, 오답의 수를 z개라 하면 문항 총 수는 30문항이므로 $x + y + z = 30$이고, 작년 채점 방법으로는 $30 + 4x - z = 85$점, 올해 채점 방식으로는 $5x + 2y = 90$점이다. 방정식을 연립하여 풀면 $x = 16$, $y = 5$, $z = 9$이다.
따라서 무응답 개수는 5개이다.

03

정답 ③

A, B, C가 1시간 동안 한 일의 양을 각각 a, b, c라 하자.
관 A만으로 물을 채울 때 배수관 C로 물이 계속 빠져나가기 때문에 1시간 5분은 둘이 함께 일한 것이고, 식으로 표현하면 $(a - c) \times \frac{13}{12} = 520$이다. 마찬가지로 B와 C가 함께 일한 것도 식으로 표현하면 $(b - c) \times \frac{2}{3} = 520$이다.
두 식을 정리하면 $a - c = 520 \times \frac{12}{13} = 480$이고, $b - c = 520 \times \frac{3}{2} = 780$이다.
A가 20L의 물을 채울 때 B는 30L의 물을 채울 수 있다고 했기 때문에 $b = 1.5a$이고, 이 값을 정리한 식에 대입하면 $1.5a - c = 780$이다.
두 개의 식을 연립하여 풀면 $\frac{1}{2}a = 300$이므로 $a = 600$이다.
따라서 $c = 120$, $b = \frac{3}{2}a = \frac{3}{2} \times 600 = 900$이다. 이때 c를 통해 가득 찬 물을 빼내는 데 걸리는 시간은 $1h : 120\text{L} \rightarrow xh : 520\text{L}$이므로 $x = \frac{520}{120} = \frac{13}{3} = 4 + \frac{1}{3}$, 즉 4시간 20분이다.

04

정답 ④

하루에 흘러들어오는 물의 양을 x, 논에 공급되는 물의 양을 y라 하면
$1{,}500 + 50x = 50y$ ⋯ ①이다.
가뭄으로 물의 양이 $\frac{1}{4}$로 감소하여 16일만 공급한다면
$1{,}500 + \frac{1}{4}x \times 16 = 16y$ ⋯ ②이다.
①을 정리하면 $30 + x = y$이고, ②에 대입하면 $1{,}500 + 4x = 16(30 + x)$이므로 $1{,}500 + 4x = 480 + 16x$이다.
정리하면 $12x = 1{,}020$이므로 $x = 85$, $y = 115$이다.

05

정답 ③

지훈 + 세영 = 세진 + 희수 ⋯ ①
세영 < 희수 ⋯ ②
①과 ②를 통해 지훈 > 세진 ⋯ ③임을 알 수 있다.
지훈 + 세영 > 지훈 + 정민 ⋯ ④
따라서 세영 > 정민 ⋯ ⑤
②와 ⑤를 통해 희수 > 세영 > 정민임을 알 수 있다.
세진 = 정민 + 희수
따라서 세진 > 정민
정리하면 세진 > 희수 > 세영 > 정민이고, ③에 의해 지훈 > 세진 > 희수 > 세영 > 정민이다.
즉, 세진이가 네 번째로 가볍다.

06

정답 ①

1) 설계팀 2명, 영업팀 3명이 선발되는 경우의 수:
$\frac{12 \times 11}{2 \times 1} \times \frac{10 \times 9 \times 8}{3 \times 2 \times 1} = 7{,}920$
2) 설계팀 3명, 영업팀 2명이 선발되는 경우의 수:
$\frac{12 \times 11 \times 10}{3 \times 2 \times 1} \times \frac{10 \times 9}{2 \times 1} = 9{,}900$
3) 설계팀 4명, 영업팀 1명이 선발되는 경우의 수:
$\frac{12 \times 11 \times 10 \times 9}{4 \times 3 \times 2 \times 1} \times 10 = 4{,}950$
따라서 $7{,}920 + 9{,}900 + 4{,}950 = 22{,}770$이다.

07

정답 ⑤

10명의 사원 중에서 시험 감독을 할 4명의 사원을 임의로 뽑는 경우의 수는 ${}_{10}C_4 = \frac{10 \times 9 \times 8 \times 7}{4 \times 3 \times 2 \times 1} = 210$이다.
갑, 을, 정 모두 시험 감독에 참여해야 하므로 갑, 을, 정을 제외한 7명의 사원 중에서 1명의 사원을 임의로 뽑는 경우의 수는 ${}_7C_1 = 7$이다.
따라서 구하는 확률은 $\frac{7}{210} = \frac{1}{30}$이다.

08

정답 ⑤

임의로 뽑은 사람이 바이러스에 감염된 사람일 사건을 A, 어떤 사람을 C검사법으로 검사하여 감염되었다고 판정할 사건을 B라 하면

$P(A)=\frac{2}{3}$, $P(A^C)=\frac{1}{3}$

$P(B)=P(A\cap B)+P(A^C\cap B)$

$=P(A)P(B\mid A)+P(A^C)P(B\mid A^C)$

$=\frac{2}{3}\times\frac{9}{10}+\frac{1}{3}\times\frac{1}{10}=\frac{19}{30}$

따라서 $P(A\mid B)=\frac{P(A\cap B)}{P(B)}=\frac{P(A)P(B\mid A)}{P(B)}=\frac{\frac{2}{3}\times\frac{9}{10}}{\frac{19}{30}}=\frac{18}{19}$이다.

09

정답 ⑤

영화, 연극, 뮤지컬을 선택한 학생의 집합을 각각 A, B, C라 하면 $n(A\cup B\cup C)=35$이다.

(가)에서 $A\cap B=\emptyset$

(나)에서 $n(A\cap C)=3$

(다)에서 $n(B\cap C)=5$

(라)에서 $n(A\cup B)=24$

$A\cap B=\emptyset$이므로 세 집합 A, B, C의 포함관계를 벤다이어그램으로 나타내면 다음과 같다.

$n(A\cup B)=n(A)+n(B)=24$

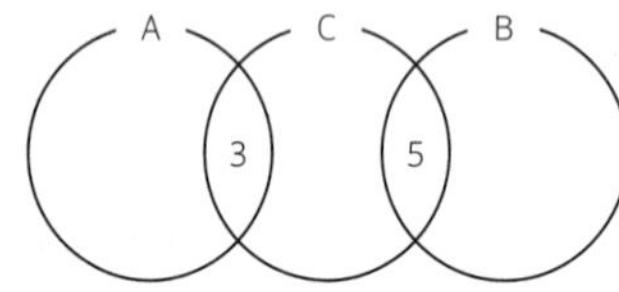

$n(A\cup B\cup C)=n(A)+n(B)+n(C)-3-5$

$35=24+n(C)-8$

$\therefore n(C)=19$

따라서 뮤지컬을 선택한 학생은 19명이다.

10

정답 ①

가 기업에 관심 있다고 한 학생의 집합을 A, 나 기업에 관심 있다고 한 학생의 집합을 B, 다 기업에 관심 있다고 한 학생의 집합을 C라고 할 때, 전체집합을 U, $n(A\cap B\cap C)=x$, $n((B\cap C)-A)=y$라 하고 벤다이어그램에 각각의 영역에 해당하는 원소의 개수를 표시하면 다음과 같다.

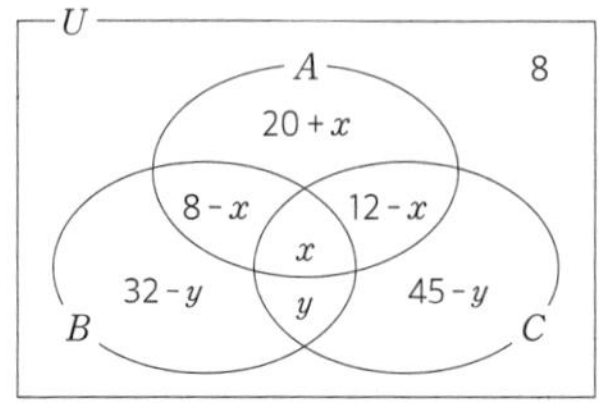

$n(A\cup B\cup C)=40+32+45-y=92$이므로 $y=25$, x의 범위는 $0\le x\le 8$, 두 기업 이상에 관심 있는 학생 수는 $45-x$이다.

따라서 그때의 최솟값은 $x=8$일 때의 37명이다.

11

정답 ④

옮겨야 할 상자를 x개라 하자.

A가 1시간 동안 옮길 수 있는 상자는 $\frac{x}{3}$이고, B가 1시간 동안 옮길 수 있는 상자는 $\frac{x}{4}$이다. 둘이 함께 일한 90분 동안 600개를 더 옮길 수 있으므로 총 옮긴 상자는 $(\frac{x}{3}+\frac{x}{4})\times\frac{3}{2}+600=x$이다.

식을 정리하면 $\frac{7}{12}x\times\frac{3}{2}=\frac{7}{8}x+600=x$이므로 $\frac{1}{8}x=600$이고, $x=4{,}800$이므로 옮겨야 할 택배 상자는 4,800개이다.

12

정답 ②

슬기가 첫해에 납부해야 하는 소득월액 보험료는 연간 소득 금액 5,800만 원에서 3,400만 원을 초과하는 금액 = 5,800 - 3,400 = 2,400만 원의 7%인 2,400 × 0.07 = 168만 원이고, 다음 해의 연간 소득 금액은 올해 연간 소득 금액 대비 10% 상승한 5,800 × 1.1 = 6,380만 원이므로 3,400만 원을 초과하는 금액 = 6,380 - 3,400 = 2,980만 원의 7%, 즉 2,980 × 0.07 = 208.6만 원 ≒ 209만 원이므로 2년간 납부해야 하는 총 소득월액 보험료는 168 + 209 = 377만 원이다.

13

정답 ④

㉠ 3명 모두 2가지 경우 중 자유롭게 선택할 수 있으므로 중복이 허용되는 중복 순열로 경우의 수는 $2^3=8$가지이다.

㉡ 남자 4명, 여자 2명 중에서 2명의 대의원을 뽑을 때 적어도 한 명의 여자가 뽑히는 경우는 전체 경우의 수에서 남자만 뽑히는 경우를 제외한 것이므로 ${}_6C_2-{}_4C_2=15-6=9$가지이다.

㉢ 7명의 사람이 서로 한 번씩 악수하는 총 횟수는 ${}_7C_2=21$가지이다.

㉣ 7개의 쿠키를 다른 2개의 접시에 담는 방법의 수는 (6, 1) (5, 2) (4, 3) (3, 4) (2, 5) (1, 6)으로 총 6가지이다.

따라서 경우의 수가 큰 순서대로 나열하면 ㉢-㉡-㉠-㉣이다.

14

정답 ④

비가 온 날 다음 날 비가 올 확률이 $\frac{1}{5}$이므로 비가 온 다음 날 비가 오지 않을 확률은 $\frac{4}{5}$이다. 비가 오지 않은 날의 다음 날에 비가 올 확률이 $\frac{1}{4}$이므로 비가 오지 않은 날의 다음 날에 비가 오지 않을 확률은 $\frac{3}{4}$이다.

1) 월, 화, 수 모두 비가 내릴 확률: $\frac{1}{5}\times\frac{1}{5}=\frac{1}{25}$

2) 월, 수에는 비가 오고 화요일에는 비가 오지 않을 확률:
$\frac{4}{5}\times\frac{1}{4}=\frac{1}{5}$

따라서 수요일에 비가 내릴 확률은 $\frac{1}{25}+\frac{1}{5}=\frac{6}{25}$이다.

15

정답 ⑤

3번째 게임이 끝나고 최종 승리자가 미영이가 되려면

1) 1번째 빨간 공, 2번째 노란 공 또는 파란 공, 3번째 빨간 공
$\frac{2}{5}\times\frac{3}{5}\times\frac{2}{5}=\frac{12}{125}$

2) 1번째 노란 공 또는 파란 공, 2번째 빨간 공, 3번째 빨간 공
$\frac{3}{5}\times\frac{2}{5}\times\frac{2}{5}=\frac{12}{125}$

따라서 구하는 확률은 $\frac{12}{125}+\frac{12}{125}=\frac{24}{125}$이다.

16

정답 ⑤

흰 공을 x개, 검은 공을 y개라 하면 검은 공일 확률은 $\frac{y}{x+y}=\frac{3}{7}$이므로 $7y=3x+3y$이고, 정리하면 $x=\frac{4}{3}y$ … ①이다.

흰 공을 더 넣은 후 검은 공일 확률은 $\frac{y}{x+y+1}=\frac{2}{5}$이므로 $5y=2x+2y+2$이고, 정리하면 $3y-2x=2$ … ②이다.

①을 ②에 대입하여 계산하면 $3y-\frac{8}{3}y=\frac{1}{3}y=2$이므로 $y=6$이다.

따라서 처음 상자에 들어있는 검은 공의 개수는 6개이다.

문제 풀이 꿀TIP

비율을 통해 풀면 연립방정식이 필요하지 않다.
검은 공일 확률이 $\frac{3}{7}$이라는 것은 흰 공과 검은 공의 비가 4:3이라는 것이다. 결국 흰 공은 4의 배수, 검은 공은 3의 배수임을 알 수 있다. 하나씩 가정해 보자. 먼저 흰 공이 4개면 검은 공은 3개이다. 여기서 흰 공이 하나 더 추가되어야 하기 때문에 5개가 되므로 추가된 후 꺼낸 공이 검은 공일 확률은 $\frac{3}{8}$이므로 문제와 다르다. 그럼 흰 공을 8개라 가정하면 검은 공은 6개가 된다. 흰 공을 하나 더 넣었기 때문에 9개가 되고 이때 꺼낸 공이 검은 공일 확률은 $\frac{6}{15}=\frac{2}{5}$이므로 문제와 같다.
따라서 흰 공은 8개, 검은 공은 6개임을 알 수 있다.

17

정답 ③

가로선 5개 중에서 2개, 세로선 5개 중에서 2개를 택하면 하나의 직사각형이 결정되므로 직사각형의 총 개수는 ${}_5C_2\times{}_5C_2=10\times10=100$개이다. 이때 가장 작은 정사각형의 한 변의 길이를 1이라고 하면 한 변의 길이가 1, 2, 3, 4인 정사각형의 개수는 각각 16개, 9개, 4개, 1개이므로 정사각형의 총 개수는 $16+9+4+1=30$개이다.
따라서 정사각형이 아닌 직사각형의 개수는 $100-30=70$개이다.

DAY 23 실전 연습 ⑩ p.146

01 ②	02 ④	03 ④	04 ②	05 ②
06 ③	07 ②	08 ④	09 ③	10 ③
11 ③	12 ⑤	13 ④	14 ③	15 ⑤
16 ④	17 ①			

01

정답 ②

공용공간에 칠할 수 있는 색은 4가지, 사무실 A에 칠할 수 있는 색은 공용공간에 칠한 색과 이웃하기 때문에 그 색을 제외한 3가지, 사무실 B에 칠할 수 있는 색은 공용공간과 사무실 A와 이웃하기 때문에 그 두 가지 색을 제외한 2가지, 사무실 C에 칠할 수 있는 색은 공용공간과 사무실 B에 이웃하기 때문에 그 두 가지 색을 제외한 2가지이다.

따라서 구하는 경우의 수는 $4 \times 3 \times 2 \times 2 = 48$가지이다.

문제 풀이 꿀TIP

중복해서 사용할 수 있는 경우 겹치는 부분이 가장 많은 부분을 기준점으로 잡는 것이 좋다. 이 문제의 경우 공용공간이 모든 사무실에 겹치므로 공용공간을 기준점으로 잡으면 된다.

02

정답 ④

300명 중에서 과장이 차지하는 비율이 12%이므로

$(60 - a) + b = 300 \times 0.12$

→ $a - b = 24$ ⋯ ⓐ

300명 중에서 임의로 택한 1명이 남성일 경우 이 직원이 대리일 확률과 임의로 택한 1명이 여성일 경우 이 직원이 과장일 확률이 서로 같으므로 $\frac{a}{200} = \frac{b}{100}$ ⋯ ⓑ

→ $a = 48$, $b = 24$

따라서 $a + b = 72$이다.

03

정답 ④

예약을 한 인원 수를 x라고 한다.

큰 보트들에 탑승하는 인원에 대해서 식으로 정리하면

$8(6 - 1) < x \leq 8 \times 6$, $40 < x \leq 48$이다.

작은 보트들에 탑승하는 인원에 대해서 식으로 정리하면

$5(10 - 1) < x \leq 5 \times 10$, $45 < x \leq 50$이다.

위 두 식을 만족하는 x는 46 또는 47이다.

이때, 큰 보트들로 준비했을 때 두 명을 더 예약받더라도 증편할 필요가 없다면

$40 < x + 2 \leq 48$, $38 < x \leq 46$이다.

이를 만족하는 $x = 46$, 즉 현재 예약된 인원은 46명이 된다.

04

정답 ②

A가 이긴 횟수를 x, B가 이긴 횟수를 y라고 하면 A가 진 횟수는 y, B가 진 횟수를 x라고 볼 수 있다. 제시된 조건에 따라 식을 세우면 $2x - y = 6$, $2y - x = 21$로 나타낼 수 있으며, B가 이긴 횟수 $y = 16$이다.

05

정답 ②

다빈이의 나이를 x세라고 하면 첫째 언니의 나이는 $x + 8$세가 된다. 다빈이와 첫째 언니의 나이를 합하면 막냇동생 나이의 3배가 되므로 다음과 같은 식이 된다.

$x + x + 8 = 3\{56 - x - (x + 8)\}$

$2x + 8 = 144 - 6x$

$8x = 136$, $x = 17$세이므로 다빈이는 17세이고, 첫째 언니는 25세, 막냇동생은 14세가 된다.

06

정답 ③

A가 1분 동안 한 일의 양을 a, B가 1분 동안 한 일의 양을 b라고 하면 다음과 같다.

$(a + b) \times 40 + 20b = 480$ ⋯ ①

$(a + b) \times 20 + 45a = 470$ ⋯ ②

위의 식을 정리하면

$2a + 3b = 24$ ⋯ ①

$13a + 4b = 94$ ⋯ ②이다.

①×4-②×3을 하면 $a = 6$, $b = 4$이므로 A기계는 1분 동안 6개를 만든다.

따라서 480개를 만드는 데는 $\frac{480}{6} = 80$분이 걸린다.

07

정답 ②

처음 수영장에 있던 물의 양을 x, 수도꼭지로 시간당 물이 차는 양을 y, 시간당 배수구로 빠지는 물의 양을 a라고 하자. 배수구 15개를 열었을 때 물이 모두 빠지는 양을 식으로 나타내면 $x + 3y = 15a \times 3$이고, 배수구 10개를 열었을 때 물이 모두 빠지는 양을 식으로 나타내면 $x + 6y = 10a \times 6$이다.

위 두 식을 연립하면 $x = 30a$, $y = 5a$가 된다.

2시간 안에 물을 다 빠지게 하는 배수구의 개수 n에 관한 식으로 나타내면 $x + 2y = n \times a \times 2$이고, 이를 a에 관한 식으로 정리하면 $30a + 10a = 2na$, $n = 20$이 된다.

즉, 배수구 20개를 열면 수영장의 물을 2시간 안에 다 뺄 수 있게 된다.

08

정답 ④

1) 과장과 사원이 악수한 경우의 수: $5 \times 8 = 40$

2) 사원끼리 악수한 경우의 수: $\frac{8 \times 7}{2 \times 1} = 28$

따라서 악수한 총 횟수는 68번이다.

09

정답 ③

전체 경우의 수는 6명이 의자에 앉는 경우인 6!이다. A와 B가 이웃하여 앉는 경우의 수는 다음과 같다.

[경우1] A와 B가 맨 앞줄에 앉는 경우
맨 앞줄 세 자리 중 A와 B가 앉는 경우 2!가지, A와 B가 자리를 바꿔 앉는 경우 2가지, 나머지 4명이 남은 자리에 앉는 경우 4!가지이므로 $\frac{2!\times2\times4!}{6!}$

[경우2] A와 B가 가운뎃줄에 앉는 경우
가운데 두 자리에 A와 B가 앉는 경우 2!가지, 나머지 4명이 남은 자리에 앉는 경우 4!가지이므로 $\frac{2!\times4!}{6!}$

따라서 A와 B가 이웃하여 앉게될 확률은
$\frac{2!\times2\times4!}{6!}+\frac{2!\times4!}{6!}=\frac{2!\times4!\times(2+1)}{6!}=\frac{1}{5}$이다.

10

정답 ③

4번째 게임에서 최종 우승자가 결정되려면 이기는 경우를 ○, 비기는 경우를 △, 지는 경우를 ×로 나타낼 때 경기가 ○△○○, 또는 △△○○, 또는 ×△○○, 또는 ○×○○, 또는 △×○○로 진행되어야 한다.

[경우1] 갑이 최종 우승자가 되는 경우
$\left(\frac{3}{5}\times\frac{1}{5}\times\frac{3}{5}\times\frac{3}{5}\right)+\left(\frac{1}{5}\times\frac{1}{5}\times\frac{3}{5}\times\frac{3}{5}\right)+\left(\frac{1}{5}\times\frac{1}{5}\times\frac{3}{5}\times\frac{3}{5}\right)+\left(\frac{3}{5}\times\frac{1}{5}\times\frac{3}{5}\times\frac{3}{5}\right)+\left(\frac{1}{5}\times\frac{1}{5}\times\frac{3}{5}\times\frac{3}{5}\right)=\frac{81}{625}$

[경우2] 을이 최종 우승자가 되는 경우
$\left(\frac{1}{5}\times\frac{1}{5}\times\frac{1}{5}\times\frac{1}{5}\right)+\left(\frac{1}{5}\times\frac{1}{5}\times\frac{1}{5}\times\frac{1}{5}\right)+\left(\frac{3}{5}\times\frac{1}{5}\times\frac{1}{5}\times\frac{1}{5}\right)+\left(\frac{1}{5}\times\frac{3}{5}\times\frac{1}{5}\times\frac{1}{5}\right)+\left(\frac{1}{5}\times\frac{3}{5}\times\frac{1}{5}\times\frac{1}{5}\right)=\frac{11}{625}$

따라서 구하는 확률은 $\frac{81}{625}+\frac{11}{625}=\frac{92}{625}$이다.

11

정답 ③

A, B, C가 1시간 동안 한 일의 양을 a, b, c라고 하여 식을 세우면 다음과 같다.

$(a+b+c)\times4=1\rightarrow a+b+c=\frac{1}{4}$ … ①

$(a+c)\times6=1\rightarrow a+c=\frac{1}{6}$ … ②

$(b+c)\times8=1\rightarrow b+c=\frac{1}{8}$ … ③

②를 ①에 대입하면 $b=\frac{1}{4}-\frac{1}{6}=\frac{1}{12}$

③을 ①에 대입하면 $a=\frac{1}{4}-\frac{1}{8}=\frac{1}{8}$

A와 B가 함께 일하면 1시간 동안 $a+b=\frac{1}{12}+\frac{1}{8}=\frac{5}{24}$

A와 B가 함께하여 일이 완성되는 데까지 시간 $=\frac{5}{24}\times t=1$

따라서 $t=\frac{24}{5}=4.8$이므로 최소 5일이 필요하다.

12

정답 ⑤

펌프 1대로 1시간 동안 퍼내는 물의 양을 x, 저수지에서 1시간 동안 흘러들어오는 물의 양을 y라고 하면 물을 퍼내는 양은 $x-y$이다. 2대를 사용하면 물을 퍼내는 양은 $(2x-y)$이고 총 16시간이 걸리므로 $(2x-y)\times16=1$, 즉 $2x-y=\frac{1}{16}=\frac{5}{80}$이다. 3대를 사용하면 물을 퍼내는 양은 $(3x-y)$이고 총 10시간이 걸리므로 $(3x-y)\times10=1$, 즉 $3x-y=\frac{1}{10}=\frac{8}{80}$이다.

두 식을 연립하여 풀면 $x=\frac{3}{80}$, $y=\frac{1}{80}$이므로 펌프 7대로 물을 모두 퍼내려면 $(7\times\frac{3}{80}-\frac{1}{80})\times t=1$이 된다. 식을 정리하면 $\frac{20}{80}\times t=1$이므로 $t=4$이다.

따라서 7대로 물을 모두 퍼내는 데는 4시간이 걸린다.

13

정답 ④

구간단속 35km 구간을 제한속도 평균 84km/h의 속도로 지나가기 위해서는 최대 84km/h 속도로는 25분이 소요된다. 이중 2.75분을 사용하여 5.5km를 지나왔기 때문에 남은 29.5km를 22.25분 동안 이동하는 속력이 제한 내 최대 속도이다.

따라서 29.5km/22.25분을 시속으로 환산하면 약 80km/h가 된다.

14

정답 ③

문구세트의 가격을 1,000원이라고 가정해 보면, 문구세트 30세트를 구입할 때 총 가격은 $1,000\times30\times0.8=24,000$원이고, 30세트보다 적게 살 때의 구매 수량을 x라고 하면 $1,000\times x\times0.9>24,000$의 식이 성립한다. $0.9x>24$, $x>26.666\cdots$이므로 27세트부터 29세트까지는 30세트를 주문하는 것보다 오히려 가격이 비싸진다.

따라서 30세트를 사는 것보다 더 비싸게 사는 문구세트의 최소 수량은 27세트이다.

15

정답 ⑤

두 가지의 경우가 있다.

1) 검은 공을 뽑은 후 흰 공을 꺼낼 경우
$\frac{7}{10}\times\frac{3}{12}=\frac{7}{40}$

2) 흰 공을 뽑은 후 흰 공을 꺼낼 경우
$\frac{3}{10}\times\frac{5}{12}=\frac{5}{40}$

따라서 구하고자 하는 확률은 $\frac{\text{검·흰 경우}}{\text{전체 경우}}=\frac{\frac{7}{40}}{\frac{7}{40}+\frac{5}{40}}=\frac{7}{12}$이다.

16

정답 ④

삼각형은 세 점으로 만들어지기 때문에 총 9개의 점에서 3개의 점을 순서에 상관없이 선택하면 되므로 ${}_9C_3 = \frac{9\times8\times7}{3\times2\times1} = 84$개이다. 이때, 반원의 지름 위의 일직선상에 있는 점 4개에서 3개를 선택한다고 해서 삼각형이 만들어지지 않기 때문에 ${}_4C_3 = \frac{4\times3\times2}{3\times2\times1} =$ 4개를 빼주어야 한다.
따라서 세 점을 꼭짓점으로 하는 삼각형은 84 - 4 = 80개이다.

17

정답 ①

A, C를 같은 일로 생각하고, B, E, F를 같은 일로 생각하여 처리하는 경우로 바꾸어 보면, 구하는 경우의 수는 A, A, B, B, B, D의 6개 문자를 일렬로 배열하는 경우의 수와 같으므로 $\frac{6!}{2!3!} = 60$가지이다.

문제 풀이 꿀TIP

나열하는 경우의 수를 구할 때 그 안에 특별한 순서가 있는 경우, 특별한 순서가 필요한 그 값을 다른 문자로 바꿔서 생각한다. 이 경우 A와 C의 순서가 특별하기 때문에 A문자로 바꿔 통일시키면 된다.

DAY 24 실전 연습 ⑪

p.152

01 ②	02 ②	03 ②	04 ③	05 ⑤
06 ⑤	07 ⑤	08 ③	09 ④	10 ②
11 ④	12 ②	13 ③	14 ④	15 ③
16 ④	17 ④			

01

정답 ②

가 지역본부로 출발하는 셔틀버스는 10시, 10시 18분, 10시 36분, 10시 54분… 이고, 나 지역본부로 출발하는 셔틀버스는 10시 30분, 10시 42분, 10시 54분… 이므로 두 버스가 처음으로 같이 출발하는 시간은 10시 54분이다. 이후 두 버스는 12, 18의 공배수만큼의 시간이 지날 때마다 동시에 출발하게 된다. 12와 18의 최소공배수는 36이므로 10시 54분 이후 첫 번째 동시 출발하는 시간은 11시 30분이다. 점심시간이 끝나는 시간은 약 2시간 뒤기 때문에 120분 이후의 공배수 값을 찾으면 36×4 = 144이므로 2시간 24분이다.
따라서 10시 54분의 2시간 24분 뒤는 1시 18분이다.

02

정답 ②

A 도시락을 주문한 인원을 x, B 도시락을 주문한 인원을 y라 하면, C 도시락을 주문한 인원이 12명이고, 전체 인원이 64명이므로 아래와 같은 식을 만들 수 있다.
$x+y+12=64$ → $x+y=52$ → ㉠
A 도시락의 가격은 4,800원이고 B 도시락은 4,500원, C 도시락은 5,300원이며, A 도시락의 전체 주문 금액이 B 도시락의 전체 주문 금액과 C 도시락의 전체 주문 금액의 합과 같다고 했으므로 아래와 같은 식을 만들 수 있다.
$4{,}800x = 4{,}500y + 5{,}300\times12$
→ $4{,}800x = 4{,}500y + 63{,}600$ → ㉡
㉡을 정리하면 $4{,}800x - 4{,}500Y = 63{,}600$이고, 양변을 100으로 나눠 주면 $48x - 45y = 636$이다. 이렇게 정리된 식과 ㉠을 연립하면 다음과 같다.
$x+y=52$ → $45x+45y=2{,}340$
$48x-45y=636$ → $48x-45y=636$ → $93x=2{,}976$
$\therefore x=32$
따라서 A 도시락을 주문한 인원은 32명이고, B 도시락을 주문한 인원은 20명이다.

03

정답 ②

처음 흘려보내는 물의 양을 1이라고 하면, 처음 나눠지는 부분은 $\frac{1}{2}$씩 나눠지고 그다음 나눠지는 부분에선 $\frac{1}{4}$씩 나눠진다. 물탱크 A와 B에 들어가는 양을 비교하면 $\left(\frac{1}{2}+\frac{1}{4}\right):\frac{1}{4}$이므로 3 : 1의 양으로 들어간다. 각각의 양을 $3t$, t라 할 때 C의 장치로 인해 닫힌다면 양은 $2t$, $2t$로 나눠진다.

$3\times(3tx+2ty)=4t\times24+xt+2ty$

$24+2+x+y=44$

$\rightarrow x=6,\ y=12$

따라서 $xy=72$이다.

04

정답 ③

동주가 혼자 이 일을 하면 x분 걸리고, 재현이가 혼자 하면 y분 걸린다고 가정하자.

동주는 1분 동안 전체의 $\frac{1}{x}$만큼, 재현이는 1분 동안 전체의 $\frac{1}{y}$만큼 일을 해낼 수 있고, 둘이 같이 할 수 있는 양은 $\frac{1}{x}+\frac{1}{y}=\frac{x+y}{xy}$이다.

이렇게 175분을 일해야 완성되므로, 정리하면 $175(\frac{x+y}{xy})=1$이다.

동주가 늦은 1시간 동안 재현이가 했던 작업량과 함께 한 작업량을 합치면 $60\times\frac{1}{y}+150(\frac{x+y}{xy})=1$, $\frac{210x+150y}{xy}=1$이 된다.

두 식을 정리하면

$175x+175y=210x+150y$, $7x=5y$, $y=\frac{7}{5}x$이고,

y에 대해 정리한 위 식을 대입하면

$175\left(\frac{x+\frac{7}{5}x}{x\times\frac{7}{5}x}\right)=1$, $175\times\frac{12}{7x}=25\times12\div x=1$이다.

따라서 $x=300$이 된다. 즉, 동주 혼자 이 일을 하면 300분이 소요된다.

05

정답 ⑤

형이 동생보다 16분 더 적게 걸리므로 집에서 A지점까지 거리가 A지점에서 B지점까지의 거리보다 길고, 두 사람은 형이 자동차를 타는 동안 만났다. 형이 동생을 만날 때까지 간 거리는 $\frac{1}{4}\times40=10$km이고 집에서부터 A지점까지의 거리를 $x$km, A지점부터 B지점까지의 거리를 $y$km라고 하자.

시간 = $\frac{거리}{속력}$이고,

동생과 형이 만나기까지 시간 = 자전거 타는 시간 + 자동차를 탄 시간이므로 $40=12(x-10)+4y$ … ①이다.

형이 움직인 시간 + 16 = 동생이 움직인 시간이므로

$4x+12y+16=12x+4y$ … ②이다.

두 식을 연립하여 풀면 $x=10.5$, $y=8.5$이다. 따라서 집에서부터 B까지의 거리는 $10.5+8.5=19$km이다.

06

정답 ⑤

각 상품의 개수를 a, b라 하자.

할인가로 판매한 후 매출액은 340,000원이므로

$5{,}000a+2{,}000b=340{,}000$ … ①이다.

또한 정가로 판매했을 때는 140,000원 더 많은 금액이 매출액이므로 $6{,}000a+4{,}000b=480{,}000$ … ②이다.

두 식을 정리하면

$5a+2b=340$ … ①

$6a+4b=480$ … ②이다.

② ÷ 2를 하면 $3a+2b=240$이므로 ① - ②는 $2a=100$이고, $a=50$, $b=45$이다.

따라서 판매한 두 상품 개수의 총합은 $a+b=50+45=95$개이다.

07

정답 ⑤

평일 월요일부터 금요일까지 티켓이 매진될 확률은 이미 매진이 확정된 금요일을 제외하고 $\frac{2}{3}\times\frac{2}{3}\times\frac{2}{3}\times\frac{2}{3}=\frac{16}{81}$이고, 토요일부터 일요일까지 티켓이 매진될 확률은 $\frac{3}{4}\times\frac{3}{4}=\frac{9}{16}$이므로 이번 주 월요일부터 일요일까지 티켓이 매진될 확률은 $\frac{16}{81}\times\frac{9}{16}=\frac{1}{9}$이다.

08

정답 ③

A지점에서 B지점까지 가는 최단거리는, 가로 한 칸을 a, 세로 한 칸을 b라고 할 때 A에서 B까지 가려면 가로로 두 칸, 위로 세 칸 이동해야 하기 때문에 a, a, b, b, b를 일렬로 나열하는 경우의 수와 같으므로 $\frac{5!}{2!3!}=10$가지이다. 위와 같은 방법으로 B지점에서 C지점까지 가는 최단거리는, 가로로 두 칸, 위로 두 칸 이동해야 하기 때문에 a, a, b, b를 일렬로 나열하는 경우의 수와 같으므로 $\frac{4!}{2!2!}=6$가지이다.

따라서 A지점에서 C지점까지 최단거리로 이동하는 경우의 수는 $10\times6=60$가지이다.

09

정답 ④

한 개의 주사위를 두 번 던져서 나온 두 눈의 수의 곱이 짝수인 사건을 A, 한 개의 주사위를 두 번 던져서 나온 두 눈의 수가 모두 짝수인 사건을 B라 하면

$P(A)=1-P(A^C)=1-\frac{3\times3}{36}=\frac{3}{4}$

$P(A\cap B)=\frac{3\times3}{36}=\frac{1}{4}$

따라서 $P(B\mid A)=\frac{P(A\cap B)}{P(A)}=\frac{1}{3}$이다.

10

정답 ②

4DX 테마관의 한번 입장 가능한 인원을 x명이라고 하면 18시 15분에 입장 후 18시 20분부터 19시 20분까지 13번 입장했다. (단, 마지막 입장 인원은 정원을 채우지 않고 입장했을 수 있다.)

$12x < 64 \leq 13x$

1) $12x < 64$, $x < 5.333$

2) $64 \leq 13x$, $4.9 \leq x$

즉, $4.9 \leq x < 5.3$이 되므로 $x = 5$명이다.

따라서 17시 30분부터 18시 15분까지 총 9회 입장했으므로, 총 대기자의 수는 9회×5명+64명=109명이다.

11

정답 ④

한국인의 수를 x명이라고 하면 독일인은 $(x-3)$명, 영국인은 $(x-1)$명이다. $x+(x-3)+(x-1)=23$에서 $x=9$명이다.

12

정답 ②

팀원을 x명, 선물 금액을 y원이라고 하면

$y = 30{,}000x - 10{,}000$ … ⓐ

$0 < y - 25{,}000x < 8{,}000$ … ⓑ

ⓐ를 ⓑ에 대입하여 정리하면

$0 < 5{,}000x - 10{,}000 < 8{,}000$

$10{,}000 < 5{,}000x < 18{,}000$

$2 < x < 3.6$이다.

따라서 가능한 팀원의 수는 3명이다.

13

정답 ③

이 책의 총 페이지 수를 x라 하면 원래 하루에 목표했던 양은 $\frac{1}{7}x$이다.

$\frac{4}{7}x + \frac{1}{14}x + \frac{1}{28}x + 72 = x$ → $x = 224$

따라서 원래 하루에 목표했던 양은 $\frac{224}{7} = 32$페이지이다.

14

정답 ④

순규가 1시간당 하는 일의 양을 x, 정희가 1시간당 하는 일의 양을 y라고 할 때,

첫 번째 날 한 일의 양을 정리하면

$(x+y)\times 2 + x \times 0.5 = \frac{7}{8}$ … ①

두 번째 날 한 일의 양을 정리하면

$(x+y)\times 3 + x \times 2.5 = \frac{7}{8}\times 2$ … ②

두 식을 연립하면 $x = \frac{1}{4}$, $y = \frac{1}{8}$이다.

따라서 둘이 1시간 동안 하는 일의 양은 $\frac{1}{4} + \frac{1}{8} = \frac{3}{8}$이다.

15

정답 ③

총 쪽수를 x라 하면

$17\times 24 < x \leq 17 \times 25$이므로 $408 < x \leq 425$ … ⓐ

$15 \times 27 < x \leq 15 \times 28$이므로 $405 < x \leq 420$ … ⓑ

ⓐ, ⓑ에서 $409 \leq x \leq 420$

→ $409/21 \fallingdotseq 19.5 \leq x \leq 420/21 = 20$

따라서 20일 만에 다 읽을 수 있다.

16

정답 ④

3일간 평균 이동거리가 232km이므로, 총 이동거리는 696km이다. 첫째 날과 셋째 날 이동한 평균거리가 245km이므로 이틀간 이동한 거리는 총 490km가 되고, 총 이동거리에서 이틀간 이동한 거리를 빼면 206km가 된다.

따라서 둘째 날 이동한 거리는 206km이다.

17

정답 ④

구매하는 티셔츠의 개수를 x장이라 하면 5% 할인받는 금액은 $8{,}000 \times 0.05 \times x$이다. 이때 5% 쿠폰이 더 유리하려면 쿠폰을 사용했을 때의 금액이 4,000원보다 커야 한다.

즉, $8{,}000 \times 0.05 \times x > 4{,}000$이므로 $x > 10$이다.

따라서 11장 이상 구매하는 게 더 유리하다.

문제 풀이 꿀TIP

부등식의 문제에서는 등호의 값이 들어가는지 확인이 필요하다. 이 문제의 경우 두 할인된 값이 같으면 유리한 것이 아니기 때문에 등호는 들어가지 않는다. 따라서 10장이 아닌 11장이 정답이 된다.

DAY 25 실전 연습 ⑫ p.158

01 ①	02 ⑤	03 ②	04 ⑤	05 ④
06 ①	07 ⑤	08 ⑤	09 ④	10 ①
11 ①	12 ④	13 ⑤	14 ③	15 ①
16 ④	17 ③			

01

정답 ①

상온에서 최적 공정 온도까지 향상시키는 것을 일이라고 정의하면 히터 A는 1시간당 $\frac{1}{6}$만큼의 일을 할 수 있으며, 히터 B는 1시간당 $\frac{1}{8}$만큼의 일을 할 수 있다. 2시간 동안 A와 B를 동시에 사용한다고 했으므로 $(\frac{1}{6}+\frac{1}{8})\times 2=\frac{7}{12}$만큼의 일을 끝낸 상황이다. 남은 $\frac{5}{12}$만큼의 일은 히터 B만을 이용해서 마무리해야 하므로 히터 B만 사용한 시간을 x라 하면 $\frac{1}{8}\times x=\frac{5}{12}$이고, $x=\frac{40}{12}$가 된다.
따라서 $x=\frac{10}{3}$시간이 되고, 분으로 환산하면 200분이므로 히터 B만 사용한 시간은 3시간 20분이고, 총 소요시간은 5시간 20분이다.

02

정답 ⑤

1번, 3번, 5번의 점수를 x, 2번의 점수를 y, 4번의 점수를 z라 하면
$3x+y+z=100$ ⋯ ①
$x+y+x=50$ ⋯ ②
$x+z+x=70$ ⋯ ③
②를 정리하면 $y=50-2x$이고, ③을 정리하면 $z=70-2x$이다.
이 식을 ①에 대입하면 $3x+50-2x+70-2x=100$이므로
$x=20$, $y=10$, $z=30$이다.
따라서 C의 점수는 50점이다.

03

정답 ②

제품의 이익 = 제품의 정가(판매가) - 제품의 원가이다. 제품 1개의 원가를 a라 하고, 정상 제품만 팔았을 때 생산 가격에 x%의 이익을 붙여 팔았다고 하면
$3{,}000a\times 0.1\leq 2{,}500a(1+\frac{x}{100})-3{,}000a\leq 3{,}000a\times 0.15$
$300\leq 25x-500\leq 450$
$800\leq 25x\leq 950 \rightarrow 32\leq x\leq 38$
따라서 최소 32% 이상의 이익을 붙여야 한다.

04

정답 ⑤

일정 시간 동안 공장별로 생산하는 수세미 개수를 비교하기 위해 20분, 35분, 60분의 작업시간별 최소 공배수를 구하면 420분이다. A공장에서 420분 동안 생산해 낼 수 있는 수세미는 21×3=63개, B공장에서 420분 동안 생산해 낼 수 있는 수세미는 12×4=48개, C공장에서 420분 동안 생산해 낼 수 있는 수세미는 7×6=42개이므로 공장별로 일정 시간 동안 생산되는 수세미 개수의 비율은 63:48:42=21:16:14이다.

05

정답 ④

A조가 1시간 동안 생산하는 양은 $\frac{155}{8}$개이고, B조는 1시간 동안 $\frac{123}{8}$개를, C조는 $\frac{149}{8}$개를 생산한다.
A조와 C조가 함께 생산하게 되면, 1시간 동안 $\frac{155+149}{8}=38$개를 생산하게 된다.
A조가 빠지고 B조와 C조가 함께 생산하는 동안은 1시간마다 $\frac{123+149}{8}=34$개를 생산하게 된다.
이때 A조와 B조의 근무 시간의 합은 C조의 근무 시간과 같은 8시간이므로, A조의 근무 시간을 x라 하면 B조의 근무 시간은 $x-8$시간이라고 할 수 있다.
이를 식으로 나타내면 $38\times x+34\times(8-x)=292$이며 정리하면 $4x=20$, $x=5$이다. 즉, A조는 5시간, B조는 3시간을 각각 C조와 함께 근무했다.

06

정답 ①

올라가는 등산로의 길이를 x라 하면, 내려오는 등산로의 길이는 1.5배 길다고 했으므로 $1.5x$가 된다. 재호가 등산에 소요한 총 시간을 구해보면, 올라갈 때는 휴식 없이 평균 5km/h의 속도로, 내려올 때는 휴식 없이 평균 6km/h의 속도로 내려왔으며 정상에서 30분(=1/2시간)의 휴식을 했다고 했으므로 $(x\div 5)+(1.5x\div 6)+1/2$시간이 된다. 병훈이가 등산에 소요한 총 시간을 구해보면 올라갈 때 휴식시간을 포함하여 평균 4km/h의 속도로 등산을 했고, 내려올 때는 휴식 없이 평균 6km/h의 속도로 내려왔으며 정상에서 10분(=1/6시간)의 휴식을 했다고 했으므로 $(x\div 4)+(1.5x\div 6)+1/6$시간이다. 둘이 동시에 출발하여 동시에 등산을 끝냈다고 했으므로 $(x\div 5)+(1.5x\div 6)+1/2$시간 $=(x\div 4)+(1.5x\div 6)+1/6$시간이 된다. 양변에서 동일한 항목인 $(1.5x\div 6)$을 제거한 뒤 정리하면 $(x\div 5)+1/2$시간 $=(x\div 4)+1/6$시간이고, 이를 다시 정리하면 1/3시간 $=(x\div 4)-(x\div 5)=x\div 20$이 된다. 따라서 $x=20/3$이다.
올라가는 등산로의 길이는 20/3(=6.6666⋯)km이고, 내려오는 등산로는 1.5배라고 했으므로 20/3×1.5=10km이다.
따라서 총 등산로의 길이는 16.6666⋯km이고, 소수점 둘째 자리에서 반올림한다고 했으므로 16.7km가 된다.

07

정답 ⑤

회의에 늦지 않기 위해 가야 하는 속력을 시속 $x$km, 지방본부까지의 거리를 $y$km라 하면

$\frac{1}{6}+\frac{y}{40}=\frac{y}{x}$

$\frac{y}{30}-\frac{1}{3}=\frac{y}{x}$

$\rightarrow x=36, y=60$

따라서 시속 36km로 가야 회의시간에 정확하게 도착할 수 있다.

08

정답 ⑤

정가를 x라 하면 정가에서 20% 할인하여 판매하는 프로모션의 경우 판매 가격이 $0.8x$이고, 2+1행사는 2개 가격으로 3개를 주는 행사이므로 1개당 판매 가격은 $\frac{2}{3}x$가 된다. 2+1행사를 진행하는 경우보다 20%를 할인하여 판매하는 경우 1개 판매당 얻을 수 있는 이익이 720원 감소한다는 것은 두 경우의 가격 차이가 720원이라는 것을 의미하며, 따라서 $0.8x=\frac{2}{3}x+720$이 된다.

정리하면 $0.4x=2{,}160$이므로 $x=5{,}400$이 된다.

09

정답 ④

6개 자리에 각각 3자리씩 임/직/임/직/임/직, 또는 직/임/직/임/직/임 순서대로 앉아야 하므로 $3!\times3!\times2=72$가지이다.

10

정답 ①

시행이 끝날 때까지 총 3번 카드를 꺼내는 경우는 (1, 2, 1), (1, 3, 1), (1, 3, 2), (2, 2, 1), (2, 3, 1), (2, 3, 2), (3, 3, 1), (3, 3, 2)로 8가지가 있다. 이때, 두 번째 시행에서 2가 적혀있는 카드를 꺼내는 경우는 2가지이므로 구하는 확률은 $\frac{2}{8}=\frac{1}{4}$이다.

11

정답 ①

$P(B\mid A)=\frac{P(A\cap B)}{P(A)}=\frac{5}{6}$이므로

$P(A\cap B)=\frac{5}{6}\times P(A)=\frac{5}{6}\times\frac{2}{5}=\frac{1}{3}$이다.

12

정답 ④

5월 1일이 수요일이고 이후 1일이면서 동일하게 수요일이 되려면 5월 1일을 포함하여 전달 말일까지의 기간이 7의 배수로 나누어 떨어져야 한다. 그래야만 다음 날인 1일이 수요일로 다시 시작하게 된다. 5월은 31일, 6월은 30일, 7월 31일, 8월 31일, 9월 30일, 10월 31일, 11월 30일, 12월 31일이므로 31+30+31+31+30+31+30+31=245이고 7로 나누어 떨어진다.

따라서 12월 31일은 화요일로 한 주가 끝나고 다음 해 1월 1일은 수요일이 된다.

13

정답 ⑤

A와 B가 같이 일을 한 일수는 4일이므로 처음 4일 동안 한 일은 $(\frac{1}{24}+\frac{1}{60})\times4=\frac{7}{30}$이다. C가 단독으로 할 때는 총 C일이 걸린다고 할 때, 남은 일에 대하여 B와 C가 처음에 A와 B가 같이 한 일수를 뺀 27-4=23일 동안 같이 하였으므로 $(\frac{1}{60}+\frac{1}{C})\times(27-4)=1-\frac{7}{30}=\frac{23}{30}$이다.

따라서 C가 단독으로 하였을 때 일을 끝마치기까지 총 60일이 소요된다.

14

정답 ③

이등변 삼각형의 세 변의 길이를 각각 x, x, y라고 하면 둘레의 길이가 30이므로 $2x+y=30$, 또한 삼각형 결정조건에 의해 $y<2x<30$이므로 위의 식을 대입하여 계산하면

$30-2x<2x<30\rightarrow7.5<x<15$

따라서 8부터 14까지 7개이다.

15

정답 ①

하나의 진수로 바꿔야 계산할 수 있으므로 10진수로 모두 바꾸면

㉠ $1011010_{(2)}=1\times2^6+1\times2^4+1\times2^3+1\times2=90$

㉡ $134_{(8)}=1\times8^2+3\times8+4\times1=92$

㉢ $5F_{(16)}=5\times16+15\times1=95$

㉣ 91

따라서 작은 수부터 나열하면 ㉠-㉣-㉡-㉢이 된다.

16

정답 ④

작년에 1호 선물세트를 선택한 임직원의 수를 x, 2호 선물세트를 선택한 임직원의 수를 y라고 하면 $x+y=1{,}500$이다. 1호 선물세트와 2호 선물세트의 가격은 서로 동일하며, 작년과 올해의 가격 변화도 없다고 했으므로 올해 명절 선물세트의 총 비용이 작년에 비해 3.4% 증가한다는 것은, 총 임직원 수가 3.4% 증가했다는 것을 의미한다. 위 내용을 정리하면 다음과 같다.

$x+y=1{,}500 \rightarrow 12x+12y=18{,}000$

$0.16x-0.12y= \rightarrow 16x-12y=5{,}100 \rightarrow 28x=23{,}100$

$0.034\times1{,}500$

$\therefore x=825$

작년 1호 선물세트를 선택한 임직원 수가 825명이므로, 올해 1호 선물세트를 선택한 임직원 수는 $825\times1.16=957$명이다.

17

정답 ③

벤치의 개수를 x, 취업 설명회에 참여한 인원을 y라고 할 때 문제에서 설명한 내용을 나타내면 다음과 같다.
1개의 벤치에 취업 설명회 참여 인원이 6명씩 앉으면 4자리 이하의 자리가 빈다: $6x - y \le 4$
4명씩 앉으면 12명 이상이 앉지 못하게 된다: $y - 4x \ge 12$
벤치의 절반에는 6명씩, 나머지에는 4명씩 앉으면 5명이 앉지 못하게 된다: $y = \frac{x}{2} \times 6 + \frac{x}{2} \times 4 + 5$
이때 y를 부등식에 대입하게 되면
$6x - (3x + 2x + 5) \le 4$, $(3x + 2x + 5) - 4x \ge 12$
$x \le 9$, $x \ge 7$, 즉 $7 \le x \le 9$가 된다. 절반씩 나눠 앉을 수 있기 때문에 짝수인 8개가 벤치의 개수이다.
따라서 취업 설명회에 참여한 인원은 $y = \frac{8}{2} \times 6 + \frac{8}{2} \times 4 + 5 = 45$명이다.

DAY 26 실전 연습 ⑬

p.164

01 ④	02 ①	03 ①	04 ②	05 ②
06 ④	07 ④	08 ②	09 ④	10 ④
11 ④	12 ④	13 ②	14 ②	15 ②
16 ④	17 ④			

01

정답 ④

각각의 주기인 3, 5, 4의 최소공배수를 구하면 60이다. 즉, 사과/배/감을 동시에 수확한 이후 다시 동시에 수확하려면 60일이 지나야 한다. 따라서 두 번째로 세 과일을 동시에 수확하는 날은 첫날을 포함하면 61일 차이다. 61일 차까지 사과는 총 21번, 배는 총 13번, 감은 총 16번 수확을 한 것이므로 수확한 과일의 개수는 사과 42개, 배 65개, 감 64개로 총 171개이다.

02

정답 ①

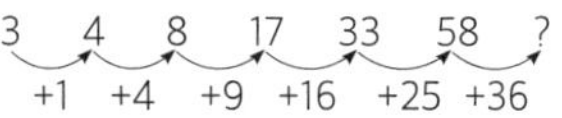

+1, +4, +9, +16, +25인 제곱수들의 덧셈으로 진행된다.
따라서 6의 제곱인 36을 더해야 하므로 58 + 36 = 94가 된다.

03

정답 ①

작년에 이 시험에 합격한 총 인원을 x명이라 하면, 작년에 합격한 남성의 수는 $0.6x$, 여성의 수는 $0.4x$이다. 그리고 올해 남성 합격자 수는 20%가 감소했다고 했으므로 올해 남성 합격자 수는 $0.6x \times 0.8 = 0.48x$가 되고, 여성 합격자 수는 14명 증가했다고 했으므로 $0.4x + 14$가 된다. 올해 합격자를 정리하면 $0.48x + 0.4x + 14 = 168$이고, $0.88x = 154$이므로 $x = 175$이다.

04

정답 ②

상우가 5점 과녁을 맞힌 개수를 x, 3점 과녁을 맞힌 개수를 y, 1점 과녁을 맞힌 개수를 z라 하면 30발 중 4발이 빗나갔다고 했으므로 $x + y + z = 26$이다. 상우의 점수는 64점이라고 했으므로 $5x + 3y + z = 64$이고, 5점 과녁을 맞힌 개수보다 3점 과녁을 맞힌 개수가 1개 더 많다고 했으므로 $y = x + 1$이다.
정리하면 다음과 같다.
$x + y + z = 26$ → ⓐ
$5x + 3y + z = 64$ → ⓑ
$y = x + 1$ → ⓒ

ⓒ를 ⓐ와 ⓑ에 각각 대입하면

ⓐ: $x+x+1+z=26$ → $2x+z=25$

ⓑ: $5x+3x+3+z=64$ → $8x+z=61$

두 식을 연립하면 $6x=36$이므로 $x=6$이다. x가 6이므로 ⓒ에 대입하면 $y=7$임을 알 수 있고, 이 결과를 ⓐ에 다시 대입하면 $z=13$임을 알 수 있다.

05

정답 ②

연간회원권을 프로모션 기간에 구매하면 100,000원에서 20% 할인된 80,000원에 구입할 수 있다. 이때 자유이용권 구입 횟수를 x라고 하고, 연간회원권을 구매한 이후 15% 할인된 금액에 자유이용권을 구매한다고 할 때, 연간회원권 구매 금액+할인된 자유이용권 금액으로 x번 이용한 금액이 정상가로 x번 이용한 금액보다 작아야 하므로 80,000원+(50,000원×0.85)x < 50,000x가 성립된다.

이 부등식을 풀면, $80{,}000+42{,}500x<50{,}000x$, $80{,}000<7{,}500x$, $x>10.666\cdots$이 되므로 최소 11번 이상 구매해야 연간회원권 구매 후 자유이용권을 구입하는 것이 더 이익이 된다.

06

정답 ④

검사기 A를 수리하는 데 소요된 시간을 x라 하면 검사기 A와 B가 함께 작동한 시간은 $12-x$이다. 따라서 $(160+120)\times(12-x)+120x=2{,}240$이 된다. $3{,}360-280x+120x=2{,}240$이므로 $1{,}120=160x$이고, 따라서 $x=7$이다.

문제 풀이 꿀TIP

검사기 B는 12시간 동안 계속 작동했으므로 B가 검사한 총 수량은 $120\times12=1{,}440$개이다. 따라서 검사기 A가 검사한 수량은 $2{,}240-1{,}440=800$개이고, 검사기 A는 1시간 동안 160개씩 검사하므로, 검사기 A는 5시간 동안 작동하였다. 총 12시간 중 5시간 작동했으므로 수리에 소요된 시간은 7시간이다.

07

정답 ④

급수관 A, B가 1분당 채우는 물의 양을 각각 a, bL라고 하면 $(a+b)\times14=700$L이다. 또한 배수관 C로 물을 모두 빼내는 데 70분이 걸렸으므로 C가 1분당 빼내는 물의 양은 10L이다. 두 번째 상황을 식으로 정리하면 $6a+10b-16\times10=240$L이다.

두 개의 식을 연립하여 정리하면 $a=25$, $b=25$이므로 A관만을 통해 물탱크를 가득 채운다면 걸리는 시간은 700/25 = 28분이다.

문제 풀이 꿀TIP

급수관과 배수관 문제에서는 둘의 방향이 다르기 때문에 함께 일을 하는 경우 둘의 부호를 다르게 표현해야 한다. 또한 배수관이 열려있는 문제에서는 급수관이 일을 할 때 배수관도 항상 같이 일하고 있음을 숙지해야 한다.

08

정답 ②

A, B, C가 1시간 동안 한 일의 양을 a, b, c라고 하면, 세 사람이 모두 함께 할 때 걸리는 시간은 4시간이므로 $(a+b+c)\times4=1$이다.

즉, $a+b+c=\frac{1}{4}$ … ①이다.

A와 B가 함께 할 땐 4시간 30분이므로

$(a+b)\times\frac{9}{2}=1$ → $a+b=\frac{2}{9}$ … ②이다.

B와 C가 함께 할 땐 5시간이므로

$(b+c)\times5=1$ → $b+c=\frac{1}{5}$ … ③이다.

②를 ①에 대입하면 $\frac{2}{9}+c=\frac{1}{4}$이므로 $c=\frac{1}{4}-\frac{2}{9}=\frac{1}{36}$이고,

③을 ①에 대입하면 $a+\frac{1}{5}=\frac{1}{4}$이므로 $a=\frac{1}{4}-\frac{1}{5}=\frac{1}{20}$이다.

두 값을 ①에 대입하면 $\frac{1}{20}+b+\frac{1}{36}=\frac{1}{4}$이고, $b=\frac{1}{4}-\frac{1}{20}-\frac{1}{36}=\frac{31}{180}$이다.

A가 C와 함께하여 일이 완성되는 데까지 걸리는 시간은 $(\frac{1}{20}+\frac{1}{36})\times t=1$이므로 $t=\frac{180}{14}$이고, B가 혼자 일을 완성시키는 데 걸리는 시간은 $\frac{31}{180}\times t'=1$ 이므로 $t'=\frac{180}{31}$이다.

이때 A와 C가 함께 한다면 B가 혼자 일을 완성하는 데 걸리는 시간의 몇 배인지를 구해야 하므로 식으로 표현하면 $\frac{180}{31}\times x=\frac{180}{14}$이고, 따라서 $x=\frac{31}{14}$이다.

문제 풀이 꿀TIP

$a+c$의 값이 필요하기 때문에 각각의 값을 따로 구할 필요가 없다. t시간 동안 일을 하면 일이 완성된다면 $(a+c)\times t=1$이므로 $(a+c)=\frac{1}{t}=X$로 치환한다. 위의 ②+③을 하면 $2(a+b+c)=X+\frac{2}{9}+\frac{1}{5}$이고 ①을 대입하면 $2\times\frac{1}{4}=X+\frac{2}{9}+\frac{1}{5}$이므로 $X=\frac{14}{180}$이다. $a+b+c=\frac{1}{4}$이므로 $b=\frac{1}{4}-\frac{14}{180}=\frac{31}{180}$이고, $t=\frac{1}{X}=\frac{180}{14}$이다.

따라서 B가 혼자 일을 완성시키는 데 걸리는 시간은 $\frac{31}{180}\times t'=1$이므로 $t'=\frac{180}{31}$이고, $\frac{180}{31}\times x=\frac{180}{14}$이므로 $x=\frac{31}{14}$이다.

09

정답 ④

김 주임과 최 주임 모두 청계천 다리 시작점까지 2m/s로 걷기 때문에, 각각 200초, 150초 만에 도착한다. 이때, 먼저 도착한 최 주임이 종로길을 통해 김 주임이 오고 있음을 보고 속도를 늦춰 1.5m/s로 다리를 150초 만에 건넌다. 김 주임이 다리 시작점에 도착했을 때는 먼저 앞서고 있는 최 주임을 보고 속도를 늘려 2.5m/s로 다리를 건너기 시작해 90초 만에 다리를 건넌다. 다리를 건

너고 보니, 김 주임은 종로길 200초와 다리길 90초로 총 290초가 걸렸고, 최 주임은 동대문길 150초와 다리길 150초로 총 300초가 걸렸다. 김 주임이 다리를 건너고 확인해 보니 최 주임이 뒤처져 오는 걸 보고 속도를 늦춰 2m/s로 선한은행에 35초 만에 도착하여 3분 동안 일을 보고 25초 만에 슈퍼 파스타에 도착하여 총 530초가 소요되었다. 다리를 건넌 직후, 최 주임은 선한은행으로 가고 있는 김 주임을 보고 속도를 늘려 2m/s로 제이은행에 5초만에 도착하고 4분간 일을 본 후 5초 만에 슈퍼 파스타에 도착하여 총 550초 소요되었다. 즉, 김 주임이 20초 먼저 도착하였다.

10

정답 ④

총 20번을 던졌으므로 $3+2+3+x+1+y+2+2=20$, $x+y=7$이고, 총합이 65라고 했으므로 $(0\times3)+(1\times2)+(2\times3)+(3\times x)+(4\times1)+(5\times y)+(6\times2)+(7\times2)=65$이고, 이는 $2+6+3x+4+5y+12+14=65$이다. 따라서 $3x+5y=27$임을 알 수 있다.

$x+y=7 \quad \rightarrow \quad 3x+3y=21$

$3x+5y=27 \quad \rightarrow \quad 3x+5y=27 \quad \rightarrow \quad 2y=6$

$\therefore y=3,\ x=4$

따라서 3은 4번이 나오고 5는 3번이 나왔음을 알 수 있으며, 이 결과에 따라 최빈값은 3이 된다. 나온 숫자의 총합은 65라고 했으며 20번을 던졌으므로 평균은 $65\div20=3.25$이고, (평균값-최빈값)은 $3.25-3=0.25$이다.

11

정답 ④

갑, 을, 병 세 사람의 작업 속도는 비례하므로 갑이 x개의 도시락을 만들었을 때 을이 만든 도시락의 개수는 $(x-20)$개, 병이 만든 도시락의 개수는 $(x-32)$개이다. 그리고 을이 할당된 도시락을 다 만드는 동안 병이 만든 도시락은 $32-16=16$개이다.

을이 20개 만드는 동안 병이 16개 만드는 속도의 비는 20 : 16, 즉 5 : 4이며, 첫 번째 만든 개수비도 동일해야 하므로 $(x-20):(x-32)=5:4$이다.

따라서 $5x-160=4x-80$이므로 $x=80$개이고, 세 사람이 만든 도시락의 개수는 총 $80\times3=240$개이다.

12

정답 ④

총 이용 고객이 1,000명이므로 각각의 승객수를 그림으로 나타내면 아래와 같다.

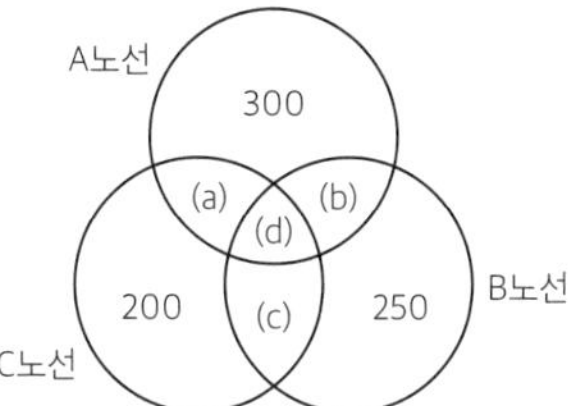

조건으로 제시된 비율을 고려하면

A, C노선 환승 인원수가 27%이므로 a + d = 270명,

A, B노선 환승 인원수가 16%이므로 b + d = 160명,

B, C노선 환승 인원수가 14%이므로 c + d = 140명이다.

a + b + c + d = 1,000 - 300 - 250 - 200 = 250이므로 위의 식과 연립하면 d = 160명이다.

A노선을 이용한 총 고객은 300 + 270 + 160 - 160 = 570명이고, B/C노선으로 환승하는 고객(d = 160)일 확률을 구해야 하므로 160/570 = 약 28%이다.

13

정답 ②

전체 직원 수를 x라 하면 대중교통을 이용한다고 응답한 직원 수는 $0.4x$이고, 이 중 60%가 남성이므로 40%는 여성이며, 남성이 여성보다 20%가 많다. 남성이 여성보다 28명 많다고 했으므로 20%에 해당하는 인원이 28명이라는 의미가 된다.

따라서 $0.4x\times0.2=28$이므로 $0.08x=28$이고, $x=350$이다.

14

정답 ②

이 문제는 조건부 확률에 관한 문제이다. 1명을 선택했을 때, 이미 해당 학생은 학점이 4.0 이상임을 알 수 있다. 고등학교를 졸업한 지 1년 이상이 지나서 입학한 학생 중 학점이 4.0 이상인 경우는 $40\%\times30\%=0.4\times0.3=0.12$이고, 고등학교를 졸업한 직후 입학한 학생 중 학점이 4.0 이상인 경우는 $60\%\times20\%=0.6\times0.2=0.12$이다.

따라서 학점이 4.0 이상인 학생은 총 $0.12+0.12=0.24$가 되고, 그 중 고등학교 졸업 직후 입학한 학생일 확률은 $\frac{0.12}{0.24}=\frac{1}{2}=50\%$이다.

15

정답 ②

6개의 문자를 일렬로 세우는 경우의 수는 $\frac{6!}{2!2!}=\frac{720}{4}=180$가지이고, b가 서로 인접하는 경우의 수는 $\frac{5!}{2!}=\frac{120}{2}=60$가지, c가 서로 인접하는 경우의 수는 $\frac{5!}{2!}=\frac{120}{2}=60$가지, 2개의 b와 2개의 c가 모두 인접하는 경우의 수는 $4!=24$가지이다.

따라서 같은 문자끼리 이웃하지 않을 경우의 수는 $180-60-60+24=84$가지이다.

16

정답 ④

전체 경우의 수는 원순열이므로 $(n-1)!=5!$, 사원 A 앞에 다른 사원이 앉는 경우의 수는 2가지, 사원 A 양 옆에 대리가 앉는 경우의 수는 $3\times2=6$가지, 나머지 직원이 자리를 정하는 경우의 수는 $2!=2$가지이다.

따라서 구하려고 하는 확률은 $\frac{2\times6\times2}{5!}=\frac{24}{120}=\frac{1}{5}$이다.

17

정답 ④

각 의자의 구매 개수를 a, b, c라 할 때 A의자의 개수에 따라 구매해야 하는 의자의 개수가 달라지므로 A의자를 기준으로 놓는다면

- $a=0$일 때 $b+c=10$인 경우의 수는 11가지
- $a=1$일 때 $b+c=9$인 경우의 수는 10가지
- $a=2$일 때 2개를 사면 1개를 주므로 총 3개를 구매한 것과 같기 때문에 $b+c=7$인 경우의 수는 8가지
- $a=3$일 때 $b+c=6$인 경우의 수는 7가지
- $a=4$일 때 2개를 사면 1개를 주므로 총 6개를 구매한 것과 같기 때문에 $b+c=4$인 경우의 수는 5가지
- $a=5$일 때 $b+c=3$인 경우의 수는 4가지
- $a=6$일 때 2개를 사면 1개를 주므로 총 9개를 구매한 것과 같기 때문에 $b+c=1$인 경우의 수는 2가지
- $a=7$일 때 $b+c=0$인 경우의 수는 1가지

따라서 모두 더하면 48가지이다.

DAY 27 실전 연습 ⑭

p.170

01 ②	**02** ②	**03** ①	**04** ②	**05** ③
06 ④	**07** ⑤	**08** ①	**09** ①	**10** ③
11 ③	**12** ④	**13** ②	**14** ④	**15** ④
16 ①	**17** ③			

01

정답 ②

20X0년 남성 신입사원의 수를 x, 여성 신입사원의 수를 y라 하면 $x+y=300$이다. 또한 20X2년 신입사원의 수가 전년인 20X1년 대비 8명 증가한 323명이라고 했으므로, 20X1년 신입사원의 수는 315명임을 알 수 있다. 따라서 수식을 정리해 보면 아래와 같다.

$x+y=300$ $\quad$ $x+y=300$

$0.1x-0.05y=15$ → $x-0.5y=150$ → $1.5y=150$

$\therefore y=100$

20X0년 여성 신입사원의 수가 100명이므로 20X1년에는 5% 감소한 95명이 되고, 20X2년에는 20% 증가하여 $95\times1.2=114$명이다.

02

정답 ②

처음 을과 병은 자료 조사를 동시에 진행한다고 했으므로 1시간 동안 을은 $\frac{1}{6}$만큼, 병은 $\frac{1}{12}$만큼 자료 조사를 할 수 있다.

자료 조사에 소요되는 시간을 x라 하면 $(\frac{1}{6}+\frac{1}{12})\times x=1$이므로, $3x=12$가 되고 $x=4$임을 알 수 있다. 갑 혼자 4시간 동안 보고서 작성을 한 후 4시간이 지난 시점부터 갑, 을, 병 세 사람이 동시에 보고서 작성을 하게 되는데, 갑은 보고서 작성을 하는 데 10시간이 소요되므로 4시간 동안은 전체 일 중 40%를 마무리한 상태가 되고, 남은 일은 전체 일 중 60%가 된다.

갑, 을, 병 세 사람이 동시에 보고서 작성을 하는 시간을 y라 하면 $(\frac{1}{10}+\frac{1}{15}+\frac{1}{12})\times y=0.6$이 된다. 양변에 60을 곱해서 정리하면 $(6+4+5)y=36$이므로 $15y=36$이고, $y=2.4$이다.

따라서 갑, 을, 병 세 사람이 동시에 보고서 작성을 하는 시간은 2.4시간, 즉 2시간 24분이 되므로 최초 업무를 시작한 순간부터 종료되는 순간까지 소요된 시간은 4시간 + 2시간 24분 = 6시간 24분이 된다.

03

정답 ①

보트의 속력을 시속 $x$km, 강물의 속력을 $y$km라 하면 보트가 30분간 떠내려간 거리는 속력×시간 $= y \times \frac{1}{2} = \frac{y}{2}$km이다. 이때 총 움직인 시간 = 올라갈 때 걸린 시간 + 떠내려간 $\frac{1}{2}$시간 + 내려올 때 걸린 시간이므로, 올라갈 때 걸린 시간 + 내려올 때 걸린 시간 $= \frac{5}{2}$이다. 올라갈 때 걸린 시간이 내려올 때보다 1시간 더 소요되었으므로, 내려올 때의 시간을 t라고 하면 $t+1+t=\frac{5}{2}$이므로 $t=\frac{3}{4}$이다. 즉, 내려올 때 걸린 시간은 $\frac{3}{4}$시간, 올라갈 때 걸린 시간은 $\frac{7}{4}$시간이다.

강을 내려오는 속력은 보트의 속력과 강물의 속력의 방향이 같으므로 시속 $x+y$km, 올라가는 데 속력은 보트의 속력과 강물의 속력의 방향이 반대이므로 시속 $x-y$km이다.

시간 $= \frac{거리}{속력}$이므로

$$\begin{cases} \frac{10}{x+y} = \frac{3}{4} & \cdots ① \\ \frac{1}{x-y} \times (10 + \frac{y}{2}) = \frac{7}{4} & \cdots ② \end{cases}$$

연립방정식을 정리하면 $x=10$, $y=\frac{10}{3}$이다.

즉, 보트의 속력은 시속 10km, 강물의 속력은 시속 $\frac{10}{3}$km이다.

04

정답 ②

학생 수를 x명이라고 하면 총 사탕의 개수는 $4x+13$이다. 이때 마지막 학생은 5개를 다 받지 못하므로 최소 1개, 최대 4개를 받을 수 있다. 이를 식으로 나타내면 다음과 같다.

$5(x-1)+1 \le 4x+13 \le 5(x-1)+4$

$5x-4 \le 4x+13 \le 5x-1$

정리하면 $14 \le x \le 17$이 되고, 최소의 사탕 개수는 학생 수가 가장 적을 때이므로 $x=14$일 때이다.

따라서 $4x+13 = 4 \times 14 + 13 = 69$이다.

05

정답 ③

텐트의 수를 x라고 하면 학생 수는 $3x+5$이다.

$4(x-4)+1 \le 3x+5 \le 4(x-4)+4 \rightarrow 17 \le x \le 20$

따라서 텐트의 수로 가능한 수는 17, 18, 19, 20이므로 합은 74개이다.

06

정답 ④

우리가 먼저 게임을 해서 결승에 올라가는 경우와 먼저 게임을 한 승자와 결승전을 하는 경우가 있다. 각각의 경우마다 우리가 우승하는 확률을 살펴보면

1. 먼저 게임을 해서 결승에 올라가는 경우
   (1) 우리가 나라를 이기고 결승에서 만세를 이기는 경우
   = (우리가 나라를 이길 확률)×(우리가 만세를 이길 확률)×(만세가 부전승을 뽑을 확률)
   $= 0.7 \times (1-0.4) \times \frac{1}{3} = 0.14$
   (2) 우리가 만세를 이기고 결승에서 나라를 이기는 경우
   = (우리가 만세를 이길 확률)×(우리가 나라를 이길 확률)×(나라가 부전승을 뽑을 확률)
   $= (1-0.4) \times 0.7 \times \frac{1}{3} = 0.14$
2. 우리가 부전승으로 결승에 올라가는 경우
   (1) 나라가 만세를 이기고 결승에서 우리가 나라를 이기는 경우
   = (나라가 만세를 이길 확률)×(우리가 나라를 이길 확률)×(우리가 부전승을 뽑을 확률)
   $= 0.6 \times 0.7 \times \frac{1}{3} = 0.14$
   (2) 만세가 나라를 이기고 결승에서 우리가 만세를 이기는 경우
   = (만세가 나라를 이길 확률)×(우리가 만세를 이길 확률)×(우리가 부전승을 뽑을 확률)
   $= (1-0.6) \times (1-0.4) \times \frac{1}{3} = 0.08$

따라서 우리가 우승할 수 있는 모든 경우는 $0.14+0.14+0.14+0.08=0.5$이므로 우리는 50% 확률로 우승을 할 수 있다.

07

정답 ⑤

당첨 제비가 n개 들어 있다고 하면 10개 중 2개를 꺼내어 보았을 때 2개 모두 당첨 제비가 나올 확률은 $\frac{{}_nC_2}{{}_{10}C_2}$이다.

$$\frac{{}_nC_2}{{}_{10}C_2} = \frac{\frac{n(n-1)}{2}}{\frac{10\times 9}{2}} = \frac{\frac{n(n-1)}{2}}{45} = \frac{4}{5}$$

$\frac{n(n-1)}{2} = 36$

$n(n-1) = 72$

$\rightarrow n = 9$

따라서 상자에 당첨 제비는 9개 들어있다.

08

정답 ①

백의 자리에 올 수 있는 수는 1, 2, 3으로 3가지이다.

[경우1] 백의 자리에 1이 오는 경우

십의 자리에는 0, 1, 2, 3 중 하나가, 일의 자리에는 십의 자리 수를 뺀 3가지가 올 수 있으므로 $4 \times 3 = 12$가지이다.

[경우2] 백의 자리에 2가 오는 경우

십의 자리에 0이 오는 경우, 일의 자리에는 1, 3으로 2가지가 올 수 있다.

십의 자리에 1이 오는 경우, 일의 자리에는 0, 1, 3으로 3가지가 올 수 있다.

십의 자리에 3이 오는 경우, 일의 자리에는 0, 1로 2가지가 올 수 있다.

따라서 2 + 3 + 2 = 7가지이다.

[경우3] 백의 자리에 3이 오는 경우

[경우2]와 동일하므로 7가지이다.

따라서 만들 수 있는 서로 다른 세 자리 자연수의 개수는 12 + 7 + 7 = 26개이다.

09

정답 ①

A와 B를 제외한 나머지 거래처들은 각각 연결되어 있다.

따라서 구하려고 하는 경우의 수는 다섯 개의 문자를 일렬로 나열하되, A와 B는 인접하지 않도록 나열하는 경우의 수이다. 전체 - A와 B가 인접한 경우의 수이므로 5! - 4! × 2 = 72가지가 된다.

10

정답 ③

A반의 평균 점수를 a점이라고 하면 B반의 평균 점수는 $a + 15$점, C반의 평균 점수는 $1.5a - 10 = a + 15 + 5$이므로 $0.5a = 30$, $a = 60$점이 된다. 따라서 A반의 평균 점수는 60점, B반의 평균 점수는 75점, C반의 평균은 80점이 된다. 이때 A반부터 C반까지 전체 학생 수의 평균 점수를 구하기 위해 A반부터 C반까지의 총점을 구해서 전체 학생 수로 평균을 나누어야 한다.

A반부터 C반까지의 총점 = 60 × 40 + 75 × 25 + 80 × 35 = 7,075점

A반부터 C반까지의 평균 점수 = $\frac{7,075}{100}$ = 70.75 ≒ 70.8점이 된다.

11

정답 ③

사과 1개의 원가를 x, 배 1개의 원가를 y라 하자. 각 500개씩의 원가가 250만 원이므로 1개당 원가의 합은 5,000원이다.

$x + y = 5,000$ … ①

사과는 50%, 배는 40%의 이익을 붙여 판매하였으므로 정가는 $1.5x$, $1.4y$이며, 정가에 판매한 개수는 사과가 500 × 0.8 = 400개, 배가 500 × 0.9 = 450개이다.

또한, 떨이로 판매한 금액은 사과가 $1.5x \times 0.8 = 1.2x$, 배가 $1.4y \times 0.9 = 1.26y$이다.

따라서 총 판매한 판매금액은 $1.5x \times 400 + 1.4y \times 450 + 1.2x \times 100 + 1.26y \times 50$이고, 이익 = 판매액 - 원가이므로 $(1.5x \times 400 + 1.4y \times 450 + 1.2x \times 100 + 1.26y \times 50) - (500x + 500y) = 1,019,000$ … ②이다.

②식을 정리하면

$(600x + 630y + 120x + 63y) - (500x + 500y) = 1,019,000$이다.

① × 220 - ②를 하면 $27x = 54,000$이므로 $x = 2,000$, $y = 3,000$이다. 즉, 사과 1개의 원가는 2,000원, 배 1개의 원가는 3,000원이다.

따라서 사과 1개의 정가는 2,000 × 1.5 = 3,000원이다.

12

정답 ④

노트북 1개의 가격을 100만 원이라고 가정을 해보면, 노트북 50개를 한 번에 구매할 때 가격은 100 × 50 × 0.65 = 3,250만 원이다. 그리고 20% 할인을 받을 때의 가격이 3,250만 원보다 비싸지는 경우의 노트북 구매 개수를 x개라고 가정하면, $100 \times 0.8 \times x > 3,250$, $80x > 3,250$, $x > 40.6$이므로 노트북 41개를 주문할 경우 50개를 주문할 때보다 가격이 오히려 더 비싸지게 된다.

13

정답 ②

A와 B가 함께 작업을 하게 되면 A는 작업을 한 번 완료하는 데 30시간이 소요되고, B는 작업을 한 번 완료하는 데 50시간이 소요된다고 했으나 소요시간이 20% 감소한다고 했으므로 A의 소요시간은 30 × 0.8 = 24시간이 되고, B의 소요시간은 50 × 0.8 = 40시간이 된다.

1시간당 A는 $\frac{1}{24}$의 일을 할 수 있고, B는 $\frac{1}{40}$의 일을 할 수 있다. A와 B가 함께 작업한 시간을 x라 하면 x시간 동안 진행한 작업의 양은 $(\frac{1}{24} + \frac{1}{40}) \times x$로 나타낼 수 있다. 이후 B와 C가 11시간 동안 마무리하여 완료했다고 했는데 C는 A 또는 B와 함께 일을 하면 전체 작업 소요시간이 10% 증가된다고 했으므로 B의 소요시간은 55시간, C의 소요시간은 44시간으로 증가된다.

따라서 B와 C가 함께 11시간 동안 진행한 작업의 양은 $(\frac{1}{55} + \frac{1}{44}) \times 11$이 된다.

정리하면 $(\frac{1}{24} + \frac{1}{40}) \times x + (\frac{1}{55} + \frac{1}{44}) \times 11 = 1$이 되고, $\frac{8}{120} \times x + \frac{9}{220} \times 11 = 1$이다. 양변에 120을 곱하여 정리하면 $8x + 54 = 120$이고, $8x = 66$이므로 $x = 8.25$로 8시간 15분이 된다.

14

정답 ④

지금 시각을 4시 x분이라고 하면 1분에 회전하는 각은 시침의 경우 30/60 = 0.5도, 분침의 경우 360/60 = 6도이다.

$30 \times 4 + 0.5(x - 7) + 180 = 6(x + 10) \rightarrow x = 43$

따라서 현재시각은 4시 43분이므로 10분 후의 시각은 4시 53분이다.

문제 풀이 꿀TIP

시계 문제의 값은 암기해야 한다.

15

정답 ④

전날 준비한 기념품의 개수를 x개, 남기가 1시간 동안 포장할 수 있는 기념품의 개수를 y개라 하자. 상협이가 9시부터 5분당 평균 8개의 기념품을 나눠주는 경우 오후 2시까지 5시간 동안 상협이가 나눠준 기념품의 총 개수는 $x+5y$개이다. 5분당 평균 8개를 나눠준다고 했으므로 5시간, 즉 300분 동안 나눠주는 기념품의 수량은 $300 \div 5 \times 8 = 480$개가 되고, $x+5y=480$이라는 식을 만들 수 있다.

상협이가 9시부터 10분당 평균 15개의 기념품을 나눠주는 경우 오후 4시까지 7시간 동안 상협이가 나눠준 기념품의 총 개수는 $x+7y$개이다. 10분당 평균 15개를 나눠준다고 했으므로 7시간, 즉 420분 동안 나눠주는 기념품의 수량은 $420 \div 10 \times 15 = 630$개가 되고, $x+7y=630$이라는 식을 만들 수 있다.

두 식을 연립하면 다음과 같다.

$x+5y=480$

$x+7y=630$ → $2y=150$

$\therefore y=75$

이를 $x+5y=480$에 대입하면, $x+375=480$이므로 $x=105$이다.

16

정답 ①

괄호 안의 첫 번째 값을 두 번째 값으로 나눴을 때의 나머지가 세 번째 값이다.

- (5 4 1): 5/4의 몫은 1, 나머지는 1
- (6 4 2): 6/4의 몫은 1, 나머지는 2
- (10 3 1): 10/3의 몫은 3, 나머지는 1
- (11 3 2): 11/3의 몫은 3, 나머지는 2
- (14 5 4): 14/5의 몫은 2, 나머지는 4

따라서 (16 5 ?)는 몫은 3, 나머지 1이므로 물음표에 들어갈 수는 1이 된다.

17

정답 ③

현주가 가진 초콜릿 개수를 x, 민지가 가진 초콜릿 개수를 y, 승아가 가진 초콜릿 개수를 z라 하면 아래와 같은 식 3개를 얻을 수 있다.

$x-2=y+2$ → $x=y+4$ → ㉠

$2(z-8)=y+8$ → $2z-16=y+8$ → $y=2z-24$ → ㉡

$x+y+z=36$ → ㉢

㉠을 ㉢에 대입하면 $2y+z+4=36$이고, 여기에 ㉡을 대입하면 $4z-48+z+4=36$ → $5z=80$ $\therefore z=16$이 된다.

따라서 승아가 갖고 있는 초콜릿은 16개가 된다.

DAY 28 실전 연습 ⑮_고난도

p.176

01 ①	02 ④	03 ③	04 ①	05 ②
06 ①	07 ⑤	08 ②	09 ②	10 ③
11 ⑤	12 ④	13 ④	14 ②	15 ③
16 ③	17 ①			

01

정답 ①

1회차 시험의 점수를 x라 하면 2회차 시험 점수는 $x+10$이 된다. 1회차와 2회차 시험을 6 : 4의 비중으로 평균을 낸 점수가 77점이라고 했으므로 $0.6x+0.4(x+10)=77$이고, $x+4=77$이므로 $x=73$이다.

이에 따라 1회차 시험 점수는 73점, 2회차 시험 점수는 83점임을 알 수 있다.

1회차와 3회차 시험 점수를 4 : 6의 비중으로 평균을 낸 점수는 77점보다 1점 낮다고 했으므로 3회차 점수를 y라 하면 $0.4 \times 73 + 0.6y = 76$이 되고, $0.6y=46.8$이므로 $y=78$이다.

따라서 3회차 점수는 78점이 된다.

02

정답 ④

을은 1시간당 $\frac{1}{4}$만큼, 병은 1시간당 $\frac{1}{6}$만큼, 정은 1시간당 $\frac{1}{3}$만큼 보고서 작성을 할 수 있다. 오전 9시 30분에 보고서 작성을 시작할 수 있는 사람은 을과 병이고, 1시간 후부터 정도 함께 보고서 작성을 할 수 있다. 따라서 을과 병은 1시간 동안 $\frac{1}{4}+\frac{1}{6}=\frac{5}{12}$만큼의 보고서 작성을 완료해 둔 상태이다. 을, 병, 정이 함께 남은 $\frac{7}{12}$의 보고서 작성을 하는 데 소요되는 시간을 x라 하면 $(\frac{1}{4}+\frac{1}{6}+\frac{1}{3}) \times x = \frac{7}{12}$이고, 양변에 12를 곱하여 정리하면 $9x=7$이 된다. $x=\frac{7}{9}$시간이고 이는 $\frac{7}{9} \times 60$분이며, 초 단위로 변경 시 $\frac{7}{9} \times 60 \times 60$초가 된다. 계산하면 2,800초, 즉 46분 40초이다.

따라서 총 소요시간은 을과 병만 보고서 작성을 하는 1시간+을, 병, 정이 함께 보고서 작성을 하는 46분 40초=1시간 46분 40초이고, 9시 30분부터 보고서 작성을 시작했으므로 11시 16분 40초에 종료된다.

03

정답 ③

탄환의 속력을 초속 xm, 소리의 속력을 초속 ym라 하자.

A가 쏜 탄환이 표적에 맞는 데 걸리는 시간 $= \frac{\text{거리}}{\text{속력}} = \frac{2,100}{x}$초

A에게 소리가 들리는 시간 = $\frac{2,100}{y}$초

즉, 발사 후 7초가 지나서 탄환이 표적에 맞는 소리를 들었기 때문에 $\frac{2,100}{x}+\frac{2,100}{y}=7$이다.

B에게 들리는 시간은 $\frac{1,400}{y}$초

즉, A의 총성이 B에게 들리는 시간은 5초 후이기 때문에 $\frac{2,100}{x}+\frac{1,400}{y}=\frac{700}{y}+5$이다.

연립방정식을 세우면 $\begin{cases}\frac{2,100}{x}+\frac{2,100}{y}=7\\ \frac{2,100}{x}+\frac{1,400}{y}=\frac{700}{y}+5\end{cases}$ 와 같이 표현된다.

즉 $\begin{cases}\frac{2,100}{x}+\frac{2,100}{y}=7\\ \frac{2,100}{x}+\frac{700}{y}=5\end{cases}$

이때 $\frac{1}{x}=X$, $\frac{1}{y}=Y$로 놓으면

$\begin{cases}2,100X+2,100Y=7 \cdots ㉠\\ 2,100X+700Y=5 \cdots ㉡\end{cases}$

㉠-㉡을 하면

$1,400Y=2 \quad \therefore Y=\frac{1}{700}$

$Y=\frac{1}{700}$을 ㉡에 대입하면 $\quad \therefore X=\frac{1}{525}$

$X=\frac{1}{525}$에서 $\frac{1}{x}=\frac{1}{525}$이므로 $x=525$이다.

따라서 탄환의 속력은 초속 525m이다.

04

정답 ①

시현이가 움직인 시간을 t, 속력을 x라 하면 지우가 움직인 시간은 $t-3$, 속력은 $x+2$이고 현영이가 움직인 시간은 $t-4$, 속력은 $x+4$이다. 이때 모두 A에서 B까지 이동하였으므로 움직인 거리는 같다.

거리 = 속력×시간이므로 $tx=(t-3)(x+2)=(t-4)(x+4)$이다.

정리하면 $tx=tx+2t-3x-6=tx+4t-4x-16$이고, 연립하여 풀면 $x=2$, $t=6$이다.

따라서 거리는 2×6 = 12이다.

05

정답 ②

소금물 농도 = $\frac{\text{소금의 양}}{\text{소금물의 양}}\times100$임을 이용하여 구한다.

A에 들어있는 소금의 양을 계산하면

소금의 양 = $\frac{\text{농도}}{100}\times$소금물의 양이므로 $\frac{30}{100}\times30=9$g

B에 소금을 추가로 넣은 양을 xg이라고 한다면 B에 들어있는 소금의 양은 $\frac{6.25}{100}\times32+x=2+x$g이다.

각 농도는 같다고 하였으므로

$\frac{9}{30+x}=\frac{2+x}{32-x+x}$

$\frac{9}{30+x}=\frac{2+x}{32}\rightarrow 9\times32=(30+x)(2+x)\rightarrow x=6$g

따라서 A용기에 더 넣은 물의 양, B용기에서 끓여 증발한 물의 양, 더 넣어준 소금의 양은 6g이다.

06

정답 ①

광진이의 키가 Xcm이면 준철이의 키는 Y = X - Zcm가 된다.

이 둘의 평균 키는 Vcm이기 때문에 $V=\frac{X+Y}{2}=\frac{X+X-Z}{2}$가 되고,

$2V=2X-Z$, $X=\frac{2V+Z}{2}=V+\frac{Z}{2}$이다.

따라서 준철이의 키는 $Y=X-Z=V+\frac{Z}{2}-Z=V-\frac{Z}{2}$cm이다.

07

정답 ⑤

A반의 평균점수를 x라 하면 B반의 평균점수는 $x-4$이다. 또한 A반의 인원수를 a라 하고, B반의 인원수를 b라 하면 다음과 같다.

$\{ax+b(x-4)\}\div(a+b)=x-2.8$

$ax+bx-4b=ax+bx-2.8a-2.8b$

$2.8a=1.2b$

$7a=3b$

$\therefore a:b=3:7$

문제 풀이 꿀TIP

A반의 평균점수가 B반의 평균점수보다 4점이 높았고, A반의 평균점수가 A반과 B반 전체의 평균점수보다 2.8점이 높다고 했으므로 B반의 평균점수는 A반과 B반 전체의 평균점수보다 1.2점이 낮다는 것을 알 수 있다. 따라서 A반 평균점수는 편차가 2.8점이고, B반 평균점수는 편차가 1.2점이며, 편차의 비율은 2.8 : 1.2이므로 정수 형태로 변환하면 7 : 3이 된다. 편차의 비율이 7 : 3이므로, 인원수의 비는 반대인 3 : 7이다.

08

정답 ②

원래 50cm짜리 향이었는데 어제 피운 향의 길이가 13cm이므로 오늘은 37cm향에 불을 피우기 시작하였다. 물이 끓고 나서 향의 길이가 15cm 줄어들어 있으므로 남은 길이는 22cm이다. 물이 끓을 때까지 걸린 시간은 6분이고 이후 남은 향이 다 탈 때까지 걸리는 시간(x분)의 관계를 비례식으로 세워보면 6분 : 15cm = x분 : 22cm이다. 내항의 곱은 외항의 곱과 같으므로 $15x=132$이므로 $x=8.8$분, 즉 8분 48초이다.

09

정답 ②

앞줄에 서 있는 학생 수를 x명, 뒷줄에 서 있는 학생 수를 y명이라고 하자.

앞줄에 있는 3명의 학생을 뒷줄로 보냈기 때문에 $x-3$, 전체인원은 $x+y$, 이때 변화된 앞줄의 학생 수는 전체 학생의 $\frac{5}{14}$가 된다.

이를 수식으로 표현하면 $x-3=(x+y)\times\frac{5}{14}$ … ①이다.
뒷줄의 3명을 앞줄로 보냈으므로 앞줄은 3명이 늘고 뒷줄은 3명이 줄어들기 때문에 $x+3=y-3$ … ②이다.
두 개의 식을 연립하여 정리하면
$14x-42=5x+5y$
$9x-5y=42$
$5x-5y=-30$
$4x=72$
$x=18$이다.
따라서 앞줄에 서 있던 학생 수는 18명이다.

10

정답 ③

갑은 90분 동안 21장의 지원서를 검토하였으므로 3시간 동안 42장의 지원서를 검토할 수 있다. 이때 갑과 을이 함께 90장의 지원서를 3시간 동안 검토하였으므로 을이 검토한 지원서의 양은 90 - 42 = 48장이다.
갑이 1시간 동안 확인하는 지원서의 양 = 14장
을이 1시간 동안 확인하는 지원서의 양 = 16장
둘이 함께 2시간 동안 일을 했으므로 총 60장의 지원서를 검토했고 을은 혼자 40장의 지원서를 검토했으므로 그때 을이 혼자 일한 시간은 $\frac{40}{16}=2.5$시간이다.
정전될 때까지의 시간을 x시간이라 한다면 총 시간은
$x+0.5+2+2.5=6 \rightarrow x=1$
따라서 1시간 동안 갑과 을은 함께 14 + 16 = 30장의 지원서를 검토할 수 있으므로 정전되기 전까지 30장의 지원서를 확인하였다.

문제 풀이 꿀TIP

일률 문제는 항상 단위시간을 기준으로 잡고 문제를 푸는 것이 가장 쉽다. 1분의 단위와 1문제의 단위 중 시간의 단위인 1분을 기준점으로 잡아야 한다.

11

정답 ⑤

작년 A학과 남학생 수를 x라 하면 여학생 수는 $280-x$가 된다. 남학생은 기존 대비 5%가 감소하였으므로 감소된 남학생 수는 $-0.05x$이고, 여학생은 10%가 증가하였으므로 증가된 여학생 수는 $+0.1\times(280-x)$이다. 이때 총 인원이 4명 증가했다고 했으므로 $-0.05x+0.1(280-x)=4$이고, 정리하면 $-0.15x+28=4$이므로 $0.15x=24$이다. 따라서 $x=160$이다.
작년 B학과 남학생 수를 y라 하면 여학생 수는 $320-y$이다. 남학생은 기존 대비 15%가 증가하였으므로 증가된 남학생 수는 $+0.15y$이고, 여학생은 5%가 감소했으므로 감소된 여학생 수는 $-0.05(320-y)$이다. 이때 총 인원이 20명 증가했다고 했으므로 $+0.15y-0.05(320-y)=20$이고, 정리하면 $0.2y-16=20$이다. 따라서 $y=180$이다.
그러므로 올해 A학과 남학생 수는 160 × 0.95 = 152명이고, B학과 남학생 수는 180 × 1.15 = 207이라는 것을 확인할 수 있고, 올해 A학과와 B학과 남학생 수의 차이는 207 - 152 = 55명이다.

12

정답 ④

갑이 달린 시간을 x라고 하면 을이 달린 시간은 $x+4$이다. 반대 방향으로 움직였기 때문에 갑이 달린 거리 + 을이 달린 거리=트랙 한 바퀴이다.
$400x+300(x+4)=4{,}000$
$7x+12=40$
$7x=28 \rightarrow x=4$
즉, 갑은 4분 후, 을은 8분 후 처음으로 만난다. 갑과 을은 처음 만난 후부터 동시에 출발하게 되며, 그 이후 두 번째 만나기까지의 시간을 t라고 하면
$400t+300t=4{,}000$
$7t=40 \rightarrow t=\frac{40}{7}$
따라서 8번 만날 때까지 을이 달린 거리는
$(\frac{40}{7}\times7+8)\times300=14{,}400$m이다.

13

정답 ④

최초 예산이 70만 원이고 그중 60%는 사무비품을 구매할 예정이라고 했으므로 남은 비용은 70만 원 × 0.4 = 28만 원이다. 이 중 40%는 사용하지 않고 예비비로 확보한다고 했으므로 남은 금액은 28만 원 × 0.6 = 16만 8천 원이다. 이 금액으로 원가가 1,600원인 과자를 구매하려고 하는데, 이익률이 30%로 책정된 정가라고 했으므로 이 과자의 정가는 1,600원 × 1.3 = 2,080원이다. 책정된 정가에서 20% 할인된 금액으로 과자를 구매한다고 했으므로 과자의 개당 구매 금액은 2,080원 × 0.8 = 1,664원이다.
따라서 구매 가능 수량은 168,000 ÷ 1,664 ≒ 100.96이므로 최대 100개를 구매할 수 있다.

문제 풀이 꿀TIP

원가 1,600원인 과자에서 이익률 30%, 할인율 20%라고 했으므로 판매가격은 1,600 × 1.3 × 0.8이 된다. 이때 1.3 × 0.8 = 1.04이므로, 원가에서 4%의 이익률을 더한 값이 판매가격이라는 것을 빠르게 확인할 수 있다. 1,600원의 4%는 64원이므로 1,664원이고, 100개를 구매할 경우 166,400원이 되는데, 이 경우 168,000원에서 남은 금액이 1,600원이므로 64원이 부족하여 더 이상 구매할 수 없음을 확인할 수 있다.

14

정답 ②

A 제약회사의 코로나19 진단키트는 90%의 확률로 코로나 감염 여부를 올바르게 판단한다. 따라서 양성 반응이 나오는 경우는 실제 감염이 되어서 양성이 나온 경우와 감염은 되지 않았지만 양성이 나온 경우 2가지가 있을 수 있다. 임의의 1명이 코로나19에 감염이 된 사람이면서 양성 반응이 나왔을 확률은 20% × 90% = 0.2 × 0.9 = 0.18이다. 한편, 임의의 1명이 코로나19에 감염이 되지 않은 사람이지만 양성 반응이 나왔을 확률은 80% × 10% = 0.8 × 0.1 = 0.08이다.

따라서 전체 경우의 수는 0.18 + 0.08 = 0.26이고, 이 중 임의의 1명이 실제로 코로나19에 감염이 된 경우는 0.18이므로 그 확률은 $\frac{0.18}{0.26} = \frac{9}{13}$이다.

15

정답 ③

7가지의 색 중에 5가지의 색을 선택하는 방법의 수는 ${}_7C_5 = 21$가지, 이 5가지의 색 중 가장 안쪽에 칠할 방법의 수는 5가지, 4개의 옆면을 칠할 방법의 수의 경우 회전하여 같은 경우는 같은 것으로 하기 때문에 원순열을 사용하여야 하므로 (4 - 1)! = 3! = 6가지이다.

따라서 색칠하는 방법의 수는 21×5×6 = 630가지이다.

16

정답 ③

5번째 경기에서 승패가 결정되기 위해서는 4번째 경기까지 A 2승/B 2패 또는 A 2패/B 2승이어야 한다.

① A가 3승할 확률: $\frac{4!}{2!2!} \times (\frac{2}{5})^2(\frac{3}{5})^2 \times \frac{2}{5}$

$= \frac{6 \times 4 \times 9}{5^4} \times \frac{2}{5}$

② B가 3승할 확률: $\frac{4!}{2!2!} \times (\frac{2}{5})^2(\frac{3}{5})^2 \times \frac{3}{5}$

따라서 ① + ②는 $\frac{6 \times 4 \times 9}{5^4} \times (\frac{2}{5} + \frac{3}{5})$이므로 $\frac{216}{625}$이다.

17

정답 ①

작년 남자 직원의 수를 x명, 여자 직원의 수를 y명이라고 하면 작년 전체 직원 수는 $x + y$이고, 올해 감소한 남자 직원의 수는 $0.08x$, 올해 증가한 여자 직원의 수는 $0.015y$이다. 그러므로 $x + y = 850$, $-0.08x + 0.015y = -30$의 식을 세울 수 있으며, 두 식을 연립하면 다음과 같다.

$x + y = 850$ → $15x + 15y = 12{,}750$

$-0.08x + 0.015y = -30$ → $-80x + 15y = -30{,}000$

→ $95x = 42{,}750$

$\therefore x = 450$

따라서 작년 남자 직원의 수는 450명이며, 올해는 작년에 비해 8% 감소했으므로 450×0.92 = 414명이 된다.

DAY 29 실전 연습 ⑯_고난도

p.182

01 ②	02 ③	03 ③	04 ①	05 ②
06 ④	07 ①	08 ④	09 ④	10 ②
11 ③	12 ②	13 ①	14 ③	15 ③
16 ⑤	17 ①			

01

정답 ②

의자의 개수를 x, 긴 의자마다 앉은 인원을 y명이라고 가정해 보면 $(x - 1) \times y + 2 = 86$이 된다.

즉, $(x - 1) \times y = 84$이므로, 가능한 $x - 1$과 y의 조합, 그리고 필요한 의자의 수(x)는 아래와 같다.

$x-1$	42	28	21	14	12	7	6	4	3	2
y	2	3	4	6	7	12	14	21	28	42
필요한 의자 수(x)	43	29	22	15	13	8	7	5	4	3

한 줄에 두 명씩 더 앉게 되면 $y + 2$명씩 앉게 되고 이때 필요한 의자의 개수가 4개가 남으므로 아래와 같이 정리될 수 있다.

y	2	3	4	6	7	12	14	21	28	42
$y+2$	4	5	6	8	9	14	16	23	30	44
필요한 의자 수(x')	22	18	15	11	10	7	6	4	3	2
$(x-x')$	21	11	7	4	3	1	1	1	1	1

이 중 이전 상황에 비해 필요한 의자 수가 4개 줄어든 경우($x - x' = 4$)는 애초에 6명이 앉았던 경우이다.

02

정답 ③

전체 학생 수를 x로 두고, 여학생이 전체의 $\frac{1}{2}$이면 남학생 수 역시 $\frac{1}{2}$인 것이므로 $\frac{3}{5}x - 5 = \frac{1}{2}x$이다.

따라서 $x = 50$이다.

03

정답 ③

재우가 혼자 1시간당 할 수 있는 작업의 양을 x, 지현이가 혼자 1시간당 할 수 있는 작업의 양을 y, 창수가 혼자 1시간당 할 수 있는 작업의 양을 z라고 하면 $x + y + z = \frac{1}{4}$이다. 재우와 지현이가 함께 작업할 때 소요되는 시간이 5시간이라 했으므로 $x + y = \frac{1}{5}$이고, 재우와 창수가 함께 작업할 때 소요되는 시간은 6시간이라 했으므로 $x + z = \frac{1}{6}$이다. 따라서 수식을 정리하면 다음과 같다.

$4x+4y+4z=1$
$5x+5y=1$
$6x+6z=1$
첫 번째 수식의 양변에 5를 곱하고 두 번째 수식의 양변에 4를 곱하여 연립하면 $20x+20y+20z=5$와 $20x+20y=4$이므로 $20z=1$이고 $z=\frac{1}{20}$임을 확인할 수 있다. 첫 번째 수식의 양변에 3을 곱하고 세 번째 수식의 양변에 2를 곱하여 연립하면 $12x+12y+12z=3$과 $12x+12z=2$이므로 $12y=1$이 되고 $y=\frac{1}{12}$임을 확인할 수 있다.
따라서 지현이와 창수가 1시간 동안 할 수 있는 일의 양은 $\frac{1}{12}+\frac{1}{20}=\frac{2}{15}$이고, 24시간 동안 완성 가능한 제품은 $\frac{2}{15}\times24=3.2$이므로 총 3개이다.

04

정답 ①

각 관을 사용한 시간을 정리해 보면 다음과 같다.
- A관을 사용한 시간: $x+120+240$초
- B관을 사용한 시간: 240초
- C관을 사용한 시간: $120+240$초(C는 배수관이기 때문에 물이 빠진다.)

이때 처음의 경우 A는 매초 1L, B는 yL로 물탱크에 물을 채우고, C는 0.2L로 물탱크의 물을 빼내기 때문에 주어진 조건에 맞게 식을 세우면 $(x+360)+240y-0.2\times360=600$이고, 바뀐 용량으로 식을 세우면 $1.2(x+360)+240y-0.5\times360=600$이다.
이를 정리하면 다음과 같다.
$x+360+240y-72=600$
$1.2x+432+240y-180=600$
두 식이 600으로 같으므로, $x+360-72=1.2x+432-180$이고 $x=180$이다. 구하고자 하는 값은 A의 값이 아닌 B의 값이므로 위의 값을 대입하여 y를 구한다. $180+360+240y-0.2\times360=600$이므로 $540+240y-72=600$이고, 정리하면 $240y=132$, 즉 $y=\frac{132}{240}$이다.
따라서 1초 동안 B는 $\frac{132}{240}$L만큼 채우므로 2분 동안에는 $\frac{132}{240}\times120=66$L만큼 채운다.

05

정답 ②

서로 다른 폴더 3개에 10개의 파일을 담는 경우의 수는 우선 첫 번째 폴더에 1개를 넣는다면 (1, 1, 8), (1, 2, 7), (1, 3, 6), ⋯, (1, 8, 1) 총 8가지의 경우의 수가 있다. 첫 번째 폴더에 2개의 파일을 넣는다면 (2, 1, 7), (2, 2, 6), (2, 3, 5), ⋯, (2, 7, 1) 총 7가지의 경우의 수가 있다. 같은 방법으로 첫 번째 폴더에 3, 4, ⋯, 8개를 넣는다면 경우의 수는 각각 6, 5, ⋯, 1가지이다.
따라서 파일을 담는 경우의 수는 $8+7+6+5+4+3+2+1=36$가지이다.

06

정답 ④

전체 직원 중에서 임의로 선택한 한 명의 직원이 자율근무제를 신청한 사건을 A, 자녀가 없는 직원일 확률을 B라 하면

$$P(A)=\frac{x}{100}\times\frac{1}{75}+\frac{100-x}{100}\times\frac{1}{25}$$
$$=\frac{x}{7,500}+\frac{300-3x}{7,500}=\frac{300-2x}{7,500}$$
$$P(A\cap B)=\frac{100-x}{100}\times\frac{1}{25}+\frac{100-x}{2,500}$$
$$\rightarrow P(B\mid A)=\frac{P(A\cap B)}{P(A)}+\frac{\frac{100-x}{2,500}}{\frac{300-2x}{7,500}}=\frac{300-3x}{300-2x}=\frac{7}{13}$$

따라서 $x=72$이다.

07

정답 ①

바다를 선호하는 직원이 뽑히는 사건을 A, 산을 선호하는 직원이 뽑히는 사건을 B라고 하면 $P(A)=\frac{78}{150}$, $P(B)=\frac{89}{150}$이며, 어느 것도 선호하지 않는 직원이 7명이므로 바다 또는 산을 선호하는 직원이 뽑힐 확률은 $P(A\cup B)=1-\frac{7}{150}=\frac{143}{150}$이다.
바다와 산 모두를 선호하는 직원이 뽑힐 확률은 $P(A\cap B)$이고 $P(A\cup B)=P(A)+P(B)-P(A\cap B)$이므로 $P(A\cap B)=P(A)+P(B)-P(A\cup B)=\frac{78}{150}+\frac{89}{150}-\frac{143}{150}=\frac{24}{150}=\frac{4}{25}$이다.
따라서 직원 중 임의로 한 사람을 뽑았을 때 이 직원이 바다와 산 모두를 선호하는 직원일 확률은 $\frac{4}{25}$이다.

08

정답 ④

① 각 반의 수학 시험 평균 점수를 살펴보면 다음과 같다.

A반 평균 점수 $=\frac{76+84+64+60+80+92+96+64+72+84}{10}=\frac{772}{10}=77.2$점

B반 평균 점수 $=\frac{88+84+64+60+56+72+76+88+68+80}{10}=\frac{736}{10}=73.6$점

C반 평균 점수 $=\frac{80+100+92+88+68+72+84+64+80+52}{10}=\frac{780}{10}=78.0$점

B반이 가장 낮고, C반이 가장 높으므로 옳은 설명이다.

② A반 최저 점수는 60점이고, C반의 최저 점수의 차이는 52점으로 두 반의 최저 점수 차이는 8점이므로 옳은 설명이다.

③ A~C반 중 최고점이 있는 반은 100점을 받은 C반이다. ①에서 확인했듯이 C반이 평균 점수도 가장 높으므로 옳은 설명이다.

④ C반 점수의 중앙값을 구하기 위해 점수를 크기 순서대로 살펴보면 52, 64, 68, 72, 80, 80, 84, 88, 92, 100점이다. 이때 중앙값은 $\frac{80+80}{2}=\frac{160}{2}=80$점이므로 옳지 않은 설명이다.

⑤ A반의 최빈값은 84점이고, B반의 최빈값은 88점, C반의 최빈값은 80점으로 세 반 모두 최빈값이 다르므로 옳은 설명이다.

09

정답 ④

데이터가 구간으로 제시되어 있으므로 계급값을 활용하여 평균을 산출한다.

0 이상 ~ 2 미만의 계급값 = 1
2 이상 ~ 4 미만의 계급값 = 3
4 이상 ~ 6 미만의 계급값 = 5
6 이상 ~ 8 미만의 계급값 = 7
8 이상 ~ 10 미만의 계급값 = 9

따라서 A 부서 전 직원의 주간 초과근무 시간 총합은 $6\times1+2\times3+x\times5+y\times7+10\times9$가 되고, 평균이 6시간이라고 했으므로 이 값은 $6\times(6+2+x+y+10)$과 같다. $102+5x+7y=108+6x+6y$이고, $x-y=-6$이므로 $x=y-6$이다. 4 이상 ~ 6 미만은 최소 0명이므로, 6 이상 ~ 8 미만은 최소 6명이 되며, 이 경우 A 부서의 총 직원 수는 $6+2+0+6+10=24$명이다.

※ 4 이상 ~ 6 미만이 1명이 될 경우 6 이상 ~ 8 미만은 7명이 되어 A 부서 총 직원 수는 26명이다. 즉, 4 이상 ~ 6 미만이 1명 증가할 때마다 A 부서 전체 직원 수는 2명씩 증가하여 총 직원수로 가능한 경우는 24명부터 2명씩 증가하는 26명, 28명, 30명, 32명…이 된다.

10

정답 ②

A부터 B까지는 연료의 $\frac{1}{4}$을 소비하였고, 최종적으로 연료 $\frac{1}{4}$이 남아있으므로, A부터 C까지는 연료의 $\frac{3}{4}$을 소비하였다.

따라서 B부터 C까지는 연료의 $\frac{2}{4}=\frac{1}{2}$을 소비한 것이 5리터이므로 총 연료의 용량은 10리터이다.

11

정답 ③

멘토를 4개의 조로 나누는 경우의 수는 $4!=4\times3\times2\times1=24$가지이고, $6=3+1+1+1=2+2+1+1$이므로 6명을 4개의 조로 나누는 방법은 다음과 같다.

[경우1] 3명, 1명, 1명, 1명으로 나누는 방법의 수

${}_6C_3\times{}_3C_1\times{}_2C_1\times{}_1C_1\times\frac{1}{3!}=20$가지

[경우2] 2명, 2명, 1명, 1명으로 나누는 방법의 수

${}_6C_2\times{}_4C_2\times{}_2C_1\times{}_1C_1\times\frac{1}{2!\times2!}=45$가지

[경우1]과 [경우2]에서 구하는 방법의 수는 $20+45=65$가지이다.
따라서 4개 조를 짜는 방법은 $24\times65=1{,}560$가지이다.

12

정답 ②

전체 경우의 수는 7명이 한 줄로 앉는 7!, 기획팀과 재무팀은 각각 한 묶음 처리하면 4개의 묶음이 되므로 일렬로 나열하는 경우의 수는 4!, 기획팀과 재무팀이 그 묶음 안에서 자리 바꾸는 경우의 수는 2!, 3!이므로 이웃하여 앉는 경우의 수는 $4!\times2!\times3!$이다.
따라서 기획팀은 기획팀끼리, 재무팀은 재무팀끼리 이웃하여 앉을 확률은 $\frac{4!\times2!\times3!}{7!}=\frac{2}{35}$이다.

13

정답 ①

제품 A의 정가를 x라 하면, 어제의 판매 금액은 $10x$이고 오늘의 판매 금액은 $0.8x\times20=16x$가 된다. 어제 판매액보다 오늘 판매액이 792,000원 많다고 했으므로 $16x-10x=792{,}000$이 되고, $x=132{,}000$이다.
따라서 어제는 정가 132,000원인 제품 A를 10개 판매하였고, 오늘은 20% 할인한 금액인 105,600원에 20개 판매했으므로 총 판매 금액은 $132{,}000\times10+105{,}600\times20=3{,}432{,}000$원이다.
이렇게 판매했을 때 이익률이 30%라고 했으므로 제품 A의 원가를 y라 하면 1개당 정가는 $1.3y$가 되고, 30개를 판매했을 때 금액은 $1.3y\times30$으로 나타낼 수 있다. $1.3y\times30=3{,}432{,}000$원이므로 $1.3y=114{,}400$이 되고 $y=88{,}000$원이다.

14

정답 ③

소금물의 비율이 4:3이라고 하였으므로 소금물의 양으로 표현한다면 각각의 값은 4의 배수와 3의 배수로 표현될 것이므로 $4x$g, $3x$g으로 표현할 수 있다. 또한 1:1의 소금물은 결국 소금물의 양이 같다는 의미이므로 모두 yg의 소금물이라 표현할 수 있다.

$\frac{a}{100}\times4x+\frac{b}{100}\times3x=\frac{9}{100}\times7x$

$\frac{a}{100}\times y+\frac{b}{100}\times y=\frac{10}{100}\times2y$

두 식을 정리하면 다음과 같다.

$4a+3b=63$ … ①

$a+b=20$ … ②

① - ②×3을 하면 $a=3$, $b=17$이므로 두 소금물의 농도 차이는 $b-a=17-3=14$%p이다.

15

정답 ③

소금물 A, B의 농도를 각각 a%, b%라 하자. 각각 100g 덜어내어 섞었기 때문에 소금물 A에는 a% 소금물 200g과 b% 소금물 100g이, 소금물 B에는 a% 소금물 100g과 b% 소금물 300g이 들어있다.
각각에 들어있는 소금의 양이 동일하다고 식을 세우면 다음과 같다.

$\frac{a}{100}\times200+\frac{b}{100}\times100=\frac{17}{100}\times300$ … ①

$\frac{a}{100}\times100+\frac{b}{100}\times300=\frac{12}{100}\times400$ … ②

정리하면
$2a+b=51$ ⋯ ①
$a+3b=48$ ⋯ ②
① - ②×2를 하면 $a=21\%$, $b=9\%$이다.

16

정답 ⑤

승격자의 수를 x, 탈락자의 수를 y라 하면 전체 승격 대상자의 수는 $x+y$가 된다.
$(x\times35)+(y\times24)=(x+y)\times28$
$7x=4y \rightarrow x=\frac{4}{7}y$
탈락자의 수가 10명 이상 20명 이하이고, 승격자의 수는 정수일 수밖에 없으므로 7의 배수이다. 7의 배수 중 10 이상 20 이하는 14뿐이므로 탈락자의 수는 14명이 된다.
따라서 승격자의 수는 8명, 전체 승격 대상자는 22명이 된다.

17

정답 ①

갑은 1시간 동안 $\frac{1}{12}$만큼 일을 처리할 수 있으며, 을은 1시간 동안 $\frac{1}{15}$만큼, 병은 1시간 동안 $\frac{1}{10}$만큼 일을 처리할 수 있다. 따라서 세 사람이 함께 일을 할 때 걸리는 총 소요시간이 A일 때, $(\frac{1}{12}+\frac{1}{15}+\frac{1}{10})\times A=1$이 된다. 양변에 60을 곱하여 정리하면 $15A=60$이고, $A=4$이다. 갑, 을, 병이 함께 일을 하다가 병이 빠지고 나서 갑과 을이 일을 마무리한 시간이 B이므로 $(\frac{1}{12}+\frac{1}{15}+\frac{1}{10})\times(6-B)+(\frac{1}{12}+\frac{1}{15})\times B=1$이다. 양변에 60을 곱하여 정리하면 $90-15B+9B=60$이 되고, $30=6B$이므로 $B=5$이다.
따라서 A와 B, 즉 4와 5의 차이는 1이다.

DAY 30 실전 연습 ⑰_고난도 p.188

01 ②	02 ④	03 ③	04 ②	05 ①
06 ③	07 ⑤	08 ②	09 ④	10 ③
11 ④	12 ③	13 ②	14 ①	15 ②
16 ④	17 ③			

01

정답 ②

이 문제는 조건부 확률에 대한 문제이다. 신입사원 중 임의로 1명을 선택했다고 했지만, 경력직이라고 했으므로 '경력직 1명을 선택했을 때'라는 상황과 동일하다. 경력직 1명을 선택했을 때, 그 신입사원이 여성일 확률이라고 했으므로 주어진 내용을 토대로 살펴보면, 전체 중 60%가 여성이고, 여성이거나 경력직인 경우는 전체 중 80%라고 했으므로, 반대로 경력직 중 여성이 아닌 경우는 80% - 60% = 20%가 된다. 경력직이면서 여성인 경우가 전체의 20%라고 했고, 경력직이면서 여성이 아닌 경우가 전체의 20%이므로, 경력직의 경우 여성과 남성의 숫자가 동일함을 알 수 있다.
따라서 경력직 1명을 선택했을 때, 그 신입사원이 여성일 확률은 50%가 된다.

02

정답 ④

흰 구슬을 x개, 검은 구슬을 y개라고 하면
$(x+5)/(x+5+y)=1/2 \rightarrow 2x+10=x+5+y$
$(y+3)/(x+y+3)=9/14 \rightarrow 14y+42=9x+9y+27$
두 식을 연립하면 $x=10$, $y=15$이다. A, B, C 순서대로 1개씩 구슬을 꺼낼 때 B만 흰 구슬을 꺼낼 확률은 15/25×10/24×14/23 = 7/46이다.

03

정답 ③

6과 14의 최소공배수는 42이므로 광장 둘레의 길이는 42의 배수이다.
만약 둘레의 길이를 42m라고 한다면, 광장에 나무를 6m 간격으로 심었을 때의 나무의 수는 7그루, 14m 간격으로 심었을 때의 나무의 수는 3그루이므로 나무의 수 차이는 4그루이다.
만약 둘레의 길이를 84m라고 한다면, 광장에 나무를 6m 간격으로 심었을 때의 나무의 수는 14그루, 14m 간격으로 심었을 때의 나무의 수는 6그루이므로 나무의 수 차이는 8그루이다.
따라서 42m만큼 커질 때마다 4그루씩 차이 나므로 20그루가 차이 나려면 둘레의 길이는 42×5 = 210m가 되어야 한다.

문제 풀이 꿀TIP

나무 수 = $\frac{\text{둘레의 길이}}{\text{나무 사이 간격}}$임을 알면 더 빠르게 풀 수 있다.
둘레의 길이가 x라면 6m 간격일 때의 나무 수는 $\frac{x}{6}$, 14m 간격일 때의 나무 수는 $\frac{x}{14}$이므로
$\frac{x}{6} - \frac{x}{14} = 20$
$\frac{(14-6)x}{84} = 20$
$\frac{8}{84}x = 20$
$x = 20 \times \frac{84}{8} = 210\text{m}$

04

정답 ②

A, B 주머니의 구슬의 합은 13개 이상 17개 이하이다.
B, C 주머니의 구슬의 합은 12개 이상 14개 이하이다.
A, C 주머니의 구슬의 합은 15개 이상 21개 이하이다.
각 주머니에 들어있는 구슬의 개수를 a, b, c라 하면
$13 \leq a+b \leq 17$ … ①
$12 \leq b+c \leq 14$ … ②
$15 \leq a+c \leq 21$ … ③이다.
① + ②를 하면 $25 \leq a+2b+c \leq 31$ … ④이고,
④ - ③을 하면 $4 \leq 2b \leq 16$이므로 정리하면 $2 \leq b \leq 8$이다.
따라서 b가 최대일 때는 8일 때이다. (이때 a는 9개, C는 6개이다.)

05

정답 ①

사원 수를 x명이라 하면
$18x < 50 \times 34 < 19x$ … ⓐ
$39 \times 50 < 20(x+7) \leq 40 \times 50$ … ⓑ
위의 식을 정리하면
$89.47 < x < 94.44$ … ⓐ
$90.5 < x \leq 93$ … ⓑ
→ $90.5 < x \leq 93$
따라서 가능한 사원의 수는 91, 92, 93명이다.

06

정답 ③

제품 B의 생산수량을 x라고 하면, 전체 22개의 제품을 생산한다고 했으므로 제품 A의 생산수량은 $(22-x)$가 된다. 또한 9시간은 540분이고, 제품 생산 준비에 소요되는 시간은 첫 번째 제품 생산 후부터 22번째 제품 생산을 시작하기 전까지 총 21번이 필요하므로 21분이 필요하다.
이에 따라 제품 생산에 사용될 수 있는 시간은 540 - 21 = 519분이 된다.
$20 \times (22-x) + 25x \leqq 519$ → $440 - 20x + 25x \leqq 519$ → $5x \leqq 79$
∴ $x \leqq 15.8$이다.
따라서 제품 B는 최대 15개까지 생산 가능하다.

07

정답 ⑤

각각의 소금물 농도를 a%, b%라 하고, 들어있는 소금의 양은 같음을 이용하여 식을 세운다. 소금의 양 = $\frac{\text{농도}}{100}$ × 소금물의 양이다.
두 소금물 A, B를 각각 200g, 300g 섞어서 농도가 5%인 소금물을 만들려고 했으므로 $\frac{a}{100} \times 200 + \frac{b}{100} \times 300 = \frac{5}{100} \times 500$ … ①이다.
소금물 A, B를 반대로 섞었으므로, 즉 A, B를 각각 300g, 200g 섞어서 농도가 6%인 소금물이 되었기 때문에 $\frac{a}{100} \times 300 + \frac{b}{100} \times 200 = \frac{6}{100} \times 500$ … ②이다.
두 식을 정리하면
$2a + 3b = 25$ … ①
$3a + 2b = 30$ … ②이다.
연립하여 풀기위해 ① × 3 - ② × 2를 하면 $a = 8$, $b = 3$이므로 각각의 소금물의 농도가 8%와 3%임을 구할 수 있다. 이때 6%의 소금물에 물을 몇 g 더 넣어야 소금물 B의 처음 농도인 3%와 같아지는지를 구해야 하므로, 정리하면 $\frac{6}{100} \times 500 + \frac{0}{100} \times x = \frac{3}{100} \times (500 + x)$가 되고 $x = 500$이다.
따라서 물 500g을 넣어야 3%의 소금물을 만들 수 있다.

08

정답 ②

1) 첫 번째, 두 번째에 불량품을 찾아낼 확률:
$\frac{2}{8} \times \frac{1}{7} = \frac{1}{28}$
2) 첫 번째에 불량품, 두 번째에 양품, 세 번째에 불량품을 찾을 확률:
$\frac{6}{8} \times \frac{2}{7} \times \frac{1}{6} = \frac{1}{28}$
3) 첫 번째에 양품, 두 번째에 불량품, 세 번째에 불량품을 찾을 확률:
$\frac{6}{8} \times \frac{2}{7} \times \frac{1}{6} = \frac{1}{28}$

따라서 구하고자 하는 확률은 $\frac{3}{28}$이다.

09

정답 ④

(흰, 검, 검)을 뽑을 확률은 $\frac{4}{5} \times \frac{1}{5} \times \frac{1}{5} = \frac{4}{125}$이다. (검, 흰, 검), (검, 검, 흰)을 뽑을 확률도 모두 같기 때문에 $\frac{4}{125} \times 3 = \frac{12}{125}$이다.

10

정답 ③

[경우1] 1개의 공을 꺼낸 학생이 한 명인 경우의 수
세 명 중 한 명만 1개의 공을 꺼내고 나머지 두 명은 각각 3개, 2개를 꺼내야 하므로 ${}_7C_3 \times {}_4C_2 \times {}_2C_1 \times 3! = 2{,}520$가지이다.
[경우2] 1개의 공을 꺼낸 학생이 두 명인 경우의 수
세 명 중 두 명이 1개의 공을 꺼내고 남은 한 명은 4개의 공을 꺼내야 하므로 ${}_7C_4 \times {}_3C_1 \times {}_2C_1 \times \frac{1}{2!} \times 3! = 630$가지이다.
따라서 구하는 경우의 수는 2,520 + 630 = 3,150가지이다.

11

정답 ④

X를 x개, Y를 y개 만들 수 있다고 하면
$18x+12y \le 70$ ⋯ ⓐ
$9x+6y \le 45$ ⋯ ⓑ
이때 $4{,}300x+2{,}700y$를 최대로 하는 양의 정수 x, y를 구하면 된다. ($x \ge 0$, $y \ge 0$)
ⓐ에서 $0 \le y \le \frac{70}{12}-\frac{18}{12}x$ → $x \le \frac{70}{18} \fallingdotseq 3.9$
ⓑ에서 $0 \le y \le \frac{45}{6}-\frac{9}{6}x$ → $x \le \frac{45}{9}=5$
즉, $0 \le x \le 3.9$($\because$ x는 0 또는 양의 정수)
$x=0$일 때, $y \le 5$에서 합계금액은 13,500원이 최대
$x=1$일 때, $y \le 4$에서 합계금액은 15,100원이 최대
$x=2$일 때, $y \le 2$에서 합계금액은 14,000원이 최대
$x=3$일 때, $y \le 1$에서 합계금액은 15,600원이 최대
따라서 $x=3$, $y=1$일 때 합계금액이 최대가 되므로, X는 3개, Y는 1개 만들면 된다.

12

정답 ③

구분	인원수(명)	최저 점수(점)	평균 점수(점)
해외 연수를 가는 사원	80 × 25% = 20	x	y
해외 연수를 가지 않는 사원	80 × 75% = 60		$x-18$
전체 사원	80		$x-8$

최저 시험 점수 x는 해외 연수를 가는 사원들의 평균 시험 점수 y의 $\frac{2}{3}$배보다 2점이 높으므로
$\frac{2}{3}y+2=x$ ⋯ ⓐ
$x-8=\frac{20y+60(x-18)}{80}$ ⋯ ⓑ
두 개의 식을 연립하여 풀면 $x=50$, $y=72$이다.
따라서 해외 연수를 가는 사원의 최저 시험 점수는 50점이다.

13

정답 ②

박스 1개에 있는 명함을 수정하는 데 필요한 작업량이 1이고, 1박스를 처리하는 데 오전 매니저는 x분, 오후 매니저는 y분이 걸린다고 하면 오전, 오후 매니저가 1분에 처리하는 작업량은 각각 $\frac{1}{x}$, $\frac{1}{y}$이 된다. 첫 번째 박스를 작업하는 데 오전 매니저가 30분, 오후 매니저가 40분간 처리하여 마무리했기 때문에 $\frac{30}{x}+\frac{40}{y}=1$이다.
두 번째 박스는 오전, 오후 매니저가 동시에 작업을 하여 마무리하는 데 35분이 걸렸기 때문에 $\frac{35}{x}+\frac{35}{y}=1$이다.
$\frac{30}{x}+\frac{40}{y}=1$, $\frac{35}{x}+\frac{35}{y}=1$ 이 두 연립방정식을 풀이하면 $x=y$이고, 따라서 $\frac{30}{x}+\frac{40}{x}=1$, $\frac{70}{x}=1$, $x=y=70$분이다. 마지막 박스는 오후 매니저 혼자 작업했기 때문에 1박스를 처리하는 데 70분이 걸리게 된다.

14

정답 ①

96%에 물을 넣어 희석한 손 세정액의 농도를 k%라 하고, 덜어낸 양과 더 넣은 물의 양을 xL라 하자. 그럼 96%의 손 세정액은 $6-x$L가 되므로 그 안에 들어있는 알코올 용액의 양은 $\frac{96}{100}\times(6-x)=\frac{k}{100}\times6$ ⋯ ①이다.
k% 손세정액 6L의 양에서 0.5L의 양을 덜어낸 후의 알코올 용액의 양은 $\frac{k}{100}\times5.5+\frac{96}{100}\times2.5=\frac{68.5}{100}\times8$ ⋯ ②이다.
②를 정리하면 $55k+25\times96=68.5\times80$, 즉 $55k=3{,}080$이므로 $k=56$%이고 이를 ①에 대입하면
$\frac{96}{100}\times(6-x)=\frac{56}{100}\times6$이 된다. $96(6-x)=56\times6$이므로 정리하면 $576-96x=336$, 즉 $96x=240$이고 $x=2.5$이다.
따라서 덜어냈던 용액의 양은 2.5L이다.

15

정답 ②

A물탱크에서 x초 동안 물이 빠져나가는 양은 $0.5x$, B물탱크에서 x초 동안 물이 빠져나가는 양은 x, A물탱크에 남아있는 물의 양은 $2{,}400-0.5x$, B물탱크에 남아있는 물의 양은 $3{,}000-x$이다.
$(2{,}400-0.5x)\times0.75=3{,}000-x$ → $x=1{,}920=32$분
따라서 B물탱크에 남은 물의 양이 A물탱크에 남은 물의 양의 $\frac{3}{4}$이 되기까지 걸리는 시간은 32분이다.

16

정답 ④

만들 가방의 개수를 x, 지갑의 개수를 y라 하자.
27개를 만들었으므로 $x+y=27$ … ①이고, 105일 동안 일요일은 $\frac{105}{7}=15$번이 있고 마지막 물건을 만들고 난 후에는 쉬지 않고 일이 끝나므로 장인은 총 26일의 휴일을 갖는다. 즉, 일한 날은 105-15-26=64일이므로 $3x+2y=64$ … ②이다.
①×2-②하면 $x=10$, $y=17$이므로 장인이 만든 지갑의 총 개수는 17개이다.

17

정답 ③

7개의 반을 3개, 4개의 반으로 분할하는 방법의 수는 ${}_7C_3 \times {}_4C_4 = 35$가지, 분할된 3개의 반을 1개, 2개의 반으로 분할하는 방법의 수는 ${}_3C_1 \times {}_2C_2 = 3$가지, 분할된 4개의 반을 2개, 2개의 반으로 분할하는 방법의 수는 ${}_4C_2 \times {}_2C_2 \times \frac{1}{2!} = 3$가지이다.
따라서 구하는 방법의 수는 35×3×3=315가지이다.